마음을 열어 하늘의 소리를 듣다

명심보감 바로 읽기

마음을 열어 하늘의 소리를 듣다

명심보감 바로 읽기

2012년 11월 10일 초판 인쇄
2012년 11월 15일 초판 발행

지은이 | 이종호
펴낸이 | 이찬규
교정교열 | 정난진
펴낸곳 | 북코리아
등록번호 | 제03-01240호
주소 | 462-807 경기도 성남시 중원구 상대원동 146-8
우림2차 A동 1007호
전화 | 02) 704-7840
팩스 | 02) 704-7848
이메일 | sunhaksa@korea.com
홈페이지 | www.bookorea.co.kr
ISBN | 978-89-6324-236-1 (03190)

값 19,000원

• 이 도서의 국립중앙도서관 출판시도서목록(CIP)은 e-CIP홈페이지(http://www.nl.go.kr/ecip)와
국가자료공동목록시스템(http://www.nl.go.kr/kolisnet)에서 이용하실 수 있습니다.
(CIP제어번호: CIP2012005177)

마음을 열어 하늘의 소리를 듣다

명심보감 바로 읽기

이종호 지음

북코리아

머리말

『마음을 열어 하늘의 소리를 듣다』를 펴내면서

고전이란 시공을 초월하여 그 가치가 검증된 읽을거리다. 공자의 『논어』는 공자 사후부터 현재까지 이천오백 년 동안 읽히고 있다. 천 년 전 중국 남송의 주희가 읽던 『논어』나 오백 년 전에 조선의 이황이 읽던 『논어』나 내가 지금 책상에 펴놓은 『논어』는 자구 하나 변한 것이 없다. 읽는 독자만 바뀌었다. 주희와 이황과 나는 『논어』를 통해 공자를 만난다. 그러나 공자와 나눈 대화의 내용은 서로 사뭇 다를 수 있다. 왜냐하면 독자가 처한 시대의 고민이 저마다 다를 수 있기 때문이다.

이렇듯, 고전은 고민을 친절하게 상담해 줄 수 있는 멘토(Mentor), 스승과 같다. 인생의 멘토를 현재가 아닌 과거에서 만날 수 있다는 것이 얼마나 경이롭고 행복한 일인가. 이를 선인들은 '상우천고尙友千古'라 하지 않았던가!

어느 때 어느 곳에서 읽어도 감동하고 소통할 수 있는 고전은 하나 둘이 아닐 것이다. 동양고전은 그 수와 양이 한우충동汗牛充棟(수레에 실으면 소가 땀을 흘리고 방안에 쌓으면 들보에 닿을 정도)이란 말이 부족할 정도로 헤아릴 수 없을 만큼 많다. 그뿐만 아니라 한문 해독이 어려운 현대인에게 동양고전은 불편하고 부담스럽기까지 하다. 번역을 통해서 고전을 만난다 해도 걱정과 불안은 여전히 남는다. 그렇다면 어떻게 할 것인가.

나는 아주 쉬운 원전을 읽어보도록 권한다. 한문고전은 한문으로 읽어야 제 맛과 제 빛을 느낄 수 있다. 전통시대 초급단계의 한문교재 가운데 동양의 격언格言, 경구警句, 어록語錄, 가교家敎, 가훈家訓을 간추려 담은 『명심보감明心寶鑑』이 있다. 『현문賢文』, 『채근담菜根譚』과 함께 중국이 낳은 3대 처세 격언서로 알려진 『명심보감』은 대체로 서당에서 『천자문』으로 한자를 익히고 간단한 문장을 읽을 수 있는 수준이 되면 배우게 되는 교재이다. 그런 뒤 수신서인 『소학小學』이나 유교 경전인 사서四書·삼경三經으로 나아간다.

전통시대에 『명심보감』은 열 살 전후의 어린이가 읽었다. 초등학교 3학년 정도의 학생들이 외우던 책이다. 어린 나이에 읽는 책이라 하여 결코 내용마저 유치한 것은 아니다. 유태인의 『탈무드』와 같이 삶의 지혜와 인간의 도리를 논하고 있는 『명심보감』은 성인이 읽어도 절로 고개를 끄덕이게 만드는 힘이 있다. 거울에 얼굴을 비추어 고움과 추함을 가려내고, 고인의 말씀에 마음을 비추어 착함과 사악함을 밝힌다고 한다. 『명심보감』을 직역하면 '마음을 밝히는 보배로운 거울'이다. 내 몸과 마음을 비추어 볼 수 있는 신통한 거울이란 뜻이다. 그런 거울이라면 누구나 하나쯤 지니고 싶어하리라. 그 거울에 비추어진 '추악한 나'를 발견하고 부끄러워할 줄 안다면 개인의 허물이 조금씩 덜어질 것이요, 마음이 밝아진 사람이 늘어나면 세상도 조금씩 밝아지지 않겠는가.

사실 『명심보감』에 실린 문장은 우리 모두가 마음에 새겨 잊지 말아야 한다. 그런 의미에서 나는 이를 『명심보감銘心寶鑑』으로 부르고 싶다.

『명심보감』은 원래 중국 명明나라 때 무림武林 사람 범립본范立本이라는 이가 홍무洪武 연간(1393)에 편집한 잠언집이다.[1] 여러 동양고전 속에 나오는 격언이나 속담, 경구警句 등을 뽑아서 20개의 편장으로 엮었다. 범립본은 관직에 나아가지 않고 은거하면서 후학 양성에 몰두하다가 1393년에 『명심보감』, 1406년에는 『치가절요治家節要』를 편찬한 인물이다. 여말선초의 인물인 조치曺致가 중국에 사행했다가 『치가절요』를 구입하여 경남 밀양에서 간행한 바 있다.

현재까지 알려진 바로는 『명심보감』은 조선 단종 2년1454에 청주에서 복각본覆刻本이 나왔다고 한다.[2] 범립본의 원본原本이 나온 지 61년 만에 충청도 관찰사의 주도 아래 간행을 본 것이다.[3] 물론 중국에서는 1585년경 중간본이 나오기도 했으나, 조

1 초간본 제11편 「省心」 첫 번째 조목에 『資世通訓』에서 인용한 "陰法遲而不漏, 陽憲速而有逃."란 구절이 보인다. 『資世通訓』은 明 太祖 朱元璋이 洪武 8년(1375) 정월에 編成한 것이다. 『명심보감』에서 인용한 서책 가운데 이 『자세통훈』의 成書年代가 가장 늦다. 따라서 『명심보감』의 成書年代는 明 洪武 8년에서 26년 사이(1375~1393)가 된다. 아마 범립본이 당시 村里의 私塾에서 訓子, 修身, 齊家를 위해 사용하고 있던 교육자료 가운데 긴요한 부분을 절취하여 편집한 것이 『명심보감』이라 할 수 있다.

2 오늘날 가장 완전한 형태의 청주판 『명심보감』은 제목이 『新刊校正大字明心寶鑑』(2권)인데, 일본 筑波 대학 부속도서관 和漢貴重圖書 가운데 들어 있다.

3 초간본(청주본)도 홍무 26년에서 景泰 5년 사이(1393~1454)에 조선에 들어와 유행하고 있던 범립본의

令君子小人之品別賢愚之階辨善惡之異益
為經書嘉言善行甚多所以令人懶觀習行者
少既令學者不過學其文藝為先未有先學德
行為本及近勸世多勸脩物外之善因少勸為
當行之善高真昔賢文等書亦延於世流傳今
之好聽善言君子觀以為奇罔知古今之要語
是以使人迷惑其心少欲聞聖賢日用常行之
要道以致不肯存心守分強為亂作胡行夫為

1454년 청주에서 간행한 『명심보감』 서문. 일본 쓰쿠바(筑波) 대학 소장

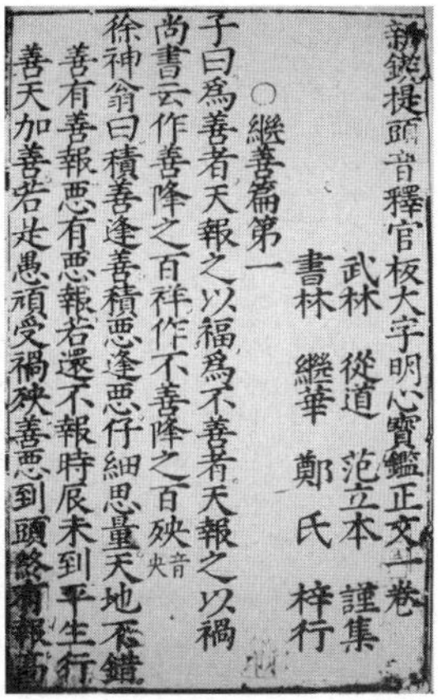

新鍥提頭音釋官板大字明心寶鑑正文一卷
武林 從道 范立本 謹集
書林 繼華 鄭氏 梓行
○繼善篇第一
子曰為善者天報之以福為不善者天報之以禍
尚書云作善降之百祥作不善降之百殃央音
徐神翁曰積善逢善積惡逢惡仔細思量天地不錯
善有善報惡有惡報若還不報時辰未到平生行
善天加善若是愚頑受禍殃善惡到頭終有報高

1596년 명나라에서 간행한 『신계제두음석관판대자 명심보감(新鍥提頭音釋官板大字明心寶鑑)』. 미국 하버드대 소장

선으로 유입된 것 같지는 않다.[4]

조선에서는 16세기 중반에서 17세기 초반 사이에 초략본抄略本이 나타나 유행하기 시작했다. 현재 1664년 태인泰仁에서 간행된 목판본이 규장각에 소장되어 전한다.

고려 충렬왕 때 문신 추적(秋適)이 편찬했다고 전하는 『명심보감초(明心寶鑑抄)』 판목. 1869년(고종 6) 판각

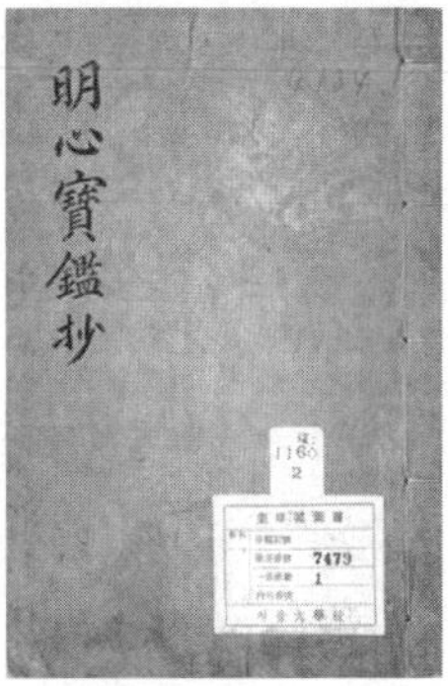

『명심보감초』 표지. 규장각 소장

『명심보감』을 그대로 飜刻한 것이다.

4 청주판 초간본 이외에 중간본으로 『御制重輯明心寶鑒』 2권이 있다. 중간본은 明나라 萬曆(제14대 황제 神宗의 연호, 1563~1620, 재위 1572~1620) 13년(1585) 內府에서 刻한 本이다. 앞에 萬曆御製序가 있고, 상권에 10편, 하권에 10편이 수록되어 있는데, 차례는 초간본과 같다. 御製序 뒤에 "萬曆十三年十月吉日重刊"이라고 했다.

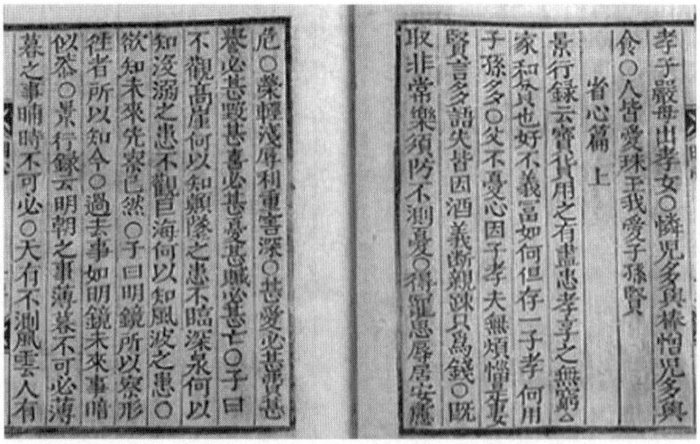

『명심보감초』 본문 '성심 편' 상

한동안 『명심보감』의 편자가 고려 충렬왕 때 예문관제학을 지낸 추적秋適 1246~1317, 호 露堂으로 알려지기도 했으나, 1974년 동해의 어느 고가에서 청주판 초간본을 발견한 이우성 선생에 의해 편자가 범립본이라는 사실이 알려져 앞서의 오류가 시정되었다. 『초판원본명심보감初版原本明心寶鑑』은 1977년 서울 동방문화사東邦文化社에서 머리에 이우성 선생의 해제를 붙여 영인影印했다.[5]

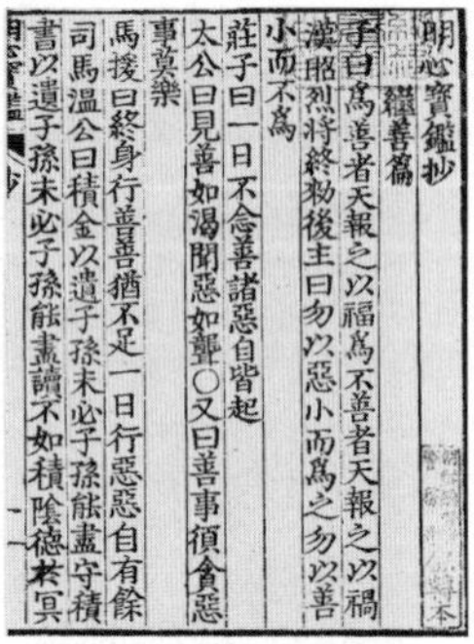

1913년, 지송욱(池松旭) 편, 신구서림 발행 『명심보감초』

1917년, 서울 동일서관 발행 『정본 명심보감』

1936년, 광한서림 편집부 편찬·발행. 『증보주해 무쌍 신명심보감』

---

5 이우성 선생은 소장하던 청주판본이 화재로 소실되자, 일본 筑波 대학 부속도서관 소장본 『청주판 명심보감』을 영인하여 아세아문화사에서 『栖碧外史海外蒐佚本 31』로 1990년 다시 간행한 바 있다. 당초 동방문화사에서 영인했던 『청주판 명심보감』에는 제17편 〈존신(存信)〉이 빠져 있어 유감이었으나 아세아문화사 영인본은 결락없이 온전했다. 필자 역시 책자를 집필하면서 筑波 대학 소장본을 저본으로 삼았다.

1948년, 대만에서 왕동파(王東玻)가 초록하여 간행한 『명심보감』

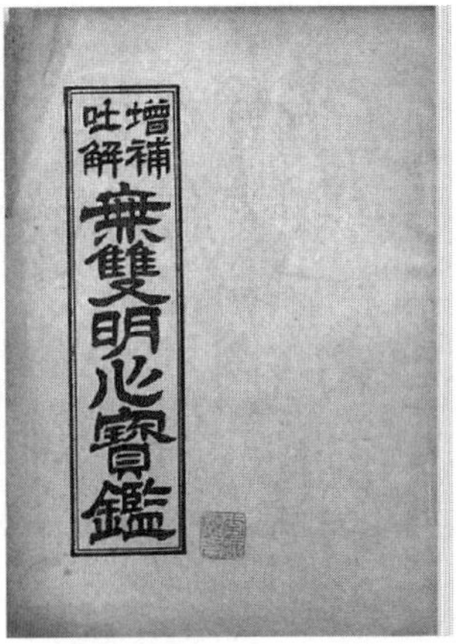

1966년, 세창서관 발행 『증보토해 무쌍 명심보감』

청주판 초간본에는 불교나 도교와 관련한 내용이 많고 문장도 순수 고문체에서 벗어난 것도 적지 않다. 아마도 이를 불만으로 여긴 조선의 유학자가 초략본을 엮은 것이 아닌가 한다. 초략본은 원본에서 조선의 치세이념治世理念인 성리학에 배치되는 내용이나 서로 비슷하거나 중복된 문장을 삭제하고, 길다고 생각되는 문장은 일부 구절을 생략하여 엮은 것이다. 초략본이 언제 누구에 의해 엮어졌는지 모르지만, 이우성 선생에 의해 초간본이 알려진 1974년 전까지 버젓이 『명심보감』의 원본原本인양 행세했다. 일제강점기 이래 간행된 수십 종의 『명심보감』도 초략본이다.[6]

6 1664년 간행된 초략본과 1454년 간행된 초간본에 각기 수록된 조목을 비교하면 이렇다. 제1편 〈계선(繼善)〉-11:47, 제2편 〈천명(天命)〉-7:19, 제3편 〈순명(順命)〉-5:16, 제4편 〈효행(孝行)〉-5:19, 제5편 〈정기(正己)〉-26:27, 제6편 〈안분(安分)〉-5:18, 제7편 〈존심(存心)〉-21:83, 제8편 〈계성(戒性)〉-9:15, 제9편 〈권학(勸學)〉-8:22, 제10편 〈훈자(訓子)〉-10:17, 제11편 〈성심(省心)〉-85:255, 제12편 〈입교(立敎)〉-10:17, 제13편 〈치정(治政)〉-8:23, 제14편 〈치가(治家)〉-8:16, 제15편 〈안의(安義)〉-3:5, 제16편 〈준례(遵禮)〉-6:21, 제17편 〈언어(言語)〉-7:25, 제18편 〈교우(交友)〉-8:24, 제19편 〈부행(婦行)〉-5:8 등이다. 다만 청주판 초간본은 상·하 2권에 각 10편씩 모두 20편으로 제17편 〈존신〉 7조가 들어 있지만, 초략본은 〈존신〉이 빠져서 19편만 수록되어 있다. 또한 원본은 수록된 글이 모두 798조인데, 초략본은 3분의 1도 못되는 247조만 수록되어 있다. 그 뒤 초략본이 251조목이나 253조목으로 늘어나 원문에 없는 내용 몇 조목이 추가되었다. 이러한 현상은 『명심보감』이 점차 조선화되어 갔음을 말해준다. 일제강점기에 들어와 현토(懸吐)와 언해(諺解)가 진행되면서 〈증보(增補)〉, 〈팔반가(八反歌)〉, 〈효행(孝行)〉, 〈염의(廉義)〉 4편이 증보되어 부록으로 실린다. 초략본에는 간혹 이이(李珥), 허전(許傳), 이원조(李源祚), 조기승(趙基升), 류주목(柳疇睦) 등의 서문이 보이기도 한다. 그러나 율곡 이이가 썼다는 서문은 여러 가지 정황상 믿기 어렵다.

1595년, 후앙 코보가 스페인어로 번역한 『명심보감』 표지

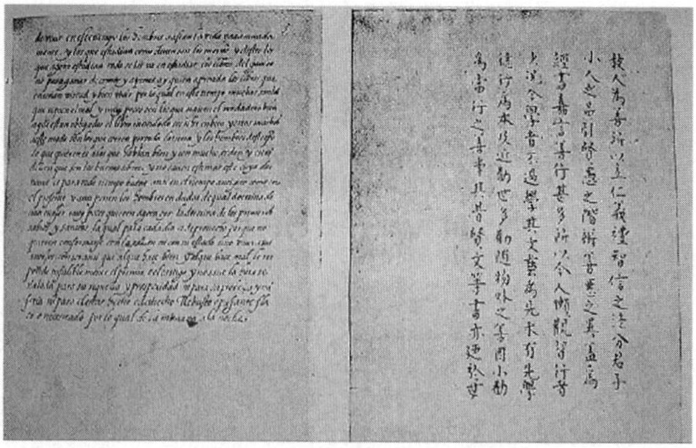

후앙 코보가 번역한 『명심보감』 본문. 번역(좌)-원문(우)

근래의 연구에 의하면, 『명심보감』이 도덕교훈서로서 중국·조선·일본·베트남 등 한자문화권에서만 유행한 것이 아니라, 스페인·프랑스·독일 등에도 전파되어 서양의 지식인들에게도 폭넓게 읽혔다고 한다. 특히 16세기를 전후하여 활동한 기독교 선교사들이 동아시아 유교사상에 관심을 가지면서 서양언어스페인어로 번역한 최초의 한문서적이 다름 아닌 『명심보감』이다. 1590년, 스페인 천주교 도미니크Domingo회 선교사 후앙 코보Fray Juan Cobo, ?~1592, 한자명 高母羨가 필리핀 마닐라에서 명나라 초년에 간행된 『명심보감』을 보고 스페인어『Beng Sim Po Cam』로 번역했다. 『명심보감』이 스스로 고대 중국어를 익히고 중국문화를 이해하기 위해 적절한 읽을거리였기 때문이다. 후앙 코보가 손으로 초록한 스페인어 번역본[7]은 뒷면에 범립본이 엮은 한문원전을 아울러 기록해 두었다.[8] 후앙 코보의 동반同伴인 미구엘 드 베나비데스Miguel de Benavides 신부가 1595년 12월 23일 그 수초본手抄本 『명심보감』[9]

7 책 이름은 음역(音譯)과 의역(意譯)을 구분하여 『Beng Sim Po Cam』과 『Espejo rico del claro corazon』라 했다.

8 중국에서 유행하던 범립본이 엮은 『명심보감』이 1590년 이전에 이미 필리핀에 유입된 듯하다. 이 수초본은 서문 뒤에 두 줄로 "新刊圖相校訛音釋明心寶鑑上卷, 武林後學范立本從道謹集"이라고 기록해 놓았다. 이를 통해 수초본은 범립본이 간행한 원본의 新刻本을 저본으로 삼았음을 알 수 있다. 신각본에는 도상(圖相: 그림)과 교와(校訛: 교정), 음석(音釋: 음 풀이) 등이 들어 있었다. 이 신각본이 필리핀 여행 중이던 華商의 손에 의해 필리핀으로 傳入된 것으로 보인다.

9 이 수초본은 현재 마드리드 스페인 국립도서관에 수장되어 있는데, 2005년 마드리드 대학에서 교감본(校勘本, Espejo rico del claro corazon, Madrid: Letrumero, 2005)을 출판했다. 교감본 역시 왼편에 스페인어 번역문과 주석, 오른편에 한문원전을 실어 놓았다. 이 서역본(西譯本) 영인본이 台灣 靜宜大學圖

을 가지고 스페인 마드리드로 돌아가 펠리페 2세에게 바쳤다. 그로 인해 『명심보감』은 점차 유럽 여러 나라까지 알려지게 되었다. 그 뒤 두 번째 스페인어 번역은 1676년[10]에 다른 선교사에 의해 이뤄졌다.

『논어論語』나 『도덕경道德經』 또는 『시경詩經』이나 『이소離騷』 같은 저명한 고전을 제치고 『명심보감』이 서양에 소개된 최초의 번역서란 사실이 놀랍다.[11] 아마도 거기에는 그럴 만한 이유가 반드시 있었을 것이다. 통속적인 독서물로 동양인의 심성을 잘 표현하고 있는 『명심보감』이 지닌 교훈성과 대중성이 서양 선교사의 마음을 끌어당겼음이 분명하다.

일본판 〈대장금〉

중국판 〈대장금〉

드라마 〈대장금〉. 장금이의 의녀 수업 장면

중국과 대만에서 『명심보감』에 대해 관심을 보인 것은 최근 들어서의 일이다. 아마도 여기에는 한류열풍이 큰 몫을 한 것이 아닌가 한다. 특히 우리나라에서 2003년 9월 15일에서 2004년 3월 30일까지 방송된 인기 드라마 〈대장금大長今〉[12]이 중국과 동남아 지역에 끼친 영향은 매우 컸다. 오히려 우리나라에서 종영된 후 〈대장금〉은

書館에 있고, 複製本이 일본 上智大學 크리스천 文庫에 있다.

10 도미니크회, 스페인 선교사 페르난데스 데 나와레테(Fernander Navarrete, 1618~1689)가 1676년경 『명심보감 Ming Sin Pao Kien』을 번역하고 아울러 평주(評注)를 덧붙였다. 그중 제4장 내용이 그의 저서 『중국역사, 정치 및 종교, 풍속 개관(Tratados historicos, politicos, eticos y religiosos de la monarchia de China)에 수록되었다.

11 스페인에서 코스타 루시타노(P Ignatio a Costa Lusitano)와 인토르세타(Intorcetta)에 의해 『논어』에 대한 라틴어 합역본(合譯本)이 출판된 해가 1662년이었으니 『명심보감』은 그보다 70년 앞서 번역된 것이다.

12 〈대장금〉은 『조선왕조실록』에 나오는 의녀(醫女)로서 계금(戒今), 은비(銀非) 등과 함께 조선 중종의 신임을 받았던 실존인물인데, 여기에 작가의 허구적 상상력을 덧입혀 재구성한 일종의 팩션(faction)이다.

중국, 홍콩, 대만, 일본, 미국 등지에도 수출되면서 상상을 뛰어넘는 위력을 발휘했다. 더구나 2004년 10월부터 〈대장금〉이 일본에서 방영되면서 타이틀 롤을 맡은 여배우 이영애의 이름이 이른바 '한류스타'라는 유명세를 타고 천하를 진동시켰다. 이영애가 번역본 『명심보감』의 애독자였다는 사실이 알려지면서 초간본 편집자 범립본의 나라 중국의 자존심을 자극하여 폭발적인 관심을 촉발시켰다. 실제로 이영애는 『명심보감』을 즐겨 읽었거니와 함께 의녀로 출연한 한지민에게 드라마 마지막 촬영 날 『명심보감』을 선물했는데, 책 표지 안쪽에 "내가 읽던 책인데 살면서 많이 도움이 될 것"이라고 적었다고 한다. 그 뒤 한지민은 한 인터뷰 기사에서 『명심보감』 「존심편」에서 "박하게 베풀고 후한 것을 바라는 자에게는 보답이 없고, 몸이 귀하게 되고 나서 천했던 때를 잊는 자는 오래 계속하지 못하느니라."[薄施厚望者, 不報, 貴而忘賤者, 不久]라는 대목을 곱씹어 보면서 배우로서 자세를 가다듬는다고 말했다.

2007년 중국의 이조전(李朝全)이 번역하여 북경에서 간행한 『명심보감』

2009년 대만에서 발행된 주안방(周安邦)의 학위논문 〈명심보감연구〉 표지

중국인들은 장금이의 일거수일투족一擧手一投足을 면밀히 관찰하며 드라마를 본 것 같다. 〈대장금〉에는 장금이가 각지 관아의 의녀醫女들과 함께 의녀수련을 받을 때, 의술醫術을 익히는 것 이외에 경전經典을 익히는 장면이 나온다. 『명심보감』이 경전공부 입문서였기에 드라마에서 "天聽寂無音, 蒼蒼何處尋, 非高亦非遠, 都只在人心[하늘을 들어보면 고요하여 소리가 없으니 푸르고 푸른데 어느 곳에서 찾을 것인가? 하늘의 소리는 높지 않고 또 멀지도 않으니, 모두가 다만 사람의 마음에 있는 것이니라.]"이란 「천명 편」 머

리 부분이 다뤄지기도 했다.[13]

중국인들은 장금이가 소싯적부터 『명심보감』을 통해 꾸준히 인성교육을 받아서 마음을 진실하게 갖고 은혜에 감사할 줄 알며, 복록을 아낄 줄 아는 좋은 마음씨를 갖출 수 있었다고 믿는다. 주방에서 수랏상을 차리는 궁녀시절부터 상궁, 최고의 상궁이 되기까지, 또한 의녀에서 어의녀御醫女가 되기까지 한결같이 마음을 진실하게 하고 뜻을 반듯하게 하여 조금도 거짓말을 하거나 나쁜 일을 하지 않았으며, 모든 것을 본 마음에 따라 말하고 행하여 마음과 몸을 다하여 흉하고 험한 일도 두려워하지 않고 굴복하거나 좌절하지 않고 위대한 자아를 성취하여 마침내 '대장금'에 올랐다고 본다.[14]

전통사회의 교육은 지식전달보다 인간교육에 중점을 두었다. 인성교육이 밥상머리에서부터 시작되었음은 잘 알려진 사실이다. 특히 충효를 중시하고 불의한 부귀를 거부하라고 가르치는 『명심보감』은 15세기에서 20세기에 이르는 수백 년 동안 가정과 서당에서 아동교육의 기본교재로 널리 쓰이면서 한민족의 도덕적 자아를 형성하는 데 크게 기여했다. 도덕적 자아는 환경・인지・욕구・직관에 의해 형성된다고 한다. 『명심보감』이 역설하는 근면, 신중, 인내, 효성, 우애, 청렴, 겸손, 경계, 공경, 근신, 검소, 신뢰, 관용 등의 덕목은 현대인에게 부족한 도덕적 감성을 함양하는 데 좋은 역할을 할 것이다.

당초 이 책은 대학 신입생을 위해 엮었다. 졸업하고 사회에 나가서도 동양고전을 늘 가까이할 수 있는 마음자세를 길러주기 위해서다. 이제 다시 일반 독자를 위해 원본에 들어 있던 '동양고전 리뷰'를 빼고 '명심보감 서문'을 추가하여 부분적인 손

13 이 책자의 제목인 『마음을 열어 하늘의 소리를 듣다』는 본문에서 인용한 "天聽寂無音, 蒼蒼何處尋, 非高亦非遠, 都只在人心"에서 취한 것이다. 『명심보감』의 대의는 '明心'에 있고, '明心'은 '人心'을 통해 소리 없는 '天聽'(하늘의 말씀)을 깨닫는 데 있다. 그러므로 '마음'을 열지 않으면 결코 하늘의 소리를 들을 수 없다. '마음을 어떻게 열 것인가'는 독자가 『명심보감』을 진지한 태도로 읽어가노라면 반드시 터득할 수 있을 것이다. 이제 남의 닫히고 못난 마음씨를 탓하기에 앞서 먼저 내 마음부터 활짝 열고 탁한 먼지와 더러운 때를 청소하는 데 힘쓸 일이다.

14 『명심보감』에 대한 중국인들의 관심이 대륙에서는 2007년 1월 이조전(李朝全)이 점교(點校), 역주(譯注)한 『명심보감(明心寶鑒)』의 출간으로 이어졌고, 대만에서는 2009년 6월 주안방(周安邦, An-Pang Chou, 中臺科技大學 教授)의 박사학위(逢甲大學 中國文學研究所) 논문 〈명심보감 연구(明心寶鑑 研究)〉(The Study Of "Ming Xin Bao Jian")로 결실을 맺었다.

질을 가했다.

책의 구성은 이렇다. 『명심보감』의 내용을 두 개의 키워드로 짝지어 모두 7장으로 나누었다. 각장의 '본문'은 꼭 암송해야 할 문장의 〈원문〉을 제시하고 거기에 〈번역〉-〈풀이〉-〈한자와 문법〉을 차례로 덧붙여 이해를 도왔다. 원문은 비교적 짧고 쉬운 문장을 골랐다. '명심보감 스스로 읽기'는 본문에 넣지 않은 각 편의 원문과 번역을 제시하여 독자가 여가에 스스로 읽어보도록 했다.[15]

독자께서는 아마도 이 책자를 통해서 원나라 말 명나라 초[元末明初], 범립본이 편찬할 때의 모습을 온전하게 살필 수 있는 『명심보감』을 만날 수 있을 것이다.[16]

책을 펴보고서 문득 본문이 너무 소략한 것이 아닌가 하고 생각할 분도 있을 것이다. 글은 욕심을 내면 소득이 줄어든다. 옛글이 좋은 까닭은 씹을수록 맛이 깊어지는 데 있다. 잘된 독서란 남의 글을 내 글로 만들어 자연스럽게 생각과 마음에 스며들게 하는 것이다. 말은 교양의 표지다. 생각과 마음이 변화되면 나도 모르게 말하는 방식도 바뀌게 된다. 고전이 생활로 탈바꿈하는 순간이다. 매주 2시간씩 학습하고 틈틈이 큰소리로 되풀이하여 읽어보라. 15주 안에 본문의 진정한 의미를 스스로 터득할 수 있을 것이다.

끝으로 완본 『명심보감』을 펴내면서, 독자의 사랑을 받는 인문교양서 출판을 위해 애쓰고 있는 북코리아 이찬규 사장님께 감사드린다.

2012(壬辰)년 윤삼월 입하절立夏節
서울 강남 일묵재一默齋에서
이종호는 삼가 쓰다.

---

15 이 책에 제시된 본문은 초간본이 아닌 초략본을 저본으로 삼아 엮었다. 그 이유는 이렇다. 첫째, 초간본은 초략본보다 분량이 3배나 되어 수업시간에 모두 다루기엔 적합하지 않았다. 둘째, 초략본이 조선시대와 일제강점기를 거쳐 광복 이후에도 원서처럼 읽혀 우리나라의 『명심보감』이 되었고, 셋째, 초략본이 대체로 초간본의 중요한 내용을 중복을 피하면서 거의 완벽하게 개괄하고 있다고 보았기 때문이다. 본문에 제시하지 않은 내용은 모두 '명심보감 스스로 읽기'에 소개해 놓았다. 초략본에 누락되었던 제17편 〈존신〉 7조도 넣었음은 물론이다.

16 다만 이 책에서는 초간본이 나온 이후 우리나라에서 임의로 추가해 놓은 것 가운데 〈증보편〉과 〈팔반가〉만 소개하고, 〈효행〉과 〈염의〉는 생략했다. 왜냐하면 우리나라 인물의 이야기를 다루었지만 문장이 길고 형식도 본문과 어울리지 않는다고 보았기 때문이다.

차 례

제1장 하늘과 인간

하늘과 인간은 동양고전의 중심을 이루는 두 가지 핵심 주체이다。 동양고전은 하늘과 인간을 어떻게 바라보고 있을까? 하늘과 인간의 관계에 대해서는 어떠한 관점을 유지하고 있는가? 이를 〈쉬지 말고 선을 행하라〉[繼善]、〈하늘은 무엇을 말하는가〉[天命]、〈천명을 따라야 하는 이유〉[順命]로 나누어 알아본다。

1

쉬지 말고 선을 행하라 [繼善]

'계선繼善'이란 하늘이 인간에게 부여한 착한 본성을 이어나간다는 뜻이다. 『주역周易』「계사繫辭」(상)에 "도道를 잇는 것을 선이라 하고 도를 이루는 것을 성이라 한다."[繼之者善也, 成之者性也]란 말에서 나왔다. 주자는 『어류語類』에서 "사람들이 말하는 성이란, 다만 『주역』「계사」의 '잇는 것이 선이다[繼之者善].'라는 것을 말하니, 맹자가 말한 성선性善이 바로 이것이다."라고 했다.

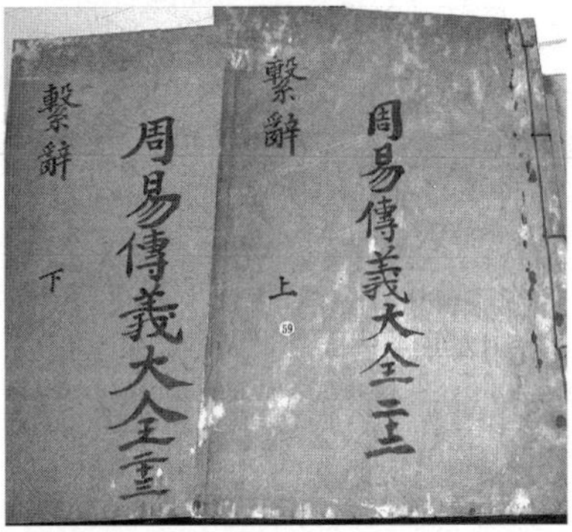

『주역』의 「계사전(繫辭傳)」 상하
'주역 사상'의 난해한 내용을 체계적이고 철학적으로 서술한 책으로 공자가 지었다고 전한다. '계사'란 '말을 매달다'라는 뜻으로 본문 내용을 해설했다고 보면 된다.

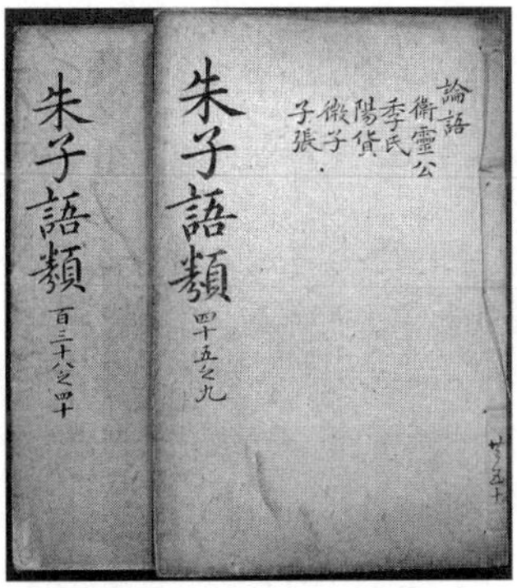

『주자어류』
남송의 주희가 강학하면서 제자들의 질문에 답한 어록을 여정덕(黎靖德)이 모아 140권으로 엮었다.

'계선'은 하나의 지상명령至上命令과도 같다. 하늘이 내리는 축복과 재앙이 무엇을 근거로 하는가? '계선'했느냐 여부다. 왜 '계선'인가? 잠시라도 선행을 멈춰서는 안 된다는 생각에서다. 이러한 의식이 동양고전으로 하여금 강한 도덕성을 유지하도록 했다. 고전은 말한다. 쉬지 말고 선을 행하라. 그렇지 않으면 하늘이 그대와 그대 후손에게 재앙을 내릴 것이다.

1. 子曰(자왈), 爲善者(위선자)는 天(천), 報之以福(보지이복)하고, 爲不善者(위불선자)는 天(천), 報之以禍(보지이화)니라.[1]

공자
춘추시대 노나라 정치가이자 유가의 종장

번역 공자가 말했다. "선을 행하는 사람은 하늘이 복으로써 그것을 갚아주고, 불선(선하지 못함)을 행하는 자는 하늘이 재앙으로써 그것을 갚느니라."

풀이 여기에는 하늘이 은연중에 사람의 행위를 보고 재앙과 복을 내린다는 음즐사상(陰騭思想)[2]이 들어 있다. 착한 일을 하면 하늘이 그에게 복을 내리고 악한 일을 하면 하늘이 그에게 재앙을 내림으로써 백성을 안정시킨다는 독특한 동양 사상이 전개되고 있다. 이 글은 불교에서 말하는 자업자득(自業自得)과 통한다.

한자와 문법 '子'는 '스승'을 의미한다. 맹자(孟子)나 순자(荀子) 혹은 주자(朱子)의 경우가 그런 의미이다. 경전에서 특별히 子라고만 하는 경우 공자(孔子)를 지칭한다. '爲'는 '~을 하다'의 뜻으로 타동사이다. '者'는 '~하는 사람, ~하는 것'으로 새긴다. 따라서 끊어 읽는 구두점이 된다고 보면 된다. '報'는 갚을 보. '之'는 일반적으로 '갈(지)' 자로 알려져 있으나 그 용례는 드물고, 소유의 의미나 대명사로 쓰이는 경우가 많다. 여기에서의 '之'는 '爲善(不善)者'를 받는 대명사(그)로 쓰였다.

---

1 『孔子家語』「在厄」 제20편.

2 '음즐(陰騭)'이란 말은 『書經』「洪範」에 "惟天陰騭下民, 相協厥居."(하늘이 남몰래 아래 백성을 안정시키어 서로 도와 살도록 하시다)라는 구절에서 나왔다. '즐(騭)'은 본래 모마(牡馬: 수말), 공마(公馬)를 가리키는 한자였다. 그러다 뒤에 가서 '오르다(升)', '안배하다', '분변하다', '판정하다', '안정시키다' 등으로 의미가 확장되었다. 따라서 음즐(陰騭)의 '騭'은 '안정시키다'라는 뜻으로 쓰이고, 평즐(評騭)의 '騭'은 '분변하다. 판정하다'라는 뜻으로 쓰인다. '아무 말 없이 안정시키다'라는 '陰騭'은 뒤에 묵묵히 선을 행하는 덕행을 가리키게 되었다. 이 경우 '음즐'은 '음덕(陰德)', '음공(陰功)'과 동의어가 된다. 도교(道敎)의 문헌 가운데 『문창제군 음즐문(文昌帝君陰騭文)』이 있다. 줄여서 『음즐문(陰騭文)』이라고 한다. 이 『음즐문』은 사람들에게 이렇게 살라고 권한다. "음공과 음덕을 많이 쌓아라. 선을 행하되 자기 이름을 드러내지 말라. 홀로 처해서도 악을 짓지 말라. 그리하면, 남모르는 사이에 하늘이 도와주어 복(福)과 녹(祿)과 수명(壽命)을 내릴 것이다."

문창제군(文昌帝君)

문창제군은 진(晉)의 장아(張亞)를 신격화한 문창재동제군(文昌梓潼帝君)을 말하는데, 줄여서 재동제군(梓潼帝君) 또는 문창군(文昌君)이라 부른다. 문창은 문장, 학문, 시험 운을 수호해주는 신으로 유명하다. 중국에서는 "북방엔 공자요 남방엔 문창이라(北孔子, 南文昌)."는 말이 있을 정도로 남방에서는 문창 신앙이 크게 유행했다.

문창제군 『음즐문』 일부

삼교합일(三敎合一)을 배경으로 하여 권선징악(勸善懲惡)을 주제로 하는 '선서(善書)'는 성리학 이념에 기반하여 민중교화를 펼쳤던 조선에서도 유행하였다. 명나라 성조(영락제)의 칙명에 따라 편찬된 『위선음즐서(爲善陰騭書)』 등이 1417년(태종 17년) 조선에 전래된 이래, 선서는 임진왜란을 거쳐 조선 후기까지 활발하게 유통되었다. 조선시대에 널리 유행한 선서로는 『태상감응편(太上感應篇)』, 『문창제군음즐문(文昌帝君陰騭文)』, 『태미선군순양여조사공과격(太微仙君純陽呂祖師功過格)』, 『각세신편팔감강목(覺世新編八鑑綱目)』, 『경신록언석(敬信錄諺釋)』 등이 있다.

원나라에서 간행한 『음즐문도설』

명나라 원료범(袁了凡, 1535~1608)의 『음즐록(陰騭錄)』〔〈요범사훈(了凡四訓)〉〕의 일본어 번역본

『음즐록』은 〈공과격(功過格)〉을 실천한 실제기록으로 중국 명청대 이래 민간 종교신앙에 큰 영향을 끼쳤다.

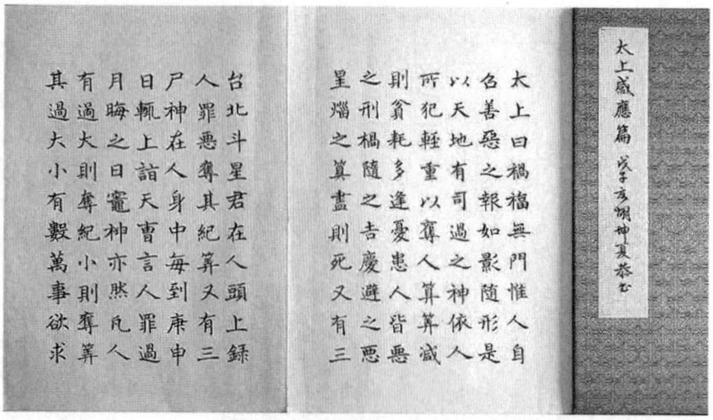

太上感應篇

太上曰禍福無門惟人自
召善惡之報如影隨形是
以天地有司過之神依人
所犯輕重以奪人算算減
則貧耗多逢憂患人皆惡
之刑禍隨之吉慶避之惡
星災之算盡則死又有三
台北斗星君在人頭上錄
人罪惡奪其紀算又有三
尸神在人身中每到庚申
日輒上詣天曹言人罪過
月晦之日竈神亦然凡人
有過大則奪紀小則奪算
其過大小有數萬事欲求

태상감응편

'선서'는 선인(善人)이라 불리는 지식인이나 지방 사대부들에 의해 엮어지지만, 신선이 강림하여 써놓은 책이라고 해서 작자를 '문창제군'과 같은 인물로 각색하여 신성시 한다. 선서 가운데 『태상감응편(太上感應篇)』, 『문창제군음즐문(文昌帝君陰騭文)』, 『관성제군각세신경(關聖帝君覺世眞經)』의 세 책은 가장 널리 유통되어 민간종교의 '삼성경(三聖經)'이라 일컬어진다. 이 중 〈태상감응편〉이 가장 대표적이다. 삼성경은 명청대 이후 중국인들의 정신생활과 종교신앙에서 중요한 지주가 되었다. '삼성경'에서 말한 덕목을 실천화한 것이 『공과격(功過格)』이란 부류의 선서이다. 〈공과격〉 같은 선서 가운데 〈태미선군공과격(太微仙君功過格)〉이 가장 권위가 있다.

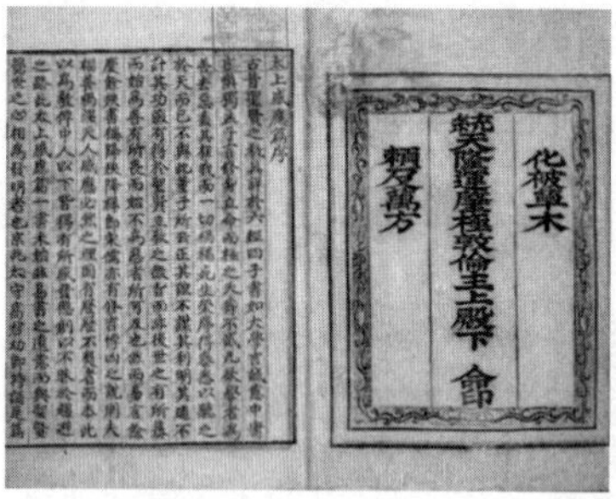

『태상감응편서』

1880년(고종 17) 왕명(王命)으로 최성환(崔瑆煥)이 간행했다. 『태상감응편』은 『경신록(敬信錄)』에 수록되어 있는데, 한문을 한글로 번역하고 그림을 첨가하여 이해하기 쉽도록 했다.

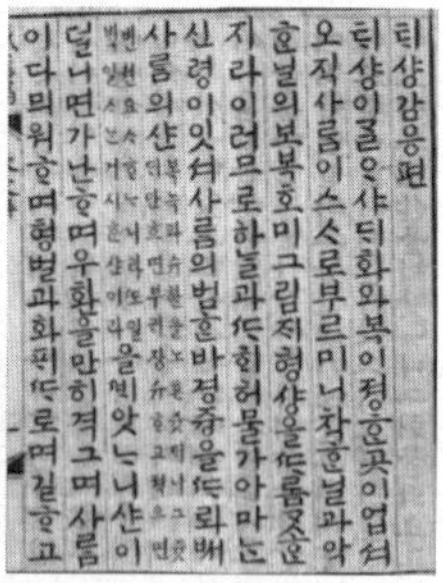

『태상감응편 언해본』

선악(善惡)은 반드시 거기에 상응하는 과보(果報)가 따른다는 사실을 한글로 풀고 그림으로 설명했다.

2. 漢昭烈(한소열)이 將終(장종)[3]에 勅後主曰(칙후주왈), 勿以惡小而爲之(물이악소이위지)하고 勿以善小而不爲(물이선소이불위)하라.

3 新刻本에는 '終'이 '崩'으로 되어 있다.

번역 한나라 소열황제[4]가 죽으려 할 때에 후주에게 신칙하여 말했다. "악은 아무리 작다 해도 행하지 말고, 선은 아무리 작다 해도 지나치지 말라."[5]

풀이 촉한(蜀漢)의 황제 유비(劉備)재위 221~223가 죽으려 할 때에 후주다음 황제인 아들 유선(劉禪)재위 223~263을 불러놓고 한 말이다. '小'는 '작다' 혹은 '자잘하다'라는 뜻이니, 작은 것은 대체로 사람들이 대수롭지 않게 여기기 쉽다. "작은 것이 쌓여서 크게 된다[積小成大].'는 말이 있다. 처음부터 악한 사람은 없다. 사소한 것을 어떻게 대하는가에 따라 장차 악인과 선인이 판가름 나는 것이다.

유비
삼국시대 촉한을 세운 군주

한자와 문법 '昭烈'은 촉한의 유비가 죽은 후에 받은 시호이다. '將'은 '장차(장)'로 알려졌으나 '~하려고 할 때'의 뜻이다. '終'은 '죽음'이다. '勅'은 본래 천자가 내리는 명령을 적은 글, 즉 '조서(詔書)' 또는 동사로 '조서를 내리다'로 새긴다. 그러나 여기에서는 '신칙할(칙)', 즉 '타이르다'라는 뜻으로 봐야 의미가 순하다. '以'는 주로 '~로써, ~로서'의 뜻이지만, '이유'로 풀이된다. '勿'은 '~말라'는 의미의 금지사로 주로 문장 앞에 쓰인다.

3. 莊子曰, 一日, 不念善이면 諸惡, 皆自起니라.[6]

장자왈 일일 불념선 제악 개자기

번역 장자[7]가 말했다. "하루라도 선을 생각하지 않으면 여러 가지 악이 모두 스스로 일어나느니라."

4 소열황제: 촉한(蜀漢)을 세운 유비(劉備, 161~223)를 말한다. 자는 현덕(玄德). 탁군(涿郡, 지금의 하북성 보정시와 탁주시) 출신이다.

5 『三國志』 蜀志, 「先主劉備傳」에 보인다.

6 현재 전하는 『莊子』에는 없다. 『明心寶鑑』에서 '莊子曰'로 시작되는 글은 모두 현재 전하는 『莊子』에 없다.

7 장자(B.C. 369~286?): 이름은 장주(莊周)로 전국시대 송(宋)의 몽읍(蒙邑: 河南省 商邱縣 근처)에서 출생했다. 생몰연대는 정확치 않으나 맹자(孟子)와 거의 비슷한 시대에 활동한 것으로 전한다. 초년에 칠원리(漆園吏)를 지낸 적도 있었으나, 그 이후는 평생 은거했다. 한때 초(楚)나라 위왕(威王)이 그를 재상으로 맞아들이려 했으나 사양했다. 그의 저서로 알려진 『장자(莊子)』는 원래 52편(篇)이었으나 진대(晉代)의 곽상(郭象)이 정리한 33편(內篇 7, 外篇 15, 雜篇 11)이 전한다. 전통적인 견해에 따르면, 내편 7편만 장자 자신이 썼고, 나머지는 그의 제자와 같은 계열의 철학자들이 썼다고 한다. 내편 가운데 「소요유(逍遙游)」, 「제물론(齊物論)」, 「대종사(大宗師)」에 장자의 사상이 잘 드러나 있다. 장자는 노자(老子)와 마찬가지로 도(道)를 천지만물의 근본원리라고 본다. 도는 일(一)이며 대전(大全)이므로 그 대상이 없다. 도는 어떤 대상을 욕구하거나 사유하지 않으므로 무위(無爲)하다. 도는 스스로 자기존재를 성립시키며 움직인다. 그러므로 자연(自然)하다. 도는 있지 않은 곳이 없다. 거미 · 가라지 · 기왓장 · 똥 · 오줌 속에도 있다. 이는 일종의 범신론

풀이 장자는 장주莊周이다. 노자와 함께 도가를 대표하는 사상가로 맹자와 동시대 인물이다. 장자는 선을 생각함으로써 악을 막아내는 방법을 권하고 있다. 매우 적극적인 인생 태도이다.

한자와 문법 '諸'는 '모두, 여러(제)'로 새긴다. '念'은 '~을 염두에 두다', '~을 생각하다'의 뜻이다.

장자
전국시대 도가를 대표하는 사상가

4. 太公曰, 見善如渴하고 聞惡如聾하라.
태공왈 견선여갈 문악여롱

又曰, 善事須貪하고 惡事莫樂하라.
우왈 선사수탐 악사막락

번역 태공[8]이 말했다. "선을 보거든 목마른 듯이 하고 악을 듣거든 귀머거리처럼 하라." 말했다.

(汎神論)이다. 도가 개별적 사물들에 전개된 것을 덕(德)이라고 한다. 도가 천지만물의 공통된 본성이라면 덕은 개별적인 사물들의 본성이다. 인간의 본성도 덕이다. 이러한 덕을 회복하려면 습성에 의하여 물든 심성(心性)을 닦아야 한다. 이를 '성수반덕(性脩反德)'이라고 한다. 장자는 그 방법으로 '마음을 비워서 깨끗이 하는' 심재(心齋)와 '조용히 앉아서 우리를 구속하는 일체의 것들을 잊어버리는' 좌망(坐忘)을 들었다. 덕을 회복하게 되면 도와 간격 없이 만날 수 있다. 도와 일체가 되면 도의 관점에서 사물을 볼 수 있다. 이를 '이도관지(以道觀之)'라고 한다. 물(物)의 관점에서 사물을 보면 자기는 귀하고 상대방은 천하다고 할 수 있다. 그러나 도의 관점에서 사물을 보면 만물을 평등하게 볼 수 있다. 인간은 도와 하나가 됨으로써 자연에 따라 살아갈 수 있으며 자유를 누릴 수 있다. 이러한 자유는 천지만물과 자아 사이의 구별이 사라진 지인(至人)이라야 누릴 수 있다. 이 지인은 사람들과 조화를 이루고 천지만물들과도 사이좋게 살아갈 수 있다. 장자에 따르면, 우리의 삶은 유한하나 인식할 수 있는 것은 무한하며, 유한으로 무한을 추구하는 것은 어리석다고 한다. 우리의 언어, 인식 등은 자신의 관점에 치우쳐 있기 때문에 우리가 내린 결론이 모든 것에 대해 동등하게 옳다고 단정할 수는 없다. 장자의 사상은 다문화주의 및 가치 체계에 대한 상대주의의 선구로 볼 수 있다. 그의 다원주의는 삶이 좋고 죽음이 나쁘다는 전제처럼 (인간 생활 영위의 기반이 되는) 실용적 명제에 대한 의심으로까지 나아간다. 『장자』 속의 이야기는 대개 '인격화한 동식물이나 기타 사물을 주인공으로 하여 그들의 행동 속에 풍자와 교훈의 뜻을 나타내는 이야기 형식'인 우언(寓言)의 형태를 띠고 있어 해석의 여지를 남겨 두고 있다. 이야기들은 대개 역사적인 사실과는 거리가 멀며 읽을 때마다 다른 느낌을 받게 한다. 뛰어난 우언으로 '장주가 꿈에서 나비가 된 이야기'인 장주호접(莊周胡蝶), '혼돈에게 구멍을 뚫어서 죽게 한 이야기'인 혼돈개규(混沌開竅), '소백정 포정이 소를 해체하는 이야기'인 포정해우(庖丁解牛) 등이 있다. 장자의 작품은 선진(先秦) 시대의 대표적 작품으로 인정받고 있다. 전설에 의하면 장자는 남화산(南華山)에 은거했다고 하여, 당나라 현종이 그를 남화진인(南華眞人)으로 봉하고, 그의 저술인 『莊子』를 '南華經'(南華眞經)으로 불렀다고 한다.

8 태공: 본명 강상(姜尙), 그의 선조가 여(呂)나라에 봉하여졌으므로 여상(呂尙)이라 했고, 주(周)나라 문왕의

"선한 일은 모름지기 탐할 것이요, 악한 일은 즐기지 말지니라."[9]

풀이 목이 마른 사람은 물을 찾아 마셔야 갈증이 풀리고 귀머거리는 듣고 싶어도 들리지 않는 법이다. 여기서 물은 '다른 사람의 선행'이니, 물을 마시듯 실컷 남의 선행을 보노라면 스스로 선하게 되지 않을 수 없다. 일종의 감염효과이다. 남의 악행이 아무리 들려와도 마음의 빗장을 풀지 않고 무덤덤하게 지내면 귀머거리 상태가 되어 결코 악행에 물들지 않는다. 일종의 차단효과이다. '須貪'과 '莫樂'은 '渴'과 '聾'을 더 구체적으로 표현한 것이다.

한자와 문법 '渴'은 목마를(갈), '聾'은 귀머거리(롱), '須'는 모름지기(수)이다. '須'는 부사로 문장에서 '모름지기(반드시) ~해야 한다.'고 새긴다. '莫'은 '勿'과 함께 금지를 나타낸다.

강태공 조어대
강태공이 낚시하던 자리라고 알려진 조어대(釣魚臺). 중국 산시성 바오지시(寶鷄市)에 있다.

5. 馬援曰(마원왈), 終身行善(종신행선)이라도 善猶不足(선유부족)이며, 一日行惡(일일행악)이라도 惡自有餘(악자유여)니라.

번역 마원[10]이 말했다. "몸이 죽을 때까지 선을 행해도 선은 오히려 부족하고, 하루만 악을 행하더

할아버지인 태공(太公: 고공단보)이 기대했던[望] 인물이었다고 해서 태공망(太公望)이라 불렸다. 제나라 사람으로 기원전 11~12세기, 주나라 초기에 활동한 정치가이자 공신이다. 무왕을 도와 은나라를 멸망시켜 천하를 평정했으며 제(齊)나라 시조가 되었다. 속설에 이르기를 위수(渭水) 강가에서 낚시를 드리우고 때를 기다리다가 후일 주나라 문왕을 도와 주나라 팔백 년의 기틀을 닦았다고 일컬어진다. 뒷날 그의 고사를 바탕으로 하여 한가하게 낚시하는 사람을 '강태공' 혹은 '태공'이라 부르게 되었다.

9 이 글은 태공(太公)의 저술 『육도(六韜)』에 보이지 않는다.

10 마원(馬援, B.C. 14~A.D. 49): 자는 문연(文淵)인데, 후한의 저명한 무장으로 광무제(光武帝) 때에 복파장군(伏波將軍)에 봉해져서 교지(交趾: 북베트남) 지방에서 봉기한 징칙(徵側)과 징이(徵貳) 자매의 반란을

라도 악은 저절로 남음이 있느니라."

풀이 평생 꾸준히 선을 행하는 자만 악을 범하지 않을 수 있다는 가르침이다. '부족不足'과 '유여有餘'가 선과 악의 갈림길에서 머뭇거리는 이들을 꾸짖는 듯하다.

한자와 문법 '終身'은 '몸을 마치다', 곧 '죽는다'는 뜻으로 '平生'과 같다. '猶'는 본디 짐승(우)였다. 나중에 부사 '오히려(유)' 혹은 동사 '마치 ~와 같다(유)'로 활용되었다. 여기서는 술어 '不足'을 꾸미는 부사 '오히려'로 새긴다.

6. 景行錄曰, 恩義廣施하라. 人生何處不相逢이랴!
경행록왈 은의광시 인생하처불상봉
讐怨莫結하라. 路逢狹處면 難回避니라.
수원막결 노봉협처 난회피

번역 『경행록』[11]에서 말했다. "은의를 널리 베풀어라. 사람이 살면서 어디에선들 서로 만나지 않겠는가? 원수를 맺지 마라. 길 가다 좁은 곳에서 만나면 피하기 어려우니라."

풀이 빈손으로 왔다가 빈손으로 가는 인생이다. 소유할 것이 무엇일까? 하나를 받고 열을 베풀면 세상 사람이 모두 나의 벗이 되지만, 열을 받고 하나도 베풀지 않으면 온 천하가 나를 원수로 여겨 해치려 들 것이다. '인자무적仁者無敵'이다.

한자와 문법 '恩義'는 갚아야 할 은혜(恩惠)와 의리(義理)이다. '廣'은 '널리'란 뜻으로 뒤의 '施'를 꾸며주는 부사로 쓰였다. '生'은 '~에 살다'로 새긴다. '何'가 붙는 말은 모두 의문문으로 해석한다. '讐'는 원수(수), '狹'은 좁을(협)이다. 낄(협: 挾), 호협할(협: 俠)과 혼동하지 말아야 한다. '難+술어'는 '~하기가 어렵다'로 새긴다.

토벌하고, 하노이 부근의 낭박(浪泊)까지 진출하여 그곳을 평정했다. 그 공으로 신식후(新息侯)가 된 바 있다. 세칭 '마복파(馬伏波)'라 한다. 일찍이 "사나이는 응당 변방 들녘(전장)에서 죽어 말가죽으로 시신을 싸가지고 돌아와 장사지내야 한다[男兒要當死於邊野, 以馬革裹屍還葬]."라고 말했는데, 뒷날 과연 군중(軍中)에서 병사(病死)했다.

11 『경행록(景行錄)』은 宋나라 때 만들어진 책이라 하나 현재 전하지 않는다. '경행(景行)'은 '큰길'이란 뜻인데, 의미가 확대되어 '(어떤 사람의) 훌륭한 행실'을 가리킨다. 그러므로 『경행록』은 선인들의 훌륭한 행실을 기록한 책으로 생각된다. 『시경』 소아(小雅), 「거할(車舝)」에 "높은 산 우러르고 큰길을 따라가네[高山仰止, 景行行之]."에서 나왔다. 옛사람 중에 높은 덕이 있는 자에 대해서는 사모하고, 밝은 행실이 있는 자에 대해서는 그를 모범으로 삼아 행한다는 것으로, 산은 덕을, 길은 행실을 비유한 것이다.

7. 子曰, 見善如不及하고 見不善如探湯하라.

자왈 견선여불급 견불선여탐탕

번역 공자가 말했다. "선을 보거든 거기에 미치지 못하는 듯하고, 불선(不善)을 보거든 손으로 끓는 물을 만진 듯이 하라."[12]

『논어』
공자와 제자들이 문답한 대화록

풀이 강물을 거슬러 오르면서 노를 젓지 않으면 어떻게 될까? 끓는 물에 손을 넣으면 어떻게 될까? 세상이 온통 콸콸 흘러내리는 강물이고 펄펄 끓는 가마솥이다. 열심히 노를 젓고 가마솥 근처에 가지 않는 것이 상책이다. '如不及'은 늘 부족함을 느껴 부지런히 힘쓰라는 권고이고, '如探湯'은 매우 위태로우니 늘 조심하라는 경고이다.

한자와 문법 '善'은 착할(선)인데 여기서는 타인의 선한 행실을 뜻한다. '如'는 동사로 '~과 같다(여)', '及'은 미칠(급), '探'은 만질(탐), '湯'은 끓는 물(탕)으로 새긴다. 'A+如+B'는 'A를 B같이 하다'로 번역한다.

---

12 『論語』「季氏」, "孔子曰, 見善如不及, 見不善如探湯, 吾見其人矣, 吾聞其語矣[공자가 말했다. 선함을 보고는 (선함에) 미치지 못할 듯이 하며, 불선을 보고는 끓는 물을 더듬는 것처럼 하라. 나는 그런 사람을 보았고 그런 말을 들었노라]."

2

하늘은 무엇을 말하는가 [天命][13]

'천명天命'이란 하늘이 명령하는 것이다. 동양고전은 하늘이 악한 존재로 인간을 만들어 세상에 내보내지 않았기에 선하게 살아야 한다고 말한다. 그것이 하늘의 뜻이다. 하늘은 말이 없으나 여러 가지 모습으로 인간에게 자신의 뜻을 전달한다. 때로는 재앙을 통해 경고를 보내기도 한다. 하늘이 침묵한다고 인간이 제멋대로 살 수 없다. 인간 스스로 하늘의 입장에 서서 스스로를 생각하는 지혜를 발휘해야 한다. 인간의 존엄이 하늘을 떠올릴 때, 보다 신령스럽게 되는 이치가 바로 여기에 있다. 고전에서 말하는 하늘은 전지전능하다. 인간의 마음을 어둠 속의 촛불처럼 환하게 비추고 있다. 누가 누구를 속일 것인가.

1. 孟子曰, 順天者는 存하고 逆天者는 亡하느니라.
맹자왈 순천자 존 역천자 망

번역 맹자[14]가 말했다. "하늘을 따르는 자는 살아남고, 하늘을 거스르는 자는 망하느니라."[15]

풀이 미약한 인간이 위대한 천지자연의 섭리에 따라 자연계의 일원으로 살아가라는 충고이다. 여기서 '천'은 도덕적인 하늘의 명령과 물질적인 자연의 섭리를 아우르는 개념이다. 농경사회에서는 자연의 질서를 바로 알고 적절하게 대응해야 생존할 수 있

13 '天命篇'을 '天理篇'이라고 명명한 판본도 있다.

14 맹자: 이름은 맹가(孟軻, B.C. 372~B.C. 289)이다. 공자의 손자 자사(子思)의 문인이다. 전국시대에 유가의 대표적인 사상가이며, 공자의 사상을 계승하여 후세에 전했다. 저서에 『맹자(孟子)』가 있다.

15 『孟子』「離婁上」에 보인다.

다. 또한 인간의 도리를 바로 알고 인의仁義에 따라 정직하게 살아야 천복天福을 누릴 수 있다.

한자와 문법 '順'은 좇을(순)으로 '순종하다, 순응하다, 따르다'라는 뜻이다. '者'는 대명사로 동사·형용사(혹은 동사구·형용사구) 뒤에 쓰여 그러한 속성을 가지고 있거나 동작을 하는 사람·사물을 나타내어 '~하는 자, ~하는 것'으로 새긴다. 그리고 '者'에서 문장의 호흡도 잠시 멈춘다. 여기서는 '順天者'가 '하늘을 따르는 사람은', '逆天者'가 '하늘을 거스르는 사람은'으로 해석되어 하나의 명사절로서 주어 성분을 이룬다.

맹자
전국시대를 대표하는 유가사상가. 성선설과 왕도정치를 주장했다.

2. 康節邵先生曰, 天聽寂無音하니 蒼蒼何處尋인고,
강절소선생왈 / 천청적무음 / 창창하처심

非高亦非遠하니 都只在人心이니라.
비고역비원 / 도지재인심

번역 강절공 소 선생[16]이 말했다. "하늘을 들어보면 고요하여 소리가 없으니 푸르고 푸른데 어느 곳에서 찾을 것인가? 하늘의 소리는 높지 않고 또 멀지도 않으니, 모두가 다만 사람의 마음에 있는 것이니라."[17]

풀이 하늘에게 하소연하고 싶어도, 하늘의 말을 듣고자 해도 방법이 없다고 한다. 볼 수 없는 '하늘의 귀'와 '하늘의 입'을 찾기 때문이다. 소강절은 하늘을 보지 말고 너의 마음을 보라고 한다. 그 속에 하늘이 있다는 것이다. 사람이 곧 하늘이니 인심이 곧 천심이 아닌가. 늘 푸르른 하늘처럼 한 점 부끄럼 없이 살라는 말이다.

한자와 문법 '天聽'은 '하늘의 들으심'이다. 그런데 일반 역사서에서는 '天聽'을 '임금의 들으심' 혹은 '임금의 귀'를 뜻한다. 신하들이 임금에게 글을 올릴 때, "우러러 천청(天聽)을 번거롭게 하는 바입니다[仰黷天聽者]."거나 "임금께 호소했다[瀆天聽]."는 표현이 보인다. '蒼'은 푸를(창), '都'는 '모두(도)'이다. 참고로 '都是'는 '모두 ~이다'로 새기고, '都合'은 '모두 합해서'로 새긴다. '只'는 부사로 다만, 오

16 소옹(邵雍, 1011~1077) : 자는 요부(堯夫). 안락선생(安樂先生)이나 백원선생(百源先生)으로 불리기도 했다. 시호가 강절(康節)이라서 후세에 소강절(邵康節)로 불렸다. 상수역학(象數易學)의 대가였으며, 북송시대의 다섯 선생[北宋五子] 중의 한 사람이었다.

17 『伊川擊壤集』 권22, 「天聽吟」에 보인다.

직(지)이다. 'A+在+B'는 'A가 B에 있다' 혹은 'A가 B에 달려 있다'로 새긴다. 소강절의 말은 한 편의 시(詩)이다. 이처럼 5언으로 된 시는 대개 2자, 3자로 끊어 읽으면 된다. '尋', '心'은 모두 운자(韻字)이다.

3. 玄帝垂訓曰, 人間私語라도 天聽若雷하고 暗室欺心이라도 神目如電이니라.

현제수훈왈 인간사어 천청약뢰 암실기심 신목여전

번역 현제[18]의 『수훈』에서 말했다. "사람 간의 사사로운 말이라도 하늘이 듣는 것은 우레와 같고, 어두운 방에서 마음을 속인다 해도 귀신의 눈은 번개와 같으니라."

풀이 '私語사어'란 '너만 알고 남에게 말하지 말라!'고 하는 개인 사이에서 비밀스럽게 속삭이는 말이다. '欺心기심'이란 '아무도 없으니 이렇게 한들 누가 알랴!'는 식의 홀로 있을 때 스스로를 속이는 행동이다. 세상에는 비밀이 없다. 하늘이 듣고 귀신이 보기 때문이다. 누구를 속일 것인가? 속이려면 차라리 하늘과 귀신을 속일 일이다.

한자와 문법 '현제(玄帝)'는 도가(道家)에서 말하는 천제(天帝), 하느님이다. '訓'은 가르칠(훈), 교훈(훈), '垂'는 지구 중심을 향해 곧게 늘어뜨린 수직선(垂直線)을 연상하면 의미가 바로 드러난다. 보통 드리울(수)로 새기는데, 공간적으로 '(어떤 물건을) 아래로 늘어뜨리다'라 뜻이다. '수렴청정(垂簾聽政)', '현수막(懸垂幕)'이 그 예이다. 이로부터 시간적으로 '후세에 전하다(물려주다)'는 의미로 확장된다. '垂訓'은 '후세에 가르침을 전하다' 또는 '교훈을 주다'로 새긴다. '欺'는 속일(기)이다. '若'은 문장에서 접속사 '만일'로 종종 쓰인다. 이 글에서는 동사로 '~와 같다'로 쓰였다. 이 글은 4자씩 서로 對를 이루고 있다. 대칭구조를 파악하면 읽고 이해하기 쉽다.

4. 益智書云, 惡鑵若滿이면 天必戮之니라.

익지서운 악관약만 천필륙지

번역 『익지서』[19]에서 말했다. "악의 두레박이 가득 차면, 하늘이 반드시 그를 죽일 것이니라."

풀이 '惡鑵'은 악을 담는 그릇이다. 굳이 '악의 두레박'으로 새기지 않아도 좋다. 세상에

---

18 道教에서 眞武大帝를 玄天上帝라 하고 줄여서 '玄帝'라고 한다.

19 『益智書』는 宋代의 書名으로 보이나 전하지 않아 구체적인 내용을 알 수 없다.

악을 담는 그릇이나 두레박이 있을까? 하늘은 악을 가늠하는 도구를 가지고 있을 법하다. 천벌을 받는 순간이 곧 악관이 넘칠 때이다. 그대가 선을 외면할 때마다 악관의 눈금이 올라가고 있다. 그래도 악을 행할 것인가?

한자와 문법 '鑵'은 '罐'과 통하는 글자로 두레박(관)이고, '戮'은 죽일(륙)이다. '若'은 접속사 '만일'로 새긴다. '之'는 '惡鑵'을 받는 대명사이다.

5. 莊子曰, 若人作不善하여 得顯名者는 人雖不害나 天必誅之니라.
장자왈 약인작불선 득현명자 인수불해 천필주지

번역 장자가 말했다. "만일 사람이 착하지 않은 일을 높은 명성을 얻은 것이라면, 다른 사람이 비록 해치지 못할지라도 하늘은 반드시 그를 벨 것이니라."

풀이 간혹 사람이 사악한 수단이나 방법을 동원하여 사업을 성공시켜 명성을 얻을 수는 있다. 그러나 세상 사람들이 비록 그를 처단하지 못하여도 결국 하늘이 반드시 그를 그냥 두지 않을 것이다.

한자와 문법 '若'은 접속사로서 '만약 ~라면'으로 새긴다. '得'은 '~을 얻다'이다. '顯'은 나타낼(현), 드러날(현)인데, 여기서는 형용사로 뒤의 '名'을 꾸민다. 그래서 '顯名'은 '높은 이름(명성)'으로 새긴다. '雖'는 접속사로 '비록 ~이지만' 또는 '설사 ~이더라도'라고 번역한다. 주어는 일반적으로 '雖' 앞에 온다. '誅'는 벨(주)로 '斬'과 통한다. '죽인다'는 뜻이다. '之'는 앞의 '作不善, 得顯名者'를 받는 대명사이다.

6. 種瓜得瓜요 種豆得豆니, 天網恢恢하야 疏而不漏니라.[20]
종과득과 종두득두 천망회회 소이불루

번역 외 심으면 외 얻고 콩 심으면 콩 얻나니, 하늘의 그물은 넓고 넓어서 성글어 보이지만 새지 않느니라.

---

20 『道德經』 제73장, "天之道, 不爭而善勝, 不言而善應, 不召而自來, 然而善謀, 天網恢恢, 疏而不失." 번역: "자연(하늘)의 도(道)는 싸우지 않아도 이기기를 잘하고, 말을 걸지 않아도 대답을 잘하며, 부르지 않아도 스스로 오니, 느리고 완만하지만 도모를 잘한다. 하늘의 그물은 넓고 넓어 엉성하지만 빠뜨리지 않는다."

풀이 속담이다. 콩 심은 데 콩 나고 팥 심은 데 팥 난다. 원인에 따라 결과가 생긴다. 세상사 모두 인과응보因果應報의 이치로 이뤄진다. 아무리 콩을 심어 팥을 얻는 첨단과학, 유전공학이 발달한 세상이라고 한들 하늘의 이치마저 바꿀 수 있을까? 하늘은 선에 응하여 복을 주고 악에 응하여 화로 답하는 원칙을 어긴 적이 없다. 그것이 하늘이 된 까닭이요 하늘이 무서운 이유이다. 그 누가 하늘의 그물을 의심할 것인가?

한자와 문법 '種'은 명사로는 씨앗(종)이고, 동사로는 심을(종)이다. '播種', '種樹'가 그 예이다. '瓜'는 오이(과), '恢'는 넓을(회)이다. '恢恢'는 첩어(疊語)인데, 같은 글자를 중첩하여 술어(또는 한정어)로 쓰이는 경우가 많다. 『莊子』「養生主」에서 포정이 소 잡는 도(道)를 말하면서 "두께가 없는 칼을 두께가 있는 틈새에 넣으니, 널찍하여 칼날을 움직이는 데 있어 반드시 여유가 있습니다."[以無厚入有間, 恢恢乎, 其於遊刃, 必有餘地矣]라고 했는데, '恢恢'가 사용되었다. '漏'는 샐, 빠뜨릴(루)이다.

7. 子曰, 獲罪於天이면 無所禱也니라.
자왈 획죄어천 무소도야

번역 공자가 말했다. "하늘에 죄를 얻으면 빌 곳이 없느니라."[21]

풀이 공자의 세계관이 잘 나타난 글이다. 이 대목은 위衛나라의 실권자인 왕손가王孫賈가 "아랫목 귀신 같은 왕에게 잘 보이려 하기보다는 차라리 부엌 귀신처럼 실력이 있는 자기에게 잘 보이라."는 뜻으로 말하자, 공자가 답한 말이다. 공자가 말한 '천'은 이치와 같다. 어떤 일이든 이치에 합당하게 하면 자연히 순조로워져서 길하게 된다. 반대로 하늘의 이치를 거스르면 흉하게 되는 법이다. 결국 『서경書經』「대우모大禹謨」에서 말한 "선을 따르면 길하고 악을 따르면 흉하게 된다."[惠迪吉, 從逆凶]를 강조한 셈이다. 정녕 악을 행하고 재앙 대신 복을 받게 해 달라고 빌 것인가?

한자와 문법 '獲'은 얻을(획), '禱'는 빌(도)이다. '所'는 '~하는 바'로 새긴다. 여기에서는 장소를 뜻한다. 현대 문법학에서는 '所'를 조사 또는 대명사로 본다. '也'는 어조사로서 문장 끝에 놓여 긍정·판단·설명의 어감을 나타낸다.

21 『論語』「八佾」, "王孫賈問曰, 與其媚於奧, 寧媚於竈, 何謂也. 子曰, 不然, 獲罪於天, 無所禱也(왕손가가 묻기를, '아랫목 신에게 잘 보이기보다는 차라리 부엌 신에게 잘 보이라 하니, 무슨 말입니까?' 하자, 공자께서 말하기를, '그렇지 않다. 하늘에 죄를 얻으면 빌 곳이 없다.'고 했다)."

3

천명을 따라야 하는 이유 [順命]

노자
춘추시대 도가를 창시한 사상가

'순명順命'이란 하늘의 명을 따르라는 말이다. 동양 고전은 스스로 하늘의 뜻을 깨달았으면 하늘의 이치에 따라 살라고 한다. 하늘의 이치는 인간의 힘으로 어찌할 수 없는 불가사의한 것이다. 흔히 말하는 거부할 수 없는 '운명'이다. 하늘의 섭리를 긍정하지 않는 자는 천명을 거부하거나 무시한다. "왜 우리 인간이 하늘 앞에서 한없이 무력해야 하느냐"고 항변한다. 고전은 인간이 무력해서 천명을 따르는 것이 아니라고 한다. 그 천명, 그 운명이 인간의 편이라고 확신하기 때문이다. 물결을 따라 노를 젓는 자가 바보란 말인가?

1. 子夏曰(자하왈), 死生有命(사생유명)이요 富貴在天(부귀재천)이니라.

번역 자하[22]가 말했다. "죽고 사는 데는 명이 있고, 부유하고 귀해지는 것은 하늘에 달려 있다."[23]

22 子夏: 본명은 복상(卜商)으로 공자의 제자이다. 십철(十哲)의 한 사람이다. 위나라 문후(文侯)의 스승으로 시와 예(禮)에 능통했는데, 특히 예의 객관적 형식을 존중했다.

23 『論語』「顏淵」, "司馬牛憂曰, 人皆有兄弟, 我獨亡. 子夏曰, 商聞之矣, 死生有命, 富貴在天. 君子敬而無失, 與人恭而有禮, 四海之內, 皆兄弟也, 君子何患乎無兄弟也[사마우가 걱정하면서 '사람들은 모두 형제가 있는데 나만 홀로 없구나.' 하자, 자하가 말하기를 '내가 들으니 죽고 사는 것은 명(命)에 달려 있

풀이 옛사람들은 『중용中庸』에 나오는 "하늘이 명하는 바를 성이라 한다[天命之謂性]."고 할 때의 명命과 여기의 "죽거나 사는 데는 명이 있다[死生有命]."고 할 때의 명을 이기론理氣論에 입각하여 달리 보았다. "죽거나 사는 데는 명이 있다."고 할 때의 명은 기氣를 띠고 있어서 품부 받을 때에 많고 적음과 후하고 박함의 차이가 있다고 한다. 반면 "하늘이 명하는 바를 성이라 한다."고 할 때의 명은 순수하게 이理를 가지고서 말한 것이라 한다. 어찌 되었든, 병약하고 빈천하게 살아가는 불우不遇도 주어진 운명이니 남을 탓하거나 하늘을 원망하지 말라고 한다. 이 또한 천명을 따라 살아 마음을 안정시키는 방법이다.

한자와 문법 'A(명사)+有+B'는 'A에 B가 있다'로, 'A+在+B'는 'A는 B에 달려 있다'로 새긴다.

남송의 작자미상 〈공문제자도권(孔門弟子圖卷)〉 36인 중 4인 부분
염경(백우), 민손(자건), 안회(자연), 공자. 〈대북 고궁박물원〉

2. 景行錄云, 禍, 不可以倖免이요 福, 不可以再求니라.
경행록운 화 불가이행면 복 불가이재구

번역 『경행록』에서 말했다. "화는 요행으로 면할 수 없고, 복은 다시 구할 수 없느니라."

풀이 선악에 따라 화복은 정해진다. 하늘의 원칙이다. 이를 누가 피할 수 있을까? 오는 화를 피하지 말고 가는 복을 잡지 말라. 모든 것이 하늘의 뜻이다. 당할 재앙이라면 당

고, 부귀는 하늘에 달려 있다.'고 했다. 군자가 공경하고 잃음이 없으며, 남과 더불어 지낼 때 공손하고 예가 있으면 사해의 안이 다 형제이니 군자가 어찌 형제 없음을 걱정하겠는가?]."

당히 당해야 뒤탈이 없다. 요행으로 피하려다 더 큰 불행을 만난다. 떠난 복은 내게 올 복이 아니다. 떠난 복은 뒤돌아보지 말고 더욱 선을 쌓아 다음에 다가올 복을 기다려야 한다. 놓친 복이 그립다고 안달하다가 더 큰 복을 놓칠 수 있다.

한자와 문법 '可以~'는 가능이나 능력을 나타내는 조동사로 '~할 수 있다'로 새긴다. '倖(행)'은 '僥(요)'와 통한다. 요행(행), 다행(행)이다. '僥倖'은 '뜻밖에 얻는 행운'이란 뜻이다. 여기서는 '倖'이 뒤의 동사 '免'을 꾸며주는 부사어가 되었으므로 '요행으로'라고 새긴다. '再'는 부사로 다시(재)인데, 여기서는 '재차', '또'로 새겨 뒤의 동사 '求'를 꾸며준다.

계선편 繼善篇

1. 尙書云(상서운), 作善(작선)이면 降之百祥(강지백상)하고 作不善(작불선)이면 降之百殃(강지백앙)이니라.

> 『상서』에서 말했다. "선을 지으면 온갖 복이 절로 생기고 악을 지으면 온갖 재앙이 절로 생겨난다."

2. 徐神翁曰(서신옹왈), 積善逢善(적선봉선)하고 積惡逢惡(적악봉악)하니 仔細思量(자세사량)하면 天地不錯(천지불착)이니라.[24]

> 서신옹이 말했다. "선을 쌓으면 선을 만나게 되고, 악을 쌓으면 악을 만나게 된다. 자세히 헤아려보면 천지는 조금도 어긋나지 않느니라."

3. 易云(역운), 積善之家(적선지가)에 必有餘慶(필유여경)이요 積不善之家(적불선지가)에 必有餘殃(필유여앙)이니라.

> 『역경』에서 말했다. "선을 쌓은 집안에서는 반드시 뒷날 그의 자손에게 경사가 생기게 되고, 불선(악)을 쌓은 집안에서는 반드시 뒷날 그의 자손에게 재앙이 생기게 된다."

4. 西山眞先生曰(서산진선생왈), 擇善固執(택선고집)하되 惟日孜孜(유일자자)하라.

> 서산 진 선생(진덕수)[25]이 말했다. "선을 가려내어 굳게 잡고서 오직 날마다 힘써 행하라."

24 重刊本에는 "善有善報, 惡有惡報, 若還不報, 時辰未到. 平生作善天加善, 若是愚頑受禍殃. 善惡到頭終有報, 高飛遠走也難藏. 行藏虛實自家知, 禍福因由更問誰. 善惡到頭終有報, 只爭來早與來遲. 閑中檢點平生事, 靜裏思量日所爲. 常把一心行正道, 自然天地不相虧."가 덧붙어 있다.

25 '서산 진 선생'은 宋의 진덕수(眞德秀, 1178~1235)를 가리킨다. 세상에서 '西山先生'이라고 칭한다. 주자학파의 학자로서 저서로는 『大學衍義』, 『讀書記』, 『文章正宗』 등이 있다.

5. 耳聽善言이면 不墮三惡이요 人有善願이면 天必從之하니라.
이청선언 불타삼악 인유선원 천필종지

귀로 선한 말을 들으면 세 가지 악[26]에 떨어지지 않고, 사람이 선한 바람을 가지면 하늘이 반드시 따라주느니라.

6. 晉國語云, 從善如登하고 從惡如崩하라.
진국어운 종선여등 종악여붕

진나라 『국어』에서 말했다. "선을 따라 행하는 것을 (산에) 오르는 것처럼 여기고, 악을 따라 행하는 것을 (산이) 무너지는 것처럼 여겨라."

7. 太公曰, 善事는 須貪하고 惡事는 莫樂하라.
태공왈 선사 수탐 악사 막락

태공[27]이 말했다. "착한 일은 모름지기 탐을 내고, 악한 일은 즐기지 말라."

8. 顏子曰, 善以自益이요 惡以自損이라. 故로 君子는 務其益以防損하니 非以求名이요 且以遠辱이니라.
안자왈 선이자익 악이자손 고 군자 무기익이방손 비이구명 차이원욕

안자가 말했다. "선은 자신을 유익하게 하고 악은 자신을 손해나게 한다. 그러므로 군자는 유익함에 힘써 손해를 방지하나니, (이는) 명예를 추구하기 위함이 아니라 장차 치욕을 멀리하기 위함이다."

9. 顏子曰, 君子는 見毫釐之善이라도 不可傾之요[28] 行有纖之惡이라도 不可爲之니라.
안자왈 군자 견호리지선 불가경지 행유섬지악 불가위지

안자가 말했다. "군자는 터럭만큼의 사소한 선을 보더라도 대수롭지 않게 보아서는 안 되며, 실낱같이 미세한 악을 행하는 일도 해서는 안 된다."

26 '三惡에 떨어진다'는 것은 아마도 불교에서 말하는 지옥(地獄)·축생(畜生)·아귀(餓鬼)의 삼악도(三惡道)에 떨어진다는 것을 의미하는 것 같다. 이에 반해 천당(天堂)·인간(人間)·아수라(阿修羅)를 삼선도(三善道)라고 한다.

27 태공은 周나라 呂尙으로 주로 '강태공'으로 불린다.

28 重刊本에는 '傾'을 '掩'으로 적었다.

10. 易曰, 出其言善이면 則千里應之하고 出言不善이면
역왈 출기언선 즉천리응지 출언불선

則千里違之니라.
즉천리위지

『역경』에서 말했다. “말을 한 것이 선하면 천리 밖에서도 호응하고, 말을 한 것이 불선하면 천리 밖에서도 등을 돌린다.”

11. 但存心裏正이요 不用問前程하고 但能依本分이요 前程不用問이라.
단존심리정 불용문전정 단능의본분 전정불용문

若要有前程이면 莫做沒前程하라.
약요유전정 막주몰전정

다만 마음속에 바른 것을 간직하고 있기만 하다면 앞길[29]을 물어볼 필요가 없고, 다만 능히 본분에 따르기만 한다면 앞길을 물어볼 필요가 없다. 만일 앞길이 있기를 바란다면 앞길을 없게 할 일을 하지 말라.

12. 司馬溫公曰,[30] 積金以遺子孫이라도
사마온공왈 적금이유자손

未必子孫이 能盡守요
미필자손 능진수

積書以遺子孫이라도 未必子孫이
적서이유자손 미필자손

能盡讀이니 不如積陰德於冥冥之中하여
능진독 불여적음덕어명명지중

以爲子孫之計也니라.
이위자손지계야

사마광
북송의 정치가, 문학가

사마온공이 말했다. “돈을 모아 자손에게 남겨준다 하여도 자손이 반드시 이를 다 지켜낼 수는 없으며, 책을 모아서 자손에게 남겨준다 하여도 자손이 반드시 이를 다 읽어낼 수는 없다. 그러니 아무도 모르게 음덕을 쌓아서 자손을 위한 계책으로 삼는 것만 같지 못하다.”

29 ‘前程’은 ‘전도’나 ‘장래’와 같은 말로, 선비나 관리들이 추구하던 功名이나 벼슬길을 말하는 듯하다.

30 淸州本에는 ‘司馬溫公家訓’으로 되어 있다. 사마온공은 北宋의 정치가요 문학가 司馬光(1019~1086)을 가리킨다. 사후에 溫國公에 봉해져 ‘사마온공’이라 부른다. 神宗이 王安石을 발탁하여 新法을 단행하게 하자 이에 반대해 사퇴했다. 20권의 『資治通鑑』을 완성했고 철종이 즉위한 뒤 재상이 되자 왕안석의 신법을 舊法으로 대체, 구법당의 수령으로 크게 수완을 발휘했다.

13. 心好에 命又好면 發達榮華早요 心好나 命不好면 一生也溫飽니라.
심호 명우호 발달영화조 심호 명불호 일생야온포

命好나 心不好면 前程을 恐難保요 心命이 都不好면 窮苦가
명호 심불호 전정 공난보 심명 도불호 궁고

直到老니라.
직도로

마음씨가 좋고 (타고난) 명운(命運) 또한 좋다면 영화로운 일이 생겨 일찍 통달하게 되고, 마음씨는 좋으나 명운이 좋지 않으면 일생 동안 따뜻하고 배불리 지낼 수 있다. 명운은 좋지만 마음씨가 좋지 못하다면 아마도 앞날을 보장하기 어렵고, 마음씨와 명운이 모두 좋지 않다면 가난과 고생이 늙을 때까지 쭉 이어질 것이다.

14. 景行錄云, 以忠孝로 遺子孫者는 昌하고 以智術로 遺子孫者는
경행록운 이충효 유자손자 창 이지술 유자손자

亡하며 以謙接物者는 強하고, 以善自衛者는 良하니라.
망 이겸접물자 강 이선자위자 양

『경행록』에서 말했다. "충과 효를 자손에게 물려주는 자는 번창하게 되고, 지혜와 술수를 자손에게 물려주는 자는 멸망하게 되며, 겸손으로 사람을 접대하는 자는 굳세게 되고, 선한 마음씨를 가지고 자신을 지키는 자는 어질게 된다."

15. 莊子曰,[31] 於我善者도 我亦善之하고 於我惡者도 我亦善之니라.
장자왈 어아선자 아역선지 어아악자 아역선지

我旣於人에 無惡이면 人能於我에 無惡哉인저.
아기어인 무악 인능어아 무악재

장자가 말했다. "나에게 잘해주는 자에게 내 또한 잘해주고, 나에게 나쁘게 해주는 자에게도 나 또한 잘해줄 것이다. 내가 이미 남에게 나쁘게 함이 없었나니, 남도 나에게 나쁘게 함이 없으리라."

16. 老子曰, 善人은 不善人之師요 不善人은 善人之資라.
노자왈 선인 불선인지사 불선인 선인지자

노자가 말했다. "착한 사람은 착하지 않은 사람의 스승이요, 착하지 않은 사람은 착한 사람의 거울[32]이 되느니라."[33]

---

31 현재 전하는 『莊子』에는 없다.

32 악행을 저지른 사람을 보면서 자신의 선심을 일깨운다는 점에서 '善人之資'를 '선인의 본보기(거울)'로 새겨도 무방하다. 이는 공자가 "三人行, 必有我師焉. 擇其善者而從之, 其不善者而改之."(『論語』「述而」)라고 말한 뜻과 통한다.

33 『老子』 제27장에 보인다.

17. 老子曰, 柔勝剛하고 弱勝强이라.
노자왈 유승강 약승강

故로 舌柔能存이나 齒剛則折也니라.
고 설유능존 치강즉절야

노자가 말했다. "부드러움은 억셈을 이기고, 약한 것은 강한 것을 이긴다. 그러므로 혀는 유연(柔軟)해서 보존될 수 있지만, 치아는 강경(剛硬)해서 쉽게 절단 난다."

18. 太公曰, 仁慈者는 壽하고 凶暴者는 亡하니라.
태공왈 인자자 수 흉포자 망

태공이 말했다. "인자한 자는 장수하고 흉포한 자는 일찍 죽는다."

19. 太公曰, 懦必壽昌이요 勇必夭亡이니라.
태공왈 나필수창 용필요망

태공이 말했다. "겁이 많고 소심한 자는 반드시 장수하며 번창할 것이요, 용맹스럽고 이기길 좋아하는 자는 반드시 요절하며 쇠망할 것이다."

20. 老子曰, 君子爲善若水하니 擁之可以在山[34]하고
노자왈 군자위선약수 옹지가이재산

激之可以過顙[35]이라. 能方能圓하여 委曲隨形이라. 故로 君子는
격지가이과상 능방능원 위곡수형 고 군자

能柔而不弱하고 能强而不剛을 如水之性也니라. 天下柔弱이
능유이불약 능강이불강 여수지성야 천하유약

莫過於水라. 是以로 柔弱勝剛强하니라.[36]
막과어수 시이 유약승강강

노자가 말했다. "군자가 선을 행함은 마치 물과 같다. (물을) 빙 둘러 막으면 산에서 흐를 수 있고, 손바닥으로 치면 이마를 지나가게 할 수 있으며, 능히 모나게도 하고 능히 둥글게도 하면서 구불구불거리며 담는 형상에 따라 변화한다. 그러므로 군자는 능히 부드러우면서 약하지 않고 능히 강하면서 억세지 않아 마치 물의 성질과 같이 할 수 있다. 천하에 유약한 것으로 물보다 더한 것은 없다. 이 때문에 부드럽고 약한 것이 억세고 강한 것을 이기는 것이다."

---

34 '可以在山'을 '可以止山'(산도 멈추게 할 수 있다)이라고 한 판본도 있다.

35 '激之可以過顙'를 '汲之可以渴顙'(퍼내면 한 길이 넘는 우물물도 마르게 할 수 있다)이라 한 판본도 있다.

36 『老子』 제8장과 제36장에 관련 대목이 부분적으로 보인다.

21. 書云, 爲善不同이나 同歸於理요 爲政不同이나 同歸於治니
서운 위선부동 동귀어리 위정부동 동귀어치

惡必須遠하고 善必須近하라.
악필수원 선필수근

『서』[37]에서 말했다. "선을 행하는 방식은 서로 다르지만 똑같이 의리에 부합할 수 있고, 정치를 하는 방식이 서로 다르지만 똑같이 태평한 세상을 만들어낼 수 있다. 악한 언행을 반드시 멀리하고 선한 언행을 반드시 가까이해야 한다."

22. 景行錄云, 爲子孫作富貴計者는 十敗其九요 爲人行善方便者는
경행록운 위자손작부귀계자 십패기구 위인행선방편자

其後受惠니라.
기후수혜

『경행록』에서 말했다. "자손을 위해 부귀하게 되는 계획을 하면 열에 아홉은 실패한다. 남을 위해 선한 방편[38]을 행하면 그 후손이 모두 혜택을 받을 수 있다."

23. 與人方便하면 自己方便하니라.
여인방편 자기방편

남에게 편(리)하게 대해주면 남도 자기(나)에게 편(리)하게 대해줄 것이다.[39]

24. 日日行方便하면 時時發善心하니라.
일일행방편 시시발선심

날마다 남에게 방편을 행하면 때마다 선심을 일으킬 수 있다.

25. 力到處면 行方便하라.
역도처 행방편

힘이 미칠 수 있는 곳이면 모두 방편을 행하라.

37 『尙書』「蔡仲之命」에 "爲善不同, 同歸於治, 爲惡不同, 同歸於亂."이란 대목이 보인다.

38 '방편'이란 그때그때의 경우에 따라 일을 쉽고 편하게 치를 수 있는 수단과 방법으로 불보살(佛菩薩)이 중생을 제도(濟度)하기 위해 쓰는 묘한 수단을 말한다. 자주 사용하는 '임시방편(臨時方便)'은 필요에 따라 그때그때 정해 일을 쉽고 편리하게 치를 수 있는 수단을 말한다. 즉 '남을 편하게 해주는 일'을 방편으로 보면 된다. 무거운 짐을 들고 있는 이를 보고 대신 짐을 들어주는 일도 '방편을 행한 것'으로 볼 수 있다. 세상에는 방편을 행할 곳이 너무나 많다. 그만큼 선을 쌓을 기회가 많다는 말이다.

39 영역을 해보면, "If you make things easy for others, others will make things easy for you."가 된다.

26. 千經萬典이 孝義爲先이요 天上人間은 方便第一이니라.
천경만전 효의위선 천상인간 방편제일

> 천만 권의 경전이 모두 효도와 의리를 우선으로 삼거니와 하늘에서나 인간 세상에서나 모두 방편을 으뜸으로 삼는다.

27. 太上感應篇曰, 禍福은 無門이니 惟人自招요 善惡之報는
태상감응편왈 화복 무문 유인자초 선악지보

如影隨形이라. 所以人心起於善이면 善雖未爲나
여영수형 소이인심기어선 선수미위

而吉神已隨之하며 或心起於惡이면 惡雖未至나 而凶神已隨之리라.
이길신이수지 혹심기어악 악수미지 이흉신이수지

其有曾行惡事라도 後自改悔하여 久久면 必獲吉慶하리니
기유증행악사 후자개회 구구 필획길경

所謂轉禍爲福也니라.
소위전화위복야

> 『태상감응편』[40]에서 말했다. "화와 복은 (출입하는) 문이 없으니 모두 오직 사람이 스스로 불러들인 것이다. 선과 악의 응보는 마치 그림자가 형체를 따르는 것과 같다. 그러므로 사람의 마음이 선으로부터 일어나면 비록 선한 행위를 아직 하지 않았다 하더라도 길한 신이 이미 따라올 것이요, 만일 마음이 악으로부터 일어나면 비록 악한 행위를 아직 행해지지 않았다 하더라도 흉한 신이 이미 따라서 이를 것이다. 어떤 이가 일찍이 악한 일을 행한 적이 있다 하더라도 나중에 스스로 뉘우치고 고쳐서 오래도록 지켜나가면 반드시 길한 경사를 얻게 되나니 (이를) 이른바 '화를 변화시켜 복을 만든다[전화위복]'고 하느니라."

28. 東嶽聖帝垂訓曰, 天地는 無私하고 神明은 暗察이라.
동악성제수훈왈 천지 무사 신명 암찰

不爲享祭而降福하고 不爲失禮而降禍니라. 凡人이 有勢라도
불위향제이강복 불위실례이강화 범인 유세

不可盡倚요 有福이라도 不可盡用이요 貧困이라도 不可盡欺니라.
불가진의 유복 불가진용 빈곤 불가진기

此三者는 乃天地에 循環하여 周而複始니라. 故로 一日行善이면
차삼자 내천지 순환 주이복시 고 일일행선

---

40 『太上感應篇』은 줄여서 『感應篇』이라 한다. 작자는 미상이다. 道教 勸善書의 하나이다. 전체 사상의 소재는 『太平經』 및 魏晉의 道書인 『易內戒』, 『赤松子經』 등에서 취했다. 만들어진 시대는 北宋初로 추정되며, 이미 南宋 理宗 時에 刊本이 流傳하고 있었다. 전체 문장은 대략 1,200여 자로 그리 길지 않다. 시작 부분은 "禍福無門, 惟人自召, 善惡之報, 如影隨形." 16자로 되어 있는데, 이것이 전체 내용의 강령이 된다. 마지막 부분에선 "諸惡莫作, 衆善奉行."을 강조했다. 이에 대한 주석으로는 淸代 惠棟의 『太上感應篇注』와 兪樾의 『太上感應篇纘義』가 유명하다.

福雖未至(복수미지)나 禍自遠矣(화자원의)요, 一日行惡(일일행악)이면 禍雖未至(화수미지)나 福自遠矣(복자원의)니,

行善之人(행선지인)은 如春園之草(여춘원지초)하여 不見其長(불견기장)이라도 而日有所增(이일유소증)하고,

行惡之人(행악지인)은 如磨刀之石(여마도지석)하여 不見其損(불견기손)이라도 而日有所虧(이일유소휴)하나니라.

> 동악성제의 수훈[41]에서 말했다. "하늘과 땅은 사사로움이 없으며 신명은 (인간이 하는 일을) 남모르게 살핀다. 제사를 흠향하지 않아도 복을 내려야 할 것에는 복을 내리고, 예법을 빠뜨리지 않았어도 화를 내려야 할 것에는 화를 내린다. 무릇 사람들이 세력이 있다고 해서 모두 의지해서는 안 되고, 복이 있다고 해서 모두 누려서는 안 되며, 빈곤하다고 해서 모두 업신여겨서는 안 된다. 이 세 가지는 하늘과 땅에 순환하는데 한 바퀴 돌고 나서는 다시 처음으로 돌아온다. 그러므로 하루라도 선을 행하면 복은 비록 이르지 아니하나 화(재앙)는 저절로 멀어질 것이요, 하루라도 악을 행하면 화는 비록 이르지 아니하나 복은 저절로 멀어질 것이다. 선을 행하는 사람은 봄 동산의 풀과 같아서 그 자라는 것을 보지 못하나 날로 더해지는 것이 있고, 악을 행하는 사람은 칼을 가는 숫돌과 같아 갈려 닳아 없어지는 것을 보지 못하나 날로 이지러짐이 있느니라."

29. 一毫之善(일호지선)이라도 與人方便(여인방편)하고 一毫之惡(일호지악)이라도 勸人莫作(권인막작)하라.

衣食(의식)은 隨緣(수연)하여 自然(자연)하면 快樂(쾌락)이라. 算甚麼命(산심마명)하며

問甚麼卜(문심마복)하리오. 欺人是禍(기인시화)요 饒人是福(요인시복)이라. 天網恢恢(천망회회)[42]하여

報應甚速(보응심속)이라. 諦聽吾言(체청오언)하면 神欽鬼伏(신흠귀복)하리라.

> 털끝만한 선한 일도 남을 편하게 해줄 수 있고 털끝만한 악한 일일지라도 남에게는 하지 말도록 권하라. 옷과 음식은 인연에 따라서 절로 그렇게 하면 즐거울 수 있다. 무슨 명운을 따지고 무슨 점괘를 물을 것인가? 남을 속이고 저버리는 것이 재앙이요 남을 너그럽게 용서하는 것이 복이다. 하늘의 그물은 넓어 성글지만 (하늘의 눈은 밝고 밝아) 응보는 매우 빠르다. 나의 말을 진지하게 귀담아들어 행하면 귀신도 공경하며 엎드릴 것이다.

---

41 '東嶽聖帝'는 도가에서 높이는 泰山(東岳)을 관장하는 神의 이름이다. '東嶽聖帝垂訓'은 동악성제가 내린 훈계라는 뜻이다.

42 重刊本에는 '天眼昭昭'로 되어 있다.

30. 康節邵先生(강절소선생)이 戒子孫曰(계자손왈), 上品之人(상품지인)은 不教而善(불교이선)하고 中品之人(중품지인)은 教而後善(교이후선)하며 下品之人(하품지인)은 教亦不善(교역불선)이라. 不教而善(불교이선)이면 非聖而何(비성이하)며 教而後善(교이후선)이면 非賢而何(비현이하)며 教亦不善(교역불선)이면 非愚而何(비우이하)리오. 是知善也者(시지선야자)는 吉之謂也(길지위야)요 不善也者(불선야자)는 凶之謂也(흉지위야)라. 吉也者(길야자)는 目不觀非禮之色(목불관비례지색)하고 耳不聽非禮之聲(이불청비례지성)하고 口不道非禮之言(구부도비례지언)하고 足不踐非禮之地(족불천비례지지)라. 人非善不交(인비선불교)하고 物非義不取(물비의불취)하고 親賢如就芝蘭(친현여취지란)하며 避惡如畏蛇蠍(피악여외사갈)이라. 或曰(혹왈), 不謂之吉人(불위지길인)이라도 則吾不信也(즉오불신야)리라. 凶也者(흉야자)는 語言詭譎(어언궤휼)하고 動止陰險(동지음험)하고 好利飾非(호리식비)하고 貪淫樂禍(탐음낙화)니라. 嫉良善如仇隙(질량선여구극)하고 犯刑憲如飮食(범형헌여음식)하니 小則殞身滅性(소즉운신멸성)이요 大則覆宗絶嗣(대즉복종절사)니라. 或曰(혹왈), 不謂之凶人(불위지흉인)이라도 則吾不信也(즉오불신야)리라. 傳(전)에 有之曰(유지왈), 吉人爲善(길인위선)호대 惟日不足(유일부족)하며 凶人爲不善(흉인위불선)호대 亦惟日不足(역유일부족)이라 하니, 汝等(여등)은 欲爲吉人乎(욕위길인호)아 欲爲凶人乎(욕위흉인호)아.

소강절 선생[43]이 자손들에게 경계해서 말했다. "상등품에 드는 사람은 가르치지 않아도 선을 행할 줄 알고, 중등품에 드는 사람은 가르쳐 깨우친 이후에 선을 행할 줄 알며, 하등품에 드는 사람은 가르쳐주어도 선을 행할 수 없다. 가르치지 않아도 능히 선을 행하는 사람은 성인이 아니고 무엇이겠는가? 가르친 후에 선을 행할 수 있다면 현인이 아니고 무엇이겠는가? 가르쳐주어도 선을 행할 수 없다면 바보가 아니고 또 무엇이겠느냐? 이를 통하여, 선이란 것이 곧 길함을 이르고 불선이란 것이 흉함을 이른다는 것을 알 수 있다. 길한 사람은 눈으로는 예가 아닌 색(미색)을 보지 않고 귀로는 예가 아닌 소리(음악)를 듣지 않으며 입으로는 예가

43 '康節 邵先生'은 北宋의 학자이며 시인인 邵雍(1011~1077)을 가리킨다. 시호가 '康節公'이므로 사후에 '강절 선생'으로 불렸다. 도가사상의 영향을 받고 유교의 易哲學을 발전시켜 특이한 數理哲學인 '象數學'을 만들었다. 그는 陰·陽·剛·柔 四元을 근본으로 하고, 4의 倍數로서 모든 것을 설명하였다. 『皇極經世書』 62편에서 천지 간 모든 현상의 전개를 수리로서 해석하고 그 장래를 예시하였으며, 『觀物內外編』 2편에서 虛心, 內省의 도덕수양법을 설명하였다. 또한 자유로운 詩體의 詩集인 『伊川擊壤集』 20권과 『漁樵問答』 1권을 남겼다.

아닌 이야기를 하지 않으며 발로는 예가 아닌 장소를 밟지 않는다. 선하지 않은 사람과는 사귀지 말고 의리에 맞지 않은 재물은 취하지 말라. 현자를 친근히 하기를 마치 지초와 난초에 다가서듯 하며 악행 피하기를 마치 뱀이나 전갈 두려워하듯이 하라. 어떤 이가 '이렇다고 해도 길한 사람이라고 말할 수 없다.'고 한다면, 나는 그 말을 믿을 수 없다. 흉인이란 그 언어가 이상하고 야릇하며 행동거지는 엉큼하고 험악하여 명리를 좋아하여 교묘한 말과 수단으로 잘못을 얼버무리고, 사치를 탐하고 음란하며 남의 재앙을 다행이라 여겨 즐긴다. 선량한 사람을 질시하기를 마치 원수와 같이 여기고 법률 어기기를 마치 평상시 밥 먹듯이 한다. 이러한 행동은 적게는 자신을 망치고 천성을 없애며 크게는 조상을 부끄럽게 만들고 후손을 끊어버리게 하는 짓이다. 어떤 이가 '이렇다고 해도 흉한 사람이라고 말할 수 없다.'고 한다면, 나는 그 말을 믿을 수 없다. 『서전』에 이런 말이 있다. '길인은 선을 행하면서 시간이 부족하다고 여기고 흉인은 악을 행하면서도 역시 시간이 부족하다고 여긴다.'[44] 너희들은 길인이 되려고 생각하느냐 아니면 흉인이 되려고 생각하느냐?"

31. 楚書曰, 楚國은 無以爲寶요 惟善以爲寶라.[45]

초서왈 초국 무이위보 유선이위보

『초서』에서 말했다. "초나라에는 보물로 여길 만한 것이 없다. 오직 선을 보물로 여길 뿐이다."

32. 子曰, 見賢思齊焉하며 見不賢而內自省也라.[46]

자왈 견현사제언 견불현이내자성야

공자가 말했다. "어진 이를 보거든 그와 같아지려 생각하고 어질지 못한 이를 보거든 안으로 이를 살펴 스스로를 반성하라."

---

44 『書經(尙書)』「泰誓中」에 "我聞吉人爲善, 惟日不足, 凶人爲不善, 亦惟日不足."이라 했다. 영역하면 "I have heard that the good man, doing good, finds the day insufficient; and that the evil man, doing evil, also finds the day insufficient."이다.

45 『大學』(『禮記』「大學」)에도 인용되어 있다. '楚書'는 '楚語'로 초나라의 역사서이다.

46 『論語』「里仁」에 보인다.

천명편 天命篇

1. 近思錄云, 循天理하면 則不求利而自無不利하고, 循人欲하면 則求利未得而害已隨之하니라.
근사록운 순천리 즉불구리이자무불리 순인욕 즉구리미득이해이수지

『근사록』[47]에서 말했다. "하늘의 이치를 따르면 이익을 추구하지 않아도 절로 이익 되지 않음이 없고, 사람의 욕망을 따르면 이익을 추구해도 얻지 못하고 (도리어) 해로움이 마구 따른다."

『근사록』
주자가 여조겸과 함께 주돈이·정호·정이·장재 네 선배 학자의 글에서 학문과 일상에 요긴한 부분 622조를 뽑아 14권으로 엮었다. '근사(近思)'라는 책명은 논어의 "널리 배우고 뜻을 돈독히 하며, 절실하게 묻고 가까이 생각하면(切問而近思) 인이 그 가운데 있다."에서 취한 것이다.

2. 諸葛武侯曰, 謀事는 在人하고 成事는 在天이니라.
제갈무후왈 모사 재인 성사 재천

제갈무후[48]가 말했다. "일을 도모함은 사람에게 달려 있으나 큰일을 이루는 것은 하늘에 달려 있다."

제갈공명
삼국시대 촉한의 재상을 역임한 전략가이다. 유비가 '삼고초려'라는 극진한 예를 표시하여 초빙한 것으로 유명하다. '와룡선생'으로 불렸다.

3. 人願은 如此如此하고 天理는 未然未然이라.
인원 여차여차 천리 미연미연

---

47 『近思錄』은 南宋 朱熹가 呂祖謙과 함께 만든 책으로 모두 14卷이다. 北宋시대 학자인 周敦頤、程頤、程顥、張載의 言論를 뽑아 놓은 것이 모두 622조목이다.

48 '諸葛武侯'는 '諸葛亮(181~234)'을 가리킨다. 자는 공명(孔明), 시호는 충무후(忠武侯)이다. 중국 삼국시대 촉한(蜀漢)의 정치가 겸 전략가로 명성이 높아 '와룡선생(臥龍先生)'이라 일컬어졌다.

사람의 소망은 "이렇게, 이렇게 되었으면" 하고, 하늘의 이치는 "그렇게, 그렇게는 안 되지" 한다.

4. 人心生一念에 天地悉皆知하고 善惡若無報면 乾坤必有私리라.
인심생일념 천지실개지 선악약무보 건곤필유사

사람 마음에 어떤 한 가지 생각이 생겨나면 하늘과 땅은 모두 다 알아낸다. 선과 악에 만약 아무런 인과응보가 없다면 우주도 틀림없이 사사로운 마음을 가질 것이리라.

5. 忠孝略曰, 欺人이면 必自欺其心하고 欺其心이면 必自欺其天이니 心其可欺乎아.
충효략왈 기인 필자기기심 기기심 필자기기천 심기가기호

『충효략』[49]에서 말했다. "남을 속이면 반드시 절로 자기의 마음을 속이게 되고, 자기의 마음을 속이면 반드시 절로 자기의 하늘을 속이게 된다. 마음을 속일 수 있겠는가?"

6. 人可欺언정 天不可欺하고 人可瞞이언정 天不可瞞이니라.
인가기 천불가기 인가만 천불가만

사람은 속일 수 있을지언정 하늘은 속일 수 없으며, 사람에게는 감출 수 있을지언정 하늘에게는 감출 수 없다.

7. 世人要瞞人에 分明把心欺요 欺心卽欺天이니 莫道天不知하라.
세인요만인 분명파심기 기심즉기천 막도천부지

天在屋簷頭하여 須有聽得時하니 你道不聽得이[50] 古今放過誰오.
천재옥첨두 수유청득시 이도불청득 고금방과수

세상 사람들이 남을 속이려 생각한다면 먼저 분명히 자기 마음을 속여야 할 것이다. 자기 마음을 속이는 것은 곧 하늘을 속이는 것이니, 하늘이 모를 것이라고 말하지 말라. 하늘이 바로 지붕 처마 앞에 있어 반드시 들을 때가 있느니라. 그대는 하늘이 듣지 못한다고 말하나 예부터 지금까지 그 누구인들 하늘이 그냥 놔둔 적이 있었느냐?

---

49 『忠孝略』은 작자와 내용을 자세히 알 수 없다.

50 '你(니)'는 '爾(이)'와 같이 '너'를 지시하는 2인칭 대명사이다. '汝(여)·女(여)·而(이)' 모두 2인칭 대명사로 그 피(彼), 이 시(是), 이 차(此)와 구별된다.

8. 湛湛青天不可欺니 未曾擧意早先知라.[51] 勸君莫作虧心事하라.
담담청천불가기 미증거의조선지 권군막작휴심사

古往今來放過誰오.
고왕금래방과수

맑고 밝은 푸른 하늘을 속일 수 없으니 아직 염두에 두지 않았어도 일찍 먼저 안다. 그대에게 권하노니 마음을 이지러지게 하는 일을 하지 말라. 예부터 지금까지 (하늘이) 누구인들 그냥 놔둔 적이 있었던가?

9. 人善이면 人欺나 天不欺요 人惡이면 人怕나 天不怕니라.
인선 인기 천불기 인악 인파 천불파

사람이 선량하면 남이 그를 속일지라도 하늘은 속지 않고, 사람이 흉악하면 남이 그를 두렵게 여길지라도 하늘은 두렵게 여기지 않는다.

10. 人心惡에 天不錯이라.
인심악 천불착

사람의 마음이 사악하면 하늘이 그냥 놔두는 일이 없다.[52]

11. 皇天이 不負道心人하고 皇天이 不負孝心人하고 皇天이
황천 불부도심인 황천 불부효심인 황천

不負好心人하고 皇天이 不負善心人이니라.
불부호심인 황천 불부선심인

하느님[53]은 도를 닦는 마음을 가진 사람을 저버리지 않고, 하느님은 효성스런 마음을 지닌 사람을 저버리지 않고, 하느님은 좋은 마음씨를 가진 사람을 저버리지 않으며, 하느님은 선량한 마음을 가진 사람을 저버리지 않는다.

12. 深耕淺種이라도 尙有天災어니와 利己損人이면 豈無果報리요.
심경천종 상유천재 이기손인 기무과보

밭을 깊게 갈고 얕게 씨를 뿌려도[54] 오히려 하늘의 재앙이 있을까 두렵거늘 자기 이익을 위해 남에게 손해를 끼치면 어찌 아무런 인과응보(因果應報)가 없겠는가?

---

51 '早先知'를 '我先知'로 한 경우도 있다.

52 반드시 악인에게 벌을 내린다.

53 '皇天'은 '上天', '上蒼', '天帝', '上帝' 등과 통한다. '하늘(heaven)'의 높임말로 '큰 하늘', '하느님' 정도의 뜻을 가지고 있다. 우주를 창조하고 주재한다고 믿는 초자연적인 절대자이다.

54 정성을 다해 농사를 짓는다는 뜻이다.

순명편 順命篇

1. 孟子曰, 行或使之며 止或尼之[55]나 行止는 非人所能也라.

맹자왈 행혹사지 지혹닐지 행지 비인소능야

> 맹자가 말했다. "가는 것도 누가 시켜서 갈 수 있고, 못 가는 것도 누가 막아서 못 갈 수 있지만, 가고 못 가는 것은 인력으로 할 수 있는 것이 아니다."[56]

『맹자』
전국시대 왕도정치를 주장한 사상가 맹자가 제자들과 문답을 나눈 대화록

2. 一飮一啄이나 事皆前定이라.

일음일탁 사개전정

> (음식을) 그냥 한번 마시고 먹지만 그런 일조차 모두 미리 운명으로 정해진 것이다.

3. 萬事分已定이어늘 浮生空自忙이니라.[57]

만사분이정 부생공자망

> 모든 일은 분수가 이미 정해져 있는데, 덧없는 인생은 부질없이 스스로 바쁘구나.

4. 萬事는 不由人計較요 一生은 都是命安排니라.

만사 불유인계교 일생 도시명안배

> 모든 일은 사람이 계산하거나 홍정해서 이뤄지는 것이 아니고 한평생 모든 것은 운명이 안배한 것이다.

---

55 여기서 '尼'는 여승(니)가 아니라 '저지하다, 정지시키다(닐)'이다.

56 『孟子』「梁惠王下」에 보이는 문장이다. 장창(臧倉)은 전국시대 노평공(魯平公)이 총애하는 신하였는데, 평공이 일찍이 孟子를 만나려고 하자, 장창이 맹자는 예(禮)를 지키지 않은 분이라 하여 평공으로 하여금 맹자를 만나지 못하게 하였다. 이에 맹자의 제자인 악정자(樂正子)가 그 사실을 맹자에게 고하자, 맹자가 이르기를, "가는 것도 누가 시켜서 갈 수 있고, 못 가는 것도 누가 막아서 못 갈 수 있지만, 가고 못 가는 것은 인력으로 할 수 있는 것이 아니다. 내가 노나라 임금을 만나지 못한 것은 하늘의 뜻이니, 장씨의 자식이 어떻게 나로 하여금 만나지 못하게 하겠는가?[行或使之, 止或尼之, 行止非人所能也. 吾之不遇魯侯天也, 臧氏之子, 焉能使予不遇哉]."라고 했다.

57 작자 미상의 『名賢集』에 있다.

5. 景行錄云, 凡不可著力處는 便是命也니라.
경행록운 범불가착력처 변시명야

『경행록』에서 말했다. “무릇 힘을 쓸 수 없는 곳은 곧 운명으로 결정되는 것이니라.”

6. 會不如命[58]이요 智不如福이니라.
회불여명 지불여복

혜식(慧識)[59]은 명운(命運)만 못하고, 지력(智力)은 복기(福氣)만 못하니라.

7. 素書云, 見嫌而不苟免이요 見利而不苟得이니라.[60]
소서운 견혐이불구면 견리이불구득

『소서』에서 말했다. “하기 싫은 일을 만나거든 구차스럽게 모면하려 하지 말고 이익을 보거든 구차스럽게 얻으려 하지 말라.”

8. 曲禮曰, 臨財毋苟得이요 臨難毋苟免이니라.
곡례왈 임재무구득 임난무구면

『곡례』에서 말했다. “재물을 마주하여 구차스럽게 얻으려 하지 말고 위난(危難)을 마주하여 구차스럽게 벗어나려 하지 말라.”

9. 子曰, 知命之人은 見利不動하고 臨死不怨하니라.
자왈 지명지인 견리부동 임사불원

공자가 말했다. “명운을 아는 자는 이익을 봐도 움직이지 않고, 죽음을 마주하고서도 원망하는 말을 하지 않는다.”

10. 得一日이면 過一日이요 得一時면 過一時니라.
득일일 과일일 득일시 과일시

하루를 살면 하루를 잘 지내고, 한때를 살면 한때를 잘 지내라.

11. 緊行慢行호대 前程에 只有許多路라.
긴행만행 전정 지유허다로

급하게 가나 더디게 가나 앞에는 언제나 허다한 길이 있다.

58 여기서 ‘會’는 ‘慧’와 통하는 글자이다.

59 ‘혜식’은 모든 현상의 이치와 선악 등을 명료하게 판단하고 추리하는 지혜를 말한다.

60 重刊本에서는 뒤에 “福至不可苟求, 禍至不可苟免.”가 덧붙어 있다.

12. 時來風送滕王閣이요 運退雷轟薦福碑라.

시래풍송등왕각 운퇴뇌굉천복비

> 때가 오니 바람이 왕발(王勃)[61]을 등왕각(滕王閣)[62]으로 불어 보내고,[63] 운(運)이 물러가니 벼락이 천복비(薦福碑)[64]에 떨어졌도다.

---

61 왕발(王勃, 650~676): 초당(初唐) 4걸(四傑)이라 불리는 중국 당나라 초기의 대표적 시인. 종래의 완미(婉媚)한 육조 시(六朝詩)의 껍질을 벗어나 참신하고 건전한 정감을 읊어 성당 시(盛唐詩)의 선구자가 되었다. 특히 5언 절구(五言絶句)에 뛰어났다. 17세 때인 666년 유소과(幽素科)에 급제했다. 젊어서 그 재능을 인정받아 664년에 이미 조산랑(朝散郞)의 벼슬을 받았다. 왕족인 패왕(沛王) 현(賢)의 부름을 받고 그를 섬겼으나, 당시 유행했던 투계(鬪鷄)에 대하여 장난으로 쓴 글이 고종(高宗) 황제의 노여움을 사게 되어 중앙에서 쫓겨나 쓰촨[四川] 지방을 방랑했다. 뒤에 관노(官奴)를 죽였다는 죄로 관직을 빼앗기고 교지(交趾: 베트남 북부)의 영(令)으로 좌천된 아버지 복치(福畤)를 만나러 갔다가 돌아오던 중, 배에서 바다로 떨어져 익사했다.

62 등왕각: 당나라 고조의 아들이자 태종의 아우로 등왕(滕王)에 봉해진 이원영(李元嬰)이 장시성(江西省) 난창(南昌)시의 서남쪽에 세운 누각. 뒤날 홍주자사(洪州刺使) 염백서(閻伯嶼)가 유명한 등왕각(滕王閣)을 중수한 기념으로 중양절에 큰 연회를 베풀고 참석한 손님들에게 서문을 짓게 했다. 그는 내심 사위인 오자장(吳子章)의 문필을 자랑할 요량이었는데, 뜻하지 않게 나이 어린 왕발이 나타나 서문을 짓기 시작하자 처음에는 코웃음을 치다가 "저녁노을 외로운 따오기와 가지런히 날고, 가을 물은 긴 하늘과 한 빛이다[落霞與孤鶩齊飛, 秋水共長天一色]."란 구절에 이르러 손뼉을 치며 탄복했다. 『古文眞寶後集』 卷2, 「滕王閣序」 참조.

63 왕발(王勃)이 교지(交趾)의 영(令)으로 있는 아버지에게 가다가 등왕각에서 열리는 문회(文會)에 닿기가 어려웠다. 이때, 바람이 배를 휘몰아서 마당(馬當)에서부터 남창(南昌)까지 하루에 도달하여, 등왕각 연회에 참가하여 '등왕각시서(騰王閣詩序)'를 짓고서 이름을 드날린 것을 말한다. 이 대목은 곧 "時來運轉, 春風得意."[때가 오자 운이 돌아 봄바람에 뜻을 얻어 질주하는 말처럼 자기의 소원을 이룬 것]를 비유한 표현이다.

64 천복비: 중국 요주(饒州) 천복사(薦福寺)에 있는 비로, 당(唐)의 이옹(李邕)이 글을 짓고 구양순(歐陽詢)이 글씨를 썼다. 송(宋)의 범희문(范希文)이 요주의 태수로 있을 때 한 선비가 찾아와서 "평생에 한 번도 배불러 본 적이 없었으니, 세상에 나처럼 춥고 배고픈 자가 어디 있겠느냐?" 했다. 그 당시 천복비문(薦福碑文) 묵본(墨本)의 값이 천금이었다. 희문이 생각하기를, 천복비문 천 장을 탁본하여 이 사람에게 주어 서울에 가서 팔아 가난을 면케 하리라 하고 종이와 먹을 다 준비해 놓았더니, 그 날 밤에 벼락이 내리쳐 천복비를 부숴 버렸다. 이는 운명이 기박한 사람은 아무리 구제하려 해도 안 된다는 뜻이다.

천복사 고루

천복사 비문

왕발
노조린, 낙빈왕, 양형 등과 함께 '초당 4걸'로 불리는 당나라 시인. 〈등왕각서〉의 작자로 유명하다.

등왕각
중국 강서성 남창시에 있다.

13. 列子曰,[65] 癡聾痼啞도 家豪富요 智慧聰明도 却受貧이라.
열자왈 치농고아 가호부 지혜총명 각수빈

年月日時該載定하니 算來由命不由人이니라.
연월일시해재정 산래유명불유인

열자가 말했다. "어리석고, 귀먹고, 고질병이 있고, 벙어리라도 집은 호화롭고 부자요, 지혜 있고 총명한 사람도 도리어 가난하게 되기도 한다. 운수는 해와 달과 날과 시(사주팔자)가 (분명하게) 모두 처음에 정해져 있으니, 계산해 보면 부귀는 명(命)에 말미암고 사람에 말미암지 않느니라."

---

65 현재 전하는 『列子』에는 없다. 열자(列子)는 중국 전국시대의 사상가로, 이름은 어구(禦寇)이다. B.C. 400년경 정(鄭)나라에 살았다고 전하나 『史記』에는 그 전기가 보이지 않고 『莊子』 「逍遙遊」에 '열자는 바람을 타고 하늘을 날았다'고 한 것으로 미루어보아 '장자'가 허구로 가정한 인물로 추정된다. 오늘날 『列子』 8편이 남아 있으나 그것은 후세의 위작이라고 한다. 『列子』의 사상을 남긴 부분도 있다. 「황제편」을 보면 열자가 관윤(關尹)과 나눈 담화가 기록되어 있으므로 관윤을 통하여 노자의 사상을 배운 사람이 아닌가 한다. 노자는 현상의 본원을 도(道)라고 불렀으나 열자는 도를 '태역(太易)'이라고 바꾸어 불러 천지만물을 생성시키는 과정을 설명하여 도가적 우주론을 심화시켰다. 그리하여 우주간의 흐르는 법칙을 좇아 사는 것이 인간의 진실한 삶의 방법이라고 했다. 「천서편(天瑞篇)」에 "정(靜)하고 허(虛)하면 그 거(居)를 얻으리라"는 말이 보인다. 『여씨춘추』 「불이편(不二篇)」에서 "열자는 허(虛)를 귀히 여긴다."고 했다. 유명한 '우공이산(愚公移山)', '기우(杞憂)', '기로망양(岐路亡羊)'과 같은 고사성어가 『열자』에 실려 있다. 이처럼 『열자』는 『장자』와 함께 도가적 우화가 풍부한 서적으로도 알려져 있다. 또한 당나라 때에 『冲虛眞經』(『열자』)는 『道德經』, 『莊子』, 『文子』와 함께 道敎의 四部經典이 되었다.

14. 命裏有면 終須有요 命裏無면 莫強求하라.
명리유 종수유 명리무 막강구

운명 안에 있는 것이라면 결국은 반드시 가지게 될 것이요, 운명 안에 없는 것이라면 결코 억지로 구하지 말지어다.[66]

66 2008년도에 방영된 대만 드라마 가운데 「命中注定我愛你」(운명적으로 나는 너를 사랑하게 되어 있다)란 것이 있다. 영문으로는 "Fated to Love You" 혹은 "You're My Destiny"로 새긴다. 운명적으로 예정된 것이라면 사랑을 억지로 쟁취할 수 없거니와 쉽게 포기해서도 안 된다.

제 2장

마음과 성품

심성(心性)이란 마음과 성품이다。 누가 『당신은 심성이 착한가?』 하고 묻는다면 어떻게 대답할 것인가? 누구나 『나는 심성이 착하다。』 라고 말할 수 있기를 바란다。 공부란 결국 나쁜 심성을 착하게 변화시키거나 착한 심성이 변치 않도록 돌보는 일에 다름 아니다。 동양고전은 〈반성하여 양심을 보존하라〉「存心」、〈사악한 마음을 막아내라〉「省心」、〈하늘이 준 성품을 지켜라〉「戒性」고 외친다。

1

반성하여 양심을 보존하라 [存心]

'존심存心'이란 무엇인가? 마음을 간직하는 것이다. 어떠한 마음을 간직해야 하는가? 착한 마음을 간직해야 한다. 하늘이 준 본 마음이 제자리에서 이탈하지 않도록 돌보고 감독하는 일이 '존심'이다. 내 마음을 나도 모른다면 누가 알 것인가? 언제 내가 나의 정체성을 스스로 확인하는가? 내 마음의 움직임을 깨닫고 도덕규범 안에서 지켜낼 수 있을 때이다. 그렇다면 내 마음이 갈 길을 잃지 않도록 늘 깨어 있어야 한다.

1. 范忠宣公(범충선공)이 誡子弟曰(계자제왈), 人雖至愚(인수지우)라도 責人則明(책인즉명)하고 雖有聰明(수유총명)이라도 恕己則昏(서기즉혼)이니라. 爾曹(이조)는 但當以責人之心(단당이책인지심)으로 責己(책기)하고 恕己之心(서기지심)으로 恕人(서인)하면 則不患不到聖賢地位也(즉불환부도성현지위야)할지니라.

번역 범 충선공[1]이 자제에게 경계하여 말했다. "사람이 비록 지극히 어리석어도 남을 책망하는 데는 밝고, 비록 총명함이 있어도 자기를 용서하는 데는 어두우니라. 너희들은 다만 마땅히 남을 책망하는 마음으로 자기를 책망하고, 자기를 용서하는 마음으로 남을 용서하면 성현의 지

1 '忠宣'은 北宋의 학자 范純仁(1027~1101)의 시호이다. 범순인은 「岳陽樓記」를 지은 宋의 명재상 범중엄(范仲淹, 989~1052, 字 希文, 諡 文正)의 次子로 字가 요부(堯夫)다. 벼슬은 관문전 태학사(觀文殿太學士)에 이르렀다. 정치적 견해는 司馬光과 함께 保守派에 속한다. 王安石의 變法에 반대하다 貶逐되기는 했지만 사마광이 재상으로 복귀한 뒤 青苗法과 免役法을 폐지하고자 했을 때 반대했다.

위에 이르지 못할까 걱정하지 않아도 되느니라."[2]

풀이 범순인范純仁은 '충서忠恕'를 최고 덕목으로 생각한 인물이다. 『논어』「이인里仁」에서, "삼參: 증자의 이름아, 나의 도는 하나로 관철되어 있느니라."[吾道一以貫之]라는 공자의 말을 증자曾子는 그 문인들에게, "선생님의 도는 '충과 서'일 뿐이다."[夫子之道忠恕而已] 하고 풀어서 대답했다. 대인관계에서 남을 위해 자신의 능력정성을 다 발휘하는 것이 '충'이고 내 마음을 미루어 남의 마음을 헤아리는 것을 '서'라고 한다. 이처럼 타인에 대한 진정성과 배려심이 충서이다. 충서의 정신이 없으면 공자 사상의 핵심인 '인仁'을 구체적으로 실천할 수 없다. 전통시대 학문의 목표는 성인의 경지에 이르는 데 있다. 평생토록 공자가 실천한 도리인 '충서'가 중시되는 이유이다. '다정불심多情佛心'이란 말이 있듯이, 성인이란 본시 정이 많고 자비로운 마음씨를 지닌 분이다. 온화한 얼굴에 다정한 말씨로 언제 어디서나 변함없이 당신을 너그럽게 껴안아주는 사람이 있는가? 그렇다면 그가 바로 공자요 부처다.

범순인
『악양루기』를 쓴 범중엄의 둘째 아들

악양루와 『악양루기』
중국 후난성 악양 동정호 동쪽 언덕에 있는 악양루는 등왕각, 황학루와 함께 중국 3대 누각으로 불린다.

한자와 문법 '誡'는 타이를 (계)이니 윗사람이 아랫사람을 훈계한다는 뜻이다. '至'는 동사로는 '~에 이르다' 혹은 '~에 도착하다'의 뜻이지만, '至+형용사'일 경우에는 '매우, 지극히'의 뜻을 가진 부사로 활용된다. '昏'은 본래 명사로 해질 무렵 저녁, 곧 황혼을 뜻한다. 여기서는 '明'의 상대어로 형용사 '어둡다'로 새긴다. '曹'는 본래 옛날에 분과별로 일을 처리하던 '관서官署'나 '부서部署'를 뜻했다. 나중에 의미가 확장되어 무리 (조)가 되어 명사 뒤에 붙어서 복수~들임을 표시해준다. '이조爾曹: 너희들'이 그 경우이다. '患'은 근심할 (환)이다.

2 『宋名臣言行錄』後集, '范純仁'條에 보인다.

2. 素書云, 薄施厚望者, 不報하고, 貴而忘賤者, 不久하니라.
소서운 박시후망자 불보 귀이망천자 불구

번역 『소서』에서 말했다. "얇게 베풀고 두텁게 바라는 자에게는 보답이 없고, 귀해졌다 하여 천했던 때를 잊는 자는 오래 가지 못하느니라."[3]

黃石公素書
諸葛亮心書
兩大奇書
馬山三清堂藏版

〈양대기서〉 중 '황석공소서'
1919년, 마산 삼청당장판

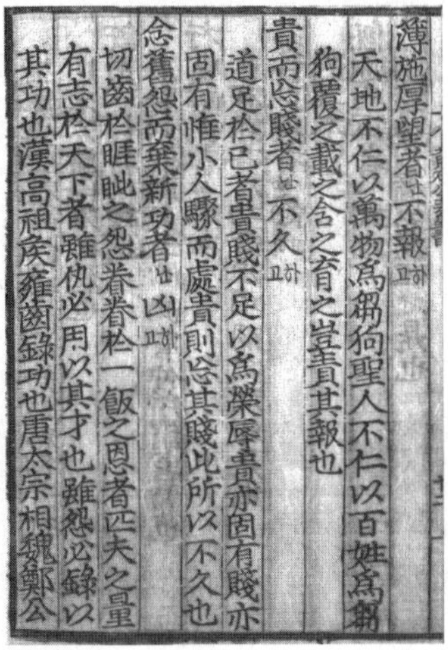
薄施厚望者는不報고하
天地不仁以萬物爲芻狗聖人不仁以百姓爲芻
狗覆之載之含之育之豈責其報也
貴而忘賤者는不久고하
道足於已者貴賤不足以爲榮辱貴亦固有賤亦
固有惟小人驟而處貴則忘其賤此所以不久也
念舊惡而棄新功者는凶이고하
切齒於睚眦之怨眷眷於一飯之恩者匹夫之量
有志於天下者雖仇必用以其才也雖怨必錄以
其功也漢高祖侯雍齒錄功也唐太宗相魏鄭公

〈황석공소서〉 본문
송나라 장상영(張商英)이 서문을 쓰고 주석을 달았다.

3 『素書』「遵義章」에 보인다. 黃石公은 본래 秦漢시대 사람인데, 뒤에 得道하여 신선이 되었다고 한다. 道敎에서는 그를 神譜에 넣었다. 『史記·留侯世家』에 보면, 『素書』는 황석공이 장량(張良)에게 내려준 책이라고 한다. 중국 전국시대에 한(韓)나라 재상가의 후손인 장량이 조국을 멸망시킨 원수를 갚기 위해 진시황을 박랑사에서 저격하다가 실패한 후, 크게 노한 진시황의 수배령을 피해 하비현(下邳縣)으로 숨어들었다. 그런 와중에서도 시간을 내 하비현에 있는 이교(泥橋: 진흙으로 만든 다리) 위를 산책하고 있었는데, 삼베옷을 입은 노인이 다가와 일부러 신을 다리 밑으로 떨어뜨리고는 장량을 돌아보고 "얘야, 내려가서 내 신을 주워오너라."고 했다. 장량은 화가 났지만 상대가 노인이었으므로 억지로 참고 다리 아래로 내려가서 신을 주워왔다. 그러자 노인이 "나에게 신겨라."고 했다. 장량은 기왕에 노인을 위해서 신을 주워왔으므로 꿇어앉아 신을 신겨주었다. 노인은 발을 뻗은 채 신을 신기게 하고는 웃으면서 자리를 옮겼다. 얼마쯤 가던 노인이 넋을 잃고 바라보는 장량에게로 다가와서는 "너 이놈 참으로 가르칠 만하구나."라고 했다. 그러고는 『태공병법(太公兵法)』을 주면서, "이 책을 읽으면 제왕의 스승이 될 수 있으며, 10년 후에는 그 뜻을 이룰 것이다. 그리고 13년 뒤에 제수(濟水) 북쪽에서 나를 만날 수 있을 것인데, 곡성산(谷城山) 아래의 '누런 돌'[黃石]이 바로 나이니라." 하고는 그곳을 떠났다. 이 책이 바로 황석공 『소서』이며 태공망 병서라고 하는 것이니 앞서 말한 노인이 곧 황석공이다. 장량은 이 책을 늘 익히고 송독(誦讀)한 끝에 그 묘리를 깨달았으며, 한고조를 도와 천하를 통일했다고 한다. 후세에 『黃石公素書』와 『黃石公三略』이 전해졌다고 하는데, 이 두 책은 후인들이 황석공의 이름을 빌려 지은 것이라고 한다. 6章으로 된 『素書』는 修身의 근본 원칙을 고도의 정련된 언어를 통하여 개괄하여 강론한 책이다.

풀이 '보답해주지 않는다'는 '不報'와 '오래 가지 못한다'는 '不久'가 이 글의 포인트이다. 수양이 잘된 사람은 보답을 바라고 베풀지 않고 과거를 직시하는 가운데 현재의 나에게 겸손해 한다. 수양이 안 된 사람은 그와 정반대로 생각하고 행동한다. 되로 주고 말로 받으려 하고 개구리가 되면 올챙이 시절을 바로 잊는다. 『논어』 「학이學而」에서 자공子貢이 말했다. "가난하면서도 아첨하지 않고, 부유하면서도 교만하지 않는 사람은 어떠합니까?" 공자가 답했다. "좋기는 하지만 가난하면서도 진리[道]를 즐기며 부유하면서도 예禮를 좋아하는 것만은 못하다." 이처럼 공자 시대에도 '예를 좋아하는 사람'이 드물었다. 예란 절제와 검소의 미덕이다. 사욕을 버리고 예를 따라 살 수는 없을까? 참으로 어려운 일이다. 그래서 '절차탁마切磋琢磨'와 '대기만성大器晩成'이란 말이 소중한 것이다.

장량
한 고조 유방의 참모로 장자방으로 불렸다.

한자와 문법 이 글에는 서로 상대적인 뜻을 지닌 한자가 많다. 두께가 얇을(박: 薄)과 두터울(후: 厚), 은혜를 베풀(시: 施)와 갚을(보: 報), 사회적 지위나 신분이 높아지는 귀할(귀: 貴)와 반대로 낮아지는 천할(천: 賤)이 그렇다. '望'은 본디 '멀리 바라보다'라는 뜻이나 여기서는 '마음으로 바라다, 희망(기대)하다'는 뜻으로 쓰였다. '忘'은 지난 일을 잊을(망), '久'는 형용사로 '시간이 길다, 오래 지속하다'는 오랠(구)이다. 문장에서 '~者'까지가 주어이고 '不久'가 술어이다.

3. 施恩勿求報하고 與人勿追悔하라.

시은물구보 여인물추회

번역 은혜를 베풀었으면 보답을 구하지 말고, 남에게 주었거든 나중에 후회하지 말라.

풀이 오른손이 하는 일을 왼손이 모르게 하라. 예수의 말이다. 내가 한 선행을 남들에게 알려 뽐내지 말고 안 했다는 듯이 겸손하게 행하라는 뜻이다. 왼손과 오른손은 매우 가까이 있으나 서로 모르면 멀어질까 두려워하는 이도 있다. 그래서 왼손이 하는 일을 오른손이 알도록 해야 한다고 말한다. 어떤 사회운동가의 권고다. 헌신적인 사랑이나 봉사, 기부나 장기증여 같은 선행을 많은 사람이 알도록 하여 동참을 유도하기 위해서다. 의식이 성숙한 사회는 역시 왼손이 하는 일을 오른손이 모르게 하는 것이 정도다. 좋은 일을 하고도 뺨을 맞는다. 그럴 이유가 있을 것이다. 준 손이 부끄러우면 받은 손도 부끄럽다. 떳떳하게 아낌없이 주고 후회하지 않는다면 누가 그대의 뺨을 때릴 것인가!

한자와 문법 '與'는 줄(여), '悔'는 뉘우칠(회)이다. '求'는 내게 없는 것을 남에게서 구하는 행위이다. '請'과 붙어 '청구하다', '要'와 붙어 '요구하다'는 뜻으로 쓰인다. '救' 물에 빠진 이를 '건질(구)', 어려움이나 위험에 빠진 사람을 '구원할(구)'와 혼동하지 말라. '追'는 동사 쫓을(추)인데, 여기서는 뒤에 동사 '悔'를 꾸며주는 부사어가 되어 '뒤늦게', '나중에'로 새긴다. 2자 - 3자로 된 구문이다.

4. 懼法朝朝樂이요 欺公日日憂니라.

구법조조락 기공일일우

번역 법을 두려워하면 언제나 즐거울 것이요, 공변된 도리를 속이면 날마다 근심하리라.

광화문 앞 해치
시비와 선악을 판단한다는 상상의 동물이다.

풀이 '法'은 원래 '법灋'이라는 글자에서 왔다. '치廌'가 빠져 '法' 자가 되었다. '廌'는 해태, 곧 고대 전설 속의 시비와 선악을 판단하여 안다고 하는 상상의 신령스런 동물 해치獬豸이다. 해치는 정직하지 못한 사람을 보면 뿔로 받아 물리친다제거한다고 한다. 그래서 '廌' 자 아래에 제거한다는 뜻의 '去'가 붙었다. '法'의 왼편에 '氵'는 곧 물 '水'이다. 곧 법이란 형벌을 내림에 치우침이 없이 물과 같이 공평해야 한다는 의미를 담고 있다. 공평무사하게 정의를 구현해내는 도구인 법에는 반드시 강제력이 따른다. 공도公道, 공변된 도리는 법과 달리 관습적으로 굳어진 사회적 규범이다. 조문은 없지만 공도의 정신은 자율적으로 살아 움직인다. 공공의 안녕과 질서를 위해 법률과 공도는 충돌하지 않고 공존한다. 공변된 도리로 움직이는 사회가 건강한 것이다. 모든 일을 법에 호소하여 해결하려는 법 만능주의는 경계해야 한다. '도리'란 길이요 이치이다. 누가 가르쳐주지 않아도 양심으로 아는 도리를 속이려들면 어떻게 될까? 양심에 멍이 들어 시름시름 앓게 될 터이니 세상 사는 맛이나 있을까?

한자와 문법 '懼'는 두려울(구), '朝'는 아침(조), '公'은 공변될(공)이다. 여기서는 '公'을 '公道'로 풀었다. 시간을 나타내는 한자가 중첩되면 '~마다'로 새겨 뒤의 술어를 꾸며주는 부사어로 활용한다. '朝朝'를 '아침마다(언제나)', '日日'을 '날마다'로 새기는 까닭이다.

5. 朱文公曰, 守口如甁하고 防意如城하라.

주문공왈 수구여병 방의여성

번역 주 문공[4]이 말했다. "입 지키기를 병과 같이 하고, 사념 막기를 성과 같이 하라."[5]

주자
중국 남송의 학자

풀이 모든 화의 근원이 입에 있다. 그러니 그 입을 조심하지 않을 수 없다. 주자는 아예 뚜껑으로 병을 틀어막듯 입을 막아 꼼짝 못하게 지키라고 한다. 입은 생각의 명령에 따라 움직인다. 잘못된 생각이 나오는 것부터 막는 것이 우선이다. 주자는 적을 막기 위해 쌓은 성곽처럼 사특한 생각이 머리를 쳐들지 못하게 하라고 한다. 얼마나 무서우면 이렇게 말했을까? 입이 열리고 닫히는 사이에 禍와 福이 갈마들기 때문이다. '입' 하고 발음해 보라. 입술과 혀가 어디에 가 있는가? 다물고 있으라고 '입'이다.

한자와 문법 '甁'은 병(병), '防'은 막을(방)이다. '意'는 뜻(의)인데, 여기서는 사특한 생각, '邪念'으로 새기는 것이 좋다.

---

4 '文公'은 중국 남송의 학자 주자(朱子, 1130~1200)의 시호이다. 주자의 字는 원회(元晦)·중회(仲晦), 호는 회암(晦庵)·회옹(晦翁)·운곡산인(雲谷山人)·창주병수(滄洲病叟)·둔옹(遯翁), 이름은 희(熹)로 푸젠성[福建省] 우계(尤溪)에서 출생했다. 주로 朱子라는 존칭으로 불린다. 19세에 진사시에 급제하여 71세에 생애를 마칠 때까지 여러 관직을 거쳤으나, 약 9년 정도만 현직에 근무했을 뿐 그 밖의 관직은 학자에 대한 일종의 예우로서 반드시 현지에 부임할 필요가 없는 명목상의 관직이었기 때문에 학문에 전념할 수 있었다. 주자는 『대학』, 『논어』, 『맹자』, 『중용』을 1190년에 '四子'라는 이름으로 한데 모아 새롭게 간행했다. 五經 중심의 漢唐 유학을 四書 중심의 新유학으로 바꾸고자 한 것이다. 주자는 사서를 集注하면서 자연적인 올바른 이치(理)와 그것이 인간 본성으로 내면화된 성(性)을 중심으로 재해석함으로써 이른바 性理學의 기반을 다졌다. 주자는 우주가 형이상학적인 '理'와 형이하학적인 '氣'로 구성되어 있다고 보고, 인간에게는 선한 '理'가 본성으로 나타난다고 했다. 그러나 불순한 '氣'로 인해 惡하게 되며, '格物'로 이 불순함을 제거할 수 있다고 했다. 주자는 주돈이, 장횡거, 소옹, 정이 등으로 대표되는 이전 송학의 흐름을 계승·집대성하고 종래 유교가 佛·道에 비해 약한 이론성을 강화하는 우주론적·인간론적 형이상학을 수립했다. 이로써 漢唐 유학이 지닌 훈고학적 한계를 극복하고 윤리학으로서의 본래성을 되찾는 한편 그것을 우주론적인 체계 속에 자리 잡게 했다. 이후 주자의 철학은 근대 이전 동아시아를 지배하는 주도 이념으로 작용했다.

5 朱子의 「敬齋箴」에 보인다.

김홍도(金弘道, 1745~?)의 〈무이귀도도(武夷歸棹圖)〉

주자가 무이산 건계를 배를 타고 내려오는 장면을 그린 것이다. 간송미술관 소장.

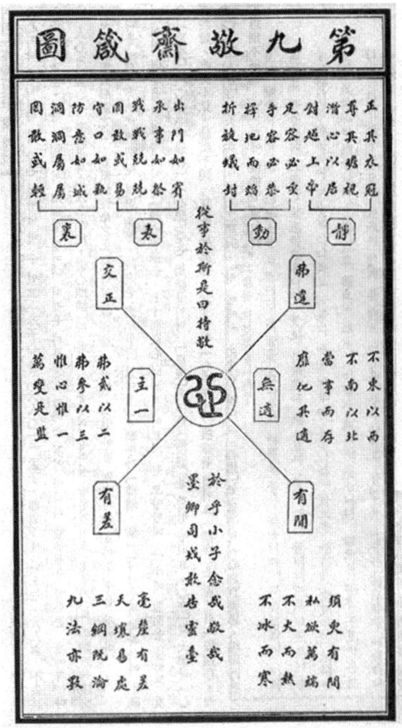

이황이 선조 임금에게 올린 〈성학십도(聖學十圖)〉 중 제9 〈경재잠도〉

주자가 장식(張栻)의 〈주일잠(主一箴)〉을 보고 만든 〈경재잠(敬齋箴)〉을 왕백(王柏)이 그림으로 그린 것을 다시 이황이 〈성학십도〉에 넣어 더욱 유명해졌다. 가운데 동그라미 속 글자는 마음 '심(心)'인데, 이를 관리하는 방법, 즉 '주경(主敬)' 사상이 잘 풀이되어 있다.

6. 心安茅屋穩이요 性定菜羹香이라.
심안모옥온 성정채갱향

世事靜方見이요 人情淡始長이니라.
세사정방견 인정담시장

번역 마음이 편안하면 초가집도 평온한 것이요, 성정이 안정되면 나물국도 향기롭다. 세상사 고요해야 바야흐로 드러나 보이고, 사람의 정이란 담담한 가운데 비로소 오래가느니라.

풀이 모든 것이 마음먹기에 달렸다. 심성을 잘 수양하면 어떠한 외물外物의 유혹에도 본성을 지켜낼 수 있다. 이를 존심양성存心養性이라 한다. 물결이 고요해야 만물을 비출 수 있고, 사귐이 담담한 물맛 같아야 돈독한 우정을 쌓을 수 있다. 아무리 복잡한 세상사라 할지라도 마음을 호수처럼 고요히 하고 들여다보라. 본질이 절로 드러나게 될 것이다. 물맛은 밋밋하지만 오래도록 물리지 않고 마실 수 있다. 친구란 그런 존재가 아닌가? 명나라의 대학자 방효유方孝孺, 1357~1402의 「가범사잠家範四箴」 가운데 붕우朋友를 논한 대목이 있다. 참고로 소개한다. "손해를 주는 벗은 공경하되 거리를 두고, 보탬이 되는 친구와 가까이 지내야 하며, 현철하고 덕 있으면 그만이지 빈부 같은 것이야 따져서 무엇 하리. 군자는 물처럼 담담하여 가면 갈수록 정이 더 두터워지고, 소인의 입은 꿀같이 달지만, 눈 깜짝할 사이에 원수로 변한다네[損友敬而遠, 益友宜相親, 所交在賢德, 豈論富與貧, 君子淡如水, 歲久情愈眞, 小人口如蜜, 轉眼如讐人]."

한자와 문법 '穩'은 평온할(온), '菜'는 나물(채), '羹'은 국(갱)이다. 5언 시(詩)이니 2-3, 2-3으로 끊어 읽으면 좋다.

2

사악한 마음을 내려놓으라 [省心]

'성심省心'이란 마음을 잘 살피는 것이다. 동양고전은 인간의 자아성찰을 매우 중시한다. 어떤 일의 성패나 득실이 모두 자신으로부터 말미암는다고 믿는다. "모두 내 탓이요." 하고 구구절절 이야기한다. 인간의 삶을 둘러싼 모든 것이 성찰의 대상이다. 나와 인연을 맺고 있는 사람과 사물, 심지어 지난 역사와 자잘한 감정의 편린들까지도 성찰의 대상이다. 성찰의 중심에는 항상 자신이 있어야 한다. 온 우주가 나로 인해 존재와 의미를 드러내기 때문이다. 그것이 세상을 보기 전에 먼저 마음을 들여다보는 이유이다.

1. 家和貧也好니 不義富如何오.
가화빈야호 불의부여하
但存一子孝니 何用子孫多리오.
단존일자효 하용자손다

번역 집안이 화목하면 가난해도 좋으니, 의롭지 않으면 부유함이 무엇이더냐? 단지 효도하는 자식이 하나만 있으면 되는 것이지, 자손이 또 많으면 무슨 소용이 있더냐?

풀이 '화목'과 '의리'와 '효성'이 주제어이다. 화목한 가족은 가난을 즐기고, 의롭지 못한 방법으로 얻은 부는 누려서는 안 되며, 효성을 모르는 자식은 없어도 그만이다. 기도할 땐 산상과 같이 조용한 곳이 좋다. 신과 만날 때는 경건해야 하기 때문이다. 그러나 집안이 너무 조용하면 좋지 않다. 드물게 울타리 밖에서 가족의 목소리를 듣는다. 매우 건강한 가정이다. 서로 소통하고 있다는 느낌을 받아서다. 나그네의 발걸음을 멈추게 할 정도로 웃음꽃이 만발하는 아름다운 가족을 보고 싶다. 조용한 가족이 많아지는 세상이 두렵다. 어린아이가 없고 서로 대화가 없어서 그럴 것이다. 피가 물이 아니듯 가족은 이웃이 아니다. 집은 그래서 돌아갈 곳이지 뛰쳐나오는 곳이 아니다. 화목과 의리와 효성이 만나는 집으로 돌아가자.

한자와 문법 '如何'는 '어떠한가?'의 뜻이다. '何如'와 같다. '存'은 자동사로 '~에 존재하다, 남아 있다'로 새기나, 타동사로 '~을 지니다. ~을 간직하다'라고 새길 때도 있다. 이 글에서는 후자의 뜻으로 쓰였다. '何用~'은 '~이 무슨 소용인가?'로 새긴다. 역시 2-3, 2-3으로 끊어 읽는 것이 좋다.

2. 父不憂心은 因子孝요 夫無煩惱는 是妻賢이라.
부불우심 인자효 부무번뇌 시처현

言多語失은 皆因酒요 義斷親疎는 只爲錢이니라.
언다어실 개인주 의단친소 지위전

번역 아버지가 근심하지 않는 것은 자식이 효성스럽기 때문이요, 남편에게 번뇌가 없는 것은 아내가 현명하기 때문이다. 말이 많아 말이 잘못되는 것은 모두 술 때문이요, 의리가 끊어지고 친척이 멀어지는 것은 다만 돈 때문이다.

풀이 효성스런 자식에 현명한 아내를 둔 남자는 행복할 것인가? 조건이 있다. 두 가지 버릇이 좋아야 한다. 술 마시는 매너와 돈에 대한 관념이 건전해야 한다. 술만 들면 번번이 말실수하는 남자, 돈 관리가 부실하여 친구와 의리가 끊어지고 친척과 소원해진 남자에게 돌아올 것은 '불신'과 '소외'의 고통뿐이다. 술과 돈으로 얻을 수 있는 행복은 어디에도 없기 때문이다.

한자와 문법 '因'은 인할(인)인데, 뒤에 명사구(절)을 받아서 '~때문에'로 새긴다. '煩'은 번거로울(번), '惱'는 번뇌할(뇌)인데, 합쳐져서 '번뇌'가 된다. '是'는 본래 형용사로 옳을(시)이다. 동사로 활용되면 '~이다'로 새긴다. 여기서는 두 사물을 연계시켜 앞의 사실에 대한 이유를 설명하는 동사로 사용되었기에 '~때문이다'로 새긴다. '賢'은 어질(현)인데, 구체적으로 말하면 '현명하다'거나 '덕망이 높다'거나 '능력이 탁월하다'는 의미로 쓰이는 말이다. 그냥 '어질다'거나 '착하다'고 새기면 곤란할 때가 많다. 요즈음 표현을 빌리면 '능력(힘)이 있는 아내'가 '賢妻'이다. '爲'는 본래 동사 할(위)이지만 위할(위)로도 쓰인다. 문법에서는 이러한 '爲'를 개사(介詞: 전치사)라 한다. 반드시 뒤에 목적어인 명사가 와야 한다. 여기서는 '爲'가 원인을 나타내므로 '~ 때문에, ~을 위하여'로 새긴다. 7언으로 된 문장은 대체로 4-3, 4-3으로 끊어 읽는 것이 좋다.

3. 得寵思辱하고 居安慮危하라.[6]
득총사욕 거안려위

번역 총애를 얻으면 욕될 것을 생각하고, 편안하게 지낼 때에는 위태로울 때를 생각하라.

풀이 『주역전周易傳』을 쓴 정이程頤는 易學을 정의하여 "때에 따라 변역하여 도를 따른다."[隨時變易以從道]라고 했다. 변하는 것 가운데 변하지 않는 것이 있을까? 이 '수시변역'의 원리가 그렇다. '수시변역'은 때에 따라 변하고 바뀌는 것이 세상이치라는 말이니, 정지된 관점으로 세상사를 논하지 말라는 경고이기도 하다. 새옹지마塞翁之馬가 실감나는 세상이요, 길흉과 화복이 돌고 도는 인생이다. 믿어야 할 것은 오직 '수시변역'해서 진리道의 세계로 진입하는 것뿐이다. 붙박이 장롱처럼 영원히 머물러 있는 행복은 없다. 눈 깜짝할 사이에 양지가 음지로 바뀌고 음지가 양지로 변한다. 언제 임금의 마음이 바뀔지 모른다. 그래서 신하는 한창 임금의 총애를 받을 때 미래의 치욕스런 사태를 더욱 염려해야 하고, 편안하게 지낼 때 장차 다가올 위태로움에 대비해야 하는 것이다.

한자와 문법 '寵'은 본래 사랑할(총)이나 여기서는 '총애'라는 뜻의 명사로 쓰였다. '得寵'은 총애를 받음을 말하는데, '총애를 입다'로 새겨도 좋다. '慮'는 생각할(려)로 장차 일어날 사태를 염려한다는 뜻이다. 4언으로 된 문장은 2-2, 2-2로 끊어 읽는 것이 좋다.

4. 榮輕辱淺하고 利重害深하니라.[7]

영경욕천 이중해심

번역 영화가 가벼우면 (그만큼) 욕됨이 얕고, 이익이 많으면 (그만큼) 해로움이 깊어지느니라.

풀이 멀리 떠나가면 돌아오는 길 또한 멀어 수고롭다. 현명한 이는 돌아올 때를 생각해서 여정을 정한다. 기쁨이 다하면 슬픔이 찾아오고 괴로움이 다하면 즐거움이 찾아온다. 마냥 기뻐하거나 마냥 비관할 일이 아니다. 적당히 걱정하고 적당히 즐겨라. 그것이 정답이다. 영욕과 이해도 마찬가지다. 덧없는 인생이라지만 아끼고 사랑하는 자에겐 가치가 있다.

한자와 문법 '淺'은 물이 얕을(천), '深'은 깊을(심)이다. '榮-辱', '淺-深', '輕-重', '利-害'로 서로 대(對)를 이루고 있다.

---

6 『左傳』「襄公」 11년, "書曰, 居安思危, 思則有備, 有備無患." 즉 "일서(逸書)에 말하기를, '편안한 데에 거처하면 위험한 때를 생각하라' 했으니 생각하면 대비함이 있게 되고, 대비함이 있으면 근심이 없다."는 뜻이다.

7 老子의 『道德經』 제28장, "知其榮, 守其辱, 爲天下谷." 영예를 누릴 길을 알면서도 굴욕의 위치를 지킨다면 모든 물이 모여드는 빈 골짜기처럼 온 세상의 인심이 몰려드는 위치가 되리라는 말이다.

5. 欲知未來면 先察已往일지니라.
욕지미래 선찰이왕

번역 아직 오지 않은 일을 알고 싶으면 먼저 이미 지난 일들을 살필지니라.

풀이 인간은 역사적 동물이다. 그러므로 위대하다. 역사는 구분할 수 있으나 단절할 수는 없다. 과거와 현재와 미래는 서로 연결된 유기체이다. 어제의 결과가 오늘이고 오늘은 내일의 원인이다. 미래를 과거 속에서 발견할 수 있는 근거이다. 고립된 '나'를 가지고 참다운 '나'를 말할 수 없다. 내일의 '나'를 알려거든 어제의 '나'를 만나보라.

한자와 문법 '已'는 본디 동사로 '그치다, 끝나다'는 뜻으로 쓰인다. 여기서는 부사, '이미, 벌써(이)'로 쓰였다. '往'은 갈(왕)이다. '已往'은 '이미 지나간 일'을 뜻하는 '已往之事'의 줄임말이다. 지금도 자주 쓰이는 단어이다.

6. 景行錄云, 自信者는 人亦信之하나니 吳越皆兄弟요,
경행록운 자신자 인역신지 오월개형제

自疑者는 人亦疑之하나니 身外皆敵國이니라.
자의자 인역의지 신외개적국

번역 『경행록』에서 말했다. "스스로를 믿는 자는 남 또한 믿어주니 (원수로 지내던) 오나라 월나라[8]도 다 형제처럼 되고, 스스로를 의심하는 자는 남 또한 의심하니 자신 이외에는 모두가 적국이 되느니라."

풀이 유교에서 사람이 항상 지켜야 할 5가지 도리를 '五常'이라고 한다. 仁・義・禮・智・信이 바로 그것이다. 그 가운데 仁・義・禮・智를 4덕이라 하는데, 중앙의 덕인 '信'이 없으면 각기 제구실을 하지 못한다. 이처럼 모든 일은 믿음으로부터 시작된다. 믿음이 있으면 살고 믿음이 없으면 망한다. 인간관계에서 믿음이 빠지면 무엇이 남을까? 스스로 갚을 능력이 없다고 말하는 이에게 어느 누가 돈을 빌려주겠는가? 믿으면 원수도 형제처럼 가까워지는데, 공연히 의심해서 고립무원을 자초하는 바보

8 오(吳)나라는 춘추(春秋)시대 14열국(列國)의 하나. 주(周)나라 문왕(文王)의 백부 태백(太伯)이 세웠다고 하는데, 부차(夫差) 때 월(越)나라와 싸워 서로 이겼다 졌다 하다가 월나라 구천(勾踐)에게 멸망당했다(B.C.~B.C. 473). 월나라도 춘추시대 14열국의 하나로 하(夏)나라 왕 소강(小康)의 후예(後裔)라고 하는데, 북쪽의 오나라와 사이가 좋지 않아 자주 싸웠다. 구천(勾踐) 때 오왕 부차(夫差)를 죽이고 오나라를 멸망시켰으나, 얼마 후 초(楚)나라에 멸망했다.

가 있을까?

한자와 문법 '之'는 대명사로 '그를'로 새긴다. '吳越'은 '오월동주(吳越同舟)'라는 성어에서 보듯이, 오래도록 적대적인 관계를 유지한 나라이다. '疑'는 '~을 의심하다'로 새긴다. '自'는 대명사로 '자신, 자기(자)'이다. '自信'과 '自疑'의 '自'는 '신'과 '의'의 목적어이다. 그래서 '자신을 믿다', '자신을 의심하다'로 새긴다. 이 글은 3-4-5, 3-4-5로 대구를 이루었다.

7. 疑人莫用하고 用人勿疑하라.

의인막용 용인물의

번역 사람을 의심하거든 쓰지 말 것이요, 사람을 썼으면 의심하지 말아야 한다.

풀이 '인사가 만사'란 말이 있다. 일은 사람이 한다. 일에 맞는 적절한 인재를 등용하면 일의 절반은 이미 성공한 셈이다. 믿지 못하겠거든 버리고 등용했으면 믿고 맡겨라. 이렇게 말하기는 쉬우나 현실은 녹록치 않다. 무엇보다 임명권자의 '선택'에 대한 자기신뢰가 우선이다.

8. 畵虎畵皮難畵骨이요 知人知面不知心이니라.

화호화피난화골 지인지면부지심

번역 호랑이를 그리는데 가죽은 그려도 뼈를 그리기는 어렵고, 사람을 아는데 얼굴은 알아도 마음은 쉽게 알 수 없다.

풀이 흔히 관상觀相이 수상手相을 앞서고 심상心相이 관상을 앞선다는 말이 있는가 하면, 사주四柱보다는 관상, 관상보다는 심상心相, 심상보다는 의지意志가 중요하다는 말도 있다. 그만큼 사람을 정확히 알아내기 어렵다는 말이 되겠다. 사람의 얼굴은 어떻게 만들어지는가? 결국 개인의 의지가 작용하여 마음의 모양을 결정하고 그것이 얼굴의 형태로 드러나는 데 불과하다. 그러니 얼굴을 보고 마음을 알아낼 수밖에 없다. 어렵다고 그만둘 일이 아니다. 뼈를 드러낼 수 없지만 가죽에 골상을 담아 생동하는 호랑이를 그려내는 화가도 종종 만날 수 있기 때문이다.

김홍도의 『단원풍속도첩』 중 〈점괘〉

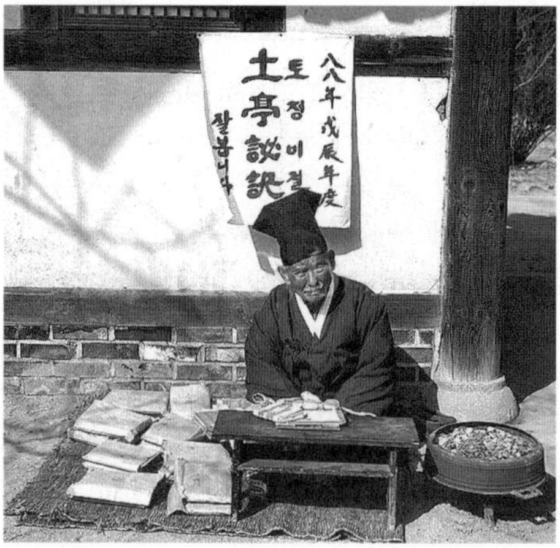

사주관상가

길가에서 행인에게 사주와 관상을 봐준다.

한자와 문법 '畵'는 동사로는 그릴(화)로 쓰였다. '難＋술어'는 '～하기 어렵다'고 새긴다. 7언은 4-3, 4-3으로 끊어 읽는 것이 좋다.

9. 對面共語라도 心隔千山이니라.

대면공어 심격천산

번역 얼굴을 마주하여 함께 말을 해도 마음은 천 개의 산으로 가로막혀 있구나.

풀이 대화를 해도 도저히 소통할 수 없는 상황을 '천산의 막힘'으로 묘사했다. 마음은 굳게 닫고 서로 입만 나불거리고 있는 것이 아닌지 자문해보라!

한자와 문법 '對'는 대할(대), 마주볼(대), '共'은 부사로 함께(공), '隔'은 막힐(격)이다. '隔'은 두 사물이나 사람 사이에 시간적・공간적으로 거리가 멀거나 떨어져 있어 만나거나 소통할 수 없는 상황을 표현하는 동사이다. '千山'은 '천 개의 산'으로 새기지만 속뜻은 매우 거리가 멀어 소통할 수 없음을 말한다.

10. 不經一事면 不長一智이니라.

불경일사 부장일지

번역 한 가지 일을 겪지 않으면 한 가지의 지혜를 기르지 못하니라.

풀이 젊어 고생은 사서도 한다는 말이 생각난다. 어른이 되려면 경험을 많이 해서 지혜롭게 생각할 줄 알아야 한다. 그래서 진정한 성장은 육체와 더불어 지혜도 함께 자라남을 의미한다. 지식이 많아도 경험이 없으면 슬기로운 사람이 될 수 없다. 생각이 몸을 대신할 수 없기 때문이다. 정보화가 급속하게 진전될수록 지혜로운 어른의 말에 귀를 기울여야 한다. 그래야 불필요한 오류를 줄일 수 있다.

한자와 문법 '經'은 지날(경), 겪을(경)이다. 경험이란 '그곳에 가보는 것'이다. 지날(경)이 겪을(경)으로 의미가 확장된 까닭이다. '長'은 형용사로 '길이가 길다'는 뜻에서 여러 가지 의미가 파생되었다. 그 가운데 동사로 기를(장), 자랄(장)이 있다. '기르다'와 '자라다'는 다 같은 뜻이나 여기서는 (지혜를) '기르다'로 새겼다.

11. 來說是非者는 便是是非人이니라.

내설시비자 변시시비인

번역 와서 시비를 따지는 자가 곧 시빗거리를 만드는 사람이다.

풀이 논쟁에서 이기는 최선의 방법은 '논쟁을 하지 않는 것'이라는 말이 있는가 하면 '지혜'라고 하는 것은 '마음을 허비하여 쓸데없는 논쟁을 하지 않는 것'이라는 말도 있다. 전자는 서양식 사고이고 후자는 불교의 논리이다. 지혜로운 이는 토론은 하되 논쟁은 하지 않는다. 논쟁은 마음을 너무 거칠게 만들 우려가 있기 때문이다. 따라서 시비를 가리는 일은 필요하지만 시빗거리를 만드는 시비는 지양해야 할 것이다.

한자와 문법 '是非'는 본래 '잘잘못'으로 '當否'와 같은 말인데, 여기서는 '옳으니 그르니 하고 따지는 말다툼'을 뜻한다. '便'은 부사로 '곧, 바로(변)이고, '便是(변시)'는 '곧 ~이다'의 뜻으로 중국 宋元代 어록체(語錄體) 구문이다.

12. 有麝自然香이어늘 何必當風立이리오.

유사자연향 하필당풍립

번역 사향을 가졌으면 자연히 향기가 날 것이거늘 어찌 꼭 바람을 마주하고 서 있어야 하겠는가?

풀이 훌륭한 학문과 덕행은 절로 세상에 알려지는 법이다. 마치 깊은 산골 바위틈에서 꽃을 피운 난초의 그윽한 향이 멀리 퍼져나가는 것과 같은 이치다. 학문과 덕행을 몸에 갖추었으면 그만이다. 남이 알아주건 말건 그런 것은 내게 긴요한 일이 아니다. 하물며 구차하게 이름을 알리려 법석을 떨까보냐? 바람이 불어오는 쪽을 향해 몸을 돌리는 사람은 향기가 부족한 사람이다. 진정 향기로운 이는 자신의 향기마저 꼭꼭 감추려든다.

한자와 문법 '麝'는 사향노루(사)이다. '麝香'은 사향노루 수컷의 하복부에 있는 향낭을 쪼개어 말린 흑갈색(黑褐色)의 가루로 약재(藥材)나 향료(香料) 따위로 쓰인다. '何必'은 관용표현으로 '어찌 반드시'의 뜻으로 현대에도 쓰이는 표현이다. '當'은 동사로 '~을 향하다, ~을 마주 대하다'로 새긴다. '當風(而)立'에서 '當風'은 뒤의 동사 '立'의 정황을 설명해주는 부사어(상황어)이다. 따라서 '當風立'은 '바람을 마주하고 서다'로 새긴다.

사향노루
수컷은 교미 시기가 되면 사향선이 발달하여 향기를 내어 암컷을 유인한다.

13. 子曰, 士志於道하야 而恥惡衣惡食者는 未足與議也니라.
자왈 사지어도 이치악의악식자 미족여의야

번역 공자께서 말했다. "선비가 도에 뜻을 두고도 나쁜 옷과 나쁜 음식을 부끄러이 여기는 자는 더불어 도를 의논할만한 대상이 못 되느니라."[9]

풀이 선비란 누구인가? 떳떳한 도덕심을 지녔기에 외적인 환경의 부림을 받지 않는 자이다. 마음으로 몸의 욕망을 제어할 수 있으니 정신이 얼마나 자유로울까? 공자는 그런 선비를 만나 도를 논하고 싶었다. 우리는 운 좋게 의식衣食을 걱정하지 않아도 좋을 세상을 만났다. 우리는 선진국에 진입한다고 하면서 왜 아직까지 참다운 선비를 만나기 어려운 것일까? 세상이 점점 도를 구하려는 선비를 멀리하고 있기 때문은 아닐까?

한자와 문법 '志於道'는 '도에 뜻을 두다'로 새긴다. '道'는 개사 '於'의 목적어이다. '恥'는 부끄러울(치)인데, 여기서는 '~을 부끄럽게 여기다'로 새긴다. 이를 문법에서는 의동형(意動形) 동사라고 한다. '足+술어'는 '~하기에 족하다, ~하기에 충분하다'로 새긴다. '與'는 더불(여)인데, 여기서는 개사로 '~와, ~함께'로 새긴다. '未足與議'는 '(그와) 함께 (도를) 의논하기에 부족하다'로 새기면 무난하다.

9 『論語』「里仁」에 보인다.

14. 天不生無祿之人하고 地不長無名之草하니라.
천불생무록지인 지부장무명지초

번역 하늘은 녹 없는 사람을 내지 아니하고, 땅은 이름 없는 풀을 기르지 아니하느니라.

풀이 "삶이 그대를 속일지라도 슬퍼하거나 노하지 말라. 슬픈 날엔 참고 견디라. 즐거운 날이 오고야 말리니." 푸슈킨 시의 한 대목이다. 아무리 어려운 경우를 만나더라도 삶을 낙관적으로 바라보고 분투노력하면 끝내 행복해질 수 있다는 말이다. 하늘과 땅은 생명을 낳고 기르는 공간이다. 우리는 이를 '생태계'라고 한다. 모든 만물은 살기 위해 태어난다. 개체의 죽음도 거대한 생태계의 유지를 위해 필요한 생명활동이다. 그래서 천지는 부모와 같다. 어느 부모가 자식을 버릴까?

한자와 문법 '祿'은 관리에게 주는 봉급, 녹봉(祿俸)이며, 이 문장에서는 '먹을 것'이란 의미로 쓰였다. 사람은 제 먹을 복은 타고난다는 말이 있다. '生'은 타동사로 '~을 낳다'이며, '長'은 '~을 기르다'이다. 7언으로 된 문장이니 1-2-4, 1-2-4로 끊어 읽으면 좋다.

15. 大富由天하고 小富由勤이니라.
대부유천 소부유근

번역 큰 부자는 하늘에서 말미암고, 작은 부자는 근면함에서 말미암느니라.

풀이 부지런히 살다보면 어지간한 부는 이룰 수 있다. 큰 부자는 하늘이 내려준다고 하니 넘보지 않는 것이 좋다. 부자는 삼대를 못 간다고 한다. 작게 이룬 부라고 함부로 하면 망하기 쉽다. 지키는 방법이 따로 없다. 오직 근면할 뿐이다.

한자와 문법 '由 + 명사(구)'는 '~에서 말미암다, ~로부터 오다'로 새긴다. '勤'은 부지런할(근)이니 투덜대지 않고 부지런히 힘쓰는 것이다.

16. 寬性寬懷過幾年하니 人死人生在眼前이라.
관성관회과기년 인사인생재안전

隨高隨下隨緣過하니 或長或短莫埋怨이라.
수고수하수연과 혹장혹단막매원

自有自無休歎息이요 家貧家富總由天이라.
자유자무휴탄식 가빈가부총유천

平生衣食隨緣度하니 一日清閑一日仙이니라.
평생의식수연도 일일청한일일선

번역 마음과 생각을 느긋하게 하고 몇 년을 지내보니 사람이 죽고 사는 것이 잠깐 사이에 눈앞에서 벌어지는 일이더라. 지위가 높거나 낮거나 단지 인연에 따라 지나가니 오래 살았건 짧게 살았건 모두 원망을 품지 말라. 절로 생겨났다가 절로 없어지나니 탄식을 하지 마소. 집안이 곤궁하기도 하고 부유하기도 하지만 모두가 하늘에서 비롯되는 것이요, 평생 입고 먹는 것도 모두 인연에 따라 정해지는 법. 하루라도 마음이 깨끗하고 한가로우면 곧 그 하루 동안은 신선이 된다오.

풀이 모든 인간의 삶이란 인연에 따라 변하고 운명으로 인하여 결정되는 것이다. 부귀하다고 자랑할 것이 없고 빈천하다고 비관할 필요가 없다. 그냥 주어진 분수대로 살고 가면 그만이다. 누구를 원망하고 무엇을 탄식할 것인가? 마음을 느긋하게 먹고 지나가는 세월의 바람결을 눈으로 느끼며 유유자적해보라. 예전엔 신선이 되고자 연단鍊丹이니 벽곡辟穀이니 도인導引이니 하는 갖은 수련을 다 했다. 신선이 따로 없다. 마음먹기에 달려 있는 것이다. 맑고 한가로운 마음을 가지면 그가 곧 신선이다. 문을 닫고 고요하면 그곳이 바로 심산유곡인 것처럼 말이다. 도가적 인생관이 물씬 풍기는 대목이다.

포박자(抱朴子) 갈홍(葛洪)

갈홍은 중국 초기 연단술사(煉丹術師)이다. 동한(東漢)시대 이후, 장생불로(長生不老)를 추구하기 위해 생겨났던 연단술이 무기화학에 대한 인식을 높여주어 훗날 화학방법을 운용하여 주사(硃砂)를 생산할 수 있게 하였다.

한자와 문법 '埋'는 묻을(매)인데, '埋怨'은 원망(원한)을 가슴에 품는다는 뜻이다. '休'는 본래 쉴(휴)이나 여기서는 '莫'이나 '勿'과 같은 금지사로 쓰였기에 '~하지 말라!'로 새긴다. '總'은 거느릴(총)이나 여기서는 부사 '모두'로 새긴다.

17. 家語云, 水至清則無魚하고 人至察則無徒이니라.
가어운 수지청즉무어 인지찰즉무도

번역 『가어』[10]에서 말했다. "물이 너무 맑으면 물고기가 없고, 사람이 너무 깨끗하면 따르는 무리가 없느니라."

풀이 수더분한 사람이 사귀기에 좋다고 한다. 늘 깐깐하게 대하면 곁에 사람이 모이지 않는다. 가끔 허튼소리도 하고 실수도 해야지 정감이 간다. 완전한 사람, 완인完人이 있을까? 누구나 완전하기를 원한다. 『중용』에서는 "완벽한 것은 하늘의 길이지만, 완벽해지려고 노력하는 것은 사람의 길이다[誠者 天之道也, 誠之者 人之道也]."라 했다. 나는 이렇듯 '완벽을 지향하는 인간'을 맑고 향기로운 사람이라고 부른다. 그리고 이들이 있기에 사회가 조금이라도 정화될 수 있다고 믿는다. 오히려 인기나 얻자고 어수룩한 체하면서 줏대 없이 입에 발린 소리나 해대는 '꾼'들이 문제다.

한자와 문법 '至'는 본디 동사로 이를(지)이다. 여기서는 뒤에 오는 형용사 '淸'을 꾸며주는 부사로 쓰였기에 '지극히(너무나)'로 새긴다. '察'은 동사로 살필(찰)이다. 대강 살피는 것이 아니라 찬찬히 아주 정밀하게 살피는 것이 이 '察'의 속뜻이다.

18. 不恨自家蒲繩短하고[11] 只恨他家古井深이라.

불한자가포승단 지한타가고정심

번역 자기 집 부들 두레박줄 짧은 것은 탓하지 않고 남의 집 오래된 우물 깊은 것만 탓하는구나.

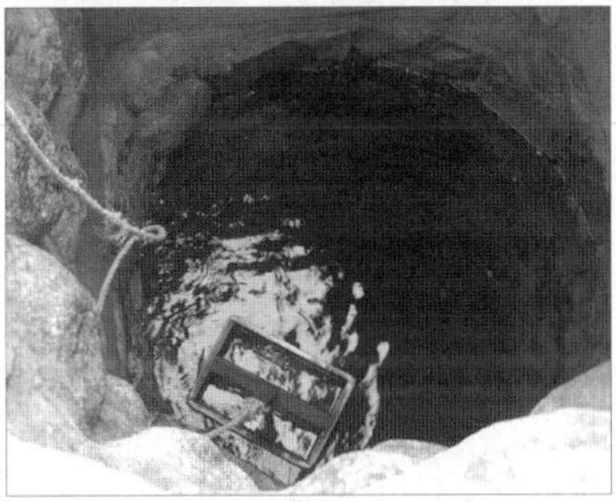

우물과 두레박

풀이 물이 소중한 시대이다. 그래서인지 몰라도 '우물'이란 말만 들어도 고맙고 정답다. 우물은 본래 깊이 파야 한다. 그래서 "한 우물을 파라"고 했다. 물이 나와도 두레박줄이 신통치 못하면 마실 수 없다. 진정 물을 길고자 한다면 내 집 두레박줄부터 쓸모 있게 만들어라. 등잔 밑이 어두운 법이다. 내 잘못은 보이지 않고 남의 허물만 눈에 들어온다. 늘 생각의 균형을 잃지 말라는 경고이다.

한자와 문법 '恨'은 원망할, 한탄할(한)이다. 여기서는 '탓하다'로 새겼다. '蒲'는 부들(포), '繩'은 비비거나 꼰 줄(승)이다. 부들로 엮은 줄을 '蒲繩'이라 한다. 본래 원문에서는 '苦井'으로 나와 있으나 '古井'으로 해야 뜻이 통할 듯하여 바꾸어 새겼다.

10 『孔子家語』는 공자의 언행 및 공자와 문인(門人)과의 논의(論議)를 수록한 책으로, 공자의 언행이 기록되어 있지만 위작이라는 것이 거의 정설이다.

11 '蒲繩'을 '麻繩'으로 적은 판본도 있다.

19. 子曰, 木受繩則直하고 人受諫則聖하니라.
자왈 목수승즉직 인수간즉성

번역 공자가 말했다. "나무가 먹줄을 받아들이면 곧아지고, 사람이 간언을 받아들이면 거룩해지느니라."

풀이 목수가 곧은 재목을 얻을 때 사용하는 도구가 먹줄이다. 먹줄을 튕겨서 생긴 직선은 거짓말을 하지 않는다. 성숙한 사람은 타인의 충고를 잘 듣고 수용할 줄 안다. 충고가 바로 목수가 튕기는 먹줄과 같기 때문이다. 하늘과 땅은 텅 비어 모든 것을 덮어주고 담아준다. 그래서 성스러운 존재다. 즐겨 마음을 비우고 충고를 받아들여라. 그리하면 그대도 조만간 성인이 될 수 있다.

한자와 문법 '繩'은 여기서 먹줄(승)이다. '則'은 인과 관계나 조건을 나타내는 접속사로 '~하면 ~하다'로 새긴다. '諫'은 간할(간)으로 잘못을 바로잡도록 말하는 행위이다. 보통 아랫사람이 윗사람에게 충고할 때 쓰인다.

조선시대에 사용하던 먹줄과 먹통
실에 먹물을 묻혀 잡아당기면 직선이 된다.

20. 蘇東坡云, 無故而得千金이면 不有大福이오 必有大禍이니라.
소동파운 무고이득천금 불유대복 필유대화

번역 소동파[12]가 말했다. "까닭 없이 천금을 얻으면 큰 복이 생기지 않고, 반드시 큰 화가 생기느

12 소동파(蘇東坡, 1036~1101): 중국 북송 때의 시인이다. 메이산[眉山: 지금의 四川省] 출생으로 자는 자첨(子瞻), 호는 동파거사(東坡居士), 애칭(愛稱)은 파공(坡公)・파선(坡仙), 이름은 식(軾)이다. 唐詩가 서정적인 데 대하여 그의 시는 철학적 요소가 짙었고 새로운 시경(詩境)을 개척하였다. 대표작인 「적벽부(赤壁

니라.”

풀이 힘들이지 않고 단번에 천금을 움켜쥔다는 ‘일확천금一攫千金’이란 말이 있다. 누구나 일확천금의 유혹을 느낀다. 동양고전은 일확천금은 대복이 아니라 대화가 된다고 가르친다. 왜 그럴까? 그 천금에는 나의 땀이 묻어 있지 않아 허튼짓을 하기 쉽다. 헛된 욕망을 불러 패가망신을 자초한다. 요행수로 인생을 승부하려 하지 말라. 반드시 탈이 난다.

한자와 문법 ‘故’는 까닭(고)이다.

21. 大廈千間이라도 夜臥八尺이요 良田萬頃이라도 日食二升이니라.

대하천간 야와팔척 양전만경 일식이승

번역 큰 집이 천 칸이라도 밤에 눕는 데는 팔 척뿐이요, 좋은 밭이 만 이랑이라도 하루에 먹는 것은 두 되일 뿐이니라.

풀이 아주 단순한 진리가 우리의 가슴을 친다. 너무 바쁘고 힘들게 사는 우리이다. 왜? 무엇을 위해서 그러할까? 한번쯤 걸음을 멈추고 숨을 고른 뒤 스스로 물어보자. 인간 해방의 조건을 생각해보자.

한자와 문법 ‘廈’는 큰집(하)로 현재 중국에서는 대형 빌딩을 ‘大廈’라고 한다. ‘頃’은 논밭의 넓이로, 1경은 100이랑(묘: 畝)에 해당한다. ‘良’은 좋을(량), ‘升’은 되(승)이다. ‘되’는 부피를 재는 단위이다.

22. 易曰, 德薄而位尊하고[13] 智小而謀大면 無禍者鮮矣니라.

역왈 덕박이위존 지소이모대 무화자선의

번역 『주역』에서 말했다. “덕성이 얄팍하면서 지위가 높거나, 지혜가 작으면서 도모함이 크면 화를 입지 않는 경우가 드무니라.”

賦)」는 불후의 명작으로 꼽힌다. 소순(蘇洵)의 아들이며 소철(蘇轍)의 형으로 대소(大蘇)라고도 불리었다. 송나라 제1의 시인이며, 문장에서도 당송팔대가(唐宋八大家)의 한 사람이다.

13 ‘德薄’을 ‘德微’로 적은 판본도 있다.

풀이 분수에 맞게 살아야 화가 없다. 덕성과 지위가 어울리고 지혜와 사업이 일치해야 탈이 없다. 덕성과 지혜가 부족하면서도 기고만장하다가 집안과 나라를 망치는 인사가 너무나 많다. 이들에게 '겸손'만큼 좋은 보약이 어디에 있을까!

한자와 문법 '易'은 『周易』이다. '鮮'은 드물, 적을(선)이다. '者'는 대명사로 '~한 경우'로 새긴다. '矣'는 문장 끝에 오는 조사로서 추측의 어기(語氣)를 나타낸다. '아마 ~할 것이다(이리라)' 정도로 새기면 좋다.

23. 尺璧非寶요 寸陰是競이니라.
척벽비보 촌음시경

번역 한 자나 되는 둥근 구슬이 보배가 아니라, 촌음(아주 짧은 시간)을 다툴 일이로다.

풀이 세상에 가장 공평한 것이 시간이다. 부귀빈천을 막론하고 하늘은 사람에게 거의 비슷한 생존의 시간을 주었다. 재물을 목숨하고 바꾸자고 할 바보가 있을까? 천국에서 부른다고 이승을 떠나겠는가? 시간을 아껴 착하게 사는 이에게 지금 이곳이 천국이다.

한자와 문법 '尺'은 자(척), '璧'은 둥근 옥(벽)이니 고대의 둥글고 넓적하여 중간에 둥근 구멍이 난 옥으로 얻기 힘든 보배이다. '是'는 대명사로 앞에 도치된 목적어를 다시 가리키는 작용을 한다. '寸陰是競'은 본래 '競寸陰'인데, '寸陰'을 강조하기 위해 앞으로 도치시켰다. 이때 목적어가 도치되었음을 알려주는 구실을 하는 것이 대명사 '是'이다. 굳이 새겨야 한다면 '촌음 이것을 다투어라.'로 하면 된다.

24. 遠水不救近火이요 遠親不如近隣이니라.
원수불구근화 원친불여근린

번역 먼 데 있는 물은 가까운 불을 끄지 못할 것이요, 먼 곳의 친척은 가까운 이웃만 못하느니라.

풀이 가까운 이웃이 먼 친척보다 낫다. 급한 일을 겪어보면 그렇다. 이웃사촌이란 말이 그래서 나온 것이 아닌가? 아파트에서는 이웃을 모르고 살아간다. 이웃에게 내가 알려질까 걱정하는 이도 있다. 이웃사촌을 얻으려면 먼저 나를 드러내어 좋은 이웃이 되도록 하라.

한자와 문법 '救'는 구제할(구)이니 '救火'는 불을 끈다는 뜻이다.

3

하늘이 준 성품을 지켜라 [戒性]

'계성戒性'이란 하늘이 준 착한 본성을 경계한다는 뜻이다. 아무리 착한 본성이라도 때에 따라 제자리를 이탈하여 변질될 수 있기 때문이다. 동양고전은 사사로운 이익의 추구와 같은 욕망의 분출을 억제하고 나보다 남을 배려하는 여유를 갖도록 권한다. 화를 내면 본성을 잃는다. 고전은 큰 호흡으로 감정을 절제하여 목전의 분노를 참아낼 수 있어야 한다고 말한다.

1. 景行錄云(경행록운), 人性(인성)이 如水(여수)하여 水一傾則不可復(수일경즉불가복)이요 性一縱則不可反(성일종즉불가반)이니, 制水者(제수자)는 必以堤防(필이제방)하고 制性者(제성자)는 必以禮法(필이예법)하니라.

번역 『경행록』에서 말했다. "사람의 성품은 물과 같아서 물이 한 번 기울어지면 회복할 수 없고 성품이 한 번 방종해지면 돌이킬 수 없을 것이니, 물을 제어하는 것은 반드시 제방으로써 하고 성품을 제어하는 것은 반드시 예법으로써 해야 한다."

풀이 예로써 중정中正한 법도를 잃지 않도록 예방豫防하는 것을 '예방禮防'이라고 한다. 『예기』「경해經解」에 "예가 난이 생기는 것을 금하는 것이 마치 물이 넘치는 것을 막는 것과 같다[夫禮, 禁亂之所由生, 猶坊止水之所自來也]."고 했다. 물은 욕망을 비유한다. 제방을 쌓는 노력보다 흘러드는 물이 적도록 힘 쓰는 것이 어떨까? 욕망의 절제가 간절한 세상이

한자와 문법 '傾'은 기울(경), '復'은 회복할(복), '縱'은 놓을(종), '反'은 돌이킬(반), '堤'는 둑(제)이다.

2. 忍一時之忿이면 免百日之憂이니라.
인일시지분 면백일지우

번역 한때의 분함을 참으면 백일의 근심을 면한다.

풀이 분노는 일순간의 충동으로 이성적이지 못한 행동이다. 그래서 후회가 많다. 분노가 치밀면 밖으로 뛰쳐나가 걸어보자. 발바닥을 거쳐 대지로 퍼지는 분노의 물결을 보게 될 것이다. 화병은 참아서 생기는 것이 아니다. 작은 분노를 삭이지 못하고 되풀이하여 화를 내다가 내성이 생겨 고질이 된 까닭이다. 개인이 아닌 천하를 위해 분노할 줄 아는 이가 그리운 때다.

3. 惡人罵善人이라도 善人摠不對하라. 善人若還罵면
악인매선인 선인총부대 선인약환매
彼此無智慧니라. 不對心淸閑이오 罵者口熱沸리니
피차무지혜 부대심청한 매자구열비
正如人唾天이면 還從己身墜이니라. 我若被人罵라도
정여인타천 환종기신추 아약피인매
佯聾不分說하라. 譬如火燒空하여 不救自然滅이라.
양롱부분설 비여화소공 불구자연멸
我心은 等虛空이어늘 聽你飜脣舌이니라.
아심 등허공 청니번순설

번역 악인이 선인을 욕할지라도 선인은 절대 대거리하지 마라. 선인이 만일 되fp 욕을 한다면 피차 지혜가 없게 되느니라. 대거리하지 아니하면 마음이 깨끗하고 한가로워지며 욕하는 자만 입이 뜨겁게 끓을 뿐이니, 이는 바로 사람이 하늘에 침을 뱉으면 도로 자기 몸을 따라 떨어지는 것과 같다. 만약에 내가 남에게 욕설을 듣더라도 거짓으로 귀먹은 체하고 시비를 따지지 마라. 비유컨대 허공에다 불을 지르는 것과 같아서 끄려들지 않아도 저절로 꺼질 것이다. 내 마음은 허공과 같거늘 너의 입술과 혀가 나불거리는 소리만 들릴 뿐이리라.

풀이 악인은 선인을 욕하게 마련이다. 그럴 때는 차분히 대응하는 것이 좋다. 그것이 선인이 악인과 다른 이유이다. 마음이 맑고 한가로우면 신선이니, 악인의 말에 상관할까 보냐!

한자와 문법 '罵'는 욕할(매), '摠'과 總은 통하는 글자로 모두(총)으로 새긴다. '熱'은 뜨거울(열), '沸'는 끓을(비)로 '비등(沸騰)'은 물이 끓듯이 떠들썩한 상황을 표현할 때 쓰인다. 여기서 '正'은 긍정을 강조하는 부사로 바로(정)으로 새긴다. '正如'는 '바로(꼭) ~과 같다'의 뜻이다. 이 문장에서 '如'는 술어로 뒤 문장 끝까지 다 받는다. '唾'는 침(타), 여기서는 동사로 '침을 뱉다'로 새긴다. '還'은 부사로 도리어(환), '墜'는 떨어질(추)이다.

4. 凡事留人情이면 後來好相見이니라.
범사유인정 후래호상견

번역 모든 일에 인정을 남기면 장래에 서로 좋게 보게 되느니라.

풀이 얄미울 정도로 쌀쌀맞고 인정이 없으면 매정한 사람이 된다. 그런 사람을 다시 보고 싶어 할 이가 있을까? 언제 어디서 무엇이 되어 만날 것인가? 그것은 아무도 모르는 일이다. 모를 일에 늘 대비하는 자가 지혜로운 사람이다.

한자와 문법 '凡'은 무릇, 모든(범), '留'는 남길, 머물러둘(류)이다.

명·심·보·감
스스로 읽기

존심편 存心篇

1. 有客來相訪하여 如何是治生고 하면
유객래상방 여하시치생
但存方寸地라가 留與子孫耕이라 하라.
단존방촌지 유여자손경

손님이 찾아와서 "어떻게 인생을 다스리고 사느냐?"고 물으면, 다만 "정직하고 선량한 마음을 간직하고 있다가 자손들에게 넘겨주어 잘 계승해 가도록 하고 있다"고 하라.

2. 將心比心이면 便是佛心이니라.
장심비심 변시불심

내 마음을 가지고 남의 마음을 헤아리는 것이 바로 부처님 마음이니라.

3. 以己之心으로 度人之心하라.
이기지심 탁인지심

내 마음을 가지고 남의 마음을 헤아려야 한다.

4. 素書云, 博學切問은 所以廣知요 高行微言은 所以修身이니라.
소서운 박학절문 소이광지 고행미언 소이수신

『소서』에서 말했다. "널리 배워 간절히 묻는 것은 앎을 넓히는 방법이요, 행동을 고상하게 하고 말을 아끼는 것은 몸을 수양하는 방법이다."

5. 子曰, 篤信好學하고 守死善道하라.
자왈 독신호학 수사선도

공자가 말했다. "독실하게 믿으면서 학문을 좋아해야 하고 죽음으로 지키면서 도를 높여야 한다."

6. 景行錄云, 坐密室을 如通衢하고 馭寸心을 如六馬면 可免過니라.
경행록운 좌밀실 여통구 어촌심 여육마 가면과

『경행록』에서 말했다. "밀실(密室)에 앉았어도 마치 네거리를 통과하는 것처럼 떳떳하게 생각하고, 작은 마음을 제어하기를 마치 여섯 필의 말을 부리듯 조심스럽게 관리하면 허물을 면할 수 있다."

7. 擊壤詩云(격양시운), 富貴(부귀)를

如將智力求(여장지력구)인데 仲尼(중니)도

年少合封侯(연소합봉후)라. 世人(세인)은

不解青天意(불해청천의)하고

空使身心半夜愁(공사심신반야수)이니라.

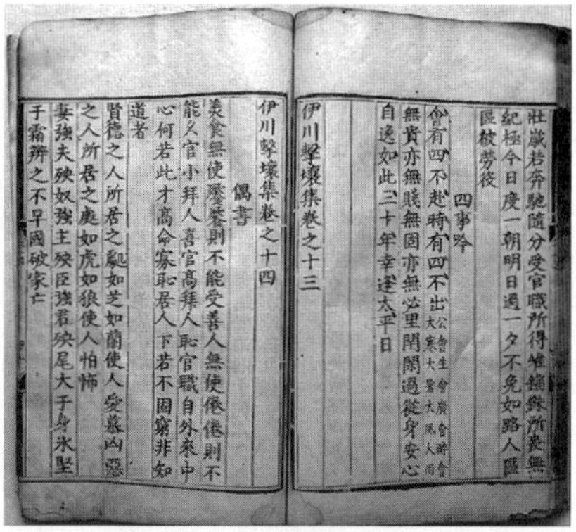

소옹의 『이천격양집(伊川擊壤集)』 본문. 명나라 판본

『격양시』[14]에서 말했다. "만약 부귀를 지혜의 힘으로 구할 수 있다면, 중니(仲尼: 孔子의 字)도 젊은 나이에 제후에 봉해졌을 것이다. 세상 사람들은 푸른 하늘의 뜻을 알지 못하고, 부질없이 몸과 마음으로 하여금 한밤중까지 근심하게 하는구나."

8. 子曰(자왈), 聰明思睿(총명사예)라도 守之以愚(수지이우)하고 功被天下(공피천하)라도 守之以讓(수지이양)하고

勇力振世(용력진세)라도 守之以怯(수지이겁)하고 富有四海(부유사해)라도 守之以謙(수지이겸)이니라.

공자가 말했다. "총명하고 생각이 밝더라도 어리석음으로 지키고, 공이 천하를 덮을 만하더라도 겸양으로 지키고, 용맹이 세상에 떨칠지라도 겁냄으로써 지키고, 부유하기가 온 세상을 차지할 정도라도 겸손으로써 지켜내어라."[15]

9. 子貢曰(자공왈), 貧而無諂(빈이무첨)하며 富而無驕(부이무교)하라.

자공이 말했다. "가난해도 아첨하지 말고 부유해도 교만하지 말라."

14 격양시: 송나라 소옹(邵雍)이 지은 한시

15 『孔子家語』 卷2, 「三恕」에 보인다.

10. 子曰, 貧而無怨은 難이요 富而無驕는 易니라.
자왈 빈이무원 난 부이무교 이

공자가 말했다. "가난하면서 원망하지 않기는 어렵고, 부유하면서 교만하지 않기는 쉽다."

11. 邵康節問陳希夷하여 求持身之術한데, 希夷曰, 快意事는 不可做며
소강절문진희이 구지신지술 희이왈 쾌의사 불가주

得便宜處라도 不可再往이니라.
득편의처 불가재왕

소강절(邵雍, 1011~1077)이 진희이[16]에게 물어 몸을 제대로 간직하는 방법을 구했다. 희이가 말했다. "뜻을 상쾌하게 하는 일은 해서 안 되며 편하게 하는 곳을 얻었더라도 다시 가서는 안 된다."

〈진희이수도(陳希夷睡圖)〉
일본의 하세가와 노부하루(長谷川信春, 1539~1610)가 그린 것이다. 진단은 수공(睡功)에 능해 한 번 잠들면 몇 달이고 깨어나지 않았다고 한다.

〈진단타려도(陳摶墮驢圖)〉
윤두서(尹斗緖, 1668~1715)가 진단이 친구 조광윤이 송나라 태조가 됐다는 소식을 듣고 기뻐 나귀에서 떨어졌다는 고사를 그린 것으로, 난세를 치세로 바꿀 현명한 군주를 향한 기대가 담겨 있다.

윤두서의 〈진단타려도〉 부분 확대
떨어지는 진단의 얼굴 모습과 봇짐을 팽개치고 주인을 붙잡으려 달려가는 동자의 동작이 매우 생동적이며 익살스럽다.

12. 得意處에 早回頭하라.
득의처 조회두

뜻을 얻은 곳에서는 빨리 머리를 돌리고 머물러 있지 말라.

16 陳摶(? ~989): 字 圖南, 河南 眞源人. 宋初의 저명한 理學家. 宋나라 太宗이 '希夷先生'이란 호를 내려주었다.

13. 聰明本是陰騭功이니 陰騭引入聰明路라.
총명본시음즐공 음즐인입총명로

不行陰騭使聰明이면 聰明反被聰明誤리라.
불행음즐사총명 총명반피총명오

총명이란 본래 보이지 않는 음덕의 공로이니, 음덕이 사람을 이끌어 총명한 길로 인도한다. 음덕의 이끌어줌을 따르지 않고 총명을 부리다가는 총명이 도리어 총명에게 그르침을 당하게 된다.

14. 風水人間不可無나 全憑陰騭兩相扶라. 富貴若從風水得이면
풍수인간불가무 전빙음즐양상부 부귀약종풍수득

再生郭璞也難圖리라.
재생곽박야난도

풍수는 인간에게 없어서는 안 되지만 모두가 음덕의 도움에 의지해야 한다. 부귀가 만약 풍수로 얻을 수 있는 것이라면 설사 곽박[17]이 다시 태어난다고 해도 도모하기 어렵다.

곽박
동진시대 저명한 주석학자이자 시인이며 점서(占筮)에 능한 풍수지리가로 알려져 있다.

15. 古人形似獸나 心有大聖德이요 今人表似人이나 獸心安可測이리오
고인형사수 심유대성덕 금인표사인 수심안가측

고대인은 겉모습이 짐승과 같았지만 마음은 대성인의 덕이 있었고, 현대인은 겉모습은 사람과 같으나 가슴에 품은 짐승의 마음을 어찌 헤아릴 수 있겠는가?

17 郭璞(276~324): 東晉의 文學家이며 訓詁學者이다. 陰陽과 卜筮의 술법을 좋아했다. 東晉初에 王敦에 의해 記事參軍에 임명됐다. 왕돈이 謀反하려 할 때, 그에게 점을 치도록 했다. 곽박이 모반하면 반드시 실패할 것이라고 했다. 그 때문에 곽박은 죽음을 당했다. 나중에 弘農太守로 추증됐다.

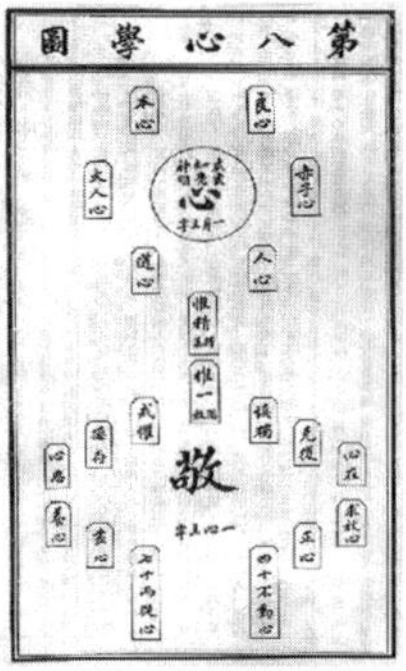

이황의 〈성학십도〉 중
제8 〈심학도(心學圖)〉

여러 가지 마음이 보인다. 성리학의 마음 수련법을 요약해 놓았다. '마음이 몸을 주재하니 늘 깨어 있어야 한다'는 메시지를 담고 있다.

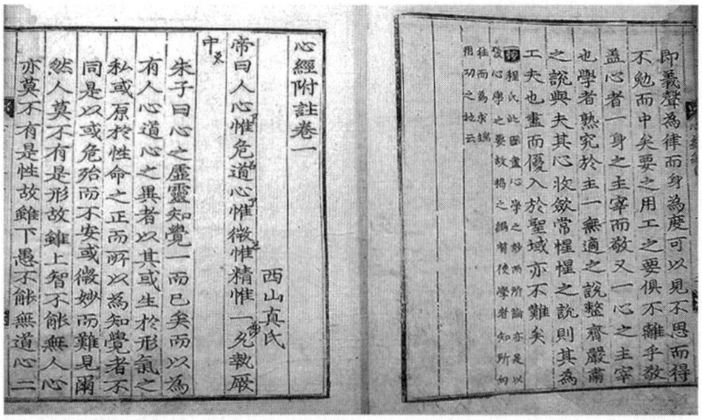
即義發為律而身為度可以見不思而得
不勉而中矣要之用工之要俱不離乎敬
盖心者一身之主宰而敬又一心之主宰
也學者熟究於主一無適之說整齊嚴肅
之說與夫其心收斂常惺惺之說則其為
工夫也盡而優入於聖域亦不難矣

心經附註卷一
西山真氏
帝曰人心惟危道心惟微惟精惟一允執厥中
朱子曰心之虛靈知覺一而已矣而以為
有人心道心之異者以其或生於形氣之
私或原於性命之正而所以為知覺者不
同是以或危殆而不安或微妙而難見爾
然人莫不有是形故雖上智不能無人心
亦莫不有是性故雖下愚不能無道心二

『심경부주(心經附註)』

송나라 진덕수(眞德秀)가 지은 〈심경(心經)〉에 대해 명나라 정민정(程敏政, ?~1499)이 주석을 단 것을 〈심경부주(心經附註)〉라고 한다. 이황은 이 〈부주〉에서 잘못된 곳을 바로잡고자 〈심경후론(心經後論)〉을 지어 말미에 첨부하여 1566년 목판본 4권 2책으로 간행했다.

16. 有心無相이면 相逐心生이요 有相無心이면 相從心滅하니라.

유심무상 상축심생 유상무심 상종심멸

마음속에 생각이 있지만 아직 밖으로 표현되지 않았다면 이내 표현이 마음의 생각을 따라서 생겨나오며, 비록 밖으로 표현되었다 하더라도 마음에서 이런 생각이 없어지면 밖에 표현된 것은 마음속 생각에 따라서 사라져버린다.[18]

17. 三點如星象이요 橫鉤似月斜라. 披毛從此得이요 作佛也由他니라.

삼점여성상 횡구사월사 피모종차득 작불야유타

(마음 心 자) 세 개의 점은 별의 형상과 같고 비낀 갈고리는 기운 달과 같도다.[19] 금수가 되는 것도 마음에서 비롯되고[20] 부처가 되는 것도 마음에서 비롯된다.

---

18 "마음은 있되 상이 없으면, 상은 마음으로 말미암아 변한다. 상은 있되 마음이 없으면, 상은 마음에 따라 바뀐다[有心無相, 相由心變, 有相無心, 相隨心轉]"는 말과 같다. 즉 모든 것이 마음에 따라서 이루어진다는 말이다. 관상(觀相)이 심상(心相)만 같지 못하다는 말이 여기에서 나온 것이 아닐까 한다.

19 '心' 자가 세 점과 비낀 갈고리로 이루어진 것을 말함.

20 불교의 상용어 가운데 '피모대각(披毛戴角)'이란 말이 있다. 이를 줄인 말이 '披毛'이다. 직역하면 '온몸에 털이 덮여 있고, 머리에 뿔이 난 존재'로 축생(畜生), 즉 금수(禽獸: 짐승)를 가리킨다. 본문의 뜻을 다시 풀어보면, 사람이 축생도(畜生道)에 떨어지면 금수로 변화되는데, 마음이 그렇게 만드는 것이고, 사람이 깨달아 부처가 되는 것 역시 마음을 어떻게 쓰는가에 달려 있다는 말이다. "모든 것은 오로지 마음에 달렸다"는 일체유심조(一切唯心造) 사상이 잘 반영되어 있다.

18. 大學云, 所謂誠其意者는 毋自欺也니 如惡惡臭하고 如好好色하라.
대학운 소위성기의자 무자기야 여오악취 여호호색

『대학』에서 말했다. "이른바 '그 뜻을 참되게 한다.' 함은 스스로를 속이지 않는 것이니, 나쁜 냄새를 싫어하는 것과 같이 하며 예쁜 얼굴을 좋아하는 것과 같이 하라."

19. 道經云, 用誠似愚하고 用默似訥하며 用柔似拙하라.
도경운 용성사우 용묵사눌 용유사졸

『도경』[21]에서 말했다. "성실함을 운용하되 우둔한 듯이 하고 침묵을 운용하되 어눌한 듯이 하며 부드러움을 운용하되 졸렬한 듯이 하라."

20. 人皆道我拙이면 我亦自道拙이요 有耳常如聾하고 有口不會說이라.
인개도아졸 아역자도졸 유이상여농 유구불회설

你自逞豪傑이라가 橫豎有一跌하나니 喫跌教君思면
니자령호걸 횡수유일질 끽질교군사

反不如我拙이니라.
반불여아졸

사람들이 나를 쓸모없다고 하면 나 또한 스스로 쓸모없다고 한다. 귀가 있어도 늘 귀머거리 같고 입이 있어도 말할 줄 모른다. 그대는 스스로 호걸이라 으스 대며 종횡으로 달리다 한번 넘어질 수 있으니, 넘어지고 나서 그대 생각해보라. 도리어 나의 쓸모없음만 같지 못하리라.

21. 百巧百成이 不如一拙이니라.
백교백성 불여일졸

백 가지로 공교롭고 백 가지로 성공한다 해도 한 가지 졸렬함을 지니는 것만 못하다.

22. 未來는 休指望하고 過去는 莫思量하라.
미래 휴지망 과거 막사량

미래는 기대하지 말고 과거는 생각하지 말라.

23. 常將有日思無日이요 莫待無時思有時하라.
상장유일사무일 막대무시사유시

21 '道經'은 『옥추경(玉樞經)』을 말하는 듯하다.

늘 재물이나 시간 등을 가지고 있을 때 잃어버렸을 때를 생각하고, 잃어버린 뒤에 가서 지난날 가지고 있었을 때를 회상하지 말라.[22]

24. 有錢常記無錢日하고 安樂常思病患時하라.
유전상기무전일 안락상사병환시

돈이 있을 때 늘 돈이 없었을 때를 기억하고 편안하고 즐거울 때 늘 병이 났을 때를 생각하라.

25. 求人에 須求大丈夫하고 濟人에 須濟急用無하라.[23]
구인 수구대장부 제인 수제급용무

사람을 찾으려면 반드시 당당한 대장부를 찾을 것이요 사람을 도우려면 반드시 급히 필요하나 아무것도 없을 때 도와주어라.

26. 寸心이 不昧면 萬法이 皆明이라.
촌심 불매 만법 개명

작은 마음이 어둡게 되지 않도록 하면 만물이 모두 밝게 되리라.

27. 孫思邈曰, 膽欲大而心欲小하고 知欲圓而行欲方하라.
손사막왈 담욕대이심욕소 지욕원이행욕방

손사막(孫思邈)[24]이 말했다. "담력은 크게 갖고자 하되 마음가짐은 작게 갖고자 하고, 지혜는 원만하고자 하되 행동은 방정하고자 하라."[25]

손사막
당나라 초기에 활동한 이름난 의원이다. 약을 잘 써서 '약왕(藥王)'으로 불렸다.

---

22 언제나 여유가 있을 때 어려워질 때를 생각하고, 어려워졌을 때 지난날 여유로웠던 때를 회상하는 일 따위는 없어야 한다는 뜻이다. 明나라 풍몽룡(馮夢龍)의 『경세통언(警世通言)』에 보인다.

23 '急用無'를 '急時無'라 한 판본도 있다.

24 손사막(孫思邈, 581~682): 중국 초당(初唐)의 명의이며 신선가(神仙家)이다. 의서(醫書)인 『備急千金要方』과 『千金翼方』이 그의 저작으로 전해진다.

25 『唐書』 「隱逸列傳」에 보인다.

28. 念念要如臨戰日하고 心心常似過橋時니라.
염념요여임전일 심심상사과교시

생각할 때마다 반드시 적과 싸우러 나아간 날과 같이 조심하고, 마음 쓸 때마다 늘 다리를 건널 때와 같이 조심하라.

29. 景行錄云, 誠無悔하고 恕無怨하고 和無仇하고 忍無辱하니라.
경행록운 성무회 서무원 화무구 인무욕

『경행록』에서 말했다. "진실하면 후회가 생길 수 없고, 용서하면 원한이 생길 수 없으며, 화목하면 원수가 생길 수 없고, 참으면 치욕이 생길 수 없다."

30. 大膽하면 天下去得이요 小心하면 寸步難行이라.[26]
대담 천하거득 소심 촌보난행

대담하면 온 천하를 두루 다닐 수 있지만, 소심하면 한 발짝도 내딛기 어렵다.

31. 子曰, (詩三百은) 思無邪니라.
자왈 시삼백 사무사

공자가 말했다. "(『시경』 삼백 편의 내용은) 생각에 사악함이 없다."

32. 是非는 只爲多開口하고 煩惱는 皆因强出頭니라.[27]
시비 지위다개구 번뇌 개인강출두

시비는 다만 말을 많이 하기 때문에 생겨나고 번뇌는 모두 남보다 두각을 나타내려고 애쓰기 때문에 일어난다.

33. 素書云, 有過不知者는 蔽하고 以言取怨者는 禍하니라.
소서운 유과부지자 폐 이언취원자 화

『소서』에서 말했다. "허물을 저지르고도 알지 못하는 이는 몽매하게 살아가고 언어 때문에 원한을 산 이는 화를 만나게 된다."

34. 景行錄云, 貪是逐物於外요 欲是情動於中이니라.
경행록운 탐시축물어외 욕시정동어중

26 초간본에는 "小心天下去得, 大膽寸步難移."로 나와 있으나, 문맥이 어색하여 明나라 馮夢龍의 『警世通言』에 나와 있는 구절로 바꾸어 보았다.

27 宋나라 陳元靚의 『事林廣記 · 人事下 · 處世警言』에 보인다.

『경행록』에서 말했다. “탐심은 밖으로 물건을 추구하는 것이요, 욕망은 안에서 욕정이 움직이는 것이다.”

35. 君子愛財호대 取之有道하니라.
군자애재 취지유도

군자가 재물을 좋아하지만 내 것으로 가질 때에는 정당한 도리에 따라야 한다.

36. 君子는 憂道호대 不憂貧이요 君子는 謀道호대 不謀食하니라.
군자 우도 불우빈 군자 모도 불모식

군자는 도덕을 근심하지 가난을 근심하지는 않으며 군자는 도덕을 추구하지 음식을 추구하지는 않는다.

37. 子曰, 君子는 坦蕩蕩하고 小人은 長戚戚하니라.[28]
자왈 군자 탄탕탕 소인 장척척

공자가 말했다. “군자는 마음이 평탄하여 넓고, 소인은 마음이 늘 걱정에 휩싸여 있다.”

38. 量大에 福亦大하고 機深에 禍亦深이라.
양대 복역대 기심 화역심

도량이 크면 복도 커지고 허위가 깊으면 화도 깊어진다.

39. 寧爲福首이언정 莫爲禍先하라.[29]
영위복수 막위화선

차라리 복을 만드는 우두머리가 될지언정 화를 일으키는 앞잡이는 되지 말라.

40. 各人自掃門前雪하고 莫管他人屋上霜하라.[30]
각인자소문전설 막관타인옥상상

각각 사람마다 스스로 자기 문 앞에 떨어진 눈을 쓸면 그만이지 남의 지붕 위에 내린 차가운 서리는 상관하지 말라.

---

28 『論語』「述而」에 보인다. ‘長戚戚’을 ‘常戚戚’이라 한 판본도 있다.

29 ‘寧爲福首’를 ‘莫爲福首’라 한 판본도 있다.

30 ‘門前雪’을 ‘門頭雪’로, ‘他人’을 ‘他家’로 한 판본도 있다.

41. 早知今日이면 悔不當初리라.
조지금일 회불당초

오늘과 같은 결과가 있을 줄 일찍 알았다면 당초에 '그렇게 해서는 안 되는 것'을 하고 후회하리라.

42. 心不負人이면 面無慙色이니라.
심불부인 면무참색

마음으로 남을 저버리지 않았다면 얼굴에 부끄러운 빛이 나타나지 않는다.

43. 莊子曰, "求財에 恨不多하고 財多에 害人己니라."
장자왈 구재 한부다 재다 해인기

장자가 말했다. "재물을 추구할 때엔 (재물이) 많지 못한 것을 유감으로 여기지만, 재물이 너무 많아지면 남을 해칠 수도 있고 나를 해칠 수도 있다."

44. 但存夫子三分禮요 不犯蕭何六律條라.
단존부자삼분례 불범소하육율조

다만 공부자(공자)가 말씀하신 약간의 예교를 지켜내기만 해도 소하[31]가 제정한 여섯 가지 국가 법률을 범하지 않을 수 있다.

소하
중국 전한 때 한신, 장량 등과 함께 한 고조 유방의 참모로 활동했다.

45. 說苑云, 推賢擧能하고 掩惡揚善하라.[32]
설원운 추현거능 엄악양선

31 蕭何(?~B.C. 193): 중국 전한 때 고조 유방의 재상. 한나라 유방과 초나라 항우(項羽)의 싸움에서는 관중(關中)에 머물러 있으면서 고조를 위하여 양식과 군병의 보급을 확보했으므로 고조가 즉위할 때에 논공행상(論功行賞)에서 으뜸가는 공신에 올랐다. 뒤에 한신 등의 반란을 평정하고 최고의 상국(相國)에 제수되었다. 재상 시절 진나라의 법률을 취사(取捨)하여 '구장률(九章律)'을 편찬하였다고 한다.

32 이를 '推賢能擧能, 揚善抑惡.'이라 한 판본도 있다.

『설원』[33]에서 말했다. "현명한 이를 추천하고 능력 있는 이를 등용하며 사악한 이를 억제하여 나오지 못하도록 하고 선량한 이를 드러내어 찬양하라."

『설원』
전한 말 유향이 편집한 설화집.
우화와 일화가 수록되어 있다.

46. 景行錄云, 休恨眼前田地窄이요 退後一步自然寬이니라.[34]

경행록운 휴한안전전지착 퇴후일보자연관

『경행록』에서 말했다. "눈앞의 공간이 좁다고 한탄하지 말고 뒤로 한 발 물러나면 저절로 천지가 드넓어질 수 있다."

47. 人無百歲人이나 枉作千年計니라.[35]

인무백세인 왕작천년계

사람 가운데 백 살을 사는 사람이 없건만 부질없이 천 년 동안 할 사업의 계획을 세운다.

48. 兒孫自有兒孫福이니 莫與兒孫作馬牛하라.[36]

아손자유아손복 막여아손작마우

자손들은 스스로 자손 몫의 복을 가지고 있으니, 자손들을 위해 말이나 소가 되지 말라.

---

33 說苑: 전한(前漢) 말에 유향(劉向)이 편집하였다. '군도(君道)', '신술(臣術)' 등 20편(編)으로 구성되었다. 같은 저자의 『신서(新序)』와 그 체재가 비슷하며, 내용도 중복된 것이 있다. 선진에서 양한시대에 걸쳐 전해오는 역사적 사실과 전설을 분류하여 편집했다. 그 속에 고대의 제후나 선현들의 행적이나 일화 · 우화 등이 많다.

34 '退後一步'를 '退一步'라 한 판본도 있다.

35 앞에 '世無百歲人, 枉作千年計.'가 덧붙은 판본도 있다. 참고: 漢『樂府古辭』「西門行」, "人生不滿百, 常懷千載憂."

36 '作馬牛'를 '作遠憂'(먼 훗날까지 걱정하다)라 한 판본도 있다.

49. 世上無難事이니 都來心不專이라.
세상무난사 도래심부전

세상에 어려운 일은 없나니 모든 어려움은 마음이 전일하지 못한 데서 온다.

50. 寧結千人意언정 莫結一人緣하라.
영결천인의 막결일인연

차라리 천 사람과 뜻으로 사귐을 맺을지언정 단지 한 사람하고만 인연으로 사귐을 맺지 말라.

51. 景行錄云, 語人之短을 不曰直이요 濟人之惡을 不曰義니라.[37]
경행록운 어인지단 불왈직 제인지악 불왈의

『경행록』에서 말했다. "남의 단점을 이야기하는 것을 정직하다고 말할 수 없고, 남의 악함을 조장하는 것을 정의롭다고 말할 수 없다."

52. 忍難耐事하고 恕不明人하라.[38]
인난내사 서불명인

견디기 어려운 일을 참아내고 사리에 밝지 못한 사람을 너그럽게 용서하라.

53. 景行錄云, 規小節者는 不能成榮名하고 惡小恥者는
경행록운 규소절자 불능성영명 오소치자

不能立大功이니라.
불능립대공

『경행록』에서 말했다. "자잘한 예절에 구애를 받는 사람은 영예로운 명성을 이룰 수 없고, 작은 치욕을 혐오하는 사람은 위대한 공훈을 세울 수 없다."

54. 無求勝布施하고 謹守勝持齋니라.
무구승보시 근수승지재

아무 것도 요구함이 없는 것이 보시[39]보다 낫고 바른 도리를 삼가 지키는 것이 계법을 지키는 것보다 낫다.[40]

37 '不曰直'을 '不曰且'[거듭 말하지 않다]로 한 판본도 있다. '且'는 '直'의 오자가 아닌가 한다.

38 '忍難耐事'를 '忍難忍事'로 한 판본도 있다.

39 보시(布施, 佈施): 널리 베푼다는 뜻의 말로서, 자비의 마음으로 다른 이에게 아무런 조건 없이 베푸는 것을 뜻한다. 베푸는 것에는 재물로써 베푸는 재시(財施)와 석가의 가르침, 즉 진리를 가르쳐 주는 법시(法施), 두려움과 어려움으로부터 구제해 주는 무외시(無畏施)의 셋으로 구분된다. 보살(대승불교도)의 실천 덕목인 육바라밀(六波羅蜜) 가운데 제1의 덕목이기도 하다.

55. 言輕莫勸鬧하고 無錢莫請人하라.[41]
언경막권뇨 무전막청인

| 말에 무게가 없으면 말싸움을 권하지 말고 돈이 없으면 손님을 청하지 말라.

56. 寇萊公六悔銘云, 官行私曲失時悔요 富不儉用貧時悔요
구래공육회명운 관행사곡실시회 부불검용빈시회

藝不少精過時悔요[42] 見事不學用時悔요[43] 醉後狂言醒時悔요
예불소정과시회 견사불학용시회 취후광언성시회

安不將息病時悔니라.
안부장식병시회

| 구래공[44]이 『육회명』[45]에서 말했다. "벼슬한다고 사사롭고 굽은 일을 행하면 벼슬을 잃을 때 뉘우치고, 부유하다고 검소하지 않으면 가난해졌을 때 뉘우치고, 기예는 이렀을 때 배워 정통하지 않으면 시기가 지났을 때 뉘우치고, 솜씨가 보인다고 배우지 않으면 필요할 때 뉘우치고, 취한 뒤에 함부로 말하면 술이 깨었을 때 뉘우치고, 몸이 편안할 때 조심하지 않으면 병이 들었을 때 뉘우칠 것이다."

북송 진종황제 시대 재상을 지낸 구준

57. 孫景初安樂法에 麤茶淡飯飽即休하고
손경초안락법 추다담반포즉휴

補破遮寒暖即休하며 三平二滿過即休하고[46] 不貪不妬老即休하라.
보파차한난즉휴 삼평이만과즉휴 불탐불투노즉휴

---

40 持齋: 불가에서 정오를 지나서는 밥을 먹지 않는다는 계법(戒法)과 같은 것을 지키는 것이다.

41 '言輕'을 '守輕'이라 한 판본도 있다.

42 '藝不少精'을 '藝不少學'이라 한 판본도 있다.

43 '見事'는 '일을 보다'는 뜻이 아니라 '솜씨나 재간이 보이다'로 새겨야 문맥이 순하다.

44 구래공(寇萊公): 송나라 학자 구준(寇準, 961~1023)이다. 구준은 북송 초의 정치가 겸 시인으로 거란의 침입 때 많은 공을 세워 내국공(萊國公)에 봉해져 구래공(寇萊公)이라고 불린다. 시인으로서는 당시의 고관들 사이에서 유행하던 서곤체(西崑體)와는 약간 다른 시풍(詩風)을 가졌으며, 자연의 애수(哀愁)를 읊은 시가 많았다.

45 '六悔銘': 여섯 가지 후회가 될 일을 하지 말라는 좌우명이다.

46 '三平二滿': 고대 천문역법에서 하늘의 열두 개 별자리가 계속 순환하면서 인간의 길흉(吉凶)·화복(禍福)을 나타낸다고 하는 일종의 점성술(占星術)을 건제(建除)라고 하며, 이른바 건·제·만·평·정·집·파·위·성·수·개·폐(建除滿平定執破危成收開閉)를 12신(神) 혹은 12성(星)이라고 하는데, 이 십이성이 드는 날의 배열은 민력(民曆)에 나와 있다. 하루는 12간지(干支)에 따라 12개의 시진(時辰)으로 나뉘는데, 그중 3개 시진이 평(平), 2개 시진이 만(滿)에 해당하면 아주 평온한 날로 판단해서 만족하게 여겼다고 한다.

> 손경초[47]의 '안락법'은 다음과 같다. "거친 차와 싱거운 밥이라도 배부르면 그만이고, 해진 옷과 기운 이불이라도 추위를 막아 따뜻하면 그만이며, 하루에 셋이 평이고 둘이 만이라도 평온하다 여기고 때를 넘기면 그만이고, 탐하지도 않고 시기하지 않으며 늙으면 그만이라."

58. 益智書云, 寧無事而家貧이언정 莫有事而家富요
익지서운 영무사이가빈 막유사이가부

寧無事而住茅屋이언정 莫有事而住金屋이요
영무사이주모옥 막유사이주금옥

寧無病而食麤飯이언정 莫有病而食良藥이니라.
영무병이식추반 막유병이식양약

> 『익지서』에서 말했다. "차라리 아무 사고 없이 집이 가난할지언정 사고 있으면서 집이 부유하지 말 것이요, 차라리 사고 없이 나쁜 집에서 살지언정 사고 있으면서 좋은 집에 살지 말 것이요, 차라리 병이 없이 거친 밥을 먹을지언정 병이 들어 좋은 약을 먹지 말 것이다."

59. 風波境界立身難이요 處世規模要放寬이라. 萬事盡從忙裏錯이요
풍파경계입신난 처세규모요방관 만사진종망리착

47 景初: 송나라 때 태의(太醫)를 지낸 손방(孫昉)의 字이다. 손방은 스스로 사휴거사(四休居士)라고 불렀다. 본문의 인용문은 당시 저명한 문인이었던 황정견(黃庭堅, 1045~1105)이 그에게 '四休'의 뜻을 묻자 풀이하여 답한 내용이다. 이를 보고 황정견이 말하기를, "이것이 바로 안락법이다[此安樂法也]."라고 했다고 한다. 요컨대, '四休'는 자족(自足)하며 안락(安樂)하게 살아가는 것을 말한다. 황정견의 '사휴거사시서(四休居士詩序)' 참조.

김홍도의 〈서원아집도(西園雅集圖)〉 6폭 병풍

중국 북송대 영종(英宗)의 부마였던 왕선(王詵)이 변량(汴梁)에 있는 자기 집 정원인 서원(西園)에서 당시의 유명한 문인 묵객들을 초청하여 베풀었던 아회(雅會) 장면을 그림으로 옮긴 것이다. 당시에 왕선을 비롯하여 소식(蘇軾)·채조(蔡肇)·이지의(李之儀)·소철(蘇轍)·황정견(黃庭堅)·이공린(李公麟)·조보지(晁補之)·장뢰(張耒)·정가회(鄭嘉會)·진관(秦觀)·진경원(陳景元)·미불(米芾)·왕흠신(王欽臣)·원통대사(圓通大師)·유경(劉涇) 등 16인이 모여 시를 읊고 글씨를 쓰고, 현금(玄琴)을 타고 담론을 즐겼으며, 또 석벽(石壁)에 제시(題詩)도 했다. 제2폭에서 글을 쓰는 이가 황정견이고, 제3폭 중앙에서 붓을 휘두르는 이가 소동파이다. 국립중앙박물관 소장

황정견

북송시대 저명한 문학가이자 서법가. 소동파의 문인으로 새로운 시풍을 수립하여 '강서파(江西派)'의 시조가 되었다.

此心須向靜中安이라. 路當平處更行穩이요 人有常情耐久看이라.
차심수향정중안 노당평처갱행온 인유상정내구간

直到始終無悔吝이요 纔生枝節便多端이니라.
직도시종무회린 재생지절변다단

큰 바람과 물결이 이는 곳에서는 몸을 세우기 어려운 법이니 세상을 살아가는 마음의 규모는 관대해야 한다. 세상만사는 모두가 바쁜 가운데서 잘못되나니 마음은 반드시 고요함 속에서 안정을 추구해야 한다. 길을 갈 때 응당 평탄한 곳으로 다녀야 더욱 걷기 편하고, 사람이 떳떳한 정을 가지고 있어야 오래도록 볼 수 있다. 처음부터 끝까지 줄곧 전혀 후회나 원망이 없도록 해야 하니, 막 생겨난 아주 작은 지엽적인 문제가 매우 빠르게 여러 가지 사단을 불러일으킬 수 있기 때문이니라.

60. 子曰, 無欲速하고 無見小利하라. 欲速則不達하고
자왈 무욕속 무견소리 욕속즉부달

見小利則大事不成하니라.
견소리즉대사불성

공자가 말했다. "빨리 이루려 하지 말며 작은 이익을 탐내지 말라. 빨리 이루고자 하면 도리어 목표에 이르지 못하게 되고 작은 이익을 탐내면 도리어 큰일을 이루지 못하게 되느니라."

61. 子曰, 巧言亂德이니 小不忍則亂大謀니라.
자왈 교언난덕 소불인즉난대모

공자가 말했다. "교묘한 말이 덕성을 어지럽히니, 작은 것을 참아내지 못하면 중대한 계획을 어지럽히게 되느니라."

62. 景行錄云, 責人者는 不全交요 自恕者는 不改過니라.
경행록운 책인자 부전교 자서자 불개과

『경행록』에서 말했다. "남을 책망하는 자는 사귐을 온전히 할 수 없고, 자기를 용서하는 사람은 허물을 고치지 못하느니라."

63. 有勢不要使人承이니 落得孩兒叫小名이니라.[48]
유세불요사인승 낙득해아규소명

권세가 있다고 해서 남에게 그대의 뜻을 받들도록 하지 말라. 그렇지 않으면 아이들조차 업신여겨 아명(兒名)을 부르는 지경에 이르게 된다.

48 '有勢不要使人承'을 '有勢者不要當方承'이라 한 판본도 있다.

64. 子曰, 恭則遠於患하고 敬則人愛之하고 忠則和於衆하고
자왈 공즉원어환 경즉인애지 충즉화어중

信則人任之하니라.
신즉인임지

> 공자가 말했다. "공손하면 환난을 멀리할 수 있고, 공경하면 남이 그를 사랑해줄 것이며, 충실하면 대중과 화목하게 지낼 수 있고, 신뢰가 있으면 남들이 그를 신임하게 된다."

65. 子絕四하시니 毋意, 毋必, 毋固, 毋我러시다.
자절사 무의 무필 무고 무아

> 공자는 네 가지가 전혀 없으셨다. 제멋대로 생각하여 판단하지 않았고, 끝까지 자기주장을 관철하려 들지 않았으며, 쓸데없는 고집을 부리지 않았으며, 나만 옳다는 아집을 내세우지 않으셨다.

66. 君子는 成人之美요 不成人之惡이나 小人은 反是니라.
군자 성인지미 불성인지악 소인 반시

> (공자가 말했다.) "군자는 남의 훌륭하고 아름다운 점을 도와주어 더욱 빛나게 해주고 남의 나쁜 점은 굳이 드러나지 않도록 배려한다. 그러나 소인은 이와 반대되는 행위를 한다."[49]

67. 孟子曰, 君子는 不怨天하고 不尤人하나니 彼一時하고
맹자왈 군자 불원천 불우인 피일시

此一時也니라.
차일시야

> 맹자가 말했다. "군자는 하늘을 원망하지 않으며 사람을 탓하지도 않는다. 그때는 그때이고 지금은 지금이다." [50]

68. 子曰, 君子有三畏하니 畏天命하며 畏大人하며 畏聖人之言하니라.
자왈 군자유삼외 외천명 외대인 외성인지언

小人은 不知天命而不畏也하며 狎大人하며 侮聖人之言하니라.
소인 부지천명이불외야 압대인 모성인지언

> 공자가 말했다. "군자에게는 세 가지 두려워할 일이 있다. 천명을 두려워하며, 대

---

49 『論語』「顔淵」에 보인다.

50 『孟子』「公孫丑下」에 보인다. '不怨天, 不尤人'은 『論語』「憲問」에도 보인다.

인(대인군자)을 두려워하며, 성인의 말씀을 두려워한다. 소인은 천명을 알지 못하여 두려워하지 않으며, 대인을 대수롭지 않게 보며, 성인의 말씀을 업신여긴다."[51]

69. 景行錄云(경행록운), 夙興夜寐(숙흥야매)하여 所思忠孝者(소사충효자)는 人不知(인부지)나 天必知之(천필지지)요 飽食煖衣(포식난의)하여 怡然自衛者(이연자위자)는 身雖安(신수안)이나 其如子孫(기여자손)에 何(하)오.

『경행록』에서 말했다. 아침 일찍 일어나고 밤늦게 자면서 충성과 효도를 생각하는 자는 사람들은 알지 못하지만 하늘이 반드시 알아줄 것이요, 배부르게 먹고 따뜻하게 입어 안락하게 제 몸만 보호하는 자는 몸은 비록 편안하겠지만 그 자손은 어떻게 할 것인가?

70. 以愛妻子之心(이애처자지심)으로 事親(사친)이면 則曲盡其孝(즉곡진기효)요 以保富貴之心(이보부귀지심)으로 奉君(봉군)이면 則無往不忠(즉무왕불충)이요 以責人之心(이책인지심)으로 責己(책기)면 則寡過(즉과과)요 以恕己之心(이서기지심)으로 恕人(서인)이면 則全交(즉전교)니라.

아내와 자식을 사랑하는 마음을 가지고 어버이를 섬긴다면 그 효도가 극진할 것이요, 부귀를 보전하려는 마음을 가지고 임금을 받든다면 그 어느 곳에 간들 충성하지 않음이 없을 것이요, 남을 책망하는 마음을 가지고 자기를 책망하면 허물이 적을 것이요, 자기를 용서하는 마음을 가지고 남을 용서한다면 사귐을 온전히 할 것이다.

71. 爾謀不臧(이모부장)이면 悔之何及(회지하급)이며 爾見不長(이견부장)이면 教之何益(교지하익)이리오. 利心專則背道(이심전즉배도)요 私意確則滅公(사의확즉멸공)이니라.

너의 꾀가 좋지 못하면 후회한들 어찌 미치겠으며, 너의 소견이 좋지 못하면 가르친들 무엇이 이로우리오! 이기적인 마음만 오로지 하면 도에 어그러지고, 사사로운 생각이 굳어지면 공변된 도리를 없애게 된다.

72. 會做快活人(회주쾌활인)하니 凡事莫生事(범사막생사)하라. 會做快活人(회주쾌활인)하니

51 『論語』「季氏」에 보인다.

省事莫惹事(생사막야사)하라 會做快活人(회주쾌활인)하니 大事化小事(대사화소사)하라. 會做快活人(회주쾌활인)하니
小事化沒事(소사화몰사)하라.

> 쾌활한 사람이 될 수 있나니 모든 일에 대해 없는 일을 만들지 말라. 쾌활한 사람이 될 수 있나니 줄일 수 있는 일에 대해서는 시비를 야기하지 말라. 쾌활한 사람이 될 수 있나니 큰일을 만나면 그것을 작은 일로 만들라. 쾌활한 사람이 될 수 있나니 작은 일은 없던 일로 만들어보라.

73. 孔子觀周(공자관주)라가 入后稷之廟(입후직지묘)한대 有金人焉(유금인언)이러라. 三緘其口(삼함기구)한데
而銘其背曰(이명기배왈), 古之愼言人也(고지신언인야)라 戒之哉(계지재)로다. 無多言(무다언)하라
多言多敗(다언다패)니라. 無多事(무다사)하라 多事多患(다사다환)이니라. 安樂必戒(안락필계)하여
無所行悔(무소행회)하라. 勿謂何傷(물위하상)하라 其禍將長(기화장장)하리라. 勿謂何害(물위하해)하라
其禍將大(기화장대)하리라. 勿謂不聞(물위불문)하라 神將伺人(신장사인)하리라.[52] 焰焰不滅(염염불멸)하면
炎炎若何(염염약하)리오. 涓涓不壅(연연불옹)하면 終爲江河(종위강하)하고 綿綿不絶(면면부절)하면
或成網羅(혹성망라)하며 毫末不扎(호말불찰)하면[53] 將尋斧柯(장심부가)리라. 誠能愼之(성능신지)는
福之根也(복지근야)요 口是何傷(구시하상)은 禍之門也(화지문야)라. 故(고)로 強梁者(강량자)는 不得其死(부득기사)하고
好勝者(호승자)는 必遇其敵(필우기적)하리라. 君子(군자)는 知天下之不可上也(지천하지불가상야)라 故(고)로
下之(하지)하고 知衆人之不可先也(지중인지불가선야)라. 故(고)로 後之(후지)니라. 溫恭愼德(온공신덕)하여
使人慕之(사인모지)니라. 江海雖左(강해수좌)라도 長於百川(장어백천)은 以其卑也(이기비야)요
天道無親(천도무친)이니 而能下人(이능하인)이라. 戒之哉(계지재)로다.

> 공자가 주나라를 구경하러 갔다가 (주나라 민족의 시조인) 후직의 사당에 들어간 적이 있었다. (사당의 오른쪽 계단 앞에) 금인(구리로 주조한 사람 형상)이 있었다. 그 금인의 입이 세 겹으로 꿰매어 봉해져 있었고 그 등에는 이런 글이 새겨져 있었다. "이는 옛날에 말을 삼갔던 사람이다. 경계할지어다. 말을 많이 하지 말라.

---

52 '神將伺人'을 '禍將及人'이라 한 판본도 있다.

53 '毫末不扎'을 '毫末不相' 혹은 '毫末不折'이라 한 판본도 있다.

말이 많으면 실패가 많아진다. 일을 많이 벌이지 말라. 일이 많으면 근심도 많아진다. 편안하고 즐거울 때는 반드시 경계하여 후회할 일이 없도록 하라. 무슨 손상이 있을까 하고 말하지 말라. 그 재앙이 장차 자라날 것이다. 무슨 손해가 있을까 하고 말하지 말라. 그 재앙이 장차 커질 것이다. 아무도 듣지 못한다고 말하지 말라. 귀신이 그대를

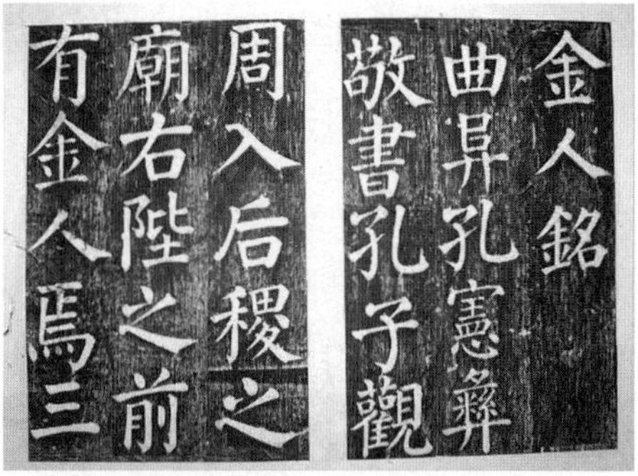

1840년, 청나라 왕대육(王大堉) 글씨.
탁본 〈금인명〉 본문 일부.

엿보고 있도다. 불꽃이 붙기 시작할 때 끄지 않으면 치솟는 화염을 어찌할 것이며, 물이 졸졸 흐를 때 막지 않으면 끝내는 넓은 강물이 될 것이요, 실낱같이 가늘 때 끊어버리지 않으면 큰 그물처럼 될 것이요, 터럭 끝같이 매우 작을 때 뽑지 않으면 장차는 도끼를 사용해야 할 것이다. 진실로 삼갈 줄 아는 것이 복의 뿌리가 되는 것이요 입이 무엇을 손상시키랴 하고 말하는 것은 재앙의 문이 되리라. 그러므로 힘이 센 사람은 제 명에 죽지 못하고 이기기를 좋아하는 자는 반드시 적수를 만나게 되리라. 군자는 천하에 윗사람 되기가 쉽지 않다는 것을 잘 안다. 그러므로 남에게 스스로를 낮추고, (군자는) 여러 사람보다 앞서는 것이 쉽지 않음을 잘 안다. 그러므로 남보다 자신을 뒤에 처지게 한다. (군자는) 온화하고 공손하며 신중하고 후덕하여 사람들이 그를 사모하게 하느니라. 강과 바다는 비록 낮은 곳에 있지만 모든 냇물의 우두머리가 되나니 스스로를 낮추었기 때문이다. 하늘은 친소를 논하지 않고 다만 남에게 자신을 낮출 수 있는 사람을 도와주느니라. 경계할지어다."[54]

74. 生事事生이요 省事事省이니라.

생사사생 생사사생

일을 만들면 일이 생기고, 일을 덜면 일이 줄어든다.

75. 柔弱은 護身之本이요 剛強은 惹禍之由니라.[55]

유약 호신지본 강강 야화지유

부드러움과 약함은 몸을 보호하는 근본이요 억셈과 강함은 재앙을 일으키는 원인이다.

54 『孔子家語』「觀周」에 보인다.

55 '惹禍之由'를 '[illegible]禍之由'라 한 판본도 있다. '惹' 자로 보는 것이 온당할 듯하다.

성심편 省心篇

1. 資世通訓에 陰法은[56] 遲而不漏하고 陽憲은[57] 速而有逃니라.
자세통훈 음법 지이불루 양헌 속이유도

『자세통훈』에서 말했다. "(영혼이 활동하는) 저승의 법률은 집행은 늦지만 빠뜨림이 없고 (사람이 활동하는) 이승의 헌법은 집행은 빠르나 달아날 구멍이 있다."

2. 陽網은 疏而易漏하고 陰網은 密而難逃니라.
양망 소이이루 음망 밀이난도

이승의 법망은 성기어 새어 나가기 쉽고 저승의 법망은 촘촘해서 도망치기 어렵다.

3. 景行錄曰, 無瑕之玉은 可爲國瑞요[58] 孝弟之子는 可爲家寶니라.
경행록왈 무하지옥 가위국서 효제지자 가위가보

『경행록』에서 말했다. "흠이 없는 옥은 국가의 상서로운 기물이 될 수 있고, 효성스럽고 공경스러운 아들은 집안의 보배가 될 수 있다."

4. 景行錄云, 寶貨는 用之有盡이나 忠孝는 享之無窮이니라.
경행록운 보화 용지유진 충효 향지무궁

『경행록』에서 말했다. "보화는 완전히 없어질 때까지 사용할 수 있지만 충성과 효성은 아무리 누려도 없어지지 않는다."

5. 旣取非常樂이어든 須防不測憂니라.
기취비상락 수방불측우

이미 대단한 즐거움을 얻었거든 반드시 미리 헤아리지 못할 근심을 방비(경계)해야 한다.

6. 樂極悲生이니라.
낙극비생

즐거움이 정점에 이르면 슬픔이 생겨날 수 있다.

---

56 '陰法'의 '陰'은 죽은 사람의 영혼이 활동하는 곳인 '음간(陰間)'이니 곧 '저승'을 가리킨다.

57 '陽憲'의 '陽'은 살아 있는 사람이 활동하는 곳인 '양간(陽間)' 혹은 '양세(陽世)'이니 곧 '이승'을 가리킨다.

58 '可爲國瑞'를 '可爲國稅'라 한 판본도 있다.

7. 景行錄云, 盛名은 必有重責이요 大功은 必有奇勳이니라.[59]
경행록운 성명 필유중책 대공 필유기훈

『경행록』에서 말했다. "명성이 성대하면 반드시 엄중한 책임이 생기고, 공로가 크면 반드시 놀라운 업적이 생긴다."

8. 甚愛必甚費요 甚譽必甚毁요 甚喜必甚憂요 甚贓必甚亡이라.[60]
심애필심비 심예필심훼 심희필심우 심장필심망

지나치게 아끼면 반드시 지나치게 허비하게 될 것이요, 지나치게 찬양하면 반드시 매우 엄중한 헐뜯음을 받게 된다. 지나치게 기뻐하면 반드시 매우 근심하게 되고, 뇌물을 지나치게 많이 탐내면 반드시 매우 빠르게 멸망할 수 있다.

9. 子曰, 不觀高山이면[61] 何以知顚墜之患이며 不臨深淵이면[62]
자왈 불관고산 하이지전추지환 불림심연

何以知沒溺之患이며 不觀巨海면 何以知風波之患이리오.[63]
하이지몰닉지환 불관거해 하이지풍파지환

공자가 말했다. "높은 산에 올라가 보지 않으면 어떻게 (발을 헛디뎌) 거꾸로 떨어지는 환난을 알 것이며, 깊은 연못에 나아가지 않으면 어떻게 물에 빠져 죽는 환난을 알 것이며, 큰 바다를 보지 않으면 어떻게 풍파의 환난을 알겠는가?"

10. 荀子曰, 不登高山이면 不知天之高也하고
순자왈 부등고산 부지천지고야

不臨深谿면 不知地之厚也하며
불림심계 부지지지후야

不聞先王之遺言이면 不知學問之大也니라.
부문선왕지유언 부지학문지대야

순자
성악설을 주장한 전국시대 유가 사상가

순자가 말했다. "높은 산에 올라보지 않으면 하늘이 얼마나 높은지 알지 못하고, 깊은 골짜기에 가보지 않으면 땅이 얼마나 두터운지를 알지 못하며 선왕이 남긴 말씀을 들어보지 않으면 학문이 얼마나 위대한지 알지 못한다."

---

59 '大功必有奇勳'을 '大巧必有奇窮'이라 한 판본도 있다.
60 老子, 『道德經』 제44장.
61 '高山'을 '高崖'라 한 판본도 있다.
62 '深淵'을 '深泉'이라 한 판본도 있다.
63 出典: 『孔子家語』 卷5, 「困誓」.

11. 素書云, 推古驗今이 所以不惑이니라.
소서운 추고험금 소이불혹

『소서』에서 말했다. "지난 옛일에서 추론하여 오늘날 일을 점검하여 증험한다면 그로 인해 풀지 못하는 곤혹스런 일을 없앨 수 있다."

12. 子曰, 明鏡은 所以察形이요 往古는 所以知今이니라.
자왈 명경 소이찰형 왕고 소이지금

공자가 말했다. "밝은 거울을 가지고 얼굴을 비추어 살필 수 있고, 지나간 역사를 빌려서 오늘날을 이해할 수 있다."[64]

13. 過去事는 明如鏡이요 未來事는 暗似漆이니라.
과거사 명여경 미래사 암사칠

지나간 일은 거울과 같이 명료하고 미래의 일은 칠흑처럼 어둡기만 하니라.

14. 景行錄云, 明朝之事를 薄暮에 不可必이요 薄暮之事를 晡時에 不可必이니라.
경행록운 명조지사 박모 불가필 박모지사 포시 불가필

『경행록』에서 말했다. "내일 아침 일은 황혼 무렵일지라도 꼭 일어난다고 할 수 없고, 황혼 무렵의 일은 오후 서너 시가 되었을지라도 꼭 일어난다고 할 수 없다."

15. 天有不測風雨하고 人有朝夕禍福이니라.
천유불측풍우 인유조석화복

하늘에는 예측할 수 없는 바람과 비가 있고, 사람에게는 갑자기 찾아오는 화와 복이 있다.

16. 未歸三尺土하여는 難保百年身이요 已歸三尺土하여는 難保百年墳이니라.
미귀삼척토 난보백년신 이귀삼척토 난보백년분

석 자 되는 흙 속(무덤)으로 돌아가지 않고서는 백 년 동안 장수할 몸을 보전하기 어렵고, 이미 석 자 되는 흙 속으로 돌아가선 또한 백 년 뒤에까지 무덤을 보전하기 어렵다.

---

64 『三國誌』, 吳志, 「吳主五子傳」, "明鏡所以照形, 古事所以知今."

17. 巧厭多勞拙厭閑이요 善嫌懦弱惡嫌頑이라. 富遭嫉妬貧遭辱이요
교염다로졸염한 선혐나약악혐완 부조질투빈조욕

勤曰貪婪儉曰慳이라.[65] 觸目不分皆笑蠢이요
근왈탐람검왈간 촉목불분개소준

見機而作又言奸이라.[66] 思量那件當教做요 爲人難做做人難이라.
견기이작우언간 사량나건당교주 위인난주주인난

寫得紙盡筆頭乾하니 更寫幾句爲人難이라.[67]
사득지진필두간 갱사기구위인난

솜씨 있는 사람은 수고로운 것을 싫어하고 서투른 사람은 한가한 것을 싫어한다. 착한 사람은 그가 너무 나약한 것을 싫어하고 나쁜 사람은 그가 완고한 것을 싫어한다. 부유하게 되면 남에게 질시를 당할 수 있고 가난해 지면 남에게 욕을 당할 수 있다. 근면하면 탐욕스럽다고 말하고 검소하면 쩨쩨하다고 말한다. 눈으로 보고도 일체 분간하지 못하면 사람들은 모두 그가 어리석다고 비웃고 기틀을 보고 일을 하면 또한 간교하다는 말을 듣게 된다. 자세히 생각해보라. 사람들에게 어느 것이 마땅히 해야 할 것이라고 말할 수 있는가? 사람노릇 하기도 어렵고 제대로 사람 만들기도 어렵도다. 종이가 다하고 붓에 먹이 마르도록 썼지만 다시 몇 구를 더 쓴다면 앞에서 말한 '사람 되기 어렵도다.'로다.

18. 老子曰, 上士는 聞道하여 謹而行之하고 中士는 聞道하여
노자왈 상사 문도 근이행지 중사 문도

若存若亡하며 下士는 聞道하여 大笑之不笑하니라.
약존약망 하사 문도 대소지불소

노자가 말했다. "상등에 속하는 선비가 도덕의 가르침을 들으면 삼가서 이를 따라 행하고, 중등에 속하는 선비가 도덕의 가르침을 들으면 어떤 것은 잘 간직하고 어떤 것은 그냥 잃어버리며, 하등에 속하는 선비가 도덕의 가르침을 들으면 웃어서는 안 될 곳에서도 크게 웃는다."

19. 子曰, 朝聞道면 夕死라도 可矣니라.
자왈 조문도 석사 가의

공자가 말했다. "아침에 도(진리)를 들으면 저녁에 죽어도 좋다(마음에 불만이 없다)."

65 '勤曰貪婪'을 '勤曰貪圖'라 한 판본도 있다.

66 '又言奸'을 '又疑奸'이라 한 판본도 있다.

67 '更寫幾句'를 '更寫幾箇'라 한 판본도 있다.

20. 景行錄云, 木有所養이면 則根本固而枝葉茂하여 棟樑之材成하고
경행록운 목유소양 즉근본고이지엽무 동량지재성

水有所養이면 則泉源壯而流派長하여 灌漑之利博하고
수유소양 즉천원장이유파장 관개지리박

人有所養이면 則志氣大而識見明하여 忠義之士出이니 可不養哉아.
인유소양 즉지기대이식견명 충의지사출 가불양재

『경행록』에서 말했다. "나무는 잘 길러주는 바가 있으면 뿌리가 견고해지고 가지와 잎이 무성해져서 동량(棟樑)의 재목이 이로 말미암아 이뤄지고, 물길은 잘 공급해주는 바가 있으면 샘의 근원이 장대(壯大)하게 되고 물줄기가 길어져서 관개(灌漑)의 이익이 넓어지고, 사람은 잘 길러주는 바가 있으면 지향이 고원(高遠)해지고 식견이 현명해져서 충의(忠義)로운 선비가 이로 말미암아 배출되나니 어찌 잘 가르쳐 기르지 않을 수 있겠는가?"

21. 直言訣曰, 鏡以照面하고 智以照心하니
직언결왈 경이조면 지이조심

鏡明則塵埃不染하고 智明則邪惡不生하나니
경명즉진애불염 지명즉사악불생

人之無道也는 如車無輪하여 不可駕也니
인지무도야 여거무륜 불가가야

人而無道면 不可行也니라.
인이무도 불가행야

『직언결』에서 말했다. "거울을 가지고서 얼굴을 비추고 지혜를 가지고서 마음을 비추나니, 거울이 맑으면 티끌에 물들지 않고 지혜가 총명하면 사악함이 생겨나지 않는다. 사람으로서 도덕이 없으면 마치 수레에 바퀴가 없는 것과 같아서 운행할 수 없나니, 사람에게 도덕이 없으면 장차 조금도 다니기 어렵다."

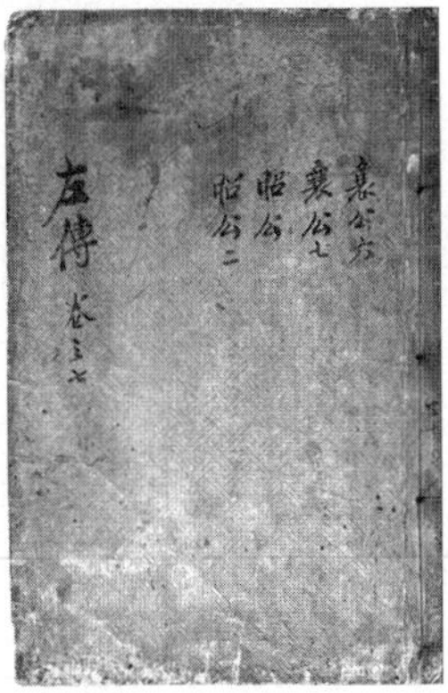

『좌전』
'춘추좌씨전'의 준말로, 공자의 『춘추』를 노나라 좌구명이 풀이한 책이다.

22. 左傳曰, 意合則吳越相親이요 意不合則骨肉爲仇敵이니라.[68]
좌전왈 의합즉오월상친 의불합즉골육위구적

『좌전』에서 말했다. "의기가 서로 합쳐지면 오월 같은 원수도 서로 친근해질 수 있지만 의기가 합쳐지지 못하면 골육지간에도 원수나 적이 될 수 있다."

23. 素書云, 自疑不信人하고 自信不疑人하라.
소서운 자의불신인 자신불의인

68 '爲仇敵'을 '爲讎敵'이라 한 판본도 있다.

『소서』에서 말했다. "스스로를 의심하는 사람은 남을 믿지 못하고 스스로를 믿는 사람은 남을 의심하지 않는다."

24. 語云, 物極則反하고 樂極則憂하며 大合必離하고 勢盛必衰니라.
어운 물극즉반 낙극즉우 대합필리 세성필쇠

속담에서 말했다. "사물이 극치에까지 발전하게 되면 그 반대 방향으로 되돌아갈 수 있고, 쾌락이 극점에까지 도달하게 되면 근심이 생겨날 수 있다. 결합이 지나치게 굳게 얽히게 되면 반드시 나뉠 수 있고, 기세가 지나치게 왕성하게 되면 반드시 쇠락해질 수 있다."

25. 物極則反하고 否極泰來니라.
물극즉반 부극태래

사물이 극치에까지 발전하게 되면 그 반대 방향으로 되돌아갈 수 있고, 어려운 일(시절)이 정점에까지 이르게 되면 좋은 일(시절)이 생겨날 수 있다.

26. 家語云, 安不可忘危하고 治不可忘亂이니라.
가어운 안불가망위 치불가망란

『가어』에서 말했다. "안락한 시절에는 위험할 때를 잊어서는 안 되고, 태평한 시대에는 어지러운 때를 잊어서는 안 된다."

27. 書云, 制治於未亂하고 保邦於未危하여 預防其患也니라.
서운 제치어미란 보방어미위 예방기환야

『상서』에서 말했다. "아직 혼란이 일어나지 않았을 때 통치를 절제하고 아직 위험이 나타나지 않을 때에 나라를 잘 보전하여 (장차의) 환난을 미리 방비하라."[69]

28. 諷諫云, 水底魚天邊雁은 高可射兮低可釣어니와
풍간운 수저어천변안 고가사혜저가조

惟有人心咫尺間이라도 咫尺人心不可料니라.
유유인심지척간 지척인심불가료

『풍간』[70]에서 말했다. "물 아래의 물고기와 하늘가 큰 기러기는 높은 곳에서 나

69 『尙書』「周官」에 "王曰, 若昔大猷, 制治於未亂, 保邦於未危."라 했다.

70 '諷諫'이란 완곡한 말씨나 은미한 비유로 넌지시 나무라는 뜻을 에둘러 표현함으로써 상대에게 잘못을 고치도록 하는 수사법이다. 주로 임금의 잘못을 지적하고 바르게 고치도록 이야기하는 것을 지칭하였다. 여기서는 백거이의 시집에 수록된 '諷諭' 편을 말하는 듯하다.

는 것은 쏘아 떨어뜨릴 수 있고 낮은 곳에서 노니는 것은 낚아 잡을 수 있다네. (그러나) 오직 사람의 마음만은 지척 사이에 있건만 그 지척 사이에 있는 마음은 도리어 헤아릴 수 없구나."[71]

백거이
당나라의 저명한 문학가로 풍유시를 잘 지었다.

29. 天可度而地可量(천가도이지가량)이나 惟有人心不可防(유유인심불가방)이니라.

하늘도 재어볼 수 있고 대지도 측량할 수 있지만, 오직 사람의 마음만은 막을 방법이 없도다.[72]

30. 海枯終見底(해고종견저)나 人死不知心(인사부지심)이니라.

큰 바다라도 마르고 나면 결국에는 바닥을 볼 수 있으나, 사람은 설사 죽어버린다 해도 그 속마음을 알지 못한다.

31. 太公曰(태공왈), 凡人(범인)은 不可貌相(불가모상)이요[73] 海水(해수)는 不可斗量(불가두량)이니라.

태공이 말했다. "사람은 겉모습으로는 완전히 알 수 없고, 바닷물은 말[斗]로 헤아릴 수 없다."

32. 勸君莫結寃(권군막결원)하라 寃深難解結(원심난해결)이라. 一日結成寃(일일결성원)이면 千日解不徹(천일해불철)이니 若將恩報寃(약장은보원)은 如湯去潑雪(여탕거발설)이요 若將寃報寃(약장원보원)은 如狼重見蠍(여랑중견헐)이라. 我見結寃人(아견결원인)하니 盡被寃磨折(진피원마절)이니라.

그대에게 권하노니 원한을 맺지 말라. 원한 맺은 것이 깊어지면 그 맺힌 것을 풀기 어렵다. 하루아침에 원한을 맺었지만 천 일이 지난다 해도 철저하게 풀리지는 못하는 법이다. 만약 덕(은혜)으로써 원한을 갚는다면 이는 언 눈 위에 끓인 물을 뿌리는 것과 같다. 그러나, 만약 원한으로써 원한을 갚는다면 이는 마치 이리가

71 唐나라 백거이(白居易)의 『白居易詩全集』 卷4, 諷諭4, 新樂府下, 「天可度」에, "海底魚兮天上鳥, 高可射兮深可釣, 唯有人心相對時, 咫尺之間不能料."란 대목이 보인다.

72 이 역시 백거이의 『白居易詩全集』 卷4, 諷諭4, 新樂府下, 「天可度」에 보이는 시구다.

73 '貌相'을 '逆相'이라 한 판본도 있다.

다시 독한 전갈을 만난 것과 같다. 내 보기에 원한을 맺은 사람은 누구나 그 원한의 고통과 상해를 입느니라.

33. 景行錄云, 結怨於人을 謂之種禍요 捨善不爲를 謂之自賊이라.
경행록운 결원어인 위지종화 사선불위 위지자적

『경행록』에서 말했다. "남과 원수를 맺은 집안은 '재앙의 씨를 심었다' 하고, 좋은 일을 버리고 하지 않는 것은 '스스로를 해쳤다'고 한다."

34. 莫信直中直하고 須防仁不仁하라.[74]
막신직중직 수방인불인

정직한 이들 가운데서 자신이 더욱 정직하다고 우기는 사람은 믿지 말고, 밖으론 어진 척하면서 속으로는 어질지 않은 사람을 반드시 경계해야 하느니라.

35. 常防賊心하고 莫偸他物하라.
상방적심 막투타물

항상 남을 해치려는 마음을 경계하고 남의 물건을 훔치지 말라.

36. 古人云, 若聽一面說이면 便見相離別이니라.
고인운 약청일면설 변견상리별

고인이 말했다. "만약 한쪽의 말만 듣게 되면 곧 벗과 서로 소원해져 이별하게 될 수 있다."

37. 禮義生於富足하고 盜賊起於饑寒이니라.
예의생어부족 도적기어기한

예의는 부유하고 풍족함에서 생겨나고 도적은 배고픔과 추위에서 생겨난다.

38. 貧窮은 不與下賤이니 下賤而自生이요 富貴는 不與驕奢니 驕奢而自至니라.
빈궁 불여하천 하천이자생 부귀 불여교사 교사이자지

가난하고 궁하다고 반드시 낮고 천하게 되지는 않나니 낮고 천한 것은 모두 스스로 만드는 것이다. 부귀하다고 반드시 교만하고 사치스럽게 되는 것은 아니니 교

74 '須防'을 '隄防'이라 한 판본도 있다.

만하고 사치스러운 것은 모두 스스로 거기로 다가가는 것이다.

39. 飽煖엔 思淫慾하고 饑寒엔 起盜心이니라.[75]
포난 사음욕 기한 기도심

배부르고 따뜻하게 되면 음란한 욕망이 생겨날 수 있고, 굶주리고 추울 때에는 쉽게 도둑질할 마음이 일어나느니라.

40. 長思貧難危困하면 自然不驕하고
장사빈난위곤 자연불교

每思疾病熬煎하면[76] 並無愁悶하니라.
매사질병오전 병무수민

오래도록 빈곤과 위난을 생각하다 보면 자연 교만하게 되지 않을 수 있고, 매양 질병으로 시달리는 것을 생각하다 보면 정녕 걱정과 번민을 없앨 수 있느니라.

41. 太公曰, 法不加於君子요 禮不責於小人이라.
태공왈 법불가어군자 예불책어소인

강태공이 말했다. "군자의 몸에 법령을 함부로 가할 수 없고, 소인에게 예의를 지나치게 요구할 수는 없느니라."

42. 桓範曰, 軒冕以重君子요 縲絏以罰小人이라.[77]
환범왈 헌면이중군자 유설이벌소인

환범이 말하였다. "헌거(軒車)와 관면(冠冕),[78] 이것을 써서 군자를 존중하고, 질

75 '起盜心'을 '發道心'이라 한 판본도 있다.

76 '每思疾病'을 '每想官病'이라 한 판본도 있다.

77 '縲絏'은 밧줄로 죄인을 묶는 것 또는 죄인을 묶는 오랏줄이나 포승줄을 뜻하는데, 보통 감옥이나 감옥에 갇혀 있는 죄수를 가리킨다. 여기서는 '軒冕'과 상대하여 죄인을 구속하는 기구를 지칭하는 것으로 보았다.

조선 후기의 풍속화가 김준근(金俊根), 〈기산풍속도첩(箕山風俗圖帖)〉 중 학춤 추는 죄인
'기산'은 김준근의 아호.

곡(桎梏)과 가쇄(枷鎖),[79] 이것을 써서 소인을 처벌하느니라."

43. 易曰(역왈), 禮防君子(예방군자)하고 律防小人(율방소인)이니라.

『역경』에서 말했다. "예의를 가지고 군자의 잘못을 막고, 법률을 가지고 소인의 잘못을 막는다."

44. 景行錄曰(경행록왈), 好食色貨利者(호식색화리자)는 氣必吝(기필린)하고 好功名事業者(호공명사업자)는 氣必驕(기필교)니라.

『경행록』에서 말했다. "음식, 미색, 재물, 이익을 좋아하는 사람은 반드시 기품이 인색할 것이요, 공명과 사업을 좋아하는 사람은 반드시 기품이 교만할 것이다."

45. 子曰(자왈), 君子(군자)는 喩於義(유어의)하고 小人(소인)은 喩於利(유어리)니라.

공자가 말했다. "군자는 의리(정의)에 매우 밝고, 소인은 이익에 매우 밝다."[80]

---

78 '軒車'는 대부 이상 고관이 타는 휘장을 두른 수레, '冠冕'은 고관이 머리에 쓰는 갓과 면류관.

면류관

제왕의 정복에 갖추어 쓰는 직사각형 판에 주옥을 꿰어 늘어뜨린 관.

79 '桎梏'은 옛 형구인 차꼬와 수갑, '枷鎖'는 죄인의 목에 씌우던 나무칼과 목이나 발목에 채우던 쇠사슬.

죄인의 발목에 채우는 형구로, 속칭 '고랑틀' 혹은 '차꼬'라고 한다.

80 『論語』「里仁」에 보인다.

46. 說苑云, 財者는 君子之所輕이요 死者는 小人之所畏니라.
설원운 재자 군자지소경 사자 소인지소외

『설원』에서 말했다. "재물은 군자가 가볍게 여기는 것이요 죽음은 소인이 두려워하는 것이다."

47. 蘇武曰, 賢人多財則損其志하고 愚人多財則益其過니라.
소무왈 현인다재즉손기지 우인다재즉익기과

소무[81]가 말했다. "현명한 사람이 재물을 많이 가지고 있으면 그의 지향(志向)을 손상시킬 수 있고, 우둔한 사람이 재물을 많이 가지고 있으면 그의 허물을 증가시킬 수 있다."

소무
중국 전한의 명신

48. 老子曰, 多財에 失其守正하고[82] 多學에 惑於所聞하니라.
노자왈 다재 실기수정 다학 혹어소문

노자가 말했다. "재물이 많으면 본래의 바른 성품을 잃을 수 있고, 배운 것이 너무 많으면 들은 것에 대해 의혹을 느낄 수 있다."

49. 人非堯舜인댄 焉能每事盡善이리오.
인비요순 언능매사진선

사람이 요순과 같은 성현이 아닐진대, 어찌 능히 늘 진선진미하게 될 수 있겠는가?

50. 子貢曰, 自生民以來로 未有盛於孔子者也니라.
자공왈 자생민이래 미유성어공자자야

자공이 말했다. "인류가 생겨난 이래로 공자보다 사상이 훌륭한 사람은 없었다."

---

81 소무(蘇武, B.C. 140~B.C. 80): 중국 前漢의 명신으로 무제(武帝)의 명을 받고 흉노의 지역에 사신으로 갔을 때, 선우(單于)에게 붙잡혀 복속(服屬)할 것을 강요당하였으나 이에 굴하지 않아 북해(北海: 바이칼호) 부근에 19년간 유폐되었다. 흉노에게 항복한 지난날의 동료 이릉(李陵)이 설득하였으나 굴복하지 않고 절개를 지켜 귀국했다. 후에 선제(宣帝)의 옹립에 가담하여 그 공으로 관내후(關內侯)가 되었다.

82 '失其守正'을 '失其守眞'이라 한 판본도 있다.

51. 人貧智短(인빈지단)하고 福至心靈(복지심령)이니라.

사람이 가난하면 지혜가 짧아지고, 복이 이르면 마음이 신령스러워진다.

52. 成則妙用(성즉묘용)이요 敗則不能(패즉불능)이라.

성공은 운용을 교묘하게 하는 데서 말미암고 실패는 제대로 운용을 하지 못한 데서 말미암는다.

53. 是非終日有(시비종일유)라도 不聽自然無(불청자연무)니라.

시빗거리가 하루 종일 있어도 듣지 않으면 자연히 없어진다.

54. 擊壤詩云(격양시운), 平生(평생)에 不作皺眉事(부작추미사)하면 世上(세상)에 應無切齒人(응무절치인)이라. 大名(대명)을 豈有鐫頑石(기유전완석)가 路上行人(노상행인)이 口勝碑(구승비)니라.[83]

『격양시』에서 말했다. "평생토록 남에게 눈썹 찡그릴 일을 하지 않으면 세상에 그대에게 이를 갈며 원통해하는 (원수 같은) 사람이 없을 것이다. 위대한 이름을 어찌 딱딱한 돌에 새길 것인가. 길 가는 사람의 입이 비석보다 낫거늘."

55. 你害別人猶自可(니해별인유자가)나 別人害你卻何如(별인해니각하여)오.

그대가 다른 사람을 해치고도 오히려 스스로 괜찮다고 한다면 다른 사람이 그대를 해치면 그때에는 어떻게 하겠는가?

56. 嫩草怕霜霜怕日(눈초파상상파일)이요 惡人自有惡人磨(악인자유악인마)니라.

여린 싹이 난 풀은 서리 내리는 것을 두려워하고 서리는 해가 나타나는 것을 두려워한다. 악인은 자연히 다른 악인으로 인해 고통을 당할 것이다.

57. 有意得其勢(유의득기세)요[84] 無風可動搖(무풍가동요)니라.

---

83 邵康節, 『伊川擊壤集』 卷7, 「詔三下答鄉人不起之意」.

의지를 가진 사람은 그 기세를 얻을 수 있어서 바람이 없어도 움직이게 할 수 있다.

58. 得道誇經紀요[85] 時熟好種田이라.
득도과경기 시숙호종전

도덕을 터득하고서 고심해서 수련한 과정을 자랑할 것이요, 절기가 성숙한 뒤에 밭에다 씨를 뿌려야 좋다.

59. 孟子曰, 得道者多助하고 失道者寡助니라.
맹자왈 득도자다조 실도자과조

맹자가 말했다. "도덕을 터득한 사람은 도와주는 이가 매우 많고 도덕을 잃은 사람은 도와주는 이가 매우 적다."

60. 張無擇曰,[86] 事不可做盡이요[87] 勢不可倚盡이요 言不可道盡이요 福不可享盡이니라.
장무택왈 사불가주진 세불가의진 언불가도진 복불가향진

장무택이 말했다. "일이란 끝까지 다 해서는 안 되며 세력이란 끝까지 의지해서도 안 된다. 말은 끝까지 다 해서도 안 되며, 복이란 끝까지 다 누려서는 안 된다."

61. 有福莫享盡하라 福盡身貧窮이요 有勢莫使盡하라 勢盡寃相逢이니라. 福兮常自惜하고 勢兮常自恭하라. 人生驕與侈는[88] 有始多無終이니라.
유복막향진 복진신빈궁 유세막사진 세진원상봉 복혜상자석 세혜상자공 인생교여치 유시다무종

복이 있다고 해서 다 누리지 마라. 복이 다하면 자신이 빈궁해질 수 있다. 권세가 있다고 해서 다 부리지 마라. 권세가 다하면 원한 있는 집안과 마주칠 수 있다. 복이 있거든 늘 스스로 아끼고, 권세가 있거든 항상 스스로 공손해야 한다. 사람이 살면서 교만과 사치를 부리면 시작은 있으나 대부분 좋은 끝이 없게 되느니라.

---

84 '有意'를 '自意'라 한 판본도 있다.

85 '經紀'란 일정한 포부를 가지고 어떤 일을 조직적으로 계획하여 처리하는 것을 말한다.

86 '張無擇'을 '張無盡'이라 한 판본도 있다.

87 '做盡'을 '使盡'이라 한 판본도 있다.

88 '人生驕與奢'를 '人間勢與福'이라 한 판본도 있다.

62. 太公曰, 貧不可欺요 富不可勢라 陰陽相推하여 周而復始니라.
태공왈 빈불가기 부불가세 음양상추 주이복시

태공이 말했다. “가난하다고 업신여겨서는 안 되고, 부유하다고 권세에 빌붙어서는 안 된다. 음과 양이 서로 밀어가며 변화하여 한 바퀴 빙 돌아서 처음으로 돌아오느니라.”

63. 王參政 四留銘曰, 留有餘不盡之巧하여 以還造物하고
왕참정 사류명왈 유유여부진지교 이환조물

留有餘不盡之祿하여 以還朝廷하고 留有餘不盡之財하여
유유여부진지록 이환조정 유유여부진지재

以還百姓하고 留有餘不盡之福하여 以遺子孫이니라.
이환백성 유유여부진지복 이유자손

왕참정(왕백대)[89]이 『사류명』[90]에서 말했다. “넉넉하여 나 쓰시 않은 재주를 남겼다가 조물주에게 돌려주고, 넉넉하여 다 쓰지 않은 봉록(俸祿)을 남겼다가 조정에 돌려주고, 넉넉하여 다 쓰지 않은 재물을 남겼다가 백성에게 돌려주며, 넉넉하여 다 쓰지 않은 복을 남겼다가 자손에게 끼쳐주라.”

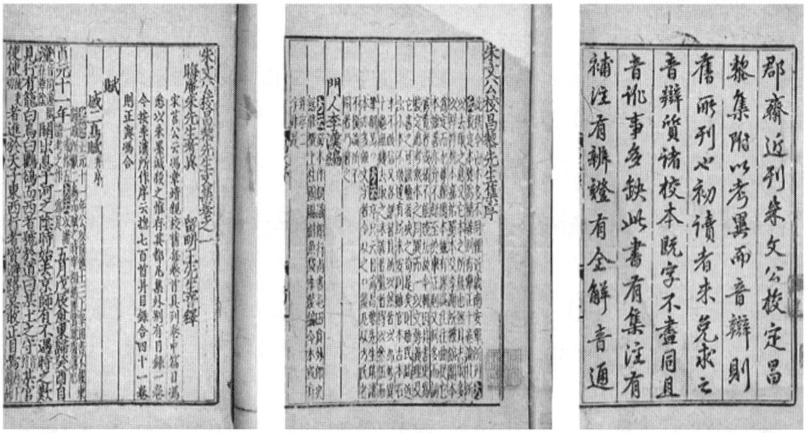
郡齋近刊朱文公校定昌黎集附以考異而音辯則舊所刊也初讀者未免求之音辯質諸校本既字不盡同且音訛事多缺此書有集注有補注有辯證有全解音通

문공(文公) 주희가 고이(考異)하고 왕백대가 음석(音釋)한 한유(韓愈)의 『창려선생문집(昌黎先生文集)』 중 일부

89 ‘王參政’은 남송시대 인물인 王伯大(?~1253)를 말한다. 왕백대는 福建 長溪縣(지금의 霞浦縣) 赤岸村 출신이다. 嘉定(1208~1224) 연간에 進士가 되어 일찍이 靑田縣令, 樞密副都丞旨, 兼左司郎中을 지냈다. 淳祐 7年(1247)에는 簽書樞密院 兼權參知政事에 임명되었고 이듬해엔 參知政事가 되었다. 왕백대는 韓愈의 문학을 추숭하여 『韓昌黎集音注』를 찬술했다. 만년에 전원으로 돌아간 뒤에 ‘留耕道人’이라 자호하고 赤岸에 留耕堂(을 짓고 「四留銘」을 썼다. 「사류명」의 내용은 『湖海新聞夷堅續志』에 보인다.

90 사류명: 네 가지 남겨둘 것에 대한 기록이다.

64. 漢書云, 勢交者近이라가 勢竭而亡하고 財交者密이라가
한서운 세교자근 세갈이망 재교자밀

財盡而疏하고 色交者親이라가 色衰義絶하니라.
재진이소 색교자친 색쇠의절

『한서』에서 말했다. "권세에 의지하여 사귀는 사람은 매우 가까이 지내다가 권세가 다하면 사귀던 정 또한 다 없어지고, 재물을 통해서 사귀는 사람은 매우 친밀하게 지내다가 재물이 다하면 사귀는 정 또한 멀어지게 된다. 용모에 따라 사귀는 사람은 매우 친숙하게 지내다가 나이가 들어 얼굴이 늙어 가면 은혜와 의리조차 끊어지고 만다."

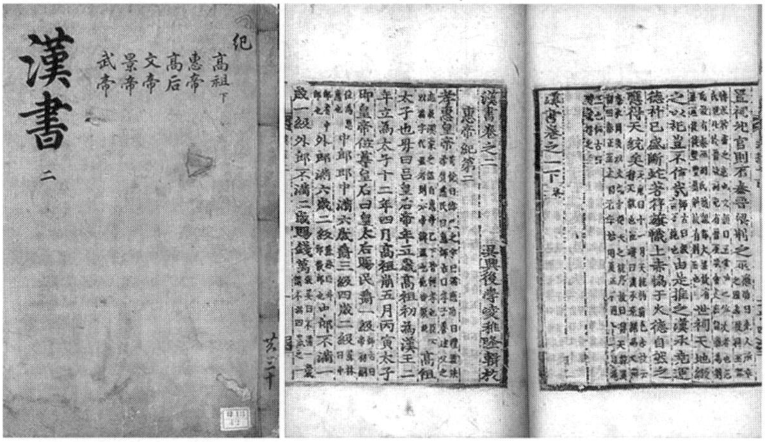

조선판본 『한서』

『한서』는 중국 후한(後漢)의 반고(班固)가 저술한 기전체(紀傳體)의 역사서로 사마천의 『사기』 및 남조(南朝) 송(宋)의 범엽(范曄)의 『후한서(後漢書)』와 더불어 삼사(三史)로 불리며 중시되었다.

65. 子游曰, 事君數이면 斯辱矣요 朋友數이면 斯疏矣니라.
자유왈 사군삭 사욕의 붕우삭 사소의

공자의 제자인 자유가 말했다. "임금을 섬김에 너무 자주 간언을 올리면 반드시 욕을 받게 되고 친구를 사귐에 있어서 너무 자주 허물을 충고하면 반드시 소원해지고 만다."[91]

66. 黃金千兩이 未爲貴요 得人一語가 勝千金이니라.
황금천량 미위귀 득인일어 승천금

황금 천 냥이 귀한 것이 아니요, 남에게 좋은 말 한마디 얻어 듣는 것이 천금보다 더 낫다.

---

91 『論語』 「里仁」에 보인다.

67. 千金易得이나 好語難求니라.
천금이득 호언난구

| 천금은 쉽게 얻을 수 있으나 좋은 말은 구하기 어렵다.

68. 好言難得이나 惡語易施니라.
호언난득 악어이시

| 좋은 말은 얻기 어려우나 나쁜 말은 쉽게 입 밖으로 퍼져 나간다.

69. 求人不如求己요 能管不如能推니라.[92]
구인불여구기 능관불여능추

| 남에게 구함이 자신에게 구함만 못하고, (일을) 잘 관리하는 것이 남에게 잘 미루는 것만 못하다.

70. 用心閑管是非多니라.
용심한관시비다

| 마음을 써서 쓸데없는 일에 참견하면 그로 인해 반드시 시비가 많아진다.

71. 巧者는 拙之奴요 苦者는 樂之母니라.
교자 졸지노 고자 낙지모

| 재주 있는 사람은 재주 없는 사람의 노예요, 괴로움은 즐거움의 어머니이다.

72. 知事少時煩惱少요 識人多處是非多라.
지사소시번뇌소 식인다처시비다

| 아는 일이 적어질 때 번뇌도 적어지나 아는 사람이 많은 곳일수록 시빗거리도 많아진다.

73. 小船은 難堪重載요 深逕은 不宜獨行이니라.
소선 난감중재 심경 불의독행

| 작은 배는 무거운 짐을 감당하기 어렵고, 으슥한 지름길은 홀로 다니기에 마땅치 않다.

---

92 '管'은 '管事'로 일을 관리하거나 일에 관여하는 것이고, '推'는 '推事', 즉 일을 남에게 떠넘기거나 전가하는 것을 말한다.

74. 踏實地면 無煩惱니라.
답실지 무번뇌

| 실지를 밟아 가면(진실한 마음으로 살아가면) 마음에 번뇌가 없어진다.

75. 黃金이 未是貴요 安樂이 値錢多니라.
황금 미시귀 안락 치전다

| 황금이 귀한 것이 아니요, 편안하고 즐거움이 훨씬 더 가치 있느니라.

76. 是病是苦요 是安是樂이라.
시병시고 시안시락

| 질병이 곧 고통이고 편안함이 곧 즐거움이니라.

77. 非財害己하고 惡語傷人하니라.
비재해기 악어상인

| 의롭지 못한 재물은 자신을 해치고 악한 말이 입에서 나가면 남을 다치게 한다.

78. 人爲財死하고 鳥爲食亡하니라.
인위재사 조위식망

| 사람은 재물 때문에 죽고 새는 먹이 때문에 죽는다.

79. 景行錄云, 利可共而不可獨이요 謀可寡而不可衆이라.
경행록운 이가공이불가독 모가과이불가중

獨利則敗하고 衆謀則泄하니라.
독리즉패 중모즉설

| 『경행록』에서 말했다. “이익은 함께 누려야지 홀로 누려서는 안 되고 계획은 스스로 만들어야지 여럿이 함께 만들어서는 안 된다. 홀로 이익을 차지하면 실패하고 여럿이 함께 계획을 짜면 기밀이 누설될 수 있다.”

80. 機不密이면 禍先發하니라.
기불밀 화선발

| 계획이 치밀하지 않으면 재앙이 먼저 발생할 수 있다.

81. 不孝怨父母하고 負債恨財主하니라.[93]
불효원부모 부채한재주

| 불효한 자는 부모를 원망하고 빚진 자는 재물 주인을 원망한다.

82. 貪多嚼不細하고 家貧怨鄰有니라.
탐다작불세 가빈원린유

| 식탐이 지나치면 잘게 씹지 못하고 집이 가난하면 이웃 부자를 질투한다.

83. 在家에 不會邀賓客이면 出外에 方知少主人이니라.
재가 불회요빈객 출외 방지소주인

| 집에서 손님을 제대로 맞이할 줄 모르면 밖에 나갔을 때 비로소 뜨겁게 맞아주는 주인이 적다는 것을 알게 된다.

84. 但願有錢留客醉러니 勝如騎馬倚人門이라.
단원유전류객취 승여기마의인문

| 다만 내게 돈이 있어 나그네가 머물러 술에 취하도록 해줄 수만 있다면 이것이 말을 타고 뽐내며 남의 집 대문에 기대어 있는 것보다 낫다.

85. 貧居鬧市無相識이요 富住深山有遠親이니라.
빈거뇨시무상식 부주심산유원친

| 가난한 사람은 시끄러운 저자에 살아도 아는 이가 아무도 없고, 부유한 사람은 비록 깊은 산중에 살더라도 먼 곳에서 찾아오는 친구(친척)가 있다.

86. 世情看冷暖이요 人面逐高低니라.
세정간냉난 인면축고저

| 세상 인정이 차갑다가 따스했다가 하니, 사람 체면도 그에 따라 높아졌다가 낮아졌다가 한다.

87. 人義는 盡從貧處斷이요 世情은 便向有錢家니라.
인의 진종빈처단 세정 변향유전가

| 사람의 의리는 죄다 가난한 곳에서 끊어지고, 세상의 인정은 곧 돈 있는 집으로 모인다.

93 '負債恨財主'를 '貧苦恨財主'라 한 판본도 있다.

88. 喫盡千般無人知요 衣衫襤褸有人欺라.[94]
끽진천반무인지 의삼남루유인기

천 가지 고통을 다 겪도록 알아주는 사람 없고 의복이 남루하니 모두 업신여기는구나.

89. 寧塞無底缸이언정 難塞鼻下橫이니라.
영색무저항 난색비하횡

차라리 밑 빠진 항아리는 막을지언정 코 아래 가로로 벌어진 입은 막기 어렵다.

90. 馬行步慢皆因瘦요 人不風流只爲貧이라.[95]
마행보만개인수 인불풍류지위빈

말이 가면서 걸음이 느린 것은 모두 여위었기 때문이요, 사람이 멋지게 행동하지 못하는 것은 단지 가난하기 때문이다.

91. 人情은 皆爲窘中疎니라.
인정 개위군중소

사람의 정이란 다 군색한 가운데서 점점 멀어지게 마련이다.

92. 樂記曰, 豢豕爲酒가 非以爲禍也언마는 而獄訟益繁은 則酒之流生禍也니라. 是故로 先王이 因爲酒禮하사 一獻之禮에 賓主百拜하여 終日飮酒而不得醉焉하니 此先王之所以避酒禍也시니라.
악기왈 환시위주 비이위화야 이옥송익번 즉주지류생화야 시고 선왕 인위주례 일헌지례 빈주백배 종일음주이부득취언 차선왕지소이피주화야

(『예기』의) 「악기」에서 말했다. "돼지를 기르며 술을 빚는 것이 화가 되는 것은 아니다. 그러나 송사(소송 사건)가 빈번하게 되는 것은 술로 절제를 잃어서 생기는 화이다. 이런 까닭으로 선왕께서 이를 통해서 '주례'(술에 대한 예)를 만들어서 술 한 잔을 주고받는 예에 주인과 손님이 백 번 절을 하여 종일 술을 마셔도 취하지 않도록 했다. 이는 선왕께서 술 때문에 생기는 화를 예방하려 했던 것이다."

94 '襤褸'를 '籃縷'라 한 판본도 있다.
95 '風流'를 '聰明', '只爲貧'을 '只爲窮'이라 한 판본도 있다.

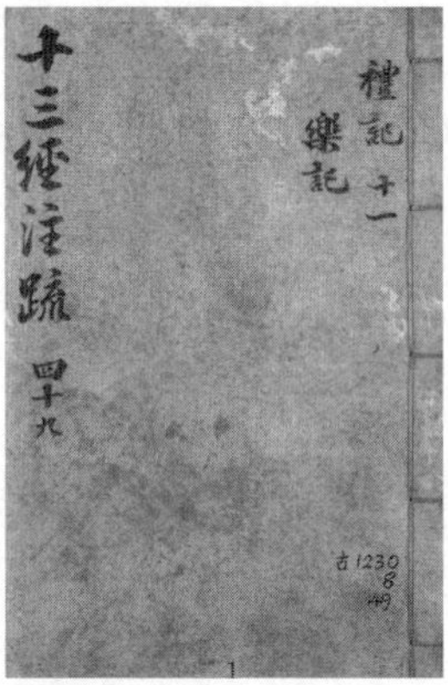

명나라 모진(毛晋) 편 목판본 『십삼경주소(十三經注疏)』. 『예기』, '악기' 편 표지.

〈악기〉 본문

93. 論語曰(논어왈), 惟酒無量(유주무량)하사대 不及亂(불급란)이러시다.

『논어』에서 말했다. "공자는 오직 술만은 양을 정하지 않고 마시되 취하여 난잡한 데까지는 이르지 않으셨다."

94. 史記曰(사기왈), 郊天禮廟(교천예묘)는 非酒不享(비주불향)이요 君臣朋友(군신붕우)는 非酒不義(비주불의)요 鬪爭相和(투쟁상화)는 非酒不勸(비주불권)이라. 故(고)로 酒有成敗而不可泛飮之(주유성패이불가범음지)니라.

『사기』에서 말했다. "교외로 가서 하늘에 제사를 지내고 사당에 제례 올림에도 술이 아니면 흠향하지 아니할 것이요, 임금과 신하 그리고 벗과 벗 사이에도 술이 아니면 의리가 두터워지지 않을 것이요, 싸움을 하고서 서로 화해함에도 술이 아니면 강화를 권하지 못할 것이다. 그러므로 술에는 성공과 실패가 다 있으니 함부로 마셔서는 안 된다."

95. 子曰(자왈), 敬鬼神而遠之(경귀신이원지)면 可謂智矣(가위지의)리라.

공자가 말했다. "귀신을 공경하면서도 멀리하면 지혜롭다고 할 수 있다."[96]

96 『論語』「雍也」에 보인다.

96. 子曰, 非其鬼而祭之는 諂也요 見義不爲는 無勇也라.
자왈 비기귀이제지 첨야 견의불위 무용야

공자가 말했다. "자기가 모실 귀신이 아닌데 제사 지내는 것은 아첨이요, 의리를 보고서 나서지 않는 것은 용기가 없는 것이다."[97]

97. 禮佛者는 敬佛之德이요 念佛者는 感佛之恩이요 看經者는
예불자 경불지덕 염불자 감불지은 간경자

明經之理요 坐禪者는 登佛之境이요 得悟者는 證佛之道니라.[98]
명경지리 좌선자 등불지경 득오자 증불지도

예불하는 것은 부처의 공덕을 공경하는 것이요 염불하는 것은 부처의 은덕을 감사히 여기는 것이며 불경을 보는 것은 경전의 이치를 밝히려는 것이요 좌선을 하는 것은 부처의 경지를 밟아보는 것이며 깨달음을 얻는 것은 부처의 도(가르침)를 증명하려 하는 것이다.

98. 看經未爲善이요 作福未爲願이라. 莫若當權時에 與人行方便이라.
간경미위선 작복미위원 막약당권시 여인행방편

불경 보는 것이 선한 것이 아니요, 복을 짓는 것도 원하는 것이 아니다. 능력이 있을 때 남을 위해 여러 가지 방편(좋은 일)을 행하는 것만 못하느니라.

99. 濟顚和尙警世에 看盡彌陀經하고 念徹大悲咒하라.
제전화상경세 간진미타경 염철대비주

種瓜還得瓜하고 種豆還得豆니라. 經咒本慈悲니 冤結如何救리오.
종과환득과 종두환득두 경주본자비 원결여하구

照見本來心이면 做者還他受하고 自作還自受하니라.
조견본래심 주자환타수 자작환자수

제전화상[99]이 『경세시』에서 말했다. "아미타 불경[100]을 다 보았고 대비주문[101]을 다 외웠도다. "외 심으면 외를 얻고 콩 심으면 콩을 얻는다." 경문과 주문은 본래 자비를 뜻하는 것인데, 만일 원한을 맺었다면 어떻게 구제할까? 불경은 마음의 본심을 비추어볼 수 있어서 죄 지은 사람은 또한 그 스스로 악과(惡果)를 받나니, 스스로 짓고 또한 스스로 받느니라."

97 『論語』「爲政」에 보인다.

98 '明經之理'를 '明佛之理', '登佛之境'을 '踏佛之境', '證佛之道'를 '正佛之道'라 한 판본도 있다.

99 '濟顚和尙'은 남송시대의 고승인 濟公(1133~1209)을 가리킨다. 제공은 또한 濟癲和尙 · 濟公活佛로 불린다. 俗名은 李修緣(일명 李心遠)이며 法號는 道濟이다. 浙江 台州(지금의 浙江省 台州市 天台縣 永寧村) 사람이다. 전설에 의하면 계율을 지키지 않고 술을 마시고 고기를 먹은 스님으로 알려져 있다.

100. 子曰, 志士仁人은 無求生以害仁이요 有殺身以成仁이니라.
자왈 지사인인 무구생이해인 유살신이성인

공자가 말했다. "지사와 어진 이는 살겠다고 인을 해치는 법이 없으며 제 몸을 죽여서라도 인을 이루고 만다."[102]

101. 荀子曰, 公生明하고 偏生闇하고 端慤生通하고 詐僞生塞하고
순자왈 공생명 편생암 단각생통 사위생색

誠信生神하고 夸誕生惑하니라.
성신생신 과탄생혹

순자가 말했다. "공정함은 밝음을 낳고 치우침은 어둠을 낳는다. 바른 행동과 진실한 마음은 통달함을 낳고 속임과 거짓은 막힘을 낳는다. 성실과 믿음은 신령함을 낳고 자랑과 방탄함은 의혹을 낳는다."[103]

102. 書云, 侮慢自賢하며 反道敗德이라 하니 其小人之爲也니라.
서운 모만자현 반도패덕 기소인지위야

『상서』에서 이르기를 "남을 업신여기며 거만하게 대하고 스스로 어진 척하면서 도를 위배하고 덕을 파괴했다."고 했으니, 이는 소인이나 하는 짓거리이다.[104]

제공
남송시대의 고승으로 드라마로도 제작되었다.

100 '阿彌陀經'은 대승불교 정토종(淨土宗)의 소의경전(所依經典)인 정토삼부경(淨土三部經) 중의 한 경전으로 『일체제불소호념경 一切諸佛小護念經』이라고도 하며, 줄여서 『미타경』·『호념경』이라고 부르기도 한다. 석가가 기원정사(祇圓精舍)에서 제자 사리불(舍利弗)을 상대로 하여 아미타불과 그가 머물고 있는 서방정토(西方淨土)인 극락세계의 공덕과 장엄을 설명하고, 아미타불의 이름을 부르면 극락세계에 왕생(往生)한다고 설법한 내용이 주요 골자이다.

101 '大悲咒'는 『手千眼觀世音菩薩廣大圓滿無礙大悲心陀羅尼經』에서 나왔다. 이것은 관세음보살(觀世音菩薩)의 대자비심(大慈悲心), 무상보리심(無上菩提心)으로 제세도인(濟世渡人)하고 수도성불(修道成佛)하는 중요한 구결(口訣)이다. 그중 한 글자 한 구절도 모두 正等正覺한 眞實工夫를 포함하고 있으며 조금의 虛僞도 없다고 한다.

102 『論語』「衛靈公」에 보인다.

103 『荀子』「不苟」에 보인다.

104 『尙書』「大禹謨」에 보인다.

103. 荀子曰(순자왈), 士有妬友(사유투우)면 則賢交不親(즉현교불친)하고 君有妬臣(군유투신)이면 則賢人不至(즉현인부지)니라.

> 순자가 말했다. “선비에게 어질고 능력 있는 이를 질투하는 벗이 있으면 현명한 벗이 그와 가까이하려 하지 않을 것이요, 임금에게 어질고 능력 있는 이를 질투하는 신하가 있으면 현명한 사람이 귀부(歸附)하러 나오려 하지 않을 것이다.”[105]

104. 太公曰(태공왈), 治國(치국)에 不用佞臣(불용녕신)하고 治家(치가)에 不用佞婦(불용녕부)하라. 好臣(호신)은 是國之寶(시국지보)요 好婦(호부)는 是家之珍(시가지진)이라.[106]

> 태공이 말했다. “나라를 다스릴 때는 말재주를 부려 비위를 잘 맞추는 신하를 임용하지 말고, 집안을 다스릴 때는 말재주를 부려 비위를 잘 맞추는 지어미를 쓰지 말라. 좋은 신하는 나라의 보물이요 좋은 주부는 가정의 보배니라.”

105. 讒臣(참신)은 亂國(난국)하고 妬婦(투부)는 亂家(난가)니라.

> 남을 참소하는 신하는 나라를 어지럽히고, 남을 질투하는 지어미는 집안을 어지럽힌다.

106. 太公曰(태공왈), 斜耕(사경)은 敗於良田(패어양전)하고 讒言(참언)은 敗於善人(패어선인)하니라.

> 태공이 말했다. “삐뚤게 하는 밭갈이는 좋은 밭에서 통하지 않고 참소하는 말은 착한 사람에게는 통하지 않는다.”

107. 漢書云(한서운), 曲突徙薪(곡돌사신)은 無恩澤(무은택)이요 焦頭爛額(초두난액)이 爲上客(위상객)이라.

> 『한서』에서 말했다. “구들을 구불구불하게 하고 아궁이 옆의 땔나무를 옮겨 불이 나지 않도록 일러준 이는 아무런 은택도 없으나(사고를 미연에 방지해 준 이에게는 고맙다는 말 한마디 없으나), 불이 나서 이마를 데면서 불을 꺼준 이는 상객으로 대접받는다.”[107]

---

105 『荀子』「大略」에 보인다.

106 ‘是國之寶’와 ‘是家之珍’을 ‘是一國之寶’와 ‘是一家之珍’이라 한 판본도 있다. 『增廣賢文』에는 “治國不用佞臣, 治家不用佞婦. 好臣一國之寶, 好婦一家之珍.”이라 했다.

108. 整日梳妝이라가[108] 合面睡로다.[109]
정일소장 합면수

온 종일 머리를 빗고 화장을 하더니 잠잘 때는 오직 머리 모양새가 망가질까 봐 가만히 엎드려 있을 뿐이로구나.

109. 畫梁斗栱猶未乾에[110] 堂前不見癡心客이라.[111]
화량두공유미건 당전불견치심객

대들보와 두공(기둥 위의 방형의 나무)에 칠한 단청이 마르지 않았을 때, 집 앞에서 멍청하게 기다리는 손님을 볼 수 없네.

110. 三寸氣在千般用이요 一旦無常萬事休니라.
삼촌기재천반용 일단무상만사휴

사람이 세 치 목구멍에 숨이 붙어 있는 한 갖가지로 (생각이나 행동을) 운용할 수 있지만, 하루아침에 저 세상으로 가고 나면 만사가 모두 끝나고 만다.

111. 萬物有無常이요 萬物莫逃乎數라.
만물유무상 만물막도호수

만물은 모두 사라질 때가 있고, 만물은 모두 숙명(宿命)으로부터 도망칠 수 없다.

112. 萬般祥瑞가 不如無니라.
만반상서 불여무

만 가지 상서로운 조짐은 도리어 아무것도 없는 것만 못하다.

113. 天有萬物於人하고 人無一物於天이니라.
천유만물어인 인무일물어천

하늘은 만물을 사람에게 내려 주었건만 사람이 하늘에게 보답할 것이 한 가지도

107 『漢書』「霍光傳」과 『說苑』「權謀」에 보인다. '曲突徙薪'이란 성어는 미연에 재난을 막아내자는 속뜻을 지닌 비유이다.

108 梳妝(梳粧): 머리빗이나 화장품 등의 치장하는 물건 또는 몸단장이나 치장을 하는 일을 뜻한다.

109 『小兒藥證直訣』: "治小兒心熱. 視其睡, 口中氣溫, 或合面睡, 及上竄咬牙, 皆心熱也. 心氣熱則心胸亦熱, 欲言不能而有就冷之意, 故合面睡.", "心氣實則氣上下行澀, 合臥則氣不得通. 故喜仰臥, 則氣得上下通也. 瀉心湯主之." 여기서 '合面睡'는 어린이가 '엎드려서 얼굴을 아래로 하고 자는 것'이고, '喜仰臥'는 '바로 누워서 얼굴을 위로 하고 자는 것'을 말한다.

110 '斗栱'을 '栱斗'이라 한 판본도 있다.

111 『金瓶梅』 제84회에서는 "可憐正是, 畫棟雕樑猶未乾, 堂前不見癡心客."이라 했다.

없도다.

114. 詩云, 大富則驕하고 大貧則憂하고 憂則爲盜요 驕則爲暴니라.
시운 대부즉교 대빈즉우 우즉위도 교즉위포

『시경』에서 말했다. "지나치게 부유하면 교만해지고 지나치게 가난하면 근심스럽게 된다. 근심하면 도적이 되고 교만하면 포악해진다."[112]

115. 莫道家未成에 成家子未生하고 莫道家未破하에 破家子未大하라.
막도가미성 성가자미생 막도가미파 파가자미대

가업이 아직 성공하지 않았거든 가업을 성공시킬 자식이 아직 태어나지 않았다고 말하지 말라. 가업이 아직 파산되지 않았거든 가업을 파산시킬 자식이 아직 성장하지 않았다고 말하지 말라.

116. 成家之兒는 惜糞如金하고 敗家之兒는 用金如糞이니라.
성가지아 석분여금 패가지아 용금여분

가업을 성취할 자식은 똥을 아끼기를 금과같이 하고, 가업을 망칠 자식은 돈 쓰기를 똥과 같이 한다.

117. 胡文定公曰, 大抵人家엔 須常敎有不足處하라.[113] 若十分快意면
호문정공왈 대저인가 수상교유부족처 약십분쾌의

提防有不恰好事出하라.
제방유불흡호사출

호문정공(호안국)[114]이 말했다. "일반적으로 집안 살림을 할 때에는 반드시 늘 부족한 곳이 있도록 유지해야 한다. 만일 너무 기분 좋은 일이 생기거든 응당 좋지 않은 일이 일어날까 조심해야 한다."

---

112 漢나라의 大儒 동중서(董仲舒, B.C..179~BC.104)가 『춘추번로(春秋繁露)』에서, "孔子曰, 不患貧而患不均. 故有所積重, 則有所空虛矣. 大富則驕, 大貧則憂, 憂則爲盜, 驕則爲暴, 此衆人之情也."라 했다.

113 여기서 '敎'는 사역동사로 '(…에게) …시키다. …하게 하다. 명령하다'는 문법적 기능을 한다.

114 호안국(胡安國, 1074~1138): 송나라의 유학자. 자 강후(康侯). 시호 문정(文定). 복건성(福建省) 숭안(崇安) 출생. 벼슬에 오르기는 하였으나 명예와 이익을 외면하고 고종(高宗) 때 급사(給事)에서 관을 떠났다. 정이천을 사숙(私淑)하여 거경궁리(居敬窮理)의 학문을 중히 여겼다. 왕안석(王安石)이 『춘추(春秋)』를 폐하여 학관(學官)의 대열에 끼지 못한 데서 『춘추』의 학문이 쇠퇴한 것을 탄식하고, 20여 년을 연구하여 『춘추호씨전(春秋胡氏傳)』 30권을 저술하였다.

118. 康節邵先生曰, 閑居愼勿說無妨하라 纔說無妨便有妨이니라.
강절소선생왈 한거신물설무방 재설무방변유방

爽口物多能作疾이요 快心事過必有殃이니라. 爭先徑路機關惡이요
상구물다능작질 쾌심사과필유앙 쟁선경로기관악

近後語言滋味長이니라. 與其病後能服藥으론[115]
근후어언자미장 여기병후능복약

不若病前能自防이니라.
불약병전능자방

강절 소선생(소옹)이 말했다. "한가할 때 제발 거리낄 것이 없다고 말하지 말라. 거리낄 것이 없다고 말하자마자 바로 거리낄 일이 생기니라. 입을 상쾌하게 하는 먹을거리가 많으면 병을 일으킬 수 있고, 마음을 상쾌하게 하는 일도 지나치면 반드시 재앙이 생기리라. 앞을 다투는 지름길엔 덫(계략)이 험악하고 후퇴에 가까운 언어는 의미가 심장하다. 병이 난 후에 약을 먹기보다는 병 나기 전에 스스로 예방하는 것이 낫다."[116]

119. 饒人不是癡요 過後得便宜라.
요인불시치 과후득편의

남을 용서하는 것은 바보가 아니니 지나고 나면 사이가 좋아질 수 있다.

120. 趕人은 不要趕上하라. 捉賊이 不如趕賊이니라.
간인 불요간상 착적 불여간적

사람을 뒤쫓되 따라잡지는 말라. 도둑을 잡는 것은 도둑을 쫓아버림만 못하다.

『춘추호(씨)전』

1134년 호안국이 완성한 『춘추』 주석서. 청나라 목판본. 30권 8책. 『좌씨전』, 『공양전』, 『곡량전』과 더불어 춘추 4전으로 일컬어진다.

115 '與其病後'를 '端其病後'라 한 판본도 있는데, 이는 '與其A, 不若(不如)B'로 된 비교형 문장으로 'A하는 것이 B하는 것만 못하다'고 해석한다. 따라서 '端'은 '與'의 오자로 보인다.

116 『伊川擊壤集』 卷6, 「仁者吟」에 보인다. 어떤 판본에는 머리에 "仁者難逢思有常, 平生愼勿恃無傷[인자는 만나기 어렵고 인생은 유한하다고 생각해야 하고, 평소에 부디 스스로 다칠 일이 없다고 믿지 말라]."이 덧붙어 있다.

121. 梓潼帝君垂訓曰, 妙藥難醫寃債病이요 橫財不富命窮人이라.
재동제군수훈왈 묘약난의원채병 횡재불부명궁인

虧心折盡平生福이요 行短天敎一世貧이라.[117] 生事事生을
휴심절진평생복 행단천교일세빈 생사사생

君莫怨하고 害人人害를 汝休嗔하라. 天地自然皆有報하니
군막원 해인인해 여휴진 천지자연개유보

遠在兒孫近在身이니라.
원재아손근재신

재동제군[118]이 내린 가르침에서 말했다. "신묘한 약이라도 원한에 사무친 병은 치료하기 어렵고, 뜻밖에 생긴 재물이라도 운수가 궁한 사람을 부자로 만들지 못한다. 양심을 잃으면 평생 복을 죄다 꺾어버리게 하고 행위에 결함이 있으면 하늘이 평생토록 가난하게 만든다. 일을 생기게 해서 일이 생겨날 때 그대는 원망하지 말고, 남을 해쳐서 남이 해칠 때 그대는 성내지 말라. 천지는 자연스레 모두 보응이 있나니 (그 보응이) 멀게는 자손에게 있을 수 있고 가깝게는 자기 몸에 있을 수 있느니라."

122. 藥醫不死病이요 佛度有緣人이라.
약의불사병 불도유연인

약은 다만 죽을 수 없는 병을 치료할 수 있을 뿐이고, 부처님은 다만 인연이 있는 사람만 구제할 뿐이다.

123. 吳眞人曰, 行短虧心只是貧이니 莫生巧計弄精神하라.
오진인왈 행단휴심지시빈 막생교계농정신

得便宜處休歡喜하니 遠在兒孫近在身이라.
득편의처휴환희 원재아손근재신

오 진인이 말했다. "행위에 결함이 있고 양심을 잃으면 곧 영원히 가난하게 되나니 쓸데없이 교묘한 계책을 내어 정신을 낭비하려 하지 말라. 편안한 곳을 얻게 되어도 즐거워하지 말라. 그 보응이 멀리는 자손에게까지 미치고 곧 가까이는 네 몸에 미치리라."

124. 十分惺惺使五分하고 留取五分與兒孫하라. 十分惺惺都使盡이면
십분성성사오분 유취오분여아손 십분성성도사진

後代兒孫不如人하니라.
후대아손불여인

117 '行短'을 '幸短'이라 한 판본도 있다.

118 梓潼帝君: 도교에서 숭배하는 신의 이름이다. 文昌府와 인간의 功名과 祿位를 관장했다고 한다.

열 푼 있는 총명한 마음에서 오 푼만 사용하고 오 푼은 자손에게 남겨 주어라. 열 푼을 모두 다 써버리면 후대 자손들이 남보다 못하게 되느니라.

125. 越奸越狡越貧窮이니 奸狡原來天不容이라. 富貴若從奸狡得이면
월간월교월빈궁 간교원래천불용 부귀약종간교득
世間呆漢吸西風이리라.[119]
세간매한흡서풍

간사하고 교활하면 그럴수록 더욱 빈궁해지나니 간사함과 교활함은 원래 하늘이 용납하지 않기 때문이다. 부귀를 만약 간사하고 교활해야만 얻을 수 있다면 세상에서 멍청한 놈은 먹을 것이 아무것도 없을 것이다(굶주릴 것이다).

126. 花落花開開又落하고 錦衣布衣更換着이라. 豪家未必常富貴요
화락화개개우락 금의포의갱환착 호가미필상부귀
貧家未必長寂寞이라. 扶人未必上青霄요 推人未必填溝壑이라.
빈가미필장적막 부인미필상청소 추인미필전구학
勸君凡事莫怨天하라. 天意於人無厚薄이니라.
권군범사막원천 천의어인무후박

꽃이 졌다가 피었다 다시 진다. 비단 옷 베옷도 돌려가며 다시 바꿔 입는 법이다. 호화로운 집이라고 해서 언제나 부귀한 것도 아니요, 가난한 집이라 해서 늘 적막한 것도 아니다. 사람을 끌어올린다 해도 반드시 하늘까지 올라갈 수 있는 것도 아니요, 사람을 밀친다고 반드시 깊은 구렁에 떨어지는 것도 아니다. 그대에게 권하노니, 모든 일에 하늘을 원망하지 말라. 하늘은 사람에 대하여 이쪽을 후하게 하고 저쪽을 박하게 하려는 생각이 전혀 없느니라.

127. 莫入州衛與縣衙하라. 勸君勤謹作生涯하노라.
막입주위여현아 권군근근작생애
池塘積水須防旱하여 田地勤耕足養家하라. 教子教孫多教藝하고
지당적수수방한 전지근경족양가 교자교손다교예
栽桑栽柘少栽花하라. 閑是閑非休要管이면 渴飲清泉悶煮茶니라.
재상재자소재화 한시한비휴요관 갈음청천민자다

주위나 현아(관아)에 들어가지 말라. 그대들에게 권하노니 부지런하고 조심하며 살아가라. 못에 물을 담아 가뭄을 방비하고 농토를 부지런히 경작하면 가족을 충분히 부양할 수 있다. 자손을 교육시키며 기술을 가르치고, 뽕나무 산뽕나무를 심

119 '呆'는 '매'와 '태'로 읽는데, 모두 '어리석다'는 뜻이다. '치매(癡呆, dementia)'는 지능 · 의지 · 기억 등 정신적인 능력이 현저하게 감퇴하여 정상적인 정신상태를 잃어버린 경우에 사용하는 낱말이다.

고 꽃은 적게 심어라. 시시비비에는 관여하지 말라. 목마르면 맑은 물을 마시고 답답하면 차를 끓여 마셔라.

128. 堪歎人心毒似蛇라. 誰知天眼轉如車요. 去年妄取東隣物터니
감탄인심독사사 수지천안전여차 거년망취동린물

今日還歸北舍家라. 無義錢財는 湯潑雪이요 儻來田地는
금일환귀북사가 무의전재 탕발설 당래전지

水推沙니라. 若將狡譎爲生計면 恰似朝開暮落花니라.
수추사 약장교휼위생계 흡사조개모락화

한탄스럽게도 사람 마음 독한 것이 뱀과 같구나. 누가 하늘의 눈이 수레바퀴처럼 돌아가고 있음을 알겠는가? 지난해에 망령되이 동쪽 이웃의 물건을 취했더니 오늘은 다시 북쪽 집으로 돌아가는구나. 정의롭지 않은 돈과 재물은 끓는 물에 녹아버릴 눈과 같고, 뜻밖에 굴러 들어온 전답은 물에 떠밀려 갈 모래와 같으리라. 만약 교활한 속임수를 가지고 살아갈 방도로 삼는다면 아침에 피었다 저녁에 지는 꽃과 같이 되리라.

129. 得失榮枯總是天이요 機關用盡也徒然이라. 人心不足蛇呑象이요
득실영고총시천 기관용진야도연 인심부족사탄상

世事到頭螳捕蟬이라. 無藥可醫卿相壽요 有錢難買子孫賢이라.
세사도두당포선 무약가의경상수 유전난매자손현

家常守分隨緣過면 便是逍遙自在仙이니라.
가상수분수연과 변시소요자재선

득실과 영고는 모두가 하늘의 일이요 온갖 기계(술수)를 다 써보아도 소용없을 뿐이다. 사람의 탐욕스런 마음은 만족할 줄 모르니 마치 작은 뱀이 큰 코끼리를 삼키려 드는 것과 같고, 세상일이란 결국 사마귀가 매미를 잡아먹으려 할 때 그 뒤에 참새가 자신을 잡아먹으려 하는 것과 같은 형국이다. 어떤 약으로도 재상의 수명을 연장시킬 수 없고, 돈이 있더라도 자손의 현명함을 사기는 어렵다. 집에서는 분수를 지켜 인연에 따라 지내는 것이 바로 세상을 소요하며 자유롭게 신선으로 살아가는 길이로다.

130. 花開不擇貧家地요 月照山河到處明이라. 世間只有人心惡이니
화개불택빈가지 월조산하도처명 세간지유인심악

凡事還須天養人하니라.
범사환수천양인

꽃이 피되 가난한 집 땅을 골라서 피는 것이 아니요 달이 비춤에 산하 도처를 밝히도다. 세상에는 인심의 험악함만이 남아 있을 뿐이지만 모든 일을 하자면 또

한 하늘이 모름지기 사람을 길러주어야 하느니라.

131. 眞宗皇帝御製曰(진종황제어제왈), 知危識險(지위식험)이면 終無羅網之門(종무라망지문)이며 擧善薦賢(거선천현)이면 自有安身之路(자유안신지로)이니라. 施恩布德(시은포덕)이면 乃世代之榮昌(내세대지영창)이로되 懷妬報冤(회투보원)이면 與子孫之爲患(여자손지위환)이리라. 損人利己(손인리기)이면 終無顯達雲仍(종무현달운잉)이리니 害衆成家(해중성가)이면 豈有長久富貴(기유장구부귀)리요 改名異體(개명이체)는 皆因巧語而生(개인교어이생)하고 禍起傷身(화기상신)은 皆是不仁之召(개시불인지소)이니라.

진종황제[120]의 「어제문」[121]에서 말했다. "위험을 깨달으면 끝내 벌여놓은 법망에 떨어지지 않을 것이며, 착하고 현명한 이를 천거하면 자연히 몸을 편하게 하는 길이 생기리라. 은덕을 널리 베풀면 이에 대대로 영화롭고 번창할 것이로되, 투기를 품거나 원한을 보복하려 하면 자손에게 후환을 남겨 주게 되리라. 남에게 손해를 주고 자기만 이롭게 하면 마침내 현달할 자손이 없게 될 것이요, 다른 이들을 해치고 집안을 일으키면 어찌 부귀를 오래도록 누릴 수 있을까? 부득불 이름을 갈고 모습을 달리함은 모두 교묘한 말솜씨에서 생기는 것이요, 화가 일어나 몸을 다치게 하는 것은 모두 다 어질지 못함이 불러들인 것이니라."

조항

북송의 3대 임금

132. 神宗皇帝御製曰(신종황제어제왈), 遠非道之財(원비도지재)하고 戒過度之酒(계과도지주)하라. 居必擇隣(거필택린)하고 交必擇友(교필택우)하며 嫉妬勿起於心(질투물기어심)하고 讒言勿宣於口(재언물선어구)하며 骨肉貧者(골육빈자)를 莫疎(막소)하고 他人富者(타인부자)를 莫厚(막후)하며 克己(극기)는

120 진종황제: 북송 3대 임금 조항(趙恒, 968~1022)을 말한다. 태종 조경(趙炅)의 제3자. 그의 치세는 태조·태종의 창업기에서 제4대 인종(仁宗)의 최성기(最盛期)로 넘어가는 발전기였다. 도교를 신봉하는 한편 재정을 충실히 하고 산업과 학문을 장려하였다. 1004년 거란의 성종과 소태후가 침입하자 '澶州의 盟'으로 일컬어지는 화의를 성립시켰다.

121 어제문: 임금이 직접 지은 글을 높여 부르는 말이다.

以勤儉爲先하고 愛衆은 以謙和爲首하라. 常思已往之非하고
이근검위선 애중 이겸화위수 상사이왕지비

每念未來之咎하라. 若依朕之斯言이면 治家國而可久하리라.
매념미래지구 약의짐지사언 치가국이가구

신종황제[122]의 「어제문」에서 말했다. "도의에 부합하지 않는 재물을 멀리하고, 정도에 지나친 음주를 경계하라. 살림을 할 때는 반드시 이웃을 가리고, 사귈 때는 반드시 벗을 가려야 한다. 마음에 질투를 일으키지 말고, 입으로 참언(남을 근거 없이 헐뜯는 말)을 하지 말라. 혈육 중에 가난한 이를 멀리하지 말고, 다른 집 가운데서 부자를 돈독하게 대하지 말라. 사욕을 극복하자면 근면하고 검소함을 우선으로 삼고, 대중을 사랑하자면 겸손과 화합을 으뜸으로 삼아야 하느니라. 늘 과거의 잘못을 생각하고, 매양 미래의 허물을 생각할지니라. 만약 나의 이 말을 믿고 따라 한다면 집안이나 나라를 잘 다스려 오래도록 보존할 수 있느니라."

133. 高宗皇帝御製曰, 一星之火도 能燒萬頃之薪하고 半句非言도
고종황제어제왈 일성지화 능소만경지신 반구비언

折盡平生之德이니라.[123] 身被一縷에도 常思織女之勞하고
절진평생지덕 신피일루 상사직녀지로

日食三飡에도 每念農夫之苦하라. 苟貪嫉妬이면[124]
일식삼손 매념농부지고 구탐질투

終無十載安康하고 積善存仁이면 必有榮華後裔이로다. 福緣善慶은
종무십재안강 적선존인 필유영화후예 복연선경

多因積德而生하고[125] 入聖超凡은 盡是眞實而得이니라.
다인적덕이생 입성초범 진시진실이득

고종황제의[126] 「어제문」에서 말했다. "작은 별똥별만한 불꽃도 능히 수백만 이랑의 땔나무를 태워버릴 수 있고, 짧은 반 구절의 그릇된 말이라도 평생의 덕을 죄다 꺾어버릴 수 있느니라. 몸에 한 오라기의 실을 걸쳐도 늘 베 짜는 여인의 수고를 생각하고, 하루 세 끼 밥을 먹을 때마다 매양 농부의 고통을 생각하라. 구차하게 탐욕을 부리고 시샘을 부리면 끝내는 십 년 동안의 편안함도 없을 것이요, 선행을

---

122 신종황제: 북송 제6대 임금 조욱(趙頊, 1048~1085)이다. 영종(英宗)의 장자로서 임금이 되어 요나라와의 싸움에서도 하동의 경계지를 양보하였으며, 서하의 원정에서도 크게 패하자 실의 속에 죽었다.

123 '折盡'을 '誤損'이라 한 판본도 있다.

124 '嫉妬'를 '妬損'이라 한 판본도 있다.

125 '積德'을 '積行'이라 한 판본도 있다.

126 고종황제: 남송을 개국한 임금인 조구(趙構, 1107~1187)이다. 宋 徽宗의 第9자로 徽宗 때 康王에 봉해졌다. 靖康元年(1126), 조구는 한때 親王 신분으로 金나라 군영에 단기간 人質로 있다가 나중에 귀국할 수 있었다.

쌓고 어진 마음을 지니면 반드시 후손이 영화롭게 될 것이다. 복된 인연과 좋은 경사는 대부분 음덕을 쌓는 데서 생겨나고, 범상함을 뛰어넘어 성인의 경지에 들어가는 것은 모두 진실하게 한 뒤에 얻어지느니라."

남송의 고종 조구

그는 적극적으로 화인(畫人)들을 불러 모으고, 궁정의 화원(畫院)을 중건하였다. 아울러 흩어진 서화를 수집하는 데 힘써 남송의 문예 활동을 신속하게 진흥시켰다.

고종 조구의 그림 〈봉창수기(蓬窗睡起)〉

134. 老子送孔子曰(노자송공자왈), 吾聞(오문)커니 富貴者(부귀자)는 送人以財(송인이재)하고 仁者(인자)는 送人以言(송인이언)이라 하니 吾雖不能富貴於人(오수불능부귀어인)이나 而竊仁者之號(이절인자지호)하여 請送子以言也(청송자이언야)하노라.[127] 曰(왈), 聰明深察(총명심찰)이 反近於死(반근어사)하고 博辯閎遠(박변굉원)이[128] 而危其身(이위기신)이니라.

127 '請送'을 '令送'이라 한 판본이 있다.

128 '宏遠'을 '閎遠'이라 한 판본이 있다.

노자가 공자를 전송하면서 말했다. "내가 듣기로는 부귀한 사람이 남을 보낼 때는 노잣돈을 주고 어진 사람이 남을 전송할 때는 좋은 말을 해준다고 하였네. 내 비록 남보다 부귀하지 못하지만 어진 사람의 이름을 훔쳐서 한 구절 말로써 그대를 전송하겠네." 그리고 이렇게 (공자에게) 말해주었다. "총명하여 세세한 부분까지 너무 분명하게 살피면 거꾸로 죽음에 가깝게 되고, 박학하고 말재간이 뛰어나며 생각이 고상하고 원대하면 거꾸로 자신의 몸을 위태롭게 만들 수 있다네."

135. 王良曰(왕량왈), 欲知其君(욕지기군)이면 先視其臣(선시기신)하고 欲識其人(욕식기인)이면 先視其友(선시기우)하고 欲知其父(욕지기부)이면 先視其子(선시기자)하라. 君聖臣忠(군성신충)이오 父慈子孝(부자자효)이니라.

왕량[129]이 말했다. "그 임금을 알려면 먼저 그의 신하를 보고, 그 사람을 알려면 먼저 그의 친구를 볼 것이며, 그 아비를 알려면 먼저 그의 자식을 보라. 임금이 거룩하면 신하는 충성스러울 것이요, 아비가 자애로우면 아들은 효성스러운 법이니라."

136. 家貧(가빈)에 顯孝子(현효자)하고 世亂(세란)에 識忠臣(식충신)이니라.

집이 가난하면 효자가 드러나고 세상이 혼란하면 충신을 알아보게 된다.

137. 子曰(자왈), 三軍(삼군)은 可奪帥也(가탈수야)나 匹夫(필부)는 不可奪志也(불가탈지야)니라.

공자가 말했다. "삼군은 가히 그 장수를 빼앗을 수 있으나 필부는 그 뜻을 빼앗을 수 없다."[130]

138. 子曰(자왈), 生而知之者(생이지지자)는 上也(상야)요 學而知之者(학이지지자)는 次也(차야)요 困而學之(곤이학지)가 又其次也(우기차야)니 困而不學(곤이불학)이면 民斯爲下矣(민사위하의)니라.

공자가 말했다. "나면서 절로 아는 것은 으뜸이고, 배워서 아는 것은 다음이고, 능력이 모자라도 애써서 배우는 것이 그 다음이지만, 능력이 미치지 못하는데도

129 왕량: 중국 역사에는 왕량이 여럿 등장한다. 춘추시대 때 진(晉)나라 사람, 동한(東漢) 사람, 그리고 명나라 사람이 있는데, 정확히 누구인지 알 수 없다.

130 『論語』「子罕」에 보인다.

배우지 않는 것은 사람 가운데 가장 못난이니라."[131]

139. 子曰, 君子有三思하니 而不可不知也니라. 少而不學이면
자왈 군자유삼사 이불가부지야 소이불학

長無能也요 老而不敎면 死無思也요 有而不施면 窮無與也니라.
장무능야 노이불교 사무사야 유이불시 궁무여야

是故로 君子는 少思其長하여 則務學하고 老思其死하여
시고 군자 소사기장 즉무학 노사기사

則務敎하고 有思其窮하여 則務施니라.
즉무교 유사기궁 즉무시

공자가 말했다. "군자에게는 세 가지 생각해 두어야 할 것이 있나니 깊이 헤아리지 않을 수 없다. 젊어서 공부하지 않으면 장성하여 능력이 없게 되고 늙도록 가르친 것이 없으면 죽음에 이르러도 아무런 생각을 펴 보일 수 없게 된다. 가졌을 때 베풀지 아니하면 궁했을 때 줄 것이 없게 된다. 이런 까닭으로 젊어서 장성할 때를 생각하면 배움에 힘써야 하고 늙어서 죽음을 생각하면 교육에 힘써야 하고 있을 때 궁할 때를 생각하면 나눔에 힘써야 한다."[132]

140. 景行錄云, 能自愛者는 未必能成人하고 自欺者는 必罔人하고
경행록운 능자애자 미필능성인 자기자 필망인

能自儉者는 未必能周人하고 自忍者는 必害人이니 此는 無他라
능자검자 미필능주인 자인자 필해인 차 무타

爲善은 難하고 爲惡은 易니라.
위선 난 위악 이

『경행록』에서 말했다. "스스로를 아끼는 사람이라고 해서 반드시 남의 장점을 성취시켜줄 수 있는 것은 아니지만, 스스로를 속이는 자는 틀림없이 남을 속이는 법이다. 스스로 검약하게 사는 사람이라고 해서 반드시 남의 위급함을 두루 구제해줄 수 있는 것은 아니지만 스스로를 잔인하게 대하는 사람은 반드시 남을 해치는 법이다. 이는 다른 이유 때문이 아니라 선한 일을 하기는 어렵고 악한 일을 저지르기는 쉽기 때문이다."

141. 景行錄云, 富貴者는 易於爲善이요 其爲惡也도 亦不難이니라.
경행록운 부귀자 이어위선 기위악야 역불난

『경행록』에서 말했다. "부귀한 사람은 선한 일을 하기 쉽지만 그 또한 악한 일을

131 『論語』「季氏」에 보인다.
132 『荀子』「法行」에 보인다.

> 저지르는 것도 어렵지 않느니라."

142. 子曰, 富而可求也인댄 雖執鞭之士라도 吾亦爲之어니와
자왈 부이가구야 수집편지사 오역위지

如不可求인댄 從吾所好하리라.
여불가구 종오소호

> 공자가 말했다. "만약 부(재물)를 추구해서 소유해도 된다(떳떳하다)면 비록 (길에서) 채찍을 잡는 (천한) 일이라도 내가 할 수 있지만 만약 추구해서 안 되는 것이라면 (나는) 내가 좋아하는 일을 하겠다."[133]

143. 千卷詩書는 難卻易요 一般衣飯은 易卻難이라.
천권시서 난각이 일반의반 이각난

> 천 권의 시서는 얻기 어렵지만 물리치기 쉽고 일반 의복과 음식은 얻기 쉽지만 물리치기 어렵다.

144. 天無絶人之祿이니라.
천무절인지록

> 하늘은 사람이 누려야 할 녹을 끊지 않는다.

145. 一身還有一身愁니라.
일신환유일신수

> 한 사람의 몸에는 한 사람의 근심이 있다.

146. 子曰, 人無遠慮면 必有近憂니라.
자왈 인무원려 필유근우

> 공자가 말했다. "사람에게 멀리 보고 앞일을 미리 걱정하지 않으면 반드시 가까운 날에 근심거리가 생기게 되느니라."

147. 輕諾者는 信必寡하고 面譽者는 背必非니라.
경낙자 신필과 면예자 배필비

> 가볍게 허락하는 자는 틀림없이 믿음이 적고, 면전에서 칭찬하는 자는 틀림없이 등 뒤에서 비난하는 법이다.

---

133 『論語』「述而」에 보인다.

148. 許敬宗曰, 春雨如膏하여 滋長萬物이나 行人은 惡其泥濘하고 秋月揚輝하여 普照萬方할새 佳人은 喜其玩賞이나 盜者는 惡其照鑑이니라.[134]
(허경종왈 / 춘우여고 / 자장만물 / 행인 / 오기니녕 / 추월양휘 / 보조만방 / 가인 / 희기완상 / 도자 / 오기조감)

허경종[135]이 말했다. "봄비는 기름과 같아서 만물을 살찌워 자라게 하나 행인은 비로 인해 생겨난 진창길을 싫어하고, 가을 달은 밝은 빛을 드러내어 만방을 널리 비출 때 아름다운 연인은 좋다고 달구경하지만 도둑은 그 달이 자기를 밝게 비추는 것을 미워하느니라."

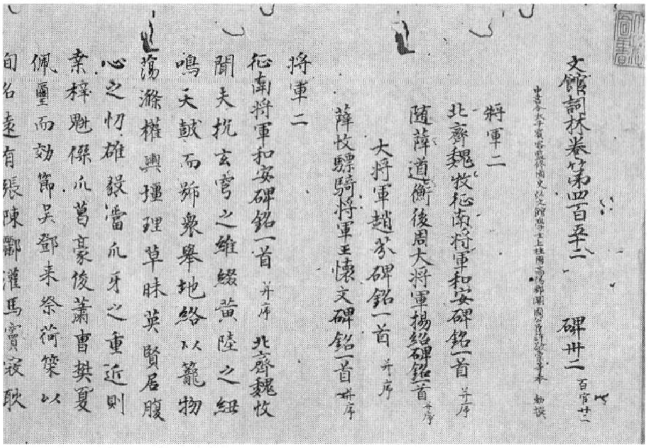
文館詞林卷第四百五十二 碑卅二 百官廿二
將軍二
北齊魏收征南將軍和安碑銘一首 并序
隨薛道衡後周大將軍楊紹碑銘一首 并序
大將軍趙芬碑銘一首 并序
薛收驃騎將軍王懷文碑銘一首 并序
將軍二
征南將軍和安碑銘一首 并序 北齊魏收
聞夫抗玄穹之維綴黃陸之紐
鳴天鼓而號衆舉地絡以籠物
蕩滌權輿摶理草昧英賢居腹
心之切雄毅當爪牙之重近則
棠梓䲪傑爪首豪俊蕭曹樊夏
佩璽而効節吳鄧來參荷策以
旬名遠有張陳鄧灌馬竇寇耿

칙명에 의해 허경종이 편찬한 『문관사림(文館詞林)』

149. 景行錄云, 大丈夫는 見善明이라. 故로 重名節於泰山이요 用心剛이라. 故로 輕死生於鴻毛이니라.
(경행록운 / 대장부 / 견선명 / 고 / 중명절어태산 / 용심강 / 고 / 경사생어홍모)

『경행록』에서 말했다. "대장부는 선을 알아보는 식견이 밝다. 그러므로 명분과 절개를 태산보다도 무겁게 여기고 마음을 쓰는 것이 굳세다. 그러므로 죽고 사는 것을 기러기의 털보다도 가볍게 여기느니라."

150. 景行錄云, 外事는 無小大하고 中欲은 無淺深하니 有斷則生하고
(경행록운 / 외사 / 무소대 / 중욕 / 무천심 / 유단즉생)

134 '滋長萬物', '普照萬方, 佳人喜其玩賞'이 빠진 판본도 있다.

135 허경종(許敬宗, 592~672): 당나라 때 관인으로 高宗 즉위 후, 禮部尚書에 발탁되어 侍中・中書令을 지내고 右相에 임명되어 光祿大夫가 되었다. 일찍이 『文館詞林』을 主編했다. 太子少師에 올랐다가 81세로 죽었다.

無斷則死로대 大丈夫는 以斷爲先이니라.
무단즉사 대장부 이단위선

『경행록』에서 말했다. "몸 바깥일은 크고 작음의 구분이 없게 하고, 마음속 욕망은 얕고 깊음의 구별이 없게 하라. 결단하면 살고 결단하지 않으면 죽을진대, 대장부는 결단을 우선으로 삼아야 한다."

151. 子曰, 知而弗爲는 不如勿知하고 親而弗信은 莫如勿親하고
자왈 지이불위 불여물지 친이불신 막여물친

樂而方至하고 樂而勿驕하여 患之所至를 思而勿憂하라.
낙이방지 낙이물교 환지소지 사이물우

공자가 말했다. "알면서 실천하지 않는 것은 알지 못하는 것만 못하고, 친근하면서도 신임하지 않는 것은 친근하지 못한 것만 못하다. 즐거움이 바야흐로 이르면 즐거워하되 교만하지 말고, 재앙이 장차 이르면 잘 생각해보되 너무 근심하지는 말라."

152. 孟子曰, 雖有智慧라도 不如乘勢하고 雖有鎡基라도[136]
맹자왈 수유지혜 불여승세 수유자기

不如待時니라.
불여대시

맹자가 말했다. "비록 지혜가 있다 해도 운세(형세)를 타느니(잘 이용함)만 못하고 비록 좋은 농기구(큰 호미)가 있다 해도 (농사짓기) 좋은 때를 기다리느니만 못하다."[137]

153. 呂氏鄕約云, 德業相勸하며 過失相規하며 禮俗相成하며
여씨향약운 덕업상권 과실상규 예속상성

患難相恤하라.
환난상휼

『여씨향약』[138]에서 말했다. "도덕은 서로 권하고, 과실은 서로 바로잡아 주며, 예의와 풍속은 서로 도와 성취시켜 주고, 환난에 처했을 때는 서로 구휼해 주어라."

136 '鎡基'는 '자기(鎡錤)'라고도 쓴다.

137 『孟子』「公孫丑上」에 보인다.

138 여씨향약: 『藍田鄕約(남전향약)』이라고도 한다. 북송(北宋)의 여대균(呂大鈞, 1029~1080) 형제가 고향 섬서(陝西) 藍田縣에서 제정한 향약으로 우리나라에 큰 영향을 주었다.

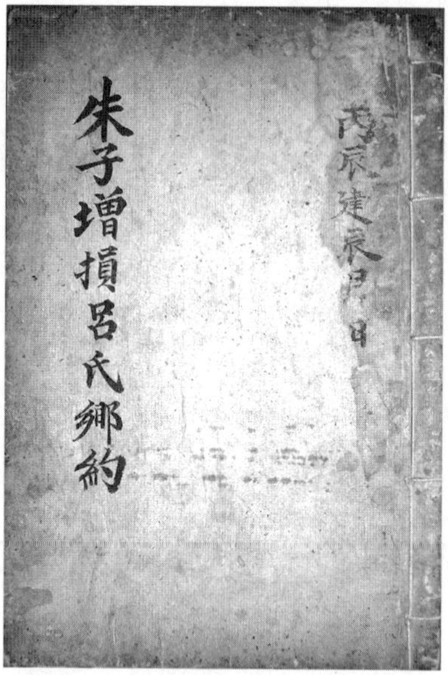
朱子增損呂氏鄉約
丙辰建辰月 日

『주자증손여씨향약(조선시대 필사본)』 표지
송나라 때 여씨 4형제가 만든 『여씨향약』을 주자가 다시 보충하여 정리한 책이다. 조선의 '향약' 발달에 지대한 영향을 끼쳤다.

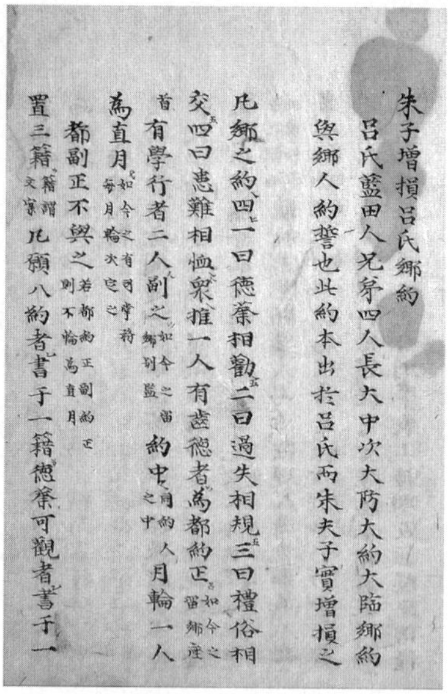
朱子增損呂氏鄉約
呂氏藍田人兄弟四人長大中次大防大鈞大臨鄉約
與鄉人約誓也此約本出於呂氏而朱夫子實增損之
凡鄉之約四一曰德業相勸二曰過失相規三曰禮俗相
交四曰患難相恤衆推一人有齒德者爲都約正
有學行者二人副之 約中 月輪一人
爲直月
都副正不與之
置三籍 凡願入約者書于一籍德業可觀者書于一

『주자증손여씨향약』 본문 부분
'향약'은 향촌규약(鄕村規約)의 준말로, 향인들이 상부상조하자는 자치규약이다. 조선조에 『여씨향약』을 본뜬 여러 향약이 행해졌다.

154. 悶人之凶(민인지흉)하고 樂人之善(낙인지선)하고 濟人之急(제인지급)하고 救人之危(구인지위)하라.

남의 흉한 일을 불쌍하게 여기고, 남의 선한 일을 기쁘게 여기며, 남이 급히 도움이 필요할 때에는 구제해주고, 남이 위험할 때에는 구원해 주어라.

155. 經目之事(경목지사)도 猶恐未眞(유공미진)이어늘 背後之言(배후지언)을 豈足深信(기족심신)이리오.

눈으로 직접 겪은 일이라도 오히려 진실이 아닐까 두렵거늘 등 뒤에서 하는 말을 어찌 깊이 믿을 수 있으리오.

156. 人不知己過(인부지기과)하고 牛不知力大(우부지력대)니라.

사람은 자신의 과실을 알지 못하고 소는 제 힘이 센 것을 알지 못한다.

157. 僥倖脫(요행탈)이나 無辜報(무고보)니라.

요행으로 벗어날 수도 있지만 무고하게 응보를 만날 수도 있다.

158. 贓濫滿天下라도 罪拘薄福人이니라.
장람만천하 죄구박복인

뇌물을 탐하는 이가 넘쳐나 천하에 득실거리거늘 죄를 짓고 구속되는 이는 모두 박복한 사람들이로구나.

159. 人心이 似鐵이면 官法은 如爐니라.
인심 사철 관법 여로

사람의 마음이 단단한 쇠와 같다면 관청의 법률은 쇠를 녹이는 용광로와 같도다.

160. 太公曰, 人心은 難滿이나 谿壑은 易盈이라.[139]
태공왈 인심 난만 계학 이잉

태공이 말했다. "사람의 마음은 만족스럽게 만들기 어렵지만 골짜기는 도리어 가득 채우기 쉽다."

161. 天若改常이면 不風卽雨요 人若改常이면 不病卽死이니라.
천약개상 불풍즉우 인약개상 불병즉사

하늘이 만약 떳떳한 규율을 고치면 바람이 불지 않고도 바로 비가 내릴 것이요, 사람이 만약 떳떳한 규범을 고치면 병이 들지 않았어도 바로 죽어버릴 것이다.

162. 狀元詩云, 國正天心順하고 官淸民自安하며 妻賢夫過少하고 子孝父心寬하니라.
장원시운 국정천심순 관청민자안 처현부과소 자효부심관

『장원시』[140]에서 말했다. "나라가 정도로 나가면 하늘의 마음도 순응할 것이요, 관리가 청렴하면 백성도 절로 안정될 것이며, 아내가 어질면 지아비의 허물이 적을 것이요, 자식이 효도하면 아버지의 마음이 너그러워질 것이다."

---

139 '易盈'을 '易盛'이라 한 판본도 있다. 비슷한 속담으로 "海水難量. 人心難測(바닷물은 헤아리기 어렵고 사람 마음은 측량하기 어렵다)."이 전한다.

140 장원시: 과거시험에서 장원한 작품을 모은 시집을 말한다.
唐·宋·明·淸 등 歷代의 壯元詩가 전하는데, 어느 시대의 것인지는 분명하지 않다.

163. 孟子曰, 三代之得天下也는 以仁이요 其失天下也는 以不仁이니
맹자왈 삼대지득천하야 이인 기실천하야 이불인

國之所以廢興存亡者도 亦然하니라. 天子不仁이면 不保四海하고
국지소이폐흥존망자 역연 천자불인 불보사해

諸侯不仁이면 不保社稷하고 卿大夫不仁이면 不保宗廟하고
제후불인 불보사직 경대부불인 불보종묘

士庶人不仁이면 不保四體니라. 今에 惡死亡而樂不仁하나니 是는
사서인불인 불보사체 금 오사망이락불인 시

猶惡醉而强酒니라.
유오취이강주

맹자가 말했다. "(하・은・주) 삼대가 천하를 얻은 것은 어진 정사를 폈기 때문이며 (걸왕・주왕・유왕・여왕 등이) 천하를 잃은 것은 어질지 못한 정사를 폈기 때문이다. 나라가 패하고 흥하고 존하고 망하는 까닭도 역시 그와 같다 (인정을 행하느냐 그렇지 않으냐에 달려 있다). 천자가 어질지 못하면 사해를 보전하지 못하고, 제후가 어질지 못하면 사직을 보전하지 못하며, 경・대부가 어질지 못하면 종묘를 보전하지 못하고, 선비나 서민이 어질지 못하면 자기 몸 하나 보전하지 못한다. 지금 (사람들은) 죽고 망하는 것을 싫어하면서도 어질지 못한 짓을 즐겨 행하니, 이는 마치 술 취하는 것을 싫어하면서 억지로 술을 마시는 것과 같다."[141]

164. 子曰, 始作俑者는 其無後乎인저.
자왈 시작용자 기무후호

공자가 말했다. "처음으로 (순장을 위해 사용하는) 허수아비(나무인형)를 만든 자는 그 후손이 없을 것이다."[142]

〈북새선은도(北塞宣恩圖)〉
조선시대 과거시험 풍경을 기록한 한시각(韓時覺, 1621~?)의 〈북새선은도(北塞宣恩圖)〉. 국립중앙박물관 소장.

141 『孟子』「離婁上」에 보인다.
142 『孟子』「梁惠王上」에 보인다.

마왕퇴(馬王堆)
서한시대 무덤에서 출토된 채색 목용(木俑). 노동에 종사하는 노비의 형상으로 보인다.

마왕퇴 한묘 출토 주악용(奏樂俑)
음악을 연주하는 작은 악대 나무 인형들. 춘추시대에 출현한 용장(俑葬) 문화는 그 후 2천여 년 동안 유지되었다.

165. 佛經云(불경운), 一切有爲法(일체유위법)이[143] 如夢幻泡影(여몽환포영)하고 如露亦如電(여로역여전)하니 應作如是觀(응작여시관)하라.

『불경』에서 말했다. "일체 현상계의 삼라만상이 생멸(존재)하는 법은 마치 꿈속의 환상이나 거품의 그림자와 같으며(세상의 모든 존재가 덧없고 실체가 없음) 마치 이슬과도 같고 마치 번개와도 같으니, 마땅히 이와 같이 살필지어다."[144]

166. 一派青山景色幽(일파청산경색유)한데 前人田土後人收(전인전토후인수)하누나. 後人收得莫歡喜(후인수득막환희)하라 更有收人在後頭(갱유수인재후두)이니라.

한 줄기의 청산의 경치가 아름다운데, 앞의 사람이 농사짓던 논밭에서 뒷사람이 곡식을 거두는구나. 뒷사람은 거두어들이면서 기뻐하지 말라. 다시 거두어들일 사람이 바로 뒤에 있느니라.

167. 景行錄云(경행록운), 大筵宴(대연연)을 不可屢集(불가루집)이요 金石文字(금석문자)를 不可輕爲(불가경위)하라. 皆禍之端(개화지단)이니라.

『경행록』에서 말했다. "성대한 잔치를 열기 위해 자주 모여들어서는 안 되고,

143 '有爲法'이란 인연에 따라 태어났다가 사라지는 현상계의 일체 존재를 말한다.
144 『金剛經』에 보인다.

금석문자(비문)를 가볍게 지어서는 안 된다. 이런 것은 모두 화를 불러오는 발단이니라."

168. 子曰, 工欲善其事면 必先利其器하라.
자왈 공욕선기사 필선리기기

공자가 말했다. "공인(기술자)이 자기가 맡은 일을 잘하려면 반드시 먼저 자기가 사용하는 연장(기계)을 예리하게 만들어 놓아야 한다."[145]

169. 爭似不來還不往하고[146] 也無歡喜也無愁리오.[147]
쟁사불래환불왕 야무환희야무수

어떻게 해야 오지도 않고 가지도 않으며 기쁨도 없고 근심도 없는 경지에 이를까?

170. 康節邵先生曰, 有人來問卜한데 如何是禍福이어늘
강절소선생왈 유인래문복 여하시화복

我虧人是禍이요 人虧我是福이라호라.
아휴인시화 인휴아시복

강절 소선생(소옹)이 말했다. "어떤 사람이 점을 치러 와서, '어떻게 해야 화가 되고 복이 됩니까?' 하거늘, '내가 남에게 손해를 끼치면 화이고, 남이 내게 손해를 끼치면 복이다.'라고 했느니라."

171. 不孝는 謾燒千束紙요 虧心은 枉焚萬爐香이라.[148] 神明이
불효 만소천속지 휴심 왕분만로향 신명

本是正直做하니 豈受人間枉法贓고.
본시정직주 기수인간왕법장

효도하지 않으면서 천 묶음의 종이돈을 태우는 것은 부질없고, 마음에 부끄러움이 있으면 만 개 향로에 향불을 피워도 쓸데없다. 신명(신령)은 본래 정직하게 처리하나니 어찌 사람 세상의 옳지 못한 뇌물을 받을까 보냐?

172. 久住令人賤하고 頻來親也疎이니라.[149] 但看三五日이라도
구주령인천 빈래친야소 단간삼오일

---

145 『論語』「衛靈公」에 보인다. 제자 子貢이 仁의 실천방법에 대해 묻자 공자가 현명한 대부를 섬기고 어진 선비를 벗 삼아 절차탁마해야 한다는 취지로 답한 말이다.

146 '爭似'의 '爭'은 부사로 '어찌(어떻게)'로 새긴다.

147 『六六任大全』에서는 "爭似不來還不往, 亦無歡笑亦無愁."라 했다.

148 '枉焚'을 '枉爇'이라 한 판본도 있다.

相見不如初일새니라.
상견불여초

오래 머무르면 사람이 천하게 되고, 자주 찾아오면 친척도 멀어지느니라. 단지 사흘이나 닷새 뒤에 한번 살펴보아라. 다시 만나보면 처음만 못할 것이다.

173. 渴時一滴은 如甘露요 醉後添盃는 不如無이니라.
갈시일적 여감로 취후첨배 불여무

목마를 때 물 한 방울은 달콤한 이슬과 같고, 취한 뒤에 더하는 술잔은 없느니만 못하니라.

174. 酒不醉人人自醉요 色不迷人人自迷이니라.
주불취인인자취 색불미인인자미

술이 사람을 취하게 하는 것이 아니라 사람이 스스로 취하는 것이요, 여색이 사람을 홀리는 것이 아니라 사람이 스스로를 홀리는 것이니라.[150]

175. 孟子曰, 爲富不仁矣요 爲仁不富矣니라.
맹자왈 위부불인의 위인불부의

『맹자』에서 말했다. "부를 추구하면 인자가 될 수 없고 인을 추구하면 부자가 될 수 없다."[151]

176. 子曰, 已矣乎라. 吾未見好德을 如好色者也로라.
자왈 이의호 오미견호덕 여호색자야

공자가 말했다. "어쩔 수가 없도다! 나는 아직 덕을 좋아하기를 여색(미인)을 좋아하듯 하는 사람을 보지 못하였노라."[152]

177. 公心若比私心이면 何事不辨이며 道念若同情念이면 成佛多時리라.
공심약비사심 하사불변 도념약동정념 성불다시

149 '頻來'를 '貧來'라 한 판본도 있다.

150 명나라 시내암(施耐庵)의 『수호전(水滸傳)』 제21회에 "酒不醉人人自醉, 花不迷人人自迷, 直饒今日能知悔, 何不當初莫去爲."라 한 대목이 보인다.

151 『孟子』 「滕文公上」에 보인다. 제자 등문공이 나라 다스림에 대해 물었을 때, 맹자가 양호(陽虎)가 한 말을 인용한 부분이다.

152 『論語』 「衛靈公」 및 「子罕」에 보인다.

공평한 마음을 만약 제 욕심 채우려는 마음처럼 일으킨다면 무슨 일인들 밝게 분변하지 못할 것이며, 도를 구하고자 하는 생각을 이성을 그리는 생각과 같이 일으킨다면 부처가 돼도 여러 번 되었을 것이니라.

178. 老子曰, 執著之者는 不明道德이니라.[153]
노자왈 집착지자 불명도덕

노자가 말했다. "지나치게 고집하는 사람은 도덕수행에 밝지 못하니라."[154]

179. 過後에 方知前事錯하고 老來에 方覺少時餘니라.
과후 방지전사착 노래 방각소시여

일이 지나고서야 비로소 앞서 일이 잘못된 줄 알고 늙고 나서야 비로소 젊은 시절에 시간이 많았음을 깨닫게 된다.

180. 揚雄曰, 君子는 修身하여 樂其道德하고 小人은
양웅왈 군자 수신 낙기도덕 소인

無度하여 樂聞其譽하나니 修德日益이면
무도 낙문기예 수덕일익

智慮日滿하리라.
지려일만

양웅[155]이 말했다. "군자는 몸을 닦아 그 도덕을 즐기고 소인은 절제함이 없어 그저 칭찬 듣기를 즐거워한다. 도덕을 닦는 것이 날로 진보하면 지모와 생각이 날로 가득 차게 되느니라."

양웅
서한의 철학자, 문학자

181. 子曰, 君子는 高則卑而益謙하고 小人은 寵則倚勢驕奢하며
자왈 군자 고즉비이익겸 소인 총즉의세교사

小人은 見淺易盈하고[156] 君子는 見深難溢이라. 故로 屛風은
소인 견천이영 군자 견심난일 고 병풍

雖破라도 骨格은 猶存하고 君子는 雖貧이라도 禮義는 常在하니라.
수파 골격 유존 군자 수빈 예의 상재

---

153 '不明道德'을 '不名道德[도덕이라 부르지 못한다]'이라 한 판본도 있다.

154 『淸靜經(太上老君說常淸靜妙經)』에 "老君曰, 上士無爭, 下士好爭. 上德不德, 下德執德. 執著之者, 不明道德."라 했다.

155 揚雄(B.C. 53~A.D. 18): 字는 子雲. 西漢의 철학자・문학자. 蜀郡 成都(지금의 四川 成都 郫縣) 사람. 辭賦에 능했다. 저서로는 『太玄』・『法言』 등이 있다.

156 '見淺'을 '見短'이라 한 판본도 있다.

공자가 말했다. "군자는 높아지면 도리어 자신을 낮추어 더욱 겸손하고, 소인은 총애를 받으면 세력을 믿고 교만과 사치를 부린다. 소인은 식견이 얕아 자만하기 쉽고 군자는 식견이 깊어 쉽게 자만하지 않는다. 그러므로 병풍이 비록 부서져도 골격은 여전히 남고, 군자는 비록 가난해도 예의는 언제나 그대로 지킨다."

182. 家語曰(가어왈), 國之將興(국지장흥)에 實在諫臣(실재간신)하고 家之將榮(가지장영)에 必有諍子(필유쟁자)니라.

『(공자)가어』에서 말했다. "나라가 장차 흥하려 할 때는 진실로 바른 말을 하는(임금에게 옳은 말로 간하는) 신하가 있고, 집안이 장차 번영하려 할 때에는 반드시 바른 말을 하는(어버이의 잘못을 바로잡아 알리는) 자식이 있다."

『공성가어(孔聖家語)』 10권 3책. 조선시대 운각필서체자본(芸閣筆書體字本).

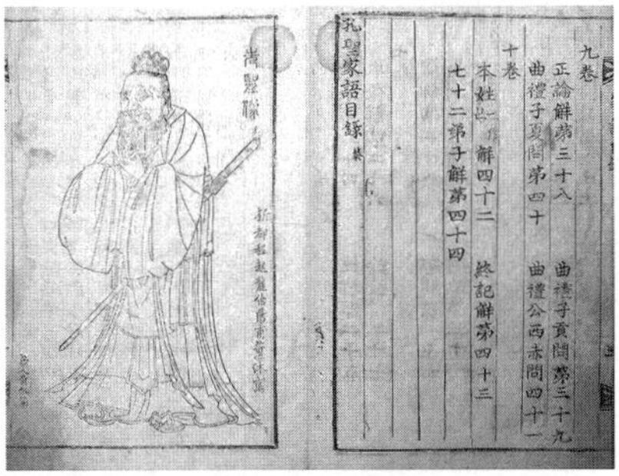
『공성가어』 목차 및 선성상(先聖像)
『가어』는 진한시대 이래의 여러 전적에서 공자에 관한 일화와 공자의 언행 및 공자와 문인(門人) 사이에 주고받은 이야기를 수록한 책이다. 이황 같은 유학자는 『가어』의 사실성을 신뢰하지 않았다.

183. 子曰(자왈), 不知命(부지명)이면 無以爲君子也(무이위군자야)오 不知禮(부지례)면 無以立也(무이립야)오 不知言(부지언)이면 無以知人也(무이지인야)니라.

공자가 말했다. "천명을 알지 못하면 군자가 될 수 없고, 예를 알지 못하면 남 앞에 나설 수 없으며, 말귀를 알아듣지 못하면 남을 제대로 알 수 없느니라."[157]

184. 論語云(논어운), 有德者(유덕자)는 必有言(필유언)이어니와 有言者(유언자)는 不必有德(불필유덕)이니라.

『논어』에서 말했다. "덕이 있는 사람은 반드시 들을만한 말을 하지만, 들을만한 말을 하는 사람이라고 해서 반드시 다 덕이 있는 것은 아니다."[158]

157 『論語』「堯曰」에 보인다.

185. 濂溪先生曰, 巧者言하고 拙者黙하며 巧者勞하고 拙者逸하며
염계선생왈 교자언 졸자묵 교자로 졸자일

巧者賊하고 拙者德하며 巧者凶하고 拙者吉하니라. 嗚呼라
교자적 졸자덕 교자흉 졸자길 오호

天下拙하면 刑政撤하여 上安下順하며 風淸弊絶하리라.
천하졸 형정철 상안하순 풍청폐절

염계선생(주돈이)[159]이 말했다. "솜씨 좋은 이는 말이 많지만 솜씨가 서툰 이는 말이 없으며, 솜씨 좋은 이는 수고롭지만 솜씨 서툰 이는 편안하다. 솜씨 좋은 이는 남을 해치나 솜씨 서툰 이는 남에게 덕을 베풀며, 솜씨 좋은 이는 흉하게 되지만 솜씨 서툰 이는 길하게 된다. 아아! 천하 사람들이 솜씨가 서툴면 형벌과 법령이 철폐되어 윗사람은 편안하고 아랫사람은 잘 따라주어 풍속이 맑아지고 폐단이 끊기리라."

주돈이상〈周敦頤像〉

주돈이의 〈태극도 太極圖〉

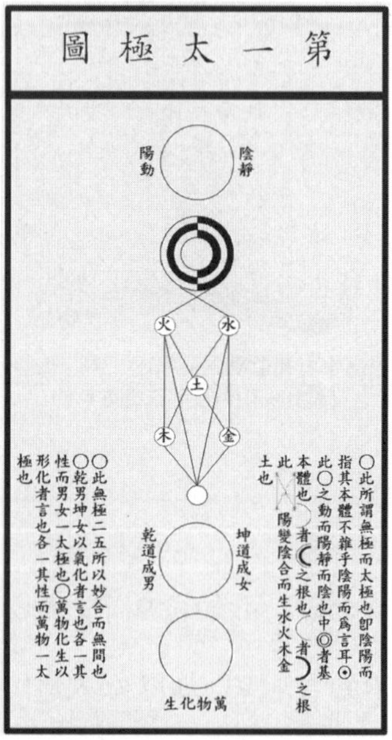

이황의 〈성학십도〉, 제1 〈태극도〉
주돈이의 〈태극도설〉을 인용하여 우주의 생성원리를 설명했다.

186. 說苑云, 山致其高에 雲雨起焉하고[160] 水致其深에 蛟龍生焉하며
설원운 산치기고 운우기언 수치기심 교룡생언

158 『論語』「憲問」에 보인다.

159 염계선생: 중국 송나라의 유학자 주돈이(周敦頤, 1017~1073)이다. '濂溪'는 주돈이의 호이다. 『太極圖說』·『通書』를 지었다. 「愛蓮說」에서 군자의 고아한 인품을 표현했다. 주자는 염계가 정호(程顥)·정이(程頤) 형제를 가르쳤기 때문에 도학(道學: 宋代의 新儒敎)의 개조라고 말했다.

君子致其道에 福祿存焉하니라.
군자치기도 복록존언

『설원』에서 말했다. "산이 일정한 높이에 도달해야 구름과 비가 거기에서 일어나고, 물이 일정한 깊이에 도달해야 교룡이 거기에서 생장할 수 있으며, 군자가 일정하게 자기의 도덕을 이루어내야만 복록이 거기에서 보존되는 것이다."[161]

187. 荀子曰, 位尊則防危하고 任重則防廢하며 擅寵則防辱하니라.
순자왈 위존즉방위 임중즉방폐 천총즉방욕

순자가 말했다. "지위가 높아지면 위험에 빠지지 않을까 하고 경계해야 하고, 책임이 중대해지면 중도에 그만두지 않을까 하고 경계해야 하고, 홀로 총애를 얻게 되면 치욕을 받지 않을까 하고 경계해야 한다."[162]

188. 子曰, 夫人必自侮하고 然後에 人侮之하고 家必自毁하고 而後에 人毁之하며 國必自伐하고 而後에 人伐之하니라.
자왈 부인필자모 연후 인모지 가필자훼 이후 인훼지 국필자벌 이후 인벌지

공자가 말했다. "대체로 사람은 반드시 스스로를 업신여긴 뒤에 남들이 그를 업신여기고, 한 집안은 반드시 스스로를 망친 뒤에 남들이 그 집안을 망치며, 나라도 반드시 스스로 친(정벌당할 만한 명분을 만든) 뒤에 남들이 비로소 그 나라를 정벌하느니라."[163]

189. 說苑云, 官怠於宦成하고 病加於小愈하고 禍生於懈惰하고 孝衰於妻子하나니 察此四者하야 愼終如始할지니라.
설원운 관태어환성 병가어소유 화생어해타 효쇠어처자 찰차사자 신종여시

『설원』[164]에서 말했다. "벼슬살이는 벼슬길에서 성공했다고 생각하는 데서 게을

160 '起焉'을 '興焉'이라 한 판본도 있다.

161 『說苑』「貴德」에는 "山致其高, 雲雨起焉, 水致其深, 蛟龍生焉, 君子致其道德, 而福祿歸焉."라 했다.

162 『荀子』「仲尼」에 보인다.

163 『孟子』「離婁上」에 보인다. 영역을 하면 이렇다. "A man must first despise himself, and then others will despise him. A family must first destroy itself, and then others will destroy it. A State must first smite itself, and then others will smite it."

164 설원: 前漢 말에 劉向이 편집한 중국의 교훈적인 설화집이다. 「君道」·「臣術」 등 20편으로 되어 있다. 고대의 제후나 선현들의 행적이나 일화·우화 등을 수록한 것이며, 위정자를 설득하기 위한 훈계독본으로 이용하였다고 한다.

러지고, 질병은 조금 나았다고 생각하는 데서 더욱 깊어지고, 재앙은 게으른 데서 생기며, 효성은 처자로 말미암아 줄어들게 되나니, 이 네 가지를 잘 살펴서 처음처럼 끝까지 삼가야 하느니라."[165]

〈병촉야독(秉燭夜讀)〉
청대 화가 비이경(費以耕)이 1868년 『설원』의 악사 사광(師曠)의 고사를 빌려 선면에 그렸다 .

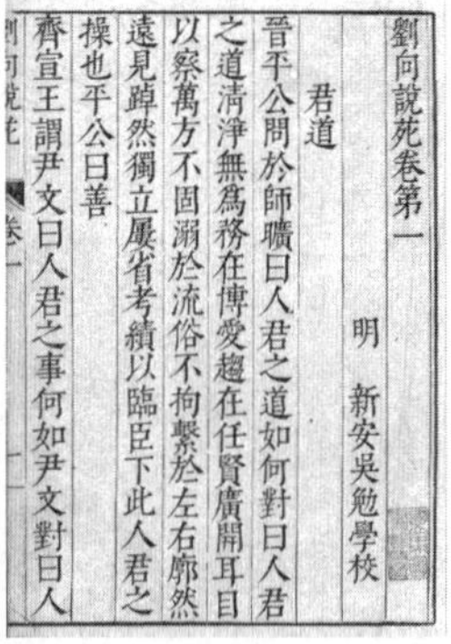

劉向說苑卷第一　明　新安吳勉學校
君道
晉平公問於師曠曰人君之道如何對曰人君
之道淸淨無爲務在博愛趨在任賢廣開耳目
以察萬方不固溺於流俗不拘繫於左右廓然
遠見踔然獨立屢省考績以臨臣下此人君之
操也平公曰善
齊宣王謂尹文曰人君之事何如尹文對曰人
劉向說苑　卷一　一

명나라 오면학(吳勉學)이 교정한 『유향설원』 본문.

190. 子曰, 居上不寬하며 爲禮不敬하며 臨喪不哀면
자왈 거상불관 위례불경 임상불애

吾何以觀之哉리오.
오하이관지재

공자가 말했다. "윗자리에 있으면서 너그럽지 못하고, 예의를 행하면서 공경할 줄 모르며, 상사를 치를 적에 슬퍼할 줄 모른다면 내가 무엇을 가지고서 그 사람의 덕행을 관찰할 수 있겠는가?"[166]

191. 孟子曰, 無君子면 莫治野人이오 無野人이면 莫養君子니라.
맹자왈 무군자 막치야인 무야인 막양군자

맹자가 말했다. "군자가 없으면 야인을 다스릴 수 없고 야인이 없으면 군자를 봉양할 수 없다."[167]

192. 直言訣曰, 事君父者는 以忠孝하고 爲君父者는 以慈愛하니
직언결왈 사군부자 이충효 위군부자 이자애

家與國無異하고 君與父相同이라. 德顯以揚名하나니 惟忠與孝는
가여국무이 군여부상동 덕현이양명 유충여효

165 『說苑』「敬愼」에 보인다. 『韓詩外傳』 卷8에는 "官怠於有成, 病加於小愈, 禍生於懈惰, 孝衰於妻子, 察此四者, 愼終如始. 易曰, 小狐汔濟, 濡其尾. 詩曰, 靡不有初, 鮮克有終."이라 했다.

166 『論語』「八佾」에 보인다.

167 『孟子』「滕文公上」에 보인다.

榮貴不招而自來하고 **辱不逐而自去**하니라.
영귀불초이자래 욕불축이자거

『직언결』에서 말했다. “임금과 아버지를 섬기는 것은 충과 효로써 하는 것이며, 임금과 아버지 된 자는 자상함과 사랑으로써 하는 것이다. 집안과 나라는 차이가 없으며 임금과 아버지는 같은 것이다. 도덕이 드러나면 명성이 드날릴 수 있나니 오직 충과 효만이 영화와 부귀로 하여금 부르지 않아도 저절로 이르게 하며 굴욕으로 하여금 쫓지 않아도 절로 떠나가게 할 수 있느니라.

193. **老子曰, 六親不和**에 **不慈孝**요 **國家昏亂**에 **無忠臣**이라.
노자왈 육친불화 부자효 국가혼란 무충신

노자가 말했다. “육친[168]이 불화한 것은 아비가 자애롭지 못하고 자식이 효성스럽지 못하기 때문이요, 국가가 혼란한 것은 충신이 없기 때문이다.”[169]

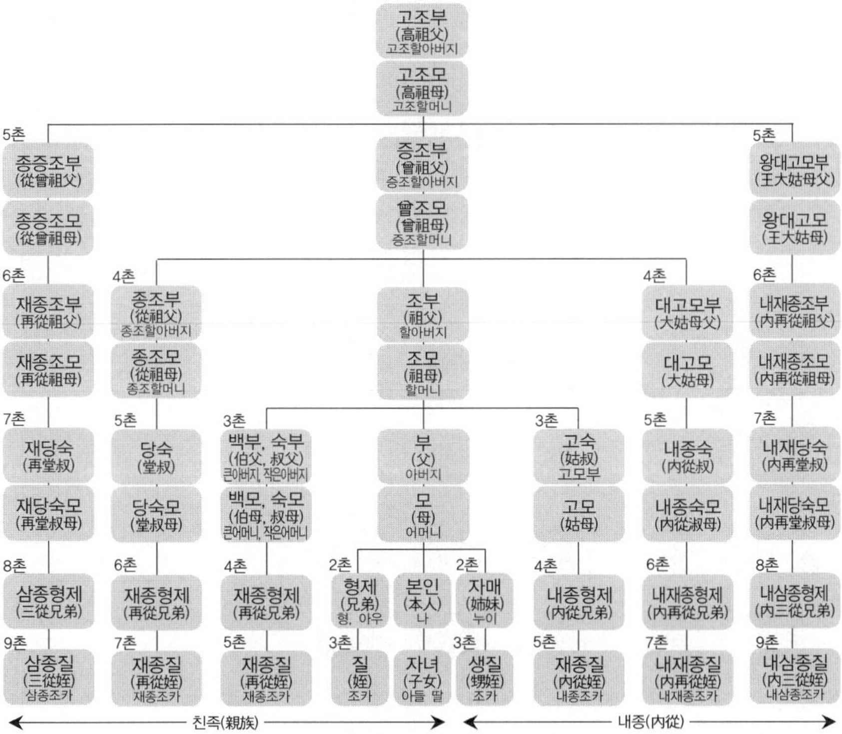

〈친족가계도〉

168 ‘六親’은 친족관계 전체를 대표하는 말로 ‘나와 부・모, 형・제, 아내, 자식’을 지칭기도 하고, 父子・兄弟・夫婦 사이를 지칭하기도 한다.

169 『老子』 제18장에서 “六親不和, 有孝慈, 國家昏亂, 有忠臣(육친이 불화하고 나서 효도와 자애라는 것이 있게 되었고 국가가 혼란하고 나서 충신이 있게 되었다).”이라 했다.

	4촌 외고조(外高祖)			
	3촌 외증조(外曾祖)			5촌 외종증조(外從曾祖)
	2촌 외조(外祖)		4촌 외종조(外從祖)	6촌 외재종조(外再從祖)
3촌 이모(姨母)	1촌 모(母)	3촌 외숙(外叔)	5촌 외종숙(外從叔)	7촌 외재종숙(外再從淑)
4촌 이종형제(姨從兄弟)	0촌 나(己)	4촌 외종형제(外從兄弟)	6촌 외재종형제(外再從兄弟)	8촌 외삼형제(外三兄弟)
5촌 이종질(姨從姪)		5촌 외종질(外從姪)	7촌 외재종질(外再從姪)	9촌 외삼종질(外三從姪)

〈외가 가계도〉

4촌 고조(高祖)				
3촌 증조(曾祖)				5촌 증대고모(曾大姑母)
2촌 조(祖)			4촌 대고모(大姑母)	6촌 내재종조(內再從祖)
1촌 부(父)		3촌 고모(姑母)	5촌 내종숙(內從叔)	7촌 내재종숙(內再從淑)
0촌 나(己)	2촌 자매(姉妹)	4촌 내종형제(內從兄弟)	6촌 내재종형제(內再從兄弟)	8촌 내삼종형제(內三從兄弟)
1촌 딸(女)	3촌 생질(甥姪)	5촌 내종질(內從姪)	7촌 내재종질(內再從姪)	9촌 내삼종질(內三從姪)
2촌 손녀(孫女)	4촌 이손(離孫)	6촌 내재종손(內再從孫)	8촌 내삼종손(內三從孫)	10촌 내사종손(內四從孫)

〈여자 가계도〉

194. 家語云, 慈父는 不愛不孝之子하고 明君은 不納無益之臣이니라.
가어운 자부 불애불효지자 명군 불납무익지신

『가어』에서 말했다. "자애로운 아버지는 불효한 아들을 사랑해 주지 않고, 영명한 임금은 무익한 신하를 받아주지 않는다."

195. 奴須用錢買이나 子須破腹生이라.
노수용전매 자수파복생

노비는 모름지기 돈으로 사지만, 자식은 모름지기 배를 갈라(제왕절개하여) 낳는다.

196. 著破是君衣나 死了是君妻니라.
착파시군의 사료시군처

입었다 해졌어도 그대의 옷이고, 죽은 이후에도 여전히 그대의 아내로다.

197. 莫笑他家貧하라. 輪回事公道요 莫笑他人老하라.
막소타가빈 윤회사공도 막소타인로

終須還到我니라.
종수환도아

남의 집이 가난하다고 비웃지 말라. 만사가 바퀴처럼 돌고 돌아 공평한 것이다. 남이 늙었다고 비웃지 말라. 반드시 그런 늙음이 나에게도 돌아온다.

198. 是日以過하니 命亦隨減이라. 如少水魚하니 於斯何樂고.
시일이과 명역수감 여소수어 어사하락

오늘이 지나는 만큼 수명 역시 그를 따라 줄어든다. 마치 줄어드는 물속의 물고기 같으니 어찌 마냥 즐거워할 수만 있겠는가?

199. 景行錄云, 器滿則溢하고 人滿則喪하니라.
경행록운 기만즉일 인만즉상

『경행록』에서 말했다. "그릇이 물로 가득 차면 넘치듯이 사람이 욕심으로 가득 차면 본성을 잃게 되느니라."

200. 羊羹雖美이나 衆口難調이니라.
양갱수미 중구난조

양고기 국이 아무리 맛있다고는 하나, 여러 사람 입을 고루 맞추기는 어려우니라.

201. 漢書云, 金玉者는 饑不可食이요 寒不可衣니 自古로
한서운 금옥자 기불가식 한불가의 자고

以穀帛爲貴也하니라.
이곡백위귀야

『한서』에서 말했다. "금과 옥이란 배고플 때 먹을 수 없고 추울 때 입을 수 없다. (그 때문에) 예부터 곡식과 비단을 귀하게 여겼느니라."

202. 益智書云, 白玉投於泥塗라도 不能汚涅其色이며[170]
익지서운 백옥투어니도 불능오열기색

君子行於濁地라도 不能染亂其心이니라.
군자행어탁지 불능염란기심

故로 松栢可以耐雪霜하고 明智可以涉艱危하니라.
고 송백가이내설상 명지가이섭간위

『익지서』에서 말했다. "백옥은 진흙땅에 던져져도 그 백옥의 흰색을 더럽혀 변하게 할 수는 없으며, 군자가 혼탁한 곳에서 지내게 되더라도 그 마음을 물들여 어지럽게 할 수는 없느니라. 그러므로 소나무와 잣나무는 눈과 서리를 견디어 낼 수 있고, 총명과 지혜는 험난함과 위태로움을 헤쳐나갈 수 있느니라.".

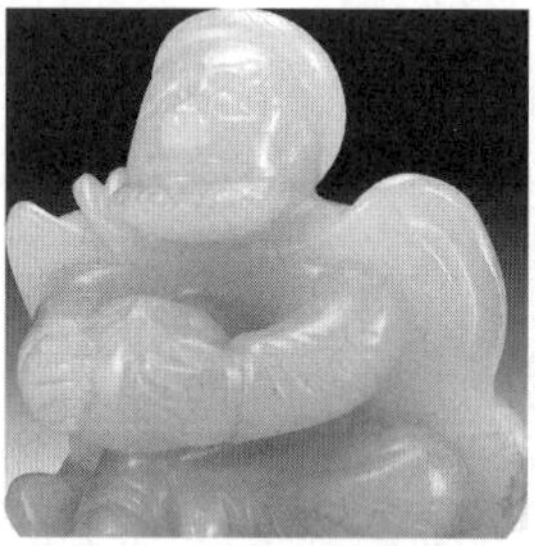

당나라 시대의 청백옥(靑白玉)
보물을 안고 있는 아라비아 상인을 조각했다. 이처럼 고대로부터 중국인은 옥을 매우 사랑해왔다.

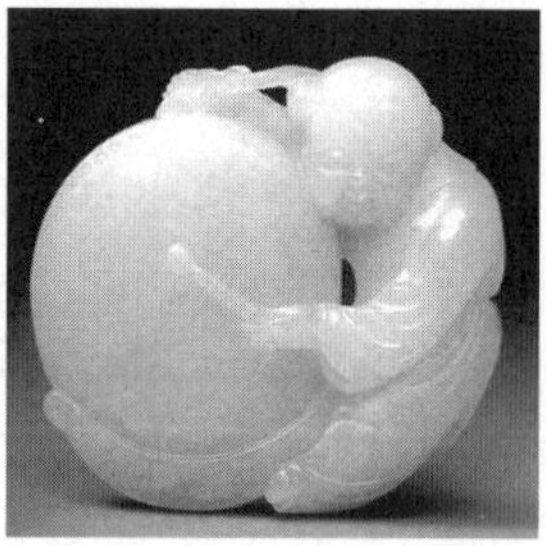

청나라 시대의 백옥패(白玉佩)
북 치는 동자의 형상을 앙증맞게 조각했다.

대만 고궁박물관이 수장하고 있는 비취옥
배추 및 그 위에 앉아 있는 메뚜기와 여치 조각이 놀랍다.

203. 子曰, 不仁者는 不可以久處約하며 不可以長處樂이라.
자왈 불인자 불가이구처약 불가이장처락

공자가 말했다. "어질지 못한 사람은 곤궁(역경)을 오래도록 참아내지 못하고, 즐거움을 길게 누리지도 못한다."[171]

170 '汚涅'을 '汚濕', '濁變', '汚穢' 등으로 한 판본들이 있다.
171 『論語』「里仁」에 보인다.

204. 無求到處人情好하고 不飮從他酒價高하라.[172]
무구도처인정호 불음종타주가고

남에게 요구하지 않으면 가는 곳마다 인정이 후할 것이요, 술을 마시지 않으면 그에 따라 술값이 높아질 것이다.

205. 入山擒虎易하고 開口告人難이니라.
입산금호이 개구고인난

산에 들어가 호랑이를 사로잡기는 쉽지만, 입을 열어 남에게 충고하기는 어려우니라.

206. 孟子曰, 天時는 不如地利하고 地利는 不如人和니라.
맹자왈 천시 불여지리 지리 불여인화

맹자가 말했다. "하늘의 때는 땅의 이로움만 못하고, 땅의 이로움은 사람의 화합만 못하다."[173]

207. 太公曰, 日月雖明이라도 不照覆盆之下며 刀劍雖快라도 不斬無罪之人이로다. 非災橫禍라도 不入愼家之門이니라.
태공왈 일월수명 부조복분지하 도검수쾌 불참무죄지인 비재횡화 불입신가지문

태공이 말했다. "해와 달이 아무리 밝다지만 엎어놓은 동이 속을 비출 수는 없으며, 칼이 아무리 날카롭다지만 죄 없는 사람의 목을 벨 수는 없다. 뜻밖의 재앙이라도 삼가는 집안의 대문으로는 화가 들어오지 못하느니라."

208. 讚歎福生하고 作念禍生하고 煩惱病生이라.
찬탄복생 작념화생 번뇌병생

칭찬하고 탄복하면 복이 생기고, 잡된 생각을 하면 화가 생기며, 번뇌에 빠지면 병이 생긴다.

209. 國淸에 才子貴하고 家富에 小兒驕니라.
국청 재자귀 가부 소아교

나라가 맑으면 재주 있는 선비가 진귀해지고, 집안이 부유하면 아이들이 교만해진다.

---

172 '從'은 '縱'과 통한다.

173 『孟子』「梁惠王上」에 보인다.

210. 得福不知나 禍來便覺이라.
득복부지 화래변각

복을 얻을 때는 잘 알지 못하지만 화가 오는 것은 바로 알 수 있다.

211. 太公曰, 良田萬頃이라도 不如薄藝隨身이니라.
태공왈 양전만경 불여박예수신

태공이 말했다. "좋은 밭 수백만 이랑이 있다 한들 작은 재주 하나를 몸에 지니고 있는 것만 못하느니라."

212. 周禮云, 淸貧은 常樂이나 濁富는 多憂니라.
주례운 청빈 상락 탁부 다우

『주례』에서 말했다. "밝게 살다가 가난해진 사람은 언제나 즐겁게 살아가지만, 더럽게 살다가 부유해진 사람은 때때로 근심하며 살아간다."

213. 房屋은 不在高堂이니 不漏면 便好요 衣服은 不在綾羅니 和暖이면 便好요 飮食은 不在珍羞니 一飽면 便好요 娶妻는 不在顔色이니 賢德이면 便好요 養兒는 不問男女니 孝順이면 便好요 兄弟는 不在多少니 和順이면 便好요 親眷은 不擇新舊니 來往이면 便好요 鄰里는 不在高低니 和睦이면 便好요 朋友는 不在酒食이니 扶持면 便好요 官吏는 不在大小이니 淸正이면 便好니라.
방옥 부재고당 불루 변호 의복 부재능라 화난 변호 음식 부재진수 일포 변호 취처 부재안색 현덕 변호 양아 불문남녀 효순 변호 형제 부재다소 화순 변호 친권 불택신구 내왕 변호 인리 부재고저 화목 변호 붕우 부재주식 부지 변호 관리 부재대소 청정 변호

집이란 고대광실(高臺廣室) 좋은 집이 아니어도 그저 비가 새지 않으면 좋다. 의복은 능라 같은 좋은 옷이 아니어도 그저 따뜻하면 좋다. 음식은 진수성찬이 아니어도 그저 한번 배부르면 좋다. 아내는 고운 얼굴이 아니어도 그저 현명하고 부덕이 있으면 좋다. 아이는 아들 딸 따지지 않고 그저 효성스럽고 온순하면 좋다. 형제는 많고 적음이 중요하지 않고 화목하고 온순하면 좋다. 친척과 권속은 오래전부터 알던 이나 방금 알게 된 이를 가리지 말고 서로 왕래하고 지내면 좋다. 이웃은 지위가 높고 낮음이 문제가 아니니 화목하면 된다. 친구는 음식과 먹을 것을 누가 많이 내는가를 논하지 않고 서로 상부상조할 정도면 좋다. 관직은 크고 작음을 생각하지 않고 청렴하고 공정할 수 있을 정도면 좋다.

214. 道淸和尙警世에 善事雖好做라도 無心近不得이요
도청화상경세 선사수호주 무심근부득

你若做好事라도 別人分不得이요 經典積如山이라도
이약주호사 별인분부득 경전적여산

無緣看不得이요 忤逆不孝順이라도 天地容不得이요
무연간부득 오역불효순 천지용부득

王法鎭乾坤이라도 犯了饒不得이요 良田千萬頃이라도
왕법진건곤 범료요부득 양전천만경

死來用不得이요 靈前好供養이라도 起來喫不得이요
사래용부득 영전호공양 기래끽부득

錢財過壁堆라도 臨行將不得이요 命運不相助라도 卻也強不得이요
전재과벽퇴 임행장부득 명운불상조 각야강부득

兒孫雖滿堂이라도 死來替不得이니라.
아손수만당 사래체부득

도청화상이 『경세』[174]에서 말했다. “착한 일 하기를 아무리 좋아해도 착한 마음이 없으면 가까이할 수 없고, 그대가 만약 좋은 일을 했다고 해도 남은 분간 할 수 없고, 훌륭한 경전이 산처럼 쌓여 있어도 인연이 없으면 볼 수 없고, 어버이 뜻을 거슬러 불효를 저지르면 하늘과 땅이 그런 자식을 용납하지 않고, 선왕의 법도가 온 천지를 누르고 있으니 범법을 한 뒤엔 도망칠 수 없고, 좋은 밭이 천 이랑이나 되더라도 죽으면 쓸 수 없고, 영전에 공양을 잘 올리더라도 죽은 이가 일어나 먹을 수 없고, 돈과 재물이 담벼락보다 높이 쌓여 있어도 죽을 때에는 가지고 갈 수 없고, 명운이 도와주지 않는다고 해도 물러나는 것 역시 억지로 할 수 없고, 아들 손자가 비록 집안에 가득하더라도 죽을 때는 아무도 대신할 수 없다.”

215. 欲修仙道어든 先修人道하되 人道를 不能修면 仙道가 遠矣리라.
욕수선도 선수인도 인도 불능수 선도 원의

신선의 도리를 닦고자 하거든 먼저 사람의 도리를 닦아라. 사람의 도리를 제대로 닦지 못한다면 신선의 도리는 멀어지게 될 것이다.

216. 孝友朱先生曰, 終身讓路하되 不枉百步하고 終身讓畔하되
효우주선생왈 종신양로 불왕백보 종신양반

不失一段하니라.
부실일단

효우 주 선생[175]이 말했다. “한평생 남에게 길을 양보했지만 백 걸음도 손해 보지

174 ‘警世’는 세상 사람들을 타이르는(경계시키는) 말이다.

175 ‘朱先生’은 주인궤(朱仁軌)이다. 字는 德容으로 唐나라 사람인데, 평생토록 벼슬하지 않고 은거하며 어버이를 봉양했다. 太子洗馬(태자세마)를 역임한 것으로 알려져 있다. 죽은 뒤에 사람들이 사시(私諡:

| 않았으며, 한평생 남에게 밭두둑을 양보했지만 한 구역도 잃지 않았느니라."

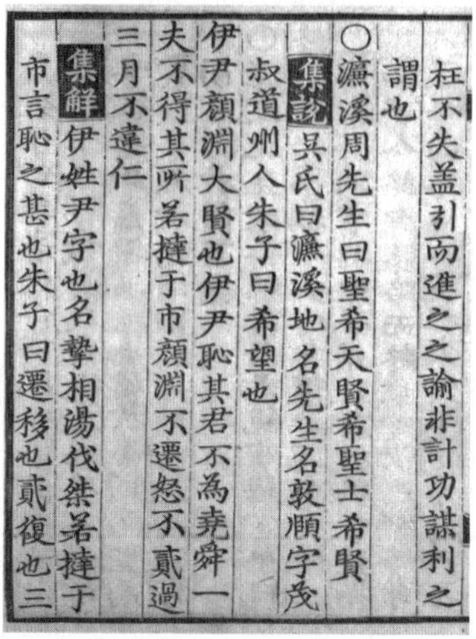
枉不失蓋引而進之之論非計功謀利之
謂也
○濂溪周先生曰聖希天賢希聖士希賢
集說 吳氏曰濂溪地名先生名敦頤字茂
叔道州人朱子曰希望也
伊尹顏淵大賢也伊尹恥其君不爲堯舜一
夫不得其所若撻于市顏淵不遷怒不貳過
三月不違仁
集解 伊姓尹字也名摯相湯伐桀若撻于
市言恥之甚也朱子曰遷移也貳復也三

이 말은 본래 『신당서(新唐書)』 '주경칙전(朱敬則傳)'에서 나온 것이다. 주경칙은 주인궤의 아우이다.

崩朱子曰善者天命所賦之本然惡者物
欲所生之邪穢眞氏曰從善如登善難進
也從惡如崩惡易陷也進於善則爲聖爲
賢而日趨於高明陷於惡則爲愚爲不肖
而日淪於汚下矣
○孝友先生朱仁軌隱居養親嘗誨子弟曰
終身讓路不枉百步終身讓畔不失一段
集解 仁軌字德容亳州人路行路畔田界
也言人終身讓路而終無百步之枉終身
讓畔而終無一段之失也 集成 李氏曰不

『소학(小學)』 권5, 가언(嘉言) 편에도 소개된 '주인궤' 발언 부분이다.

217. 顏子曰, 鳥窮則啄하고 獸窮則攫하고 人窮則詐하고 馬窮則跌하니라.[176]
안자왈 조궁즉탁 수궁즉확 인궁즉사 마궁즉질

| 안자가 말했다. "새가 궁곤해지면 사람을 쪼고, 들짐승이 궁곤해지면 먹이를 채가고, 사람이 궁곤해지면 말을 꾸미고, 말이 궁곤해지면 자빠진다."

218. 著意栽花花不發이요 無心插柳柳成陰이라.[177]
착의재화화불발 무심삽류류성음

| 정성껏 꽃을 심어도 꽃이 피어나지 않지만 무심히 버들을 심으면 버들은 그늘을 이룬다.

219. 景行錄云, 廣積이 不如教子요 避禍가 不如省非니라.
경행록운 광적 불여교자 피화 불여생비

사적으로 내려주는 시호)로 '孝友先生'이라 불렀다. 이 대목은 주인궤가 자제들을 교육하기 위해 일러준 말이다.

176 '跌'을 '跕'이라 한 판본도 있다.

177 '花不發'을 '無不活', '柳成陰'을 '揷成陰'이라 한 판본도 있다.

『경행록』에서 말했다. "대량으로 재물을 축적하는 것은 자식을 교육시키는 것만 못하고, 재앙을 피하는 것은 시비를 줄이는 것보다 못하다."

220. 病有工夫急有錢이라.
병유공부급유전

병들면 시간이 생기고 급하면 돈이 생긴다.

221. 得之易면 失之易하고 得之難이면 失之難이라.
득지이 실지이 득지난 실지난

얻기 쉬웠다면 잃기도 쉽고 얻기 어려웠다면 잃기도 어렵다.

222. 寧喫開眼湯이언정 莫喫皺眉糧하라.[178]
영끽개안탕 막끽추미량

차라리 마음을 즐겁게 하는 국물을 마실지언정 눈썹을 찌푸리게 하는 양식은 먹지 말라.

223. 桓範曰, 若服一縷라도 憶織女之勞하고 若食一粒이라도
환범왈 약복일루 억직녀지로 약식일립

思農夫之苦하라. 學而不勤이면 不知道요 耕而不勤이면
사농부지고 학이불근 부지도 경이불근

不得食이라. 怠則親者成疏하고 敬則疏者成親矣니라.
부득식 태즉친자성소 경즉소자성친의

환범이 말했다. "몸에 실오라기 하나를 걸치더라도 직녀(실을 짠 여인)의 노고를 생각하고, 밥 한 톨을 먹어도 농부의 노고를 생각하라. 배우면서 부지런히 하지 않으면 도를 알 수 없고, 농사지으면서 부지런히 하지 않으면 밥을 먹을 수 없다. 게으르면 친한 사람도 소원해지고, 공경하면 소원하던 사람도 친하게 된다."

178 '眼'을 '眉', '糧'을 '羊'이라 한 판본도 있다.

중국 4대 서원의 하나인 백록동서원(白鹿洞書院)

강서(江西) 구강시(九江市) 여산(廬山) 오로봉(五老峰) 남쪽 기슭에 있다.

224. 性理書云, 接物之要는 己所不欲을 勿施於人이요
성리서운 접물지요 기소불욕 물시어인

行有不得이어든 反求諸己니라.
행유부득 반구저기

『성리서』에서 말했다. "남을 접대하는 요령은 다음과 같다. 자기가 원치 않는 것을 남에게 베풀지 말고, 행하고도 뜻과 같이 되지 않거들랑 돌이켜 자기에게서 그 원인을 찾아보라."

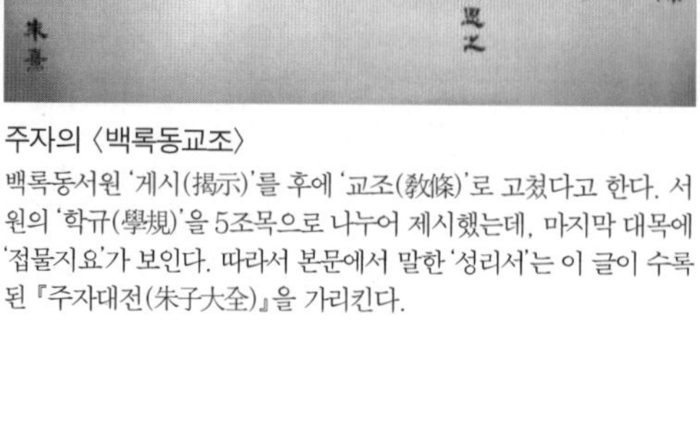

朱子白鹿洞教條

父子有親 君臣有義
夫婦有別 長幼有序
朋友有信
右五教之目
博學之 審問之
愼思之 明辨之 篤行之
右爲學之序
言忠信 行篤敬
懲忿窒欲 遷善改過
右修身之要
正其誼不謀其利
明其道不計其功
右處事之要
己所不欲 勿施於人
行有不得 反求諸己
右接物之要
宋淳熙七年 朱熹

주자의 〈백록동교조〉

백록동서원 '게시(揭示)'를 후에 '교조(教條)'로 고쳤다고 한다. 서원의 '학규(學規)'을 5조목으로 나누어 제시했는데, 마지막 대목에 '접물지요'가 보인다. 따라서 본문에서 말한 '성리서'는 이 글이 수록된 『주자대전(朱子大全)』을 가리킨다.

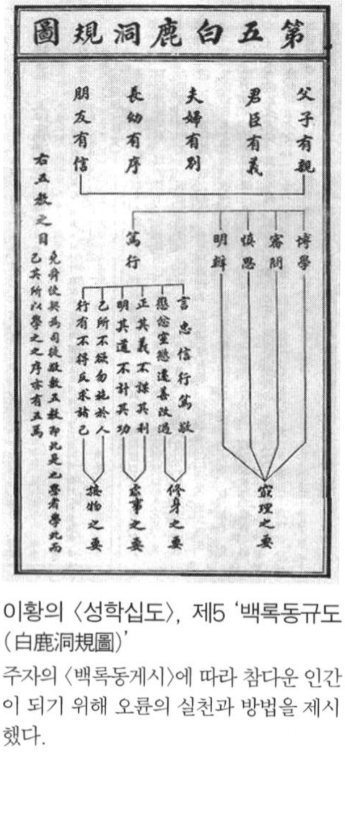

第五白鹿洞規圖

父子有親 君臣有義 夫婦有別 長幼有序 朋友有信
右五教之目
博學 審問 愼思 明辨 篤行
言忠信行篤敬 懲忿窒慾遷善改過 正其義不謀其利 明其道不計其功 己所不欲勿施於人 行有不得反求諸己
窮理之要 修身之要 處事之要 接物之要

이황의 〈성학십도〉, 제5 '백록동규도(白鹿洞規圖)'

주자의 〈백록동게시〉에 따라 참다운 인간이 되기 위해 오륜의 실천과 방법을 제시했다.

225. 酒色財氣四堵墻(주색재기사도장)에 多少賢愚在內廂(다소현우재내상)이로다. 若有世人跳得出(약유세인도득출)이면 便是神仙不死方(변시신선불사방)이니라.

술 · 여색 · 재물 · 혈기는 사방으로 둘러쳐진 높은 담장인데, 현명한 사람들이 모두 그 안에 갇혀 있다. 만약 세상 사람들이 그 속에서 뛰쳐나갈 수 있다면 그것이 바로 죽지 않는 신선의 비결이 되리라.

신윤복의 〈유곽쟁웅(遊廓爭雄)〉

조선 후기의 풍속화가 신윤복(申潤福)의 〈유곽쟁웅〉 그림이다. 기생집 문 앞에서 웃통을 벗어젖히고 싸움판을 벌이는 광경이 자못 호기(?)롭다. 그림 속에서 우리는 술과 여색과 혈기의 충돌을 느끼게 된다. 그리고 그 이면에는 유곽을 출입할만한 능력을 부여한 재물(돈)이 출렁거리고 있다.

대만 영화 〈주색재기〉

2010년판 DVD. 홍콩과 마카오에서 주 · 색 · 재 · 기와 관련해서 일어 나는 이야기를 통해 경각심을 불러일으키는 내용이다. 이런 유형의 영화로는 이안(李安) 감독의 〈색계(色戒)〉가 대표적이다.

226. 人生智未生(인생지미생)이요 智生人易老(지생인이로)라. 心智一切生(심지일체생)에 不覺無常到(불각무상도)니라.

사람이 태어날 때는 지혜가 아직 생겨나지 않았고, 지혜가 생겨나자 사람은 그만 쉽게 늙어버린다네. 마음과 지혜가 모두 생겨난 뒤에는 죽음이 이르는 것도 알지 못한다네.

계성편 戒性篇

1. 得忍且忍이요 得戒且戒하라. 不忍不戒면 小事成大니라.
득인차인 득계차계 불인불계 소사성대

참을 수 있으면 우선 참고, 경계할 수 있으면 우선 경계하라. 참지 않고 경계하지 않으면 작은 일이 크게 된다.

2. 一切諸煩惱가 皆從不忍生이라. 臨機與對境에 妙在先見明이라.
일체제번뇌 개종불인생 임기여대경 묘재선견명

佛語在無諍하고 儒書貴無爭하니 好條快活路를 世上少人行이라.
불어재무쟁 유서귀무쟁 호조쾌활로 세상소인행

일체의 갖가지 번뇌는 모두 참아내려고 하지 못하는 데서 생겨나는 것이다. 중요한 기회를 만나거나 중요한 상황을 마주했을 때, 잘 대처하는 비결은 미래를 먼저 밝게 내다보는 능력(선견지명)에 있다. 불경에서는 '무쟁'[179]이라 했고, 유가의 경전에서는 '귀중한 것은 다툼이 없음에 있다'고 했으니, (이것이) 쾌활하게 살아가는 매우 좋은 한 갈래 길이거늘 세상에서 (이 길로) 다니는 사람이 적도다.

3. 忍是心之寶요 不忍身之殃이라. 舌柔常在口요 齒折只爲剛이라.
인시심지보 불인신지앙 설유상재구 치절지위강

思量這忍字면 好個快活方이요 片時不能忍이면 煩惱日月長이라.
사량저인자 호개쾌활방 편시불능인 번뇌일월장

인내는 마음의 보배요 인내하지 못하는 것은 몸의 재앙이다. 혀는 부드러워도 늘 입안에 남아 있지만 이는 부러지니 다만 그것이 굳세기 때문이다. 이 참을 '인' 자를 잘 생각해 보는 것이 (바로) 쾌활하게 살아가는 매우 좋은 한 가지 방법이다. 짧은 시각도 참아내지 못한다면 번뇌는 나날이 자라나게 될 것이다.

4. 愚濁生嗔怒는 皆因理不通이라. 休添心上火하고 只作耳邊風하라.
우탁생진노 개인리불통 휴첨심상화 지작이변풍

長短은 家家有요 炎涼은 處處同이라. 是非無實相하여
장단 가가유 염량 처처동 시비무실상

究竟摠成空이니라.[180]
구경총성공

179 '無諍'은 '남과 다툼(싸움)이 없는 상태, 마음의 갈등이 없는 상태'를 가리키는 불교용어이다.

180 '心上火'를 '心上焰', '摠成空'을 '終成空'이라 한 판본도 있다.

> 어리석고 혼탁한 자가 꾸짖고 성을 내는 것은 다 이치에 통달하지 못하기 때문이다. 마음 위에 불길을 더하지 말고 다만 귓전에 스치는 바람결로 여겨라. 잘 잘못은 집집마다 있는 것이요, 뜨겁고 차가움은 곳곳마다 마찬가지니라. 옳으니 그르니 하는 것은 본래 실상이 없어서 마침내는 모두가 다 헛것이 된다.

5-1. 子張(자장)이 欲行(욕행)에 辭於夫子(사어부자)할새 願賜一言(원사일언)이면 爲修身之美(위수신지미)하노이다.

子曰(자왈), 百行之本(백행지본)이 忍之爲上(인지위상)이니라. 子張曰(자장왈), 何爲忍之(하위인지)닛고. 子曰(자왈), 天子忍之(천자인지)면 國無害(국무해)하고 諸侯忍之(제후인지)면 成其大(성기대)하고 官吏忍之(관리인지)면 進其位(진기위)하고 兄弟忍之(형제인지)면 家富貴(가부귀)하고 夫妻忍之(부처인지)면 終其世(종기세)하고 朋友忍之(붕우인지)면 名不廢(명불폐)하고 自身忍之(자신인지)면 無禍害(무화해)니라.[181]

> 자장[182]이 떠나고자 함에 공자에게 하직을 고하면서 "한마디 말씀을 내려주시면 몸을 닦는 훌륭한 방법으로 삼고자 합니다."라고 했다. 공자가 말했다. "모든 행실의 근본은 참는 것이 그 으뜸이다." 자장이 말하기를, "어찌하여 참습니까?" 하자, 공자가 말했다. "천자가 참으면 나라에 해가 없고, 제후가 참으면 큰 나라를 이룩하고, 벼슬아치가 참으면 그 지위가 올라가고, 형제들이 참으면 집안이 부귀해지고, 부부가 참으면 한 세상을 잘 마칠 수 있고, 친구끼리 참으면 서로 명예가 허물어지지 않을 것이요, 자신이 참으면 재앙이 없어지느니라."

5-2. 子張曰(자장왈), 不忍則如何(불인즉여하)닛고. 子曰(자왈), 天子不忍(천자불인)이면 國空虛(국공허)하고

諸侯不忍(제후불인)이면 喪其軀(상기구)하고 官吏不忍(관리불인)이면 刑法誅(형법주)하고 兄弟不忍(형제불인)이면 各分居(각분거)하고 夫妻不忍(부처불인)이면 令子孤(영자고)하고 朋友不忍(붕우불인)이면 情意疎(정의소)하고 自身不忍(자신불인)이면 患不除(환부제)니라. 子張曰(자장왈), 善哉善哉(선재선재)라. 難忍難忍(난인난인)이여 非人不忍(비인불인)이요 不忍非人(불인비인)이로다.[183]

---

181 '富貴'를 '豪富', '夫妻'를 '夫婦', '禍害'를 '禍患'이라 한 판본도 있다.

182 자장(B.C. 503~B.C. 447): 성은 전손(顓孫), 이름은 사(師)로, 자장(子張)은 그의 字이다. 춘추시대 진인(陳人)이다. 나중에 노나라로 가서 공자를 찾아뵙고 그의 제자가 되었다. 그때 공자에게 3천 제자가 있었는데, 자장은 그중에서 매우 나이가 어렸다. 공자보다 48세나 아래였다. 그는 언행이 너그럽고 아담하였고 儀表가 出衆하였지만 공자가 학문을 중시했기에 72賢에는 들지 못했다고 한다.

자장이 "참지 않으면 어떻습니까?" 하고 묻자, 공자는 말했다. "천자가 참지 않으면 나라가 황폐해지고, 제후가 참지 않으면 그 몸을 잃게 되고, 벼슬아치가 참지 않으면 형법에 저촉하여 죽게 되고, 형제가 참지 않으면 각각 헤어져서 따로 살게 되고, 부부가 참지 않으면 자식을 외롭게 만들고, 친구끼리 참지 않으면 우정이 멀어지게 되고, 자신이 참지 않으면 근심이 없어지지 않으리라." 자장이 말했다. "좋고도 좋으신 말씀입니다. 참는 것이 어렵고 또 어렵군요. 사람이 아니면 참지 못할 것이요, 참지 못할 것 같으면 사람이 아니지요."

6. 忍耐在니라.
인내재

참아낼 수 있으면 오래도록 살아남을 수 있다.

7. 景行錄云, 屈己者는 能處衆하고[184] 好勝者는 必遇敵이니라.
경행록운 굴기자 능처중 호승자 필우적

『경행록』에서 말했다. "자기를 굽혀 양보할 줄 아는 이는 대중과 함께 잘 지낼 수 있고, 남에게 이기기를 좋아하는 이는 반드시 강한 적을 만나게 되리라."

8. 張敬夫曰, 小勇者는 血氣之怒也오 大勇者는 禮義之怒也라.[185]
장경부왈 소용자 혈기지노야 대용자 예의지노야

血氣之怒는 不可有나 禮義之怒는[186] 不可無라.[187] 知此면
혈기지노 불가유 예의지노 불가무 지차

則可以見性情之正而識天理人欲之分矣리라.[188]
즉가이현성정지정이식천리인욕지분의

장경부(장식)[189]가 말했다. "작은 용기라는 것은 혈기의 분노에서 나오고, 큰 용기

183 '國空虛'를 '失其國', '刑法誅'를 '刑罰誅'라 한 판본도 있다.

184 '處衆'을 '處重'이라 한 판본도 있다.

185 '禮義'를 '理義'라 한 판본도 있다.

186 '禮義'를 '義理'라 한 판본도 있다.

187 '血氣之怒不可有, 禮義之怒不可無'를 '小大之殊, 不可不知(작고 큼의 다름을 알지 않으면 안 된다)'라 는 한 판본도 있다.

188 '性情'을 '情性'이라 한 판본도 있다.

189 '敬夫'는 張栻(장식, 1133~1180)의 字이다. 호는 남헌(南軒), 광한(廣漢: 四川省) 출생, 형양(衡陽: 湖南省)에 살았으며 호오봉(胡五峯)의 학문을 이어받아 성리학에 관한 지식이 깊고 경(敬) 문제에 관해서는 주자와 자주 논쟁을 벌여 그 학문에 영향을 많이 주었다. 명문 출신으로 주(州)의 지사(知事)를 역임하고 이부랑(吏部郞)을 지냈다. 저서에는 『남헌역설(南軒易說)』·『수사언인(洙泗言仁)』·『논어설(論語說)』·『맹자설(孟子說)』 등이 있다. 우리에겐 주자가 그의 「주일잠(主一箴)」을 읽

라는 것은 예의의 분노에서 나온다. 혈기의 분노는 가져서는 안 되나 예의의 분노는 없어서는 안 된다. 이를 밝게 이해한다면 성정의 바름을 발현하고 천리와 인욕의 구별을 인식할 수 있다."

9. 老子曰(노자왈), 上士(상사)는 無爭(무쟁)하고 下士(하사)는 好爭(호쟁)하니라.

노자가 말했다. "높은 경지에 오른 선비는 세상과 다툼이 없으나, 낮은 경지에 있는 선비는 남과 강함을 다투어 이기기를 좋아한다."

〈노자기우도(老子騎牛圖)〉
명나라 장로(張路, 1464~1538)의 〈노자기우도〉. 노자가 청우(靑牛)를 타고 함곡관을 나서고 있다.

정선(鄭敾, 1676~1759)의 〈노자출관도(老子出關圖)〉
주나라가 쇠망해 가자 노자가 함곡관을 나서며 윤희에게 『도덕경』을 전해주고 있다.

10. 或問晦庵曰(혹문회암왈), 如何是命(여하시명)고 하니 先生曰(선생왈), 性(성)이 是也(시야)니 凡性格不通(범성격불통)하고 不近人情者(불근인정자)는 薄命之士也(박명지사야)니라.

어떤 이가 회암(주희의 호)에게 물었다. "어떤 것이 명입니까?" 선생이 답했다. "성정이 바로 이것입니다. 무릇 성격이 탁 트이지 못하여 제대로 소통하지 못하거나 인지상정에 어긋나는 사람은 정말) 박명한 선비인 것입니다."

고 그 남긴 뜻을 주워 모아 「경재잠(敬齋箴)」을 만들어 서재의 벽에 붙이고 자신을 경계한 것으로 널리 알려져 있다.

제 3 장

수양과 욕망

인간의 몸은 본래 욕망 덩어리다。 육신의 욕망으로부터 자유롭고자 하는 데서 수양의 문제가 대두된다。 공자가 「극기복례(克己復禮)」를 말했을 때、「기(己)」는 곧 몸이니、 인간의 육체이고 욕망이다。「나」는 몸으로 인해 늘 구속 상태에 놓인다。 욕망의 구속으로부터 풀어지고 벗어나는 것이 해탈(解脫)이다。 불타의 「해탈」과 공자의 「복례」가 다르지 않다。 동양고전은 이를 위해 〈몸을 바르게 하라〉[正己]、〈분수에 맞게 살라〉[安分]、〈도리를 지키며 살라〉[安義]고 한다。

1

몸을 바르게 하라 [正己]

'정기正己'는 몸을 바르게 함이다. 남의 삐딱함을 논하기 전에 내 몸부터 반듯하게 세워야 한다. 동양고전이 마음의 성찰을 중시하는 이유도 정직과 청렴과 관용으로 충만한 자아를 성취하기 위함이다. 바른 생활은 나에게 생명을 준 하늘과 마주하여 한 점 부끄럼이 없도록 자신에게 엄격할 때 이뤄진다. 고전은 매사를 삼가라고 거듭 타이른다. '근신謹愼'은 잘못해서 받는 벌이 아니다. 근신이란 본시 잘못을 저지르지 않기 위해 평소에 말수를 적게 하고 마음을 참되게 가지는 것이다. 말이 많으면 실수하기 쉽고 마음이 진실하지 못하면 믿음을 줄 수 없기 때문이다. 남에게 신뢰를 주고자 한다면 삼가고 또 삼갈지어다.

1. 太公曰(태공왈), 勿以貴己而賤人(물이귀기이천인)하고 勿以自大而蔑小(물이자대이멸소)하고 勿以恃勇而輕敵(물이시용이경적)하라.

번역 태공이 말했다. "자기가 귀하다 하여 남을 천하게 여기지 말고, 자기가 크다고 하여 작은 이를 업신여기지 말며, 용맹을 믿을 만하다고 하여 적을 가볍게 여기지 말라."

풀이 잘난 사람이 있으면 못난 사람도 있다. 그런데 절대적으로 잘난 사람, 절대적으로 못난 사람은 없다. 모두 상대적인 것이다. 그러니 자기만 잘났다고 여기면 바보가 되고 만다. 훨씬 더 잘난 이가 곳곳에서 나타나기 때문이다. 따라서, 처세의 보배는 '겸손' 두 자에 있을 뿐이다.

한자와 문법 '蔑'은 업신여길(멸)로 남을 깔본다는 뜻이다. '恃'는 믿을(시)이다. '恃'는 마음속으로 의지한다는 뜻이니, 의지하던 어머니가 돌아가시는 것을 '실시(失恃)'라고 한다. '勿以A而B'는 'A하다고 하여 B하지 말라'는 구문이다.

2. 道吾善者는 是吾賊이요 道吾惡者는 是吾師니라.

도오선자 시오적 도오악자 시오사

번역 "나의 좋은 점을 말해주는 사람은 곧 나를 해치는 사람이요, 나의 나쁜 점을 말해주는 사람은 곧 나의 스승이다."

풀이 남에게 쓴말을 하기가 주저될 때가 많다. 혹시 상대가 오해하면 어쩌나 해서이다. 적과 동지는 모두 내 마음에 있다. 내가 상대를 믿고 동지라 여기면 그 순간 어제의 적도 동지가 되고, 상대를 불순하다고 보고 적으로 돌리면 그 순간 어제의 동지도 적이 된다. 믿어라! 쓴말을 하는 이의 마음속에서 벌써 나는 그의 동지가 되어 있다. 이를 모르면 영원히 그와 벗할 수 없다. "세 사람 가는 길에 반드시 내 스승이 있다[三人行, 必有我師]."는 공자의 말씀을 곱씹을 필요가 있다.

한자와 문법 '道'는 동사로 말할(도)이고, '是'는 동사로 '~이다'이다.

3. 太公曰, 勤爲無價之寶요 愼是護身之符니라.

태공왈 근위무가지보 신시호신지부

번역 태공이 말했다. "부지런함은 값을 매길 수 없는 보배요, 삼감은 몸을 보호하는 부적이다."

풀이 벤저민 프랭클린(1706~1790)은 그의 『자서전』에서 근면, 절약, 신중이야말로 부자가 되는 확실한 길이라고 말한 바 있다. 여러 차례 강조되는 말이 부지런할 '근(勤)' 자인데, '근'은 에너지를 수반하는 운동으로 '노동'과 연결된 언어이다. '근면(勤勉)'이란 말에서 드러나듯 일정한 목표를 향해서 끊임없이 몸과 마음의 에너지를 분출하는 것이 '근' 자의 속성이다. 삼갈 '근(謹)'은 말을 적게 하고 실천에 힘쓰는 것이다. 말을 많이 한다고 집안의 쌀독이 차지 않는다는 말이 있다. 지금도 우리 주변엔 막말을 하다가 패가망신하는 사람들을 종종 본다. 삼갈 '신(愼)'은 마음을 진실하게 갖는 것이다. 마음을 진실하게 갖고 몸을 무겁게 움직이는 것을 '신중(愼重)'이라고 한다. 행동이나 말이 가볍고 조심성이 없다는 뜻의 '경망(輕妄)'이 그 상대어이다.

말을 적게 하고 마음을 진실하게 갖는 것은 수신(修身)의 출발점이다. 사찰에 가면 금줄을 쳐놓고 '묵언수행(默言修行) 중이니 외부인은 출입하지 말라'는 글귀를 가끔 접하게 된다. 과연 주어진 현생에서 욕망과 집착으로 물든 언어와 문자의 굴레로부터 완전히 해방될 날을 만날 수 있을까? 조용히 참회하고 묵상하며 기다려보자.

한자와 문법 '勤'은 부지런할(근), '價'는 값(가), '寶'는 보배(보), '愼'은 삼갈(신), '護'는 감쌀, 보호할(호), '符'는 부신, 부절(부)이다.

4. 子曰, 君子有三戒하니 少之時엔 血氣未定이라.
자왈 군자유삼계 소지시 혈기미정

戒之在色하고 及其長也엔 血氣方剛이라. 戒之在鬪하고
계지재색 급기장야 혈기방강 계지재투

及其老也엔 血氣旣衰라. 戒之在得할지니라.
급기로야 혈기기쇠 계지재득

번역 공자가 말했다. "군자에게 세 가지 경계할 것이 있다. 연소할 때는 혈기가 안정되지 않아서 경계할 것이 여색(이성을 밝히는 것)에 있고, 장성하고 나면 혈기가 바야흐로 강성한지라 경계할 것이 싸움에 있고, 몸이 늙고 나면 혈기가 이미 줄어들었는지라 경계할 것이 재물에 있다."[1]

풀이 매우 과학적인 분석이다. 인간의 발달단계에 따라 취해야 할 생활태도를 잘 갖추어 말했다. 이를 요약하면 '시중時中'이다. '시중'이란 공자의 맞춤형 교육을 표지하는 말이다. '때에 맞춤'이 '시중'인데, 군자만이 그렇게 할 수 있단다. 나를 돌아보라. 나는 지금 어디에 와 있는가? 소년, 장년, 노년 가운데 한 지점에 와 있다. 여색이성과 싸움과 재물은 모두 경계의 대상이나 시절에 따라 강조점이 이동한다. 이 공자의 발상법을 내 것으로 만들면 나도 공자가 될 수 있다.

한자와 문법 '方'은 부사로 '바야흐로(방)'인데, 여기서는 어떤 일이 활기 있고 왕성하게 일어나는 때를 가리킨다. '한창'으로 바꾸어 새겨도 좋다. '在'는 어조사 '於'와 같은 기능을 하므로 '있다'로 새기지 말고 '~에'로 새긴다. '衰'(쇠)는 '줄어들다'라는 뜻으로 '왕성할' 성(盛)의 상대어이다. '得'은 얻을(득)이나 여기서는 명사로 '재물'을 뜻한다.

1 『論語』「季氏」에 보인다.

5. 景行錄曰, 食淡이면 精神爽하고 心淸이면 夢寐安이니라.
경행록왈 식담 정신상 심청 몽매안

번역 『경행록』에서 말했다. "음식이 담박하면 정신이 상쾌할 것이요, 마음이 맑으면 꿈과 잠자리가 편안해질 것이다."

풀이 "잘 자! 좋은 꿈 꿔!" 사랑하는 이에게 보내는 저녁 문자이다. 좋은 꿈을 꾸자면 자극적이지 않은 음식과 어지럽지 않은 생각이 관건이다. 담박한 음식과 맑은 마음은 인간의 욕망을 잦아들게 만드는 보약이다. 손목에 손을 얹어 맥박을 살펴보라. 맥박은 그대의 마음속에 흐르는 욕망의 메신저이다.

한자와 문법 '淡'은 묽을, 담박할(담), '爽'은 시원할, 상쾌할(상), '寐'는 잠잘(매)이다. 우리가 자주 듣는 말 가운데 "몽매간에도 잊지 못하던 그 모습을 바로 눈앞에 두고 보다니 꿈만 같았다."라는 것이 있다. 여기서 '몽매간(夢寐間)에'란 말도 '잠을 자며 꿈을 꾸는 동안'이란 뜻이다.

6. 近思錄云, 懲忿을 如救火하고 窒慾을 如防水하라.
근사록운 징분 여구화 질욕 여방수

번역 『근사록』에서 말했다. "분노 징계하기를 마치 불을 끄듯이 하고, 욕정 틀어막기를 마치 물을 막듯이 하라."[2]

풀이 이 '징분질욕懲忿窒慾'은 성리학자들이 몸을 닦는 데 매우 중요한 과제로 여겼다. 인간에게 끼치는 세 가지 재앙을 삼재三災라고 한다. 전쟁, 전염병, 기근을 삼재로 보기도 하고, 불, 바람, 물을 대삼재로 보기도 한다. '삼재불입처三災不入處'를 골라 사찰이나 궁실을 짓는 오랜 풍습이 남아 있다. 인간 내면에 있는 분노와 욕심은 보통 삼재보다 더욱 다스리기 어렵다. 부적이라도 붙여 액막이라도 할 수 있다면 좋겠지만, 분노와 욕심에는 소용이 없다. 자, 이제부터 내 마음자리를 삼재가 들지 못하는 곳으로 만들어보자.

한자와 문법 '懲'은 징계할(징), '救'는 건질(구), '窒'은 틀어막을(질). '慾'은 욕심, 욕정(욕), '防'은 막을(방)이다.

2 『近思錄』「克己」에 보인다.

7. 荀子曰, 無用之辯과 不急之察을 棄而勿治하라.
순자왈 무용지변 불급지찰 기이물치

若夫君臣之義, 父子之親, 夫婦之別은
약부군신지의 부자지친 부부지별

則日切磋而不舍也니라.
즉일절차이불사야

번역 순자[3]가 말했다. "쓸데없는 변론과 급하지 않은 살핌은 버려두어 다스리려 하지 말라. 저 군신 사이의 의리, 부자 사이의 친함, 부부 사이의 구별과 같은 것은 날마다 절차탁마(切磋琢磨)하기를 그만두지 말라."[4]

풀이 무엇이 쓸모 있는 변론이고 무엇이 진정한 살핌일까? 아마도 인간의 생명활동을 위해 지나칠 수 없는 그 무엇일 것이다. 생명활동 가운데 원만한 인간관계의 추구만큼 시급한 일은 없다. 떳떳한 인간관계의 성립은 군신과 부자와 부부 사이에서 출발한다. 이 세 가지 관계가 잘못되면 생명이 있다 한들 살았다 할 수 없다. 일의 경중을 살펴 가벼운 것은 버려두고 개의치 말라. 부차적이고 쓸데없는 일에 정력을 쏟다 보면 정작 중요한 일을 소홀히 하게 된다. 때론 적당한 무관심이 필요할 때가 있는 것이다.

한자와 문법 '辯'은 말 다툴(변), '察'은 살필(찰), '棄'는 버릴(기)이다. 모두 많이 사용하는 한자이니 꼭 알아두기 바란다. '之'는 조사로 관형어와 중심어 사이에 쓰여 종속 관계를 나타내는 구실을 한다. 여기서는 '~의, ~한'으로 새기면 좋다. '切磋'는 톱으로 자르고 줄로 쓸고 끌로 쪼며 숫돌에 간다는 뜻의 '切磋琢磨(절차탁마)'의 줄임말이다. 부단히 학문에 힘쓰고 수양하는 과정을 묘사한 말이다. '不舍'의 '舍'는 동사로 그만둘, 버릴, 포기할(사)로 새긴다.

8. 子曰, 衆이 好之라도 必察焉하며 衆이 惡之라도
자왈 중 호지 필찰언 중 오지

必察焉하라.
필찰언

번역 공자가 말했다. "여러 사람이 좋아하더라도 반드시 이를 잘 살펴야 하며, 여러 사람이 미워하

3 순자(荀子, B.C. 298?~B.C. 238?): 성은 순(荀), 이름은 황(況), 자(字)는 경(卿)이다. 중국 전국시대 말기의 사상가로 맹자(孟子)의 성선설(性善說)을 비판하여 성악설(性惡說)을 주장했으며, 예(禮)를 강조하여 유학 사상의 발달에 큰 영향을 끼쳤다. 『荀子』 32편이 전한다.

4 『荀子』「天論」에 보인다.

더라도 반드시 이를 잘 살펴야 한다."[5]

풀이 좋고 나쁜 감정은 사람에 따라 판이하게 다르다. 감정이란 매우 주관적인 것이기 때문이다. 어느 일방의 감정만 믿고 부화뇌동해서는 안 된다. 불편부당하다고 정평이 나 있는 가장 공평한 위치에 있는 이의 생각을 듣고 결정해도 늦지 않다. 세상이 다 좋다고 해도 공평한 그 한 사람이 나쁘다고 하면 나쁜 것이다. 공평한 사람을 찾아 나서라.

한자와 문법 '惡'는 미워할(오)이다. '焉'은 대명사로 사람·사물·처소 등을 가리킨다. '之'나 '于(於)是'와 같다. 여기서는 '여기' 또는 '이것에 대하여'로 새기면 좋다.

9. 酒中不語는 眞君子요 財上分明은 大丈夫니라.

주중불어 진군자 재상분명 대장부

번역 술 마시면서 쓸데없는 말을 하지 않는 것이 참된 군자요, 재산 관련 문제를 분명히 하는 것이 대장부니라.

풀이 술이 들어가면 말수가 늘어 주사酒邪로 이어지는 일은 피해야 한다. 이 대목을 가지고 와서 '술을 조용하게 마셔야 군자'라고 우기는 이도 있다. 그것은 잘못된 풀이다. 술 마시는 이유는 속을 털어놓아 서로 멀어진 마음의 거리를 좁히는 데 있다. 술자리에서 말없이 술잔만 들면 이상하지 않은가? 손으로 돈을 만지지 않고 시중 쌀값을 몰라야 양반 행세하던 시절이 있었다. 재물은 생존의 조건으로 신성한 것이다. 숨기거나 흐리멍덩하게 처리할 일이 아니다. 소유자를 분명히 해두라. 투명해야 오해가 없게 된다.

한자와 문법 '君子'는 사회적으로 학식과 덕행이 높은 유덕자(有德者)와 정치적으로 높은 관직에 있는 유위자(有位者)를 말한다. '大丈夫'는 '용기와 지조를 갖춘 씩씩한 남자'를 말한다. 맹자가 말하기를, "부귀가 그 마음을 음란하게 하지 못하며 빈천이 그 절개를 옮겨 놓지 못하며 위무가 그 지조를 굽히게 할 수 없는 것을 대장부라 이른다[富貴不能淫, 貧賤不能移, 威武不能屈, 此之謂大丈夫:『孟子·滕文公下』]."고 했다.

5 『論語』「衛靈公」에 보인다.

10. 萬事從寬이면 其福自厚니라.
만사종관 기복자후

번역 모든 일을 너그러움을 좇아 하면 그 복이 저절로 두터워지느니라.

풀이 한국인들은 토론문화에 익숙하지 못하다고 한다. 프랑스어에 톨라랑스tolérance는 타인의 사상이나 행동에 대해 관용하고 이해하려는 자세를 뜻한다. 듣기 싫은 이야기도 끝까지 인내하며 경청하려는 태도는 개인의 자유를 중시하는 민주사회에서 꼭 필요한 미덕이다. 남의 말을 잘 들어주어야 상대도 내 말을 들어줄 것이 아닌가. 보수와 진보, 좌파와 우파가 생각이 다르다고 서로 배척하지 말고 잘 들어서 서로의 차이를 이해하고 인정하려는 노력이 필요한 때다. 관용은 바로 상대에 대한 존중, 곧 인간에 대한 예의라는 점에서 더욱 소중한 가치이기도 하다. '寬'은 공간적으로 넓다는 뜻이다. '널찍하다'는 표현이 적합하겠다. 마음이 널찍한 사람은 큰 나무가 드리운 여름 그늘처럼 시원하다. 더위에 지친 나그네가 들어가 쉴 곳이다. 그 시원한 그늘의 고마움을 말로 다 표현할 수 있을까? 너그럽게 대하라. 얼굴에 웃음꽃이 피어나면 그것이 바로 모두의 축복이다. '寬'을 마음에 꼭 새겨라. 상대가 결코 그대를 실망시키지 않을 것이다.

한자와 문법 '寬'은 너그러울(관), '厚'는 두터울(후)다. 흔한 말로 '통 큰 인간형'을 관후(寬厚)한 사람이라 할 수 있겠다.

11. 太公曰, 欲量他人이면 先須自量하라. 傷人之語는 還是自傷이요 含血噴人이면 先汚其口니라.
태공왈 욕량타인 선수자량 상인지어 환시자상 함혈분인 선오기구

번역 태공이 말했다. "타인을 헤아리려면 먼저 모름지기 자기부터 헤아려라. 남을 해치는 말은 도리어 자신을 해치고, 피를 머금어 남에게 뿜으면 먼저 자신의 입을 더럽히게 되느니라."

풀이 남 말하지 말고 제 주제부터 생각하라는 경고다. 동양고전은 모든 것의 출발점을 '자아'에 둔다. 내게 문제가 없으면 남을 탓할 필요가 없어진다. 어리석은 사람은 괜히 남을 탓하여 문제를 일으킨다. 탓하는 언어행위를 '남을 해치는 말'이라고 본다. 그리고 그것이 얼마나 어리석은 짓인지 말하고 있다.

한자와 문법 '量'은 본래 무게나 길이, 크기나 양을 측정한다는 뜻인데, 의미가 확장되어 '짐작하다, 추측하다, 헤아리다'로 되었다. '還'은 부사로 '다시, 도리어'로 새긴다. '還是~'는 '도리어 ~이다'로 새기면 좋다. '含'은 품을(함), '噴'은 뿜을(분), '汚'는 더러울(오)이다.

12. 太公曰, 瓜田勿躡履하고 李下不整冠일지니라.

태공왈 과전물섭리 이하부정관

번역 태공이 말했다. "외밭에서 신을 신지 말 것이요, 오얏나무 아래에서 관을 고쳐 쓰지 말지니라."[6]

풀이 아무 생각이 없이 한 일이 남에게 큰 오해를 불러일으킬 때처럼 난감한 경우가 없다. 오해했다고 화를 내지 말고 차분하게 나의 행동을 반성해보자. 외밭에서 신을 고쳐 신으면 오이 도둑으로 오해받고, 자두나무 밑에서 갓을 고쳐 쓰면 자두 도둑으로 오해받는다. 예외가 없다. 그러니 오해받을 만한 곳에는 가지 말고, 갔다면 아무 일도 하지 않는 것이 상책이다.

한자와 문법 '瓜'는 외, 오이(과), '躡'은 신을(섭), '履'는 신(리), '整'은 정돈할(정)이다. 일반적으로 '瓜田勿(不)納履(과전물납리)'로 알려진 구절이다. 納(납)과 躡(섭)은 같은 뜻으로 쓰인다. 이와 비슷한 성어로 '오비이락(烏飛梨落)'이 있다. '까마귀 날자 배 떨어진다.'로 새기는 이 말은 아무런 관계도 없이 한 일이 우연히 동시에 일어나 다른 일과 관계된 것처럼 남의 혐의를 받게 됨을 비유한다.

13. 耳不聞人之非하고 目不視人之短하고 口不言人之過라야 庶幾君子리라.

이불문인지비 목불시인지단 구불언인지과 서기군자

번역 귀로는 남의 잘못을 듣지 아니하고, 눈으로는 남의 단점을 보지 아니하며, 입으로는 남의 허물을 말하지 않는다면 군자에 가깝다고 하리라.

풀이 사람으로 태어났으면 군자로 살다 가야 멋진 삶을 살았다고 할 것이다. 대부분의 사람들은 소인과 군자 사이에서 방황하며 살아간다. 어떻게 생각하고 행동해야 군자가 될 수 있을까. 눈과 입이 바른 사람이 군자다. 군자는 남의 좋은 점을 듣고 보고 말

6 元의 左克明이 쓴 『古樂府』 相和歌辭, 「君子行」; 劉向의 『列女傳』에 보인다.

하기에 시간의 부족을 느낀다. 칭찬하라. 칭찬하면 고래도 춤을 춘다고 한다. 블루오션Blue Ocean 전략을 세워라. 차별화와 저비용을 통해 경쟁이 없는 새로운 시장을 창출하려는 경영전략이 블루오션이다. 빵 한 조각을 두고 서로 더 뜯어 먹으려 경쟁하는 것이 아니라 새로운 빵을 만들어내는 일이다. 발상의 전환이 필요하다. 남과 다툴 것인가 남에게 만들어 줄 것인가?

한자와 문법 '庶'는 본래 형용사로 '여러, 많을(서)'이다. 나중에 부사로 활용되어 '거의, 대체로'로 쓰인다. '庶幾(乎)~'는 관용구로 '~에 거의 가깝다, 거의 ~이다'라는 뜻이다.

황희(黃喜, 1363~1452)
조선 초기의 유명한 재상으로 현명함과 냉철한 판단력으로 국왕의 신임을 받아 세종대왕 치세기간 중 18년간 영의정을 지냈다. 성격이 원만하여 내외의 존경을 받았지만, 일부 일화는 사실과 달리 과도하게 미화된 측면이 없지 않다고 한다.

김홍도의 풍속화 〈논갈이〉
다음은 『지봉유설』에 나오는 이야기다. 황희 정승이 벼슬하지 않았을 때, 여행을 하다가 길가에서 쉬었는데, 농부가 두 마리 소를 부려가며 밭을 가는 것을 보고 물었다. "두 마리 중 어느 놈이 나은가?" 농부가 대답하지 않고 밭 가는 일을 멈추고 그에게 다가와 귓속말로 "이놈이 낫습니다."라고 하는 것이었다. 하는 행동이 괴이하여 다시 물었다. "무엇 때문에 귓속말을 하는가?" 농부가 말했다. "비록 가축이지만 마음은 사람과 같습니다. 이놈이 나으면 저놈은 못한 것이니, 소가 듣고서 어찌 불평하지 않겠습니까?" 황희는 그제야 크게 깨닫고 다시는 '남의 장단점을 말하지 않았다〔不言長短〕'고 한다.

2

분수에 맞게 살라 [安分]

인간은 태어나면서부터 사회·경제·정치적으로 차별적인 환경에 놓이게 마련이다. 근내 이후 서양의 사상가들이 무슨 '주의'니 '제도'를 표방하여 차별 없는 세상을 만들자고 외쳤다. 그러나 모든 실험이 실패로 돌아가고 마침내 시장경제의 원리가 전 지구적으로 작동하는 '경쟁'과 '차별'의 시대가 오고 말았다. 분수란 각자에게 부여된 몫이다. 민주주의는 헌법으로 기회의 균등을 보장하지만, 기회의 결과로 얻어지는 개인의 몫이 사람마다 다름을 인정한다.

'안분安分'이란 주어진 분수를 편안하게 여기는 것이다. 분수란 참으로 지키기 어렵다. 자기에게 주어진 분수를 정확히 깨닫기가 어렵기 때문이다. 누구나 생활의 향상을 원한다. 오늘보다 나은 내일이 있다고 믿고 싶어 한다. 분수란 일차적으로 지금 '주어진 것'이다. 내일 '만들어진' 분수도 있을 터이나, 고전이 말하는 분수란 '현재의 나'에게 주어진 모든 조건이다.

동양고전은 우선 '주어진 것'에 감사할 줄 알아야 한다고 가르친다. 분수에 만족하라는 말에는 '상대적 결핍'이 전제되어 있다. 물신物神을 추구하는 현대인은 대체로 물질의 부족을 느낀다. 이른바 풍요 속의 빈곤이다. 절대적으로 물질이 부족했던 선인들은 물질의 결핍을 물질의 추구로 극복하고자 하는 것을 어리석다고 생각했다. 고전은 그 반대를 말한다. 물질이 정신을 타락시킬 수 있나니, 가난을 편하게 여겨 진리를 즐길 줄 아는 자에게 영혼의 안식을 주리라.

1. 知足常足이면 終身不辱하고 知止常止면 終身無恥리라.
지족상족 종신불욕 지지상지 종신무치

번역 만족할 줄 알아서 늘 만족해하면 몸이 죽을 때까지 욕되지 않을 것이요, 그칠 줄을 알아서 늘 그칠 수 있게 되면 몸이 죽을 때까지 부끄러움이 없으리라.[7]

〈지족거도(知足居圖)〉
중국 화가 정오창(鄭午昌)의 1947년 작 . 화제(畵題)에 "강물은 끝없이 해를 따라 흘러가고 버들개지는 속절없이 창문 앞에 떨어지네. 인생의 지극한 즐거움은 오직 만족할 줄 아는 데 있나니, 깊이 닫힌 초가집에 사노라니 또한 신선 같구나〔不盡江流將日去, 無端柳絮墮窗前, 人生至樂惟知足, 深閉茅堂亦似仙〕."라 했다.

석주(昔珠) 스님이 썼다고 하는 '오유지족(吾唯知足)'의 합성자
직역하면 "나는 오직 만족할 줄 알 뿐이다."이다. 글귀의 출전은 정확치 않지만, 석가모니의 설법 가운데 "만족할 줄 아는 사람은 마음이 평온하고 만족할 줄 모르는 사람은 마음이 언제나 어지럽다."란 말에서 유래했다고 한다.
일본의 소주회사 와카마쓰 슈조가 고구마 소주 이름으로 사용하기도 하는 등, '오유지족'은 일본 정신세계의 일부를 형성하고 있는 듯하다. 그들은 유명한 사찰 료안지(龍安寺) 뒤뜰 다실 입구, 손을 씻고 입안을 헹구는 엽전 모양의 돌(조즈바치: 洗手鉢)에도 이 글귀를 새겨 놓고 '지족(知足)의 쓰쿠바이(蹲踞)'라고 부르기도 한다. 일본 다도문화가 선(禪)불교 사상에 기초해 전개되고 있다는 사실을 새삼 절감하게 된다. 요컨대, 일상에서 "잘 먹었습니다.", "이만하면 충분합니다.", "이제 괜찮습니다."와 같이 '매사를 욕심내지 말고 적당히 하여 마음 편히 인생을 즐기라'는 메시지를 담고 있다. 이처럼 '지족'의 철학은 유교, 불교, 도교가 공유하는 지고지선한 진리이다.

7 노자의 『道德經』 제44장에서, "족함을 알면 욕되지 않고, 그칠 줄 알면 위태롭지 않다[知足不辱, 知止不殆]."고 했다.

풀이 고구려 을지문덕乙支文德이 수隋나라 대장군大將軍 우중문于仲文에게 보낸 시에서 무엇이라 말했던가? "신묘한 계책은 천문을 꿰뚫었고, 오묘한 생각은 지리에 통달했네. 싸움에 이겨 공이 이미 높거니, 족함을 알아서 원컨대 그치면 어떠할까[神策究天文, 妙算窮地理, 戰勝功旣高, 知足願云止]." 그 후 을지문덕은 수의 우문술宇文述 등 9군 30만과 살수에서 격전하여 대패시킨다. 우중문은 살수에서 대패한 죄로 하옥되어 울분으로 죽었다. 모든 치욕이 만족할 줄 모르고 그칠 줄 모르는 데서 나온다. 평생 마음에 새길 글자가 바로 '知足'과 '知止'다.

한자와 문법 '辱'은 욕될(욕), '恥'는 부끄러울(치)다.

2. 書曰, 滿招損하고 謙受益하니라.
서왈 만초손 겸수익

번역 『서경』에서 말했다. "가득함은 손해를 부르고, 겸손하면 이익을 받느니라."[8]

풀이 배를 가득 채우면 배가 부르니 좋다고 할 것인가? 아니다. 한 숟가락 더 먹고 싶을 때 숟가락을 놓는 것이 지혜롭다. 이것이 앞에서 말한 '知止'요 '知足'이다. 그 반대의 경우도 마찬가지다. 높아지고 싶은가? 먼저 몸을 낮출지어다. 너무 올라가기만 힘쓰면 머지않아 반드시 후회가 생긴다. 비워야 채울 수 있는 것이 아닌가!

한자와 문법 '招'는 부를(초)이다.

3. 子曰, 不在其位하여는 不謀其政이니라.
자왈 부재기위 불모기정

번역 공자가 말했다. "그 자리에 있지 않으면 그 정사를 도모하지 말라."[9]

풀이 한국 사람들은 입만 열면 국가대사를 논한다. 그리하여 매사를 정치적으로 해석하고 해결하려는 경향도 보인다. 술자리에서 최고의 안주는 정치적 이슈와 정치인 품평이다. 일국의 대통령이나 총리 아니면 장관이나 정치인이 주 메뉴로 올라간다. 우국애민 의식이 남다르다고 느낄 때도 있다. 그러나 괜히 뒷맛이 씁쓸해져 온다. 말단

8 『書經』「大禹謨」에 보인다.

9 『論語』「泰伯」에 보인다.

직원이 사장이 할 일을 걱정할 필요는 없다. 되는 조직은 각자 직분에 맞게 생각하고 행동한다. 스스로 앞가림부터 잘하자. 그것이 진정한 나라사랑이다.

한자와 문법 '位'는 지위이고 '政'은 정사, 정치이다.

3

도리를 지키며 살라 [安義]

'안의安義'란 의리를 편하게 여기는 것이다. 의리는 인간관계의 마땅함을 표지한다. '할 수 있다'가 아니라 반드시 '해야 한다'는 의미의 '마땅함'이다. 좁혀보면 부부, 부자, 형제 사이에 꼭 지켜야 할 도덕적 규범이 의리다. 의리를 지켜야 주어진 이름이 떳떳해진다. 아무리 환경이 바뀐다고 해도 관계의 의리는 변할 수 없다. 어제의 형이 내일 아우가 되는 법은 없기 때문이다. 공자는 아버지가 자식을 위해 허물을 숨겨주고 자식이 아버지를 위해 허물을 숨겨주어야 한다고 했다. 이렇게 부자의 의리는 남다른 것이다. 그렇기 때문에 동양고전은 의리를 편하게 여길 줄 알아야 천륜天倫의 즐거움을 누릴 수 있다고 말하는 것이다.

1. 莊子曰(장자왈), 兄弟爲手足(형제위수족)이요 夫婦爲衣服(부부위의복)이라. 衣服破時(의복파시)엔 更得新(갱득신)이나 手足斷處(수족단처)엔 難可續(난가속)이니라.

번역 장자가 말했다. "형제는 수족이요, 부부는 의복이다. 의복이 해어졌을 때에는 다시 새것으로 갈아입을 수 있으나, 수족이 끊긴 곳은 잇기가 어려우니라."[10]

풀이 형제와 부부를 수족과 의복에 비유했다. 그 의도는 분명하다. 원초적 관계인 형제가 후천적 관계인 부부보다 우선한다는 사실을 강조하기 위함이다. 동양고전이 전통시

10 현재 전하는 『莊子』에는 없는 문장이다.

대의 이념을 표현하고 있기에 시비할 필요는 없다. 부부는 무촌이니 남이다. 살다가 인연이 다하면 헤어져도 그만이다. 다시 짝을 찾아 부부를 이루면 된다. 형제는 그럴 수 없다. 만일 부부관계로 인해 형제관계에 손상이 오면 어쩔 것인가? 답은 본문에 나와 있다.

한자와 문법 '爲'는 될(위), '更'은 부사로 다시(갱)이다. '斷'은 끊을(단), '續'은 이을(속), '破'는 깨뜨릴, 찢어질(파), '服'은 옷(복)이다. '得' 다음에 술어가 오면 '~할 수 있다'로 새긴다. '得新'은 새롭게 할 수 있다는 뜻이다.

2. 蘇東坡云, 富不親兮 貧不疎면 此是人間大丈夫요
소동파운 부불친혜 빈불소 차시인간대장부
富則進兮 貧則退면 此是人間眞小輩니라.
부즉진혜 빈즉퇴 차시인간진소배

번역 소동파가 말했다. "부유해졌다고 친한 척하지 않고, 가난해졌다고 소홀히 대하지 않는다면 이는 바로 사람 중의 대장부요, 부유해졌다고 찾아가고 가난해졌다고 피한다면 이는 사람 중의 진짜 소인배이니라."

풀이 더웠다가 서늘하여지는 세태, '염량세태炎涼世態'를 꼬집고 있다. 권세가 있으면 아첨하고, 몰락하면 냉대하는 세상의 인심은 예나 지금이나 매한가지다. 염량세태를 비웃는 대장부가 몇이나 될까? 나는 진정 의리를 변치 않는 대장부인가? 거울을 보고 답할 차례다.

한자와 문법 '親'은 친할, 가까울(친), '疎'는 트일, 멀, 성글(소)이다. '輩'는 무리(배)이다. '兮'는 중국 남방의 초사 계통 시문에서 보이는 감탄조사이다. 문장 끝이나 중간에 쓰여 감탄을 나타내거나 어기를 부드럽게 해주는 역할을 한다. '此是~'는 '이것은 ~이다'의 뜻이다.

소동파 동상

중국 항주 서호 제방에 있다. 소동파는 일찍이 항주태수를 지내면서 서호를 준설하고 제방을 축조한 바 있다. '소제(蘇堤)'라는 말이 이로 인해 생겨났다고 한다.

정기편 正己篇

1. 性理書云, 見人之善이어든 而尋己之善하고 見人之惡이어든
성리서운 견인지선 이심기지선 견인지악
而尋己之惡이니 如此라야 方是有益이니라.
이심기지악 여차 방시유익

『성리서』에서 말했다. "남의 착한 점을 보거든 나의 착한 점을 찾아보고, 남의 악한 점을 보거든 나의 악한 점을 찾을 것이니, 이와 같이 해야 바야흐로 이익이 있게 되느니라."

2. 景行錄云, 不自重者는 取辱하고 不自畏者는 招禍하고 不自滿者는
경행록운 부자중자 취욕 부자외자 초화 부자만자
受益하고 不自是者는 博聞하니라.[11]
수익 부자시자 박문

『경행록』에서 말했다. "스스로 존중하지 않는 자는 치욕을 받게 되고, 스스로 경외하지 않는 자는 화를 부르게 되고, 스스로 자만하지 않는 자는 이익을 받게 되고, 스스로 옳다고 생각하지 않는 자는 그 견문이 넓어지느니라."

청나라 양주 8괴의 한 사람 판교(板橋) 정섭(鄭燮, 1693~1765)의 글씨
'손해 보는 것은 복을 짓는 것'이라는 〈끽휴시복(喫虧是福)〉. "가득 차면 덜어지고 비어지면 차게 되니, 내 손해 보면 다른 이는 이득을 보네. 밖으로 남을 편하게 하면 안으로 내 맘도 편하게 되네. 화평과 편안함을 이어가는 것이 바로 복이 되는 것을(滿者損之機, 虧者盈之漸, 損于己則益於彼, 外得人情之平, 內得我心之安, 旣平且安, 福卽在是矣)."

11 '博聞'을 '傳聞'이라 한 판본도 있다.

3. 子曰(자왈), 君子不重則不威(군자부중즉불위)니 學則不固(학즉불고)니라. 主忠信(주충신)하며 無友不如己者(무우불여기자)요 過則勿憚改(과즉물탄개)니라.

> 공자가 말했다. "군자가 진중하지 않으면 위엄이 없게 되나니 배워도 견고해 질 수 없느니라. 충실과 신의를 위주로 하고 자기보다 못한 사람을 벗으로 사귀지 말 것이요, 과실이 있으면 고치기를 꺼리지 말아야 하느니라."[12]

4. 景行錄云(경행록운), 大丈夫當容人(대장부당용인)이언정 無爲人所容(무위인소용)이니라.

> 『경행록』에서 말했다. "대장부는 마땅히 남을 용서해줄지언정 남에게 용서받을 일이 없어야 하느니라."

티셔츠에 일본어로 '大丈夫だ、問題ない'라고 씌어 있다. 번역하면 '괜찮다. 문제없다.'이다. '대장부'를 왜 '괜찮다(다이죠부)'로 새길까? '대장부'는 글자 의미로 보면 '크고 멋진 지아비(남자)'일 터이다. 사내대장부라면 응당 의연하고 굳세야 하니 넘어져도 울지 않고 일어나야 하고, 작은 일에 좌절하거나 마음 아파하면 안 된다는 관념이 생겨났을 것이다. 아마 이렇게 해서 차츰 의미가 확장되어 남녀 구분 없이 어떤 경우에도 '위태롭지 않다', '괜찮다'를 뜻하게 된 듯하다.

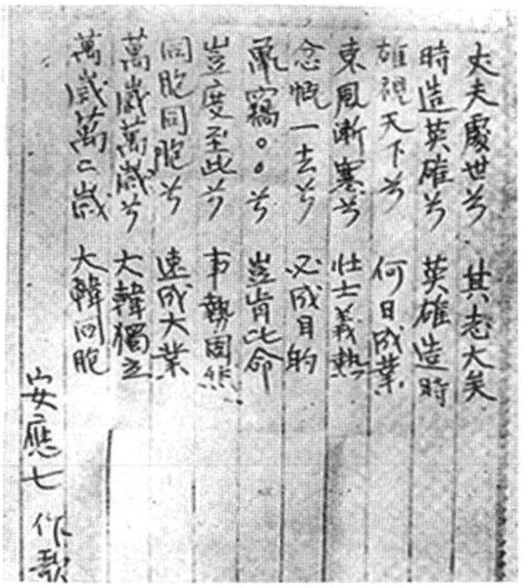

丈夫處世兮 其志大矣
時造英雄兮 英雄造時
雄視天下兮 何日成業
東風漸寒兮 壯士義熱
忿慨一去兮 必成目的
鼠竊○○兮 豈肯比命
豈度至此兮 事勢固然
同胞同胞兮 速成大業
萬歲萬歲兮 大韓獨立
萬歲萬〻歲 大韓同胞
安應七 作歌

진정한 천하대장부 안중근 의사의 〈장부가(丈夫歌)〉. "장부가 세상에 처함에 그 뜻이 크도다. 때가 영웅을 만듦이여 영웅이 또한 때를 만들도다. 천하를 웅시함이여 어느 날에 업을 이룰까. 동풍이 점점 차가우나 장사의 의기는 뜨겁도다. 분개하여 한번 갔으니 반드시 목적을 이루리로다. 쥐새끼 같은 도적 이토 히로부미여! 어찌 즐겨 목숨을 부지하리오. 어찌 이에 이를 줄 알았으리오. 일의 형세가 진실로 그러하도다. 동포, 동포여! 속히 대업을 이룰지어다. 만세, 만세, 대한독립! 만세, 만만세, 대한동포! 〔丈夫處世兮其志大矣, 時造英雄兮英雄造時, 雄視天下兮何日成業, 東風漸寒兮壯士義熱, 忿慨一去兮必成目的, 鼠竊伊藤兮豈肯比命, 豈度至此兮事勢固然, 同胞同胞兮速成大業, 萬歲萬歲兮大韓獨立, 萬歲萬萬歲大韓同胞〕."

---

12 『論語』「學而」에 보인다.

5. 景行錄云, 人資稟要剛하나니 剛則有立하니라.
경행록운 인자품요강 강즉유립

『경행록』에서 말했다. "사람이 타고난 품성이 강건해야 하나니 강건하면 세상에 설 수 있다."

6. 素書云, 釋己以教人者는 逆하고 正己以教人者는 順하니라.
소서운 석기이교인자 역 정기이교인자 순

『소서』[13]에서 말했다. "자신을 변명하면서 남을 가르치는 것은 이치를 거스르는 것이요, 자신을 바르게 하면서 남을 가르치는 것은 이치를 따르는 것이다."

7. 蘇武曰, 不可以己之所能而責人之所不能이요
소무왈 불가이기지소능이책인지소불능

不可以己之所長而責人之所短이니라.
불가이기지소장이책인지소단

남송 이적(李迪)의 〈소무목양도(蘇武牧羊圖)〉

소무가 양치는 그림. 중국 고사(高士) 인물화의 화제로 '소무목양'이 자주 등장한다. 흉노에 사신으로 갔을 때, 흉노의 선우(單于)가 그를 복속시키려고 온갖 협박을 가했으나 듣지 않았다. 흉노가 더욱 고통을 주려고 그를 대교(大窖: 큰 움) 안에 가두고 음식을 주지 않았는데, 때마침 눈이 내리자 소무는 쌓인 눈을 녹여 마시고 전모(氈帽)와 부절(符節)의 수술 같은 모직물을 뜯어 씹어 먹고 연명하였다. 이에 흉노가 그를 신이라고 여겨 다시 북해(北海: 바이칼호) 부근의 인적 없는 곳에 안치하고 양을 치게 했다. 소무는 그곳에서 온갖 고초를 다 겪으면서도 끝내 굴복하지 않았다. 그 후, 19년 만에 한(漢)과 흉노의 화친으로 한나라로 돌아왔다. 소무가 가지고 간 부절의 깃털은 다 모지라지고 수염과 머리털만 허옇게 되었다는 고사에서, 고생을 하면서도 충성과 절개를 굳게 지키는 것을 '설교지절(雪窖之節)'이라고 한다.

13 '素書'는 兵書의 이름으로, 黃石公이 찬술하고 宋나라 張商英이 주석을 했다. 道·德·仁·義·禮 다섯 가지를 위주로 말해놓았는데, 老子의 말을 주석으로 삼았다.

소무[14]가 말했다. "자기가 잘할 수 있는 것을 가지고 남이 잘하지 못한 것을 책망해서는 안 되고, 자기가 뛰어난 것을 가지고 남이 뛰어나지 못한 것을 책망해서는 안 된다."

8. 魯共公曰, 以德勝人則強하고 以財勝人則凶하고 以力勝人則亡하니라.
노공공왈 이덕승인즉강 이재승인즉흉 이력승인즉망

노나라 공왕이 말했다. "덕으로써 남을 이기면 강대하게 되고, 재물로써 남을 이기면 흉험하게 되며, 힘으로써 남을 이기면 멸망하게 된다."

9. 荀子曰, 以善先人者를 謂之教요 以善和人者를 謂之順이요 以不善先人者를 謂之諂이요 以不善和人者를 謂之諛니라.
순자왈 이선선인자 위지교 이선화인자 위지순 이불선선인자 위지첨 이불선화인자 위지유

순자가 말했다. "선의에서 출발하여 남을 끌어올리는 것을 일러 '교회(教誨)'라 하고, 선의에서 출발하여 남을 따르는 것을 일러 '순응(順應)'이라 하고, 악의에서 출발하여 남을 끌어올리는 것을 일러 '아첨(阿諂)'이라 하고, 악의에서 출발하여 남을 따르는 것을 일러 '아유(阿諛)'라 한다."[15]

10. 孟子曰, 以力服人者는 非心服也니 力不贍也오 以德服人者는 中心悅而誠服也니라.
맹자왈 이력복인자 비심복야 역불섬야 이덕복인자 중심열이성복야

맹자가 말했다. "힘으로써 남을 복종시키는 것은 상대방의 마음을 복종시키는 것이 아니라 힘이 부족하기 때문에 복종하게 하는 것이고, 덕으로써 남을 복종시키는 것은 상대방의 마음을 기쁘게 하여 진실로 복종하게 하는 것이다."[16]

11. 太公曰, 見人善事어든 卽須記之하고 見人惡事어든 卽須掩之하라.
태공왈 견인선사 즉수기지 견인악사 즉수엄지

태공이 말했다. "남이 행한 착한 일을 보거든 반드시 기억해 두고, 남이 행한 악한

---

14 蘇武((?B.C. 140~B.C. 60): 중국 전한의 정치가. 자는 자경(子卿). 흉노에 사신으로 가서 잡혀 19년간 억류되었다가 귀국했는데, 절개를 굳게 지킨 공으로 전속국(典屬國)에 임명되었다.

15 『荀子』「修身」에 보인다.

16 『孟子』「公孫丑上」에 보인다.

일을 보거든 반드시 덮어 두어라."

12. 孔子曰, 匿人之善을 斯謂蔽賢이요 揚人之惡을 斯謂小人이라.
공자왈 익인지선 사위폐현 양인지악 사위소인

言人之善을 若己有之하고 言人之惡을 若己受之하라.
언인지선 약기유지 언인지악 약기수지

공자가 말했다. "남의 선행을 숨기는 것을 '폐현'이라 하고 남의 악행을 들춰내는 것을 '소인'이라 한다. 남의 선행을 말할 때는 마치 자기가 그런 일이 있었던 것 같이 하고, 남의 악행을 말할 때는 마치 자기가 그런 욕을 받은 것 같이 하라."[17]

13. 馬援曰, 聞人之過失이어든 如聞父母之名하여 耳可得聞이언정
마원왈 문인지과실 여문부모지명 이가득문

口不可言也니라.
구불가언야

마원[18]이 말했다. "남의 과실을 듣거든 (함부로 불러서는 안 되는) 부모의 이름을 듣는 것과 같이 하여 귀로 들을 수는 있을지언정 입에 올려 말해서는 안 되느니라."[19]

마원
후한 광무제(光武帝)의 신하로서 복파장군(伏波將軍)에 임명되어, 교지(交趾: 북베트남) 지방에서 봉기한 징칙(徵側)과 징이(徵貳) 자매의 반란을 토벌하고, 하노이 부근의 낭박(浪泊)까지 진출하여 그곳을 평정하였다. 그 공로로 신식후(新息侯)가 되었다.

중국 계림(桂林) 복파산(伏波山) 앞, 〈복파장군상〉
베트남 역사상 최초로 일어난 독립전쟁을 무력으로 진압한 복파장군 마원을 기리고 있다.

17 『孔子家語』「辯政」에 보인다.
18 마원(馬援, B.C. 14~A.D. 49): 중국 後漢의 장군이다.
19 『後漢書』「馬援列傳」에 보인다.

14. 孟子曰(맹자왈), 言人之不善(언인지불선)이라가 當如後患(당여후환)에 何(하)리오.

맹자가 말했다. "남의 좋지 못한 일을 이야기하다가 응당 그 결과에 따른 후환을 어떻게 할 것인가?"[20]

15. 康節邵先生曰(강절소선생왈), 聞人之謗(문인지방)이라도 未嘗怒(미상노)하며 聞人之譽(문인지예)라도 未嘗喜(미상희)하며 聞人之惡(문인지악)이라도 未嘗和(미상화)하며 聞人之善(문인지선)이면 則就而和之(즉취이화지)하고 又從而喜之(우종이희지)니라. 其詩曰(기시왈), 樂見善人(낙견선인)하며 樂聞善事(낙문선사)하며 樂道善言(낙도선언)하며 樂行善意(낙행선의)하고 聞人之惡(문인지악)이어든 如負芒刺(여부망자)하고 聞人之善(문인지선)이어든 如佩蘭蕙(여패란혜)니라.

강절 소 선생이 말했다. "남의 비방을 들어도 성내는 적이 없었으며, 남의 기림을 들어도 기뻐한 적이 없었으며, 남의 나쁜 소문을 듣더라도 이에 동조한 적이 없었으며, 남의 착한 소식을 듣고서는 곧 나아가 어울리고 또 따라 기뻐했느니라. (그래서) 시(詩)에 이렇게 썼다. '선한 사람 보기를 즐겨 하며, 선한 일 듣기를 즐겨 하며, 선한 말 말하기를 즐겨하며, 선한 뜻 행하기를 즐겨 하며, 남의 악한 점을 듣거든 가시를 몸에 진 것 같이 여기고, 남의 선한 점을 듣거든 난초를 몸에 지닌 것 같이 여기라.'고."[21]

16. 詩云(시운), 心無妄思(심무망사)하고 足無妄走(족무망주)하고 人無妄交(인무망교)하고 物無妄受(물무망수)하라.

(소강절이) 시에서 말했다. "마음으로 망령되이 생각하지 말고, 발로 망령되이 달리지 말며, 남과 망령되이 사귀지 말고, 재물은 망령되이 받지 말라."[22]

17. 近思錄云(근사록운), 遷善(천선)을 當如風之速(당여풍지속)하고 改過(개과)를 當如雷之烈(당여뢰지열)하라.

『근사록』에서 (주자가) 말했다. "선으로 옮겨가기를 바람처럼 빠르게 해야 하며, 허물 고치기를 번개처럼 빠르게 해야 하느니라."

---

20 『孟子』 「離婁章句下」에 보인다.

21 『性理大全』 『皇極經世書』, 觀物外篇, 「無名公傳」, 『伊川擊壤集』 卷14, 「安樂吟」에 보인다.

22 『伊川擊壤集』 卷14, 「甕牖吟」에 보인다.

18. 子貢曰, 君子之過也는 如日月之食焉이라.
자공왈 군자지과야 여일월지식언

過也에 人皆見之하고 更也에 人皆仰之니라.
과야 인개견지 경야 인개앙지

자공이 말했다. "군자의 실수는 일식이나 월식과 같다. 실수를 하면 사람들이 모두 보고서 알 수 있고, 그 실수를 고치고 나면 사람들 모두가 다시 우러러보게 되는 법이다."[23]

19. 知過必改하고 得能莫忘하라.
지과필개 득능막망

허물을 알았거든 반드시 고치고 능력을 얻었거든 잊지 말라.[24]

20. 子曰, 過而不改면 是謂過矣니라.
자왈 과이불개 시위과의

공자가 말했다. "허물이 있음에도 고치지 않으면 이것을 일러 '허물'이라 하느니라."[25]

21. 直言訣曰, 聞過不改를 是謂過矣라. 愚者는 若駑馬也라. 駑馬는
직언결왈 문과불개 시위과의 우자 약노마야 노마

自受鞭策하고 愚人은 終受毁捶하여 而不漸其駕也니라.
자수책편 우인 종수훼추 이부점기가야

『직언결』에서 말했다. "자기의 허물을 듣고도 고치지 않는 것, 이것을 일러 진짜 허물이라 한다. 우둔한 사람은 노둔한 말과 같다. 노둔한 말은 스스로 끊임없이 채찍을 맞아야 하고, 우둔한 사람은 끝까지 호된 비판과 독려를 받아야 한다. 그럼에도 그들의 행동을 조금도 개선시키지 못하느니라."

22. 子曰, 三人行에 必有我師焉이니 擇其善者而從之오
자왈 삼인행 필유아사언 택기선자이종지

其不善者而改之니라.
기불선자이개지

공자가 말했다. "세 사람이 길을 가면 그중에 반드시 나의 스승이 있다. 선한 사람의 선은 취하여 따르고 선하지 못한 사람의 악은 거울로 삼아 내 허물을 고치면

23 『論語』「子張」에 보인다.

24 周興嗣의 『千字文』에 보인다.

25 『論語』「衛靈公」에 보인다.

되느니라."[26]

23. 景行錄云, 寡言擇交면 可以無悔吝하고 可以免憂辱이니라.

경행록운 과언택교 가이무회린 가이면우욕

『경행록』에서 말했다. "말수가 적은 사람을 골라 사귀면 회한(悔恨: 뉘우침)을 없게 할 수 있고, 근심과 치욕을 면할 수 있다."

24. 太公曰, 多言은 不益其體하고 百藝는 不忘其身이니라.[27]

태공왈 다언 불익기체 백예 불망기신

태공이 말했다. "말을 많이 하는 것은 자신의 몸에 이익이 되지 않고, 온갖 재주를 지녔다 하더라도 자기 몸을 잊어서는(해쳐서는) 안 된다."

강태공 여상은 팔십의 나이에 위수(渭水: 감숙성과 섬서성의 서안을 거쳐 흐르는 강) 반계(磻溪)에서 꼬부라진 갈고리〔曲鉤〕를 매달지 않고, 미끼 없는 '곧은 낚시〔直鉤〕' 바늘을 수면으로부터 석 자가량 떨어진 허공에 드리운 채 낚시를 했다. 사람들은 그 이유를 알지 못하고 비웃었지만 그는 개의치 않았다. 주 문왕(周文王)을 만나 지우(知遇) 받을 '때'를 낚고 있었기 때문이다.

겸재 정선의 〈조어도(釣魚圖)〉

〈조어도〉는 일반적으로 은일 처사인 강태공(姜太公)이나 엄자릉(嚴子陵)의 고사와 연관이 있다.

26 『論語』「述而」에 보인다.

27 『論語』「顔淵」에 "一朝之忿, 忘其身, 以及其親, 非惑與[일시적인 분노로 자신을 잊고 싸우다 부모에게 화가 미치게 하는 것이 미혹한 짓이 아니겠는가]."라 했고, 『禮記』「檀弓」에 "我則隨武子乎. 利其君, 不忘其身, 謀其身, 不遺其友[나는 무자를 따를 것인저! 그 임금을 이롭게 하면서도 그 몸을 잊지 않고, 그 몸을 도모하면서도 그 벗을 버리지 않는다]."란 구절이 있다. 따라서 '不忘其身'은 자신의 몸을 돌보지 않고 어떤 일에 몰입하는 것을 뜻한다.

25. 景行錄云, 寡言則省謗하고 寡欲則保身이라.
경행록운 과언즉생방 과욕즉보신

『경행록』에서 말했다. "말을 적게 하면 남의 비방을 줄일 수 있고, 욕심을 적게 가지면 생명을 보전할 수 있다."

26. 景行錄曰, 保生者는 寡慾하고 保身者는 避名이니 無慾은 易나 無名은 難이니라.
경행록왈 보생자 과욕 보신자 피명 무욕 이 무명 난

『경행록』에서 말했다. "생명을 보전하려는 자는 욕심을 적게 하고 몸을 보전하려는 자는 명예를 피할 것이니, 다른 욕심을 없애기는 쉬우나 명예욕을 없애기는 어렵다."

27. 景行錄云, 務名者는 殺其身하고 多財者는 殺其後니라.
경행록운 무명자 살기신 다재자 살기후

『경행록』에서 말했다. "명예를 얻고자 힘쓰는 사람은 자기 몸을 죽게(해치게) 할 수 있고, 재물을 너무 많이 불린 사람은 자기 후손을 죽게(해치게) 할 수 있다."

28. 老子曰, 欲多면 傷神하고 財多면 累身이니라.
노자왈 욕다 상신 재다 누신

노자가 말했다. "욕심이 너무 많으면 정신을 손상시킬 수 있고, 재물(돈)이 너무 많으면 자신의 몸을 지치게 할 수 있다."

29. 胡文定公曰, 人이 須是一切世味에 淡薄이라야 方好하나니 不要有富貴相이니라.
호문정공왈 인 수시일체세미 담박 방호 불요유부귀상

호문정(호안국)[28]이 말했다. "사람은 반드시 세상의 모든 재미를 담박하게 여겨야만 비로소 좋게 되나니 부귀한 외모를 지녀서는 안 된다."[29]

30. 李端伯師說에, 人於外物奉身者에 事事要好로대
이단백사설 인어외물봉신자 사사요호

28 '胡文定公'은 남송시대 경학자인 胡安國(1074~1138)이다. 죽은 뒤에 '文定'이란 시호를 받았다. 『春秋傳』 30권을 편찬했다.

29 『小學』 「嘉言」에 보인다.

只有自家一個身與心을 卻不要好하나니 苟得外面物好時이면
지유자가일개신여심 각불요호 구득외면물호시

卻不知道自家身與心이 已自先不好了也니라.
각부지도자가신여심 이자선불호료야

이단백이 전한 『사설』[30]에서 말했다. “사람은 자신의 몸을 받드는 음식이나 옷과 같은 외면적인 물건에 대해서는 모든 것이 다 좋기를 바라면서도, 다만 자기 한 개인의 몸과 마음만은 도리어 좋기를 바라지 않는다. 간혹 기대하던 좋은 물건을 얻었을 때는 도리어 자신의 몸과 마음이 이미 먼저 나빠졌다는 사실을 알지 못한다.”[31]

31. 呂氏童蒙訓曰, 攻其惡이오 無攻人之惡이니 蓋自攻其惡하여
여씨동몽훈왈 공기악 무공인지악 개자공기악

日夜自己點檢하되 絲毫不盡이라도 則愧於心矣니
일야자기점검 사호부진 즉무어심의

豈有工夫點檢他人耶리오.
기유공부점검타인야

여씨가 『동몽훈』[32]에서 말했다. “자기의 악을 공격하여 다스리고 남의 악을 공격하지 말라.[33] 대개 스스로 자신의 악함을 공격하여 밤낮으로 스스로를 점검하되 털끝만큼이라도 미진함이 있다면 마음속으로 실망할 것이니 어찌 다른 사람을 점검해서 단속할 겨를이 있겠는가?”[34]

30 ‘端伯’은 북송의 성리학자 이유(李籲)의 字이다. 그는 洛人으로 일찍이 二程을 스승으로 섬겼다. 『二程遺書』 卷首에 『端伯傳師說』이 있는데, 이는 이유가 스승들의 언행을 기록해 놓은 것이다. 후대에 二程의 언행을 가장 잘 드러냈다는 평가를 받는다. 『宋元學案』 권30, 「劉李諸儒學案」에는 “李籲, 字端伯, 緱氏人. 第進士. 元祐中, 爲祕書省校書郎, 卒. 先生與劉質夫才器志尙頗相同. 伊川云, 端伯相聚雖不久, 未見他操履, 然才識穎悟, 自是不能已也. 又云, 明道語錄, 只有端伯本無錯. 他人多只依說時, 不敢改, 或脫忘一兩字, 便大別. 端伯卻得其意, 不拘言語, 往往錄得都是. 先生歿, 追悼之曰, 自予兄弟倡明道學, 能使學者視傚而信從者, 籲與絇有力焉.”이라 했다.

31 『二程遺書』 권1, 「端伯傳師說」, 『小學』 「嘉言」, 『近思錄』 「警戒」 등에 보인다.

32 ‘童蒙訓’은 宋나라 呂本中(1084~1145)이 修身・治學・從政에 관한 송나라 선비들의 言論을 채집하여 3권으로 만든 訓蒙 교재이다.

33 『論語』 「顏淵」에 “攻其惡, 無攻人之惡, 非修慝與[자기의 악을 다스리고 남의 악을 다스리지 않는다면 간특함을 닦는 것이 아니겠는가].”라 했다.

34 『小學』 「嘉言」에 보인다.

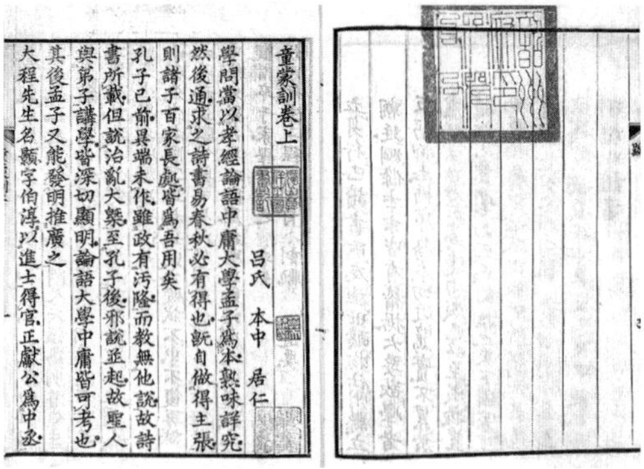
童蒙訓卷上
呂氏 本中 居仁
學問當以孝經論語中庸大學孟子爲本熟味詳究
然後通求之詩書易春秋必有得也旣自做得主張
則諸子百家長處皆爲吾用矣
孔子已前異端未作雖政有汚隆而教無他說故詩
書所載但說治亂大槩至孔子後邪說並起故聖人
與弟子講學皆深切顯明論語大學中庸皆可考也
其後孟子又能發明推廣之
大程先生名顥字伯淳以進士得官正獻公爲中丞

송나라 여본중(呂本中)이 지은 『동몽훈 (童蒙訓)』 또는 『여씨동몽훈(呂氏童蒙訓)』 3권.

32. 孫眞人養生銘云(손진인양생명운), 怒甚偏傷氣(노심편상기)요 思多太損神(사다태손신)이라. 神疲心易役(신피심이역)이요 氣弱病相因(기약병상인)이라. 勿使悲歡極(물사비환극)하고 當令飮食均(당령음식균)하며 再三防夜醉(재삼방야취)하고 第一戒晨嗔(제일계신진)하라.

손진인[35]이 「양생명」에서 말했다. "성냄이 심하여 치우치면 기운을 상하게 하고, 생각이 많아 지나치면 정신을 손상시킨다. 정신이 피로하면 마음이 쉽게 부림을 받고, 기운이 약하면 병이 그에 따라 일어나게 된다. 극도에 이르도록 슬퍼하거나 기뻐하지 말고, 음식은 마땅히 고르게 취해야 하며, 재삼 밤에 술 취하는 것을 막고, 새벽에 성내는 것을 제일로 경계할지어다."

33. 景行錄云(경행록운), 節食養胃(절식양위)하고 淸心養神(청심양신)하라. 口腹不節(구복부절)은 致疾之因(치질지인)이요 念慮不正(염려부정)은 殺身之本(살신지본)이니라.

『경행록』에서 말했다. "음식을 절제하여 위장을 보양하고, 마음을 맑히고 욕심을 적게 가져 정신을 수양하라. 입과 배의 즐거움을 절제하지 못하면 이것이 바로 병을 부르는 원인이 되고, 생각하는 것이 바르지 못하면 이것이 바로 자기 몸을 죽이는 근원이 되느니라."

34. 子曰(자왈), 君子(군자)는 食無求飽(식무구포)하며 居無求安(거무구안)하니라.

---

35 '孫眞人': 孫은 성씨를 나타내고, 眞人이란 불로장생의 참된 도를 깨우친 선인(仙人)을 일컫는 말이다. 혹자는 唐나라의 醫術家 손사막(孫思邈)이라고 말하기도 한다.

공자가 말했다. "군자라면 먹을 때 배부르길 바라지 않고, 거처할 땐 편안하기를 바라지 않는다."[36]

35. 脈訣曰, 智者는 能調五臟和니라.
맥결왈 지자 능조오장화

『맥결』에 말했다. "지혜로운 사람은 오장이 조화되도록 조절할 수 있느니라."

서진(西晉) 왕숙화(王叔和, 210~258)의 〈맥결(脈訣)〉
후인이 교정과 도주(圖註)했다. 왕숙화는 중국의학사에서 두 가지 중요한 공헌을 했는데, 하나는 장중경(張仲景)의 『상한잡병론(傷寒雜病論)』을 정리하여 새롭게 편차한 것이고, 다른 하나는 전문적으로 맥법(脈法)을 연구한 『맥경(脈經)』을 지은 것이다.

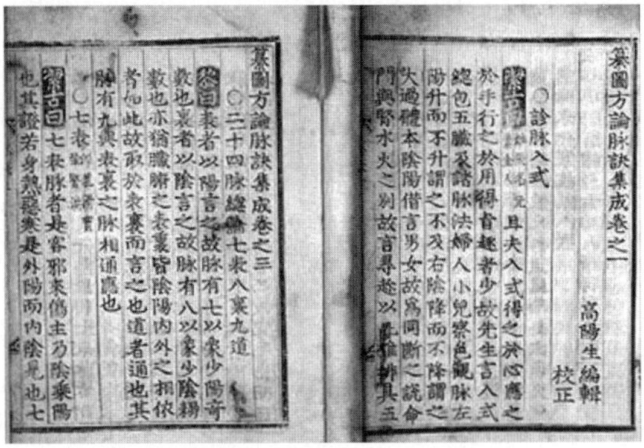

『찬도방론맥결집성(纂圖方論脈訣集成)』
1581년(선조 14) 허준(許浚)이 편찬한 침구(鍼灸)에 관한 의서(醫書). 중국 육조(六朝) 때의 고양생(高陽生)이 편한 의서를 발췌. 교정하여 저술한 것으로 일명 『찬도맥결(纂圖脈訣)』이라고도 한다.

36. 喫食少添鹽醋하고 不是去處休去하라.
끽식소첨염초 불시거처휴거

要人知면 重勤學하고 怕人知면 己莫作하라.
요인지 중근학 파인지 기막작

밥 먹을 때에는 소금과 식초를 조금만 치고, 가야 할 곳이 아니면 가지 말라. 남에게 알려지고자 한다면 열심히 공부하는 것을 가장 중시해야 하고, 남에게 알려지는 것이 두렵다면 스스로 아무 일도 하지 말라.

37. 若欲不知면 除非莫爲니라.[37]
약욕부지 제비막위

36 『論語』「學而」에 보인다.

만일 남에게 알려지지 않고 싶다면 아무 일도 하지 말아야 한다.

38. 老子曰, 欲人不知는 莫若無爲요 欲人不言은 莫若不爲니라.
노자왈 욕인부지 막약무위 욕인불언 막약불위

노자가 말했다. "남들이 나에 대해 알지 못하게 하고 싶다면 스스로 아무 일도 하지 않는 것보다 좋은 방법은 없고, 남들이 나에 대해 말하지 못하게 하고 싶다면 스스로 아무것도 하지 않는 것보다 좋은 방법이 없느니라."[38]

39. 老子曰, 人能常清靜이면 天地悉皆歸니라.
노자왈 인능상청정 천지실개귀

노자가 말했다. "사람이 만일 늘 맑고 깨끗한 마음을 유지할 수 있다면 천지자연이 죄다 그 한 몸으로 돌아가 모일 것이다."[39]

40. 道高에 龍虎伏하고 德重에 鬼神欽하니라.
도고 용호복 덕중 귀신흠

도를 수행하여 높아지면 용과 범도 감복하고, 고상한 덕망이 두터워지면 귀신도 공경하게 된다.[40]

41. 荀子曰, 積土成山에 風雨興焉하고 積水成淵에 蛟龍生焉하고 積善成德에 而神明自得하여 聖心循焉하니라.
순자왈 적토성산 풍우흥언 적수성연 교룡생언 적선성덕 이신명자득 성심순언

순자가 말했다. "흙을 쌓아 산을 이루면 그에 따라 풍우가 생겨나고, 물이 모여 못을 이루면 교룡이 살게 된다. 선을 쌓아 덕을 이루면 신명함이 저절로 터득되어 성인의 마음이 갖추어지게 된다."

---

37 '除非'는 접속사로 '오직 …하여야'로 새긴다. 유일한 조건을 나타내는 구문에서 주로 사용된다.

38 漢나라 매승(枚乘)의 「上書諫吳王」에는 "欲人勿聞, 莫若勿言, 欲人勿知, 莫若勿爲."라 했다.

39 도교의 주요 경전인 『太上老君說常清靜經』에는 "老君曰, 大道無形, 生育天地, 大道無情, 運行日月, 大道無名, 長養萬物. 吾不知其名, 强名曰道. 夫道者, 有淸有濁, 有動有靜. 天淸地濁, 天動地靜, 男淸女濁, 男動女靜. 降本流末, 而生萬物. 淸者, 濁之源, 動者, 靜之基. 人能常淸靜, 天地悉皆歸."라 했다.

40 북송시대 張伯端이 지은 『紫陽眞人悟眞篇』에 "好把眞鉛著意尋, 莫教容易度光陰, 但將地魄擒朱汞, 自有天魂制水金, 可謂道高龍虎伏, 堪言德重鬼神欽, 已知壽永齊天地, 煩惱無由更上心."이라 했다.

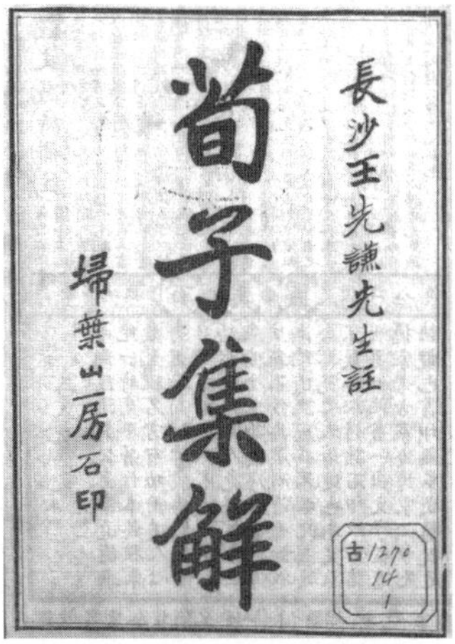

왕선겸(王先謙, 1842~1917)이 주석하고, 1891년 소엽산방(埽葉山房)에서 석인한 『순자집해(荀子集解)』.

『순자집해』 권1 권학편(勸學篇) 본문

42. 蘇黃門曰, 衣冠佩玉하면 可以化強暴하고
소황문왈 의관패옥 가이화강포

深居簡出하면[41] 可以卻猛獸하고
심거간출 가이각맹수

定心寡欲하면 可以服鬼神하니라.
정심과욕 가이복귀신

소황문(소철)[42]이 말했다. "의관에 옥을 찬 바른 면모를 갖추면 강포한 자도 교화시킬 수 있고, 깊은 곳에 살면서 드물게 출입하면 맹수도 물리칠 수 있으며, 마음을 안정하고 욕심을 적게 하면 귀신도 감복시킬 수 있다."

소철
송나라의 산문가로 소동파의 아우이다. 소순, 소식, 소철 3부자를 '삼소(三蘇)'라고 불렀다.

43. 性理書云, 修身之要는 言忠信하고 行篤敬하고 懲忿窒欲하며
성리서운 수신지요 언충신 행독경 징분질욕

遷善改過니라.
천선개과

『성리서』에서 말했다. "수신의 요체는 다음과 같다. 말은 충성스럽되 신뢰가 있도

41 '深居簡出'은 (짐승들이) 깊고 은밀한 곳에서 지내면서 바깥출입을 매우 드물게 하는 것을 뜻한다. 唐나라 韓愈는 「送浮屠文暢師序」에서 "夫獸深居而簡出, 懼物之爲己害也."라고 했다.

42 蘇轍(1039~1112): 宋나라 散文家. 宋 哲宗 때 門下侍郎를 역임했다. 秦漢 시대에는 '문하시랑'을 '黃門侍郎'이라 불렀다.

록 하고, 행동은 독실하되 공경스러움이 있도록 하며, 분노를 억제하고 욕심을 틀어막으며, 선행을 실천하고 허물을 고치는 것이니라."

44. 景行錄云, 凡修身爲學이 不在文字言語中이요 只平日待人接物이 便是니라. 取非其有를 謂之盜요 欲非其有를 謂之賊이니라.
경행록운 범수시위학 부재문자언어중 지평일대인접물 변시 취비기유 위지도 욕비기유 위지적

『경행록』에서 말했다. "무릇 몸을 닦고 학문을 하는 일이 문자나 언어에 있는 것이 아니다. 그저 평소에 사람들을 접대하는 일이 바로 이것(몸을 닦고 학문을 하는 일)이다. 자기 소유가 아닌 것을 취하는 것을 일러 '도(盜: 도둑)'라 하고, 자기 소유가 아닌 것을 차지하려 하는 것을 일러 '적(賊: 도적)'이라고 하느니라."

45. 太公曰, 修身이 莫若敬이요 避強이 莫若愼이니라.
태공왈 수신 막약경 피강 막약신

태공이 말했다. "몸을 닦는 일은 공경하는 것보다 나은 것이 없고, 강포한 자를 피하는 일은 삼가는 것보다 나은 것이 없느니라."

당나라 상찬(常粲)의 〈위수방현도(渭水訪賢圖)〉 두루마리

주나라 문왕이 위수에서 낚시하던 강태공을 찾아가는 그림이다. 당시 문왕은 부패한 상나라 주(紂)를 몰아내고 새로운 나라를 건설하려는 야심을 품고 있었다. 그는 자기를 도와줄 인재를 찾고 있었는데, 어느 날 사냥하러 나갔다가 우연히 위수를 지나게 되었는데, 그때 곧은 낚시질을 하고 있는 강태공을 보았다. 그가 범상한 인물이 아님을 직감한 문왕은 그를 수레에 태워 궁으로 데려와 태사(太師)로 삼았다. 그 후 강태공은 문왕의 아들 무왕(武王)을 도와 상(商)나라를 멸하고 천하를 통일하였다.

46. 定心應物이면 雖不讀書라도 可以爲有德君子니라.
정심응물 수부독서 가이위유덕군자

마음을 안정시켜 외물에 잘 대응한다면 비록 글을 읽지 않았더라도 덕행이 있는 군자라 할 수 있다.

47. 禮記曰(예기왈), 君子(군자)는 奸聲亂色(간성란색)을 不留聰明(불류총명)하고 淫樂慝禮(음악닉례)를 不接心術(부접심술)하며 惰慢邪辟之氣(타만사벽지기)를 不設於身體(불설어신체)하여 使耳目鼻口心知百體(사이목비구심지백체)로 皆由順正(개유순정)하여 以行正義(이행정의)하니라.

『예기』에서 말했다. "군자는 간사한 소리와 어지러운 광경을 자신의 귀와 눈에 남겨놓지 않으며(듣지도 보지도 않으며), 음란한 음악과 부정한 예절을 조금도 자신의 마음속에 가까이하지 않으며, 게으르고 거만하며 사악하고 편벽된 기운을 조금도 자신의 몸속에 퍼지도록 하지 않으며, 귀와 눈, 코와 입, 마음과 지각, 몸의 각 부분으로 하여금 모두 정도에 순응하도록 하여 정의를 실천해야 하느니라."[43]

48. 景行錄云(경행록운), 古人(고인)은 克己以避名(극기이피명)하고 今人(금인)은 飾己以要譽(식기이요예)하나니, 所以(소이)로 古人(고인)은 臨大節而不奪(임대절이불탈)하고 今人(금인)은 見小利而易守(견소리이역수)하니라. 君子(군자)는 則無古今(즉무고금)하고 無治無亂(무치무란)하며 出則忠(출즉충)하고 入則孝(입즉효)하며 用則智(용즉지)하고 舍則愚(사즉우)하니라.

『경행록』에서 말했다. "옛분들은 사욕을 극복하여 명성을 피했지만 지금 사람들은 자신을 꾸며 명예를 구하려 한다. 그래서 옛분들은 대절(대의를 위하여 목숨을 바쳐 지키는 절개) 앞에서 지조를 빼앗기지 않았으나 지금 사람들은 자잘한 이익을 보고서 지조를 쉽게 바꾼다. 군자는 예나 지금이나 치세나 난세나 지조를 지키는 것에서는 다름이 없으니, 집밖으로 나가서는 충성하고 집안에 들어와서는 효도하며, 등용되면 지혜롭게 행동하고 버려지면(등용되지 못하면) 바보처럼 살아가느니라."

49. 老子曰(노자왈), 萬般求生(만반구생)이 不如修身(불여수신)이요 千般求生(천반구생)이 不如禁口(불여금구)니라.

노자가 말했다. "만 가지로 영생을 추구하더라도 제 몸 하나 잘 닦는 것만 못하고,

43 『禮記』「樂記」, 『小學』「敬身」에 보인다.

천 가지로 영생을 추구하더라도 입을 닫고 함부로 말하지 않는 것만 못하니라.”

50. 太公曰(태공왈), 身須擇行(신수택행)하고 口須擇言(구수택언)하라.

태공이 말했다. “몸은 반드시 행위를 잘 골라 움직여야 하고, 입은 반드시 언어를 잘 골라 말해야 하느니라.”

51. 直言訣曰(직언결왈), 治家治身者(치가치신자)는 猶如搆屋者(유여구옥자)니 先固基址(선고기지)니라. 立身者(입신자)는 先要其德行(선요기덕행)하고 成家者(성가자)는 先要其產業(선요기산업)하고 治家者(치가자)는 須葺其房屋(수즙기방옥)하니라. 舍修(사수)면 可以庇人物(가이비인물)이요 立身(입신)이면 可以奉神明(가이봉신명)이요 全家(전가)면 可以安長幼(가이안장유)요 治國(치국)이면 可以保君子(가이보군자)니라. 若基址不實(약기지부실)이면 屋必崩裂(옥필붕렬)하고 心行若虐(심행약학)이면 身體危辱(신체위욕)하여 家必喪亡(가필상망)이요 百姓離亂(백성리란)이면 國必傾墜(국필경추)리니 君臣何保(군신하보)며 家若喪亡(가약상망)이면 長幼何托(장유하탁)하며 身若危辱(신약위욕)이면 神明何安(신명하안)하며 摧崩房屋(최붕방옥)이면 人物何庇(인물하비)리오. 成敗如斯(성패여사)한대 孰可察也(숙가찰야)리오.

『직언결』에서 말했다. “집안을 관리하고 심신을 수양하는 사람은 마치 집을 짓는 사람과 마찬가지로 반드시 먼저 그 기초를 단단하게 해두어야 한다. 몸을 세우고자 하는 사람은 먼저 덕행을 닦아야 하고, 집을 이루고자 하는 사람은 먼저 자기의 산업을 안정시켜야 하며, 집안을 다스리려는 사람은 반드시 그 집을 잘 수리해야 하나니, 수리를 하고 나면 비바람으로부터 사람과 물건을 잘 보호할 수 있다. 안심입명(安心立命)[44]하면 신명을 받들 수 있고, 집안을 잘 보전하면 어른과 어린이

단원 김홍도의 기와이기 〈즙와(葺瓦)〉

44 安心立命: 천명을 깨닫고 생사와 이해를 초월하여 마음의 평안을 얻는다는 말이다.

를 편안하게 할 수 있으며, 나라를 잘 다스리면 군자를 보호할 수 있다. 만약 기초가 견고하지 못하면 반드시 집이 무너질 것이요, 마음과 행동이 포학하다면 몸이 위태롭고 치욕스럽게 되어 그 집안도 반드시 망하게 될 것이다. 백성이 삶의 터전을 잃고 흩어져 혼란하게 되면 나라가 반드시 무너져버릴 것이니, 그런 상황에서 임금과 신하가 어떻게 보전될 수 있겠는가? 집안이 망해 없어진다면 어른과 어린이가 어디에 의탁할 것이며, 몸이 만일 위태롭고 치욕스럽게 되었다면 신명이 어찌 편안하겠으며, 집이 무너지는데 사람과 물건이 어떻게 보호받을 수 있겠는가? 성공과 실패가 이와 같은데, 어느 누가 이를 제대로 살필 수 있으리오?"

52. 警身錄云, 聖世獲生乎인저 始覺寸陰勝尺璧이로다.[45]
경신록운 성세획생호 시각촌음승척벽

豈不去邪從正하여 惜身重命이리오. 如人未歷於事면
기불거사종정 석신중명 여인미력어사

當明根葉之異와 禍福之殊하라. 根葉者는 賢良篤行엔 信爲本이오
당명근엽지이 화복지수 근엽자 현량독행 신위본

正直剛毅는 枝葉也라. 父母己身엔 性爲本이오 妻子財物은
정직강의 지엽야 부모기신 성위본 처자재물

枝葉也라. 一家之內엔 糧爲本이오 不急之物은 枝葉也라.
지엽야 일가지내 양위본 불급지물 지엽야

免辱免刑엔 仁爲本이오 倚財靠勢는 枝葉也라. 疾病欲痊엔
면욕면형 인위본 의재고세 지엽야 질병욕전

藥爲本이오 信卜巫醫는 枝葉也라. 萬事無過엔 實爲本이오
약위본 신복무의 지엽야 만사무과 실위본

巧言裝飾은 枝葉也라. 恩親賢良엔 敬爲本이오 私好之人은
교언장식 지엽야 은친현량 경위본 사호지인

枝葉也라. 衣食飽暖엔 業爲本이오 浮蕩之財는 枝葉也라.
지엽야 의식포난 업위본 부탕지재 지엽야

爲官治訟엔 法爲本이오 恣意擬斷은 枝葉也라. 是故로
위관치송 법위본 자의의단 지엽야 시고

有根無葉이면 可以待時로대 有葉無根이면 甘雨로도
유근무엽 가이대시 유엽무근 감우

所不能滋也라. 若務本業하여 勤謹儉用이면 隨時知足하여
소불능자야 약무본업 근근검용 수시지족

孝養父母하고 誠於靜閑하여 守分安身하고 遠惡近善하여
효양부모 성어정한 수분안신 원악근선

知過必改하고 善調五臟하여 以避寒暑면 不必問命이리니
지과필개 선조오장 이피한서 불필문명

45 '寸陰'은 '寸刻'과 마찬가지로 '매우 짧은 동안의 시간'을 뜻하고, '尺璧'은 지름이 한 자나 되는 구슬로 '큰 보옥(寶玉)'을 뜻한다.

此眞福也니라.
차진복야

『경신록』에서 말했다. "성스러운 세상을 만났음이여! 비로소 촌음같이 짧은 시간이 척옥같이 귀한 보배보다 나음을 알겠노라. (이렇게 좋은 세상에서) 어찌 사악함을 버리고 정도를 따라 살지 않겠으며, 몸을 아껴 생명을 중하게 여기지 않겠는가? 아직 세상일을 많이 겪어보지 못한 사람이라면 마땅히 근본과 지엽의 차이, 화와 복의 현격한 다름에 대해 분명히 알고 있어야 한다. 근본과 지엽이란 다음과 같은 것이다. 현명하고 선량한 마음으로 독실하게 살아가는 데서는 믿음이 근본이라면 정직과 강의는 지엽이요, 부모와 자기 사이에서 천성이 근본이라면 처자와 재물은 지엽이며, 한 집안 안에서는 양식이 근본이라면 급하지 않은 물건은 지엽이며, 치욕을 면하고 형벌을 면함에는 인이 근본이라면 재물이나 힘에 의지하는 것은 지엽이며, 병을 낫게 하는 데에는 약이 근본이라면 점복과 무당을 믿는 것은 지엽이다. 만사에 허물을 없게 하는 데에는 실재가 근본이라면 교묘한 말과 꾸며대는 일은 지엽이다. 은혜로운 친척과 어진 벗을 대함에는 공경이 근본이라면 사사로이 좋게 지내는 것은 지엽이다. 옷과 밥을 따뜻하고 배부르게 하는 데에는 산업이 근본이라면 투기나 모험으로 얻은 재물은 지엽이다. 관리가 되어 송사를 다스림에는 법률이 근본이라면 제멋대로 판단하는 것은 지엽이다. 이렇기 때문에 뿌리는 있지만 잎이 없는 나무는 후일을 기대할 수 있지만, 잎만 있고 뿌리가 없는 나무는 단비가 내려도 제대로 자랄 수 없다. 만약 본업에 힘써서 부지런히 일하고 검소하게 살아가면 언제나 만족할 줄 알아서 부모님을 효성으로 봉양할 수 있고, 고요하고 한가로울 때 마음을 정성스럽게 하고 분수를 지켜 몸을 편안하게 하며, 악을 멀리하고 선을 가까이하며, 허물을 알아 반드시 고칠 수 있다. 오장육부를 잘 조절하여 추위와 더위를 피한다면 더 이상 팔자타령을 할 필요가 없게 된다. 이것이 바로 참된 복이니라.

53. 景行錄云, 禍는 莫大於從己之欲이요 惡은 莫甚於言人之非니라.
경행록운 화 막대어종기지욕 악 막심어언인지비

『경행록』에서 말했다. "화는 자신의 욕망을 따르는 것보다 큰 것이 없고, 악은 남의 그릇을 말로 드러내는 것보다 심한 것이 없다."

54. 子曰, 君子는 欲訥於言而敏於行이니라.[46]
자왈 군자 욕눌어언이민어행

46 '訥'은 말을 느리게 하는 것이다. 여기서는 말을 매우 조심스럽게 하는 것을 의미한다.

공자가 말했다. "군자라면 말은 어눌하게 하되 행동은 민첩하게 하고자 한다."[47]

55. 蘇武曰(소무왈), 一言之益(일언지익)은 重於千金(중어천금)이요 一行之虧(일행지휴)는 毒如蛇蠍(독여사갈)이니라.

소무가 말했다. "좋은 한마디의 이익은 돈 천 냥보다 귀중하며, 못된 한 가지 행동의 해로움은 뱀이나 전갈과 같이 혹독하니라."

소무가 이릉과 이별하는 그림. 송나라 진거중(陳居中)의 〈소이별의도(蘇李別意圖)〉

흉노에게 항복한 지난날의 동료 이릉(李陵)이 설득하였으나 굴복하지 않고 절개를 지켰다. 위 그림은 이릉과 이별을 슬퍼하는 정경을 그리고 있다. 소무는 귀국한 뒤에 선제(宣帝)의 옹립에 가담한 공으로 관내후(關內侯)가 되었고, 한 무제에게 충성을 다한 '고충(孤忠)', '고절(苦節)'의 상징적 인물이 되었다.

56. 夷堅志云(이견지운), 避色(피색)을 如避讐(여피수)하고 避風(피풍)을 如避箭(여피전)하며 莫喫空心茶(막끽공심다)하고 少食中夜飯(소식중야반)하라.

『이견지』[48]에서 말했다. "여색 피하기를 원수 피하듯이 하고, 풍문 피하기를 날아오는 화살 피하는 것같이 하며, 빈 속에 차를 마시지 말고, 밤중에 밥을 적게 먹어라."

중화서국 2006년 간행 『이견지』 전 4책

47 『論語』「里仁」에 보인다.

48 '夷堅志'는 송나라의 저명한 筆記體의 志怪小說集이다. 『容齋隨筆』을 펴낸 바 있는 南宋의 洪邁(1123~1202, 字 景盧, 號 容齋)가 찬술했다. 紹興末年(1162)에 시작하여 淳熙初年(1174)에 끝을 맺었다. 書名은 『列子·湯問』의 "夷堅聞而志之."라는 뜻에서 취했다. 宋代의 여러 도시생활과 人文掌故, 奇聞趣事를 담고 있다.

57. 利不苟貪(이불구탐)이면 終禍少(종화소)요 事能常忍(사능상인)이면 得身安(득신안)요 頻浴身安(빈욕신안)하고 頻欲病(빈욕병)이요 學道無憂(학도무우)로대 學道難(학도난)이니라.[49]

> 이익을 구차하게 탐하지 않으면 결국엔 허물이 적게 되고, 모든 일을 항상 잘 참아내면 몸이 편안하게 될 수 있고, 목욕을 자주 하면 몸이 건강해지지만 욕심을 자주 내면 병이 생기고, 도학을 공부하면 근심이 없어지지만 도학을 공부하기가 참으로 어려우니라.

58. 太公曰(태공왈), 貪心(탐심)은 害己(해기)하고 利口(이구)는 傷身(상신)하니라.

> 태공이 말했다. "탐욕스러운 마음은 스스로를 해치고, 날카로운(탐욕스러운) 입은 몸을 상하게 하느니라."

59. 景行錄云(경행록운), 聲色者(성색자)는 敗德之具(패덕지구)요 思慮者(사려자)는 殘生之本(잔생지본)이라.

> 『경행록』에서 말했다. "나쁜 음악과 미색은 덕을 망치는 도구요, 근심과 걱정은 생명을 해치는 근본이니라."

60. 太甲曰(태갑왈), 天作孽(천작얼)은 猶可違(유가위)어니와 自作孽(자작얼)은 不可活(불가활)이라.

> 『상서』「태갑」에서 말했다. "하늘이 내린 재앙은 그래도 피할 수 있으나, 스스로 지은 재앙에는 살 길이 없느니라."[50]

61. 景行錄云(경행록운), 聞善言則拜(문선언즉배)하고 告有過則喜(고유과즉희)라야 有聖賢氣象(유성현기상)이리라.

> 『경행록』에서 말했다. "좋은 말을 들으면 고맙다고 절을 하고, 허물을 충고해주면 기뻐해야 한다. 이렇게 할 수 있는 사람은 몸에 성현의 기상을 지녔다고 볼 수 있느니라."

49 '學道難'을 '學盜憂'라 한 판본도 있다.

50 『尙書』「太甲」, 『孟子』「公孫丑上」에 보인다.

62. 子路는 聞過則喜하고 禹는 聞善言則拜하니라.
자로 문과즉희 우 문선언즉배

자로는 자신의 허물을 지적하는 말을 들으면 기뻐했고, 우임금은 좋은 말을 들으면 고맙다고 절을 하셨느니라.[51]

〈삼강행실도(三綱行實圖)〉 '효자도'에 수록된 〈자로부미(子路負米)〉

공자의 제자인 자로는 효자였다. 집안이 가난하여 매일 쌀을 등짐으로 져서 백 리 밖까지 운반하여 그 운임을 받아 양친을 봉양했다(그림 윗부분). 자로는 부모가 죽은 뒤에 초나라로 유세하러 갈 때, 따르는 수레가 백 대이고 쌓아놓은 곡식이 만 종이며 자리를 포개어 앉았으며 솥 여러 개를 벌여놓고 먹었을 정도로 부귀해졌다(그림 아랫부분). 그러나 명아주나물과 콩밥을 먹고 부모를 위해 쌀을 지고 싶어도 그렇게 할 수 없게 되었다고 슬퍼했다.

18세기 조선 화원 한후방이 그린 〈자로부미〉 고사

쌀짐을 지고 들어서는 자로를 바라보는 노부모의 상기된 모습이 연상된다. 『공자가어(孔子家語)』를 보면, 공자가 자로의 효행을 듣고, 자로의 어버이 섬김은 '살아계실 때는 힘을 다해 섬기고 돌아가신 뒤에는 생각을 다해 섬기는 사람〔可謂生事盡力, 死事盡思者也〕'이라 할 만하다."고 했다.

63. 節孝徐先生訓學者曰, 諸君이 欲爲君子하여 而使勞己之力하고
절효서선생훈학자왈 제군 욕위군자 이사로기지력

費己之財하니 如此而不爲君子는 猶可也로대 不勞己之力하고
비기지재 여차이불위군자 유가야 불로기지력

不費己之財한대 諸君은 何不爲君子오. 鄕人賤之하고
불비기지력 제군 하불위군자 향인천지

父母惡之하니 如此而不爲君子는 猶可也로대 父母欲之하고
부모오지 여차이불위군자 유가야 부모욕지

51 『孟子』「公孫丑上」에 보인다.

鄕人榮之한대 諸君은 何不爲君子오.[52]
향인영지 제군 하불위군자

절효 서 선생(서적)[53]이 학생들에게 훈계했다. "여러분이 군자가 되고 싶어, 가령 자기의 노력을 들이고 자기의 재물을 써야 한다고 합시다. (사실은 군자가 되기 위해서) 자기의 노력을 들이지 않고 자기의 재물을 쓰지 않아도 됩니다. 그런데도 여러분은 어찌하여 군자가 되지 못하는 것입니까? 마을 사람들이 여러분을 천하게 여기고 부모님이 여러분을 미워한다고 합시다. 이와 같은 이유 때문에 군자가 되지 못했다면 그것을 오히려 이해할 수 있습니다. (지금) 부모님이 여러분에게 희망을 가지고 있고 마을 사람들이 여러분을 영광스럽게 생각하고 있습니다. 그런데도 여러분은 어찌하여 군자가 되지 못하는 것입니까?"[54]

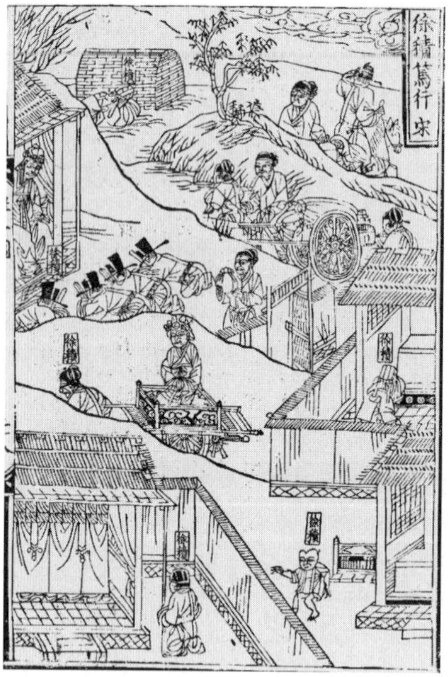

〈삼강행실도〉 '효자도'에 실린 〈서적독행(徐積篤行)〉이다. 송나라 서적은 부모에 대한 효심이 깊었다. 세 살 때 아버지가 돌아가시자 날마다 매우 애통해하고 어머니가 『효경』을 읽도록 하자 굵은 눈물이 멈추지 않았다. 나중에 과거를 보러 멀리 갈 때는 그 모친을 업고 가서 응시하기도 했다. 그는 아버지 이름에 석(石)자가 들어간다 하여 평생 석기(石器)를 쓰지 않았고, 길을 가다 바위를 만나면 밟지 않고 피해서 돌아갈 정도였다. 송의 신종(神宗)이 그를 자주 불렀으나 귀에 병이 생겨 응하지 못했다. 모친이 죽자 3년간 여막에서 시묘살이를 했는데, 눈이 내리는 밤에도 묘에 엎드려 곡을 하여 그 소리가 끊이질 않았다. 효행을 높이 사 조정은 그를 초주교수(楚州敎授)로 임명했다. 그가 죽자 송나라 조정은 시호를 절효처사(節孝處士)라 하였다.

52 서적이 楚州 敎授 시절, 학생들에게 君子의 도리를 따라서 民心에 순응하고 民意에 부합하며 생활하라고 가르친 글이다.

53 宋나라 徐積(1028~1103)은 字가 仲車로 楚州 山陽(지금의 江蘇 淮安) 출신이다. 일찍이 胡瑗에게 수학하여 英宗 治平 2년(1065) 進士에 급제했다. 神宗 때엔 은거하며 벼슬길에 나서지 않았다가 哲宗 元祐 원년(1086)에는 楚州敎授를, 徽宗 崇寧 2년(1103)年)에는 西京嵩山中嶽廟監을 지냈다. 政和 6년(1116) '節孝處士'라는 시호가 내려졌다. 蘇軾은 말하기를, "古之獨行也, 於陵仲子不能過, 然其詩文, 則怪而放, 如玉川子[예전에 홀로 지조를 지킨 이 가운데 서적을 능가할 이가 없으나 그의 시문은 괴이하고 방탄하기가 盧仝과 같다]."라 했다. 저작으로는 『治河說』, 『節孝先生文集』(30권), 『節孝先生語』(1권), 『節孝集事實』(1권) 등을 남겼다.

54 『小學』「嘉言」에 보인다.

64. 論語曰, 夫子時然後言이라 人不厭其言하며 樂然後笑라
논어왈 부자시연후언 인불염기언 낙연후소

人不厭其笑하며 義然後取라 人不厭其取하니라.
인불염기소 의연후취 인불염기취

『논어』에서 말했다. "선생님은 말할 때가 되어야 말하기 때문에 사람들이 그의 말을 싫어하지 않고, 즐거워야 웃기 때문에 사람들이 그의 웃음을 싫어하지 않고, 의리에 맞아야 취하기 때문에 사람들이 그가 취하는 것을 싫어하지 않습니다."[55]

65. 大學云, 富潤屋이오 德潤身이라.
대학운 부윤옥 덕윤신

『대학』에서 말했다. "부는 집을 윤택하게 만들고, 덕은 몸을 윤택하게 하니라."

66. 寧可正而不足이언정 不可邪而有餘니라.
영가정이부족 불가사이유여

차라리 정직하면서 부족하게 지낼지언정 사악하면서 여유 있게 살아서는 안 된다.

67. 景行錄云, 爲人要忠厚하라. 若刻悛太甚이면 不肖之子라도
경행록운 위인요충후 약각전태심 불초지자

應之矣리라.
응지의

『경행록』에서 말했다. "사람됨은 충성스럽고 후덕해야 한다. 만일 지나치게 각박하고 교활하게 행하면 못난 자식이라도 그에게 되갚음 하려 할 것이다."

68. 德勝財爲君子요 財勝德爲小人이니라.
덕승재위군자 재승덕위소인

덕행이 재물보다 훌륭한 사람이 군자이며, 재물이 덕행보다 넉넉한 사람이 소인이다.

69. 子曰, 良藥苦口나 利於病하고 忠言逆耳나 利於行이니라.
자왈 양약고구 이어병 충언역이 이어행

공자가 말했다. "좋은 약은 입에는 쓰나 병에는 이롭고, 충성된 말은 귀에 거슬리나 행동에는 이롭다."[56]

---

55 『論語』「憲問」에 보인다.

56 『韓非子』「外儲說左上」에 "夫良藥苦於口, 而智者勸而飮之, 知其入而已己疾也, 忠言拂於耳, 而

70. 作福은 不如避罪요 避禍는 不如省非니라.
작복 불여피죄 피화 불여생비

착한 일을 하여 복을 구함은 죄를 피하느니만 못하고, 옳은 일을 하여 화를 피함은 잘못을 적게 하느니만 못하니라.

71. 成人은 不自在니[57] 自在면 不成人이니라.
성인 부자재 자재 불성인

성공하려는 사람은 안일에 빠져 지내지 않나니 안일에 빠지면 성공할 수 없느니라.[58]

72. 子貢曰, 君子有三恕하나니 有君不能事로대 有人而求其使는
자공왈 군자유삼서 유군불능사 유인이구기사

非恕也요 有親不能報로대 有子而求其孝는 非恕也요
비서야 유친불능보 유자이구기효 비서야

有兄不能敬이로대 有弟而求其聽令은 非恕也라. 士明於此三恕면
유형불능경 유제이구기청령 비서야 사명어차삼서

則可以端身矣리라.
즉가이단신의

자공이 말했다. "군자에게는 세 가지 '서(恕: 용서함)'가 있다. 임금이 있는데 제대로 섬기지 못하면서 부하에게는 자기를 잘 섬기라고 요구한다면 이는 '서'가 아니다. 어버이가 있는데도 제대로 보답하지 못하면서 제 자식에게는 효도하라고 요구한다면 이는 '서'가 아니다. 형이 있는데도 제대로 공경하지 못하면서 아우에게는 자기의 말을 잘 들으라고 요구한다면 이는 '서'가 아니다. 선비가 이 세 가지 '서'에 대하여 밝게 안다면 자신을 단정하게 할 수 있느니라."

73. 老子曰, 自見者는[59] 不明하고 自足者는 不彰하고 自伐者는
노자왈 자현자 불명 자족자 불창 자벌자

無功하고 自矜者는 不長이니라.
무공 자긍자 부장

노자가 말했다. "스스로 드러내려는 사람은 현명하지 못하고, 스스로 만족하는 사

明主聽之, 知其可以致功也."라 했고, 『史記』「留侯世家」에 "且忠言逆耳利於行, 毒藥苦口利於病, 願沛公聽樊噲言."이라 했다.

57 '自在'는 '안일하다(편안하게 지내다)'라는 뜻이다.

58 宋나라 羅大經의 『鶴林玉露』 권9에 "諺云, 成人不自在, 自在不成人. 此言, 雖淺, 然實切至之論, 千萬勉之."라 했다.

59 '自見'을 '自是'라 한 판본도 있다.

람은 명성을 드러내지 못하고, 스스로 자랑하는 사람은 공로를 인정받지 못하고, 스스로 치켜세우는 사람은 오랫동안 지도자로 머물러 있지 못하느니라."[60]

74. 劉會曰, 積穀帛者는 不憂饑寒하고 積道德者는 不畏凶邪하니라.
유회왈 적곡백자 불우기한 적도덕자 불외흉사

유회가 말했다. "곡식과 비단을 쌓은 사람은 배고픔과 추위를 걱정하지 않고, 도와 덕을 쌓은 사람은 흉악과 사악함을 두려워하지 않느니라."

75. 老子曰, 大辯若訥하고 大巧若拙이라. 澄心淸淨하면 可以安神이요 讒口多言하면 自亡其身이니라.
노자왈 대변약눌 대교약졸 징심청정 가이안신 참구다언 자망기신

노자가 말했다. "뛰어난 언변은 어눌한 것 같고, 대단한 기교는 졸렬한 것 같으니라. 마음을 청정하게 하면 정신을 안정시킬 수 있지만, 참소하는 입으로 지나치게 말을 많이 하면 스스로 제 몸을 망치게 되느니라."[61]

76. 太公曰, 貧而雜懶하고 富而雜力하니라.
태공왈 빈이잡라 부이잡력

태공이 말했다. "가난하면서도 몸에 게으른 습성이 배어 있는 이도 있고, 부유하면서도 몸에 열심히 일하는 습성이 배어 있는 이도 있느니라."

77. 孔子, 食不語하시며 寢不言하시다.
공자 식불어 침불언

공자는 식사할 때 사람들과 얘기하지 않으셨고, 주무시면서는 혼잣말을 하지 않으셨다.[62]

78. 論語曰, 寢不尸하시며 居不容하시다.
논어왈 침불시 거불용

『논어』에서 말했다. "공자는 주무실 때 시체처럼 똑바로 눕지 않았으며, 평소 집 안에 계실 때 몸가짐을 꾸미지 않으셨다."[63]

60 『老子』 제24장에 보인다.
61 『老子』 제45장에 보인다.
62 『論語』 「鄕黨」에 보인다.
63 『論語』 「鄕黨」에 보인다.

79. 荀子曰, 良農은 不爲水旱不耕하며 良賈는 不爲折閱不市하며[64]
순자왈 양농 불위수한불경 양고 불위절열불시

君子는 不爲貧窮怠乎道體하니라.
군자 불위빈궁태호도체

순자가 말했다. "훌륭한 농부는 가뭄이 들었다고 해서 농사를 그만두지 않으며, 훌륭한 장사꾼은 상품 값이 떨어져 손해를 본다고 장사를 그만두지 않으며, 군자는 빈궁하다고 해서 도덕 수양을 게을리 하지 않느니라."

80. 孟子曰, 飮食之人을 則人賤之矣나니 爲其養小而失大也니라.
맹자왈 음식지인 즉인천지의 위기양소이실대야

맹자가 말했다. "음식만 밝히는 사람을 사람들은 천하게 여기는데, 이는 작은 데 신경을 쓰고 돌보느라 큰 것을 잃기 때문이니라."[65]

81. 凡戲는 無益이요 惟勤이 有功이니라.
범희 무익 유근 유공

모든 희롱은 이익 됨이 없고, 오직 근면함이 공이 있느니라.

82. 孟子曰, 愛人不親이어든 反其仁하고 治人不治어든 反其智하고
맹자왈 애인불친 반기인 치인불치 반기지

禮人不答이어든 反其敬이니라.
예인부답 반기경

맹자가 말했다. "나는 그를 사랑하는데 그가 나를 친하게 대하지 않거든 나의 사랑을 돌아봐야 하고, 남을 다스리는데 제대로 다스려지지 않거든 나의 지혜를 돌아봐야 하며, 그에게 예우를 다했는데 그가 나를 예우하지 않거든 나의 공경을 돌아봐야 하느니라."[66]

83. 景行錄云, 自滿者는 敗하고 自矜者는 愚하고 自賊者는 忍하니라.
경행록운 자만자 패 자긍자 우 자적자 인

『경행록』에서 말했다. "스스로 만족하는 사람은 실패하고, 스스로 자랑하는 사람은 어리석고, 스스로 해치는 사람은 잔인하니라."

64 '折閱'은 값을 낮추어 손해를 보고 파는 것. '折'은 '할인하다'는 뜻이고 '閱'은 '賣'와 같다.

65 『孟子』「告子上」에 보인다.

66 『孟子』「離婁上」에 보인다.

84. 太公曰, 家中有惡이면 外已知之하고 身有德行이면
태공왈 가중유악 외이지지 신유덕행

人自稱傳하니라.
인자칭전

태공이 말했다. "집안에 추악한 일이 있으면 이를 바깥에서 벌써 알게 되고, 자신에게 덕행이 있으면 남이 저절로 칭찬하며 세상에 전하느니라."

85. 人非賢莫交하고 物非義莫取하고 忿非善莫擧하고 事非是莫說하라.
인비현막교 물비의막취 분비선막거 사비시막설

謹則無憂하고 忍則無辱하고 靜則常安하고 儉則常足하니라.
근즉무우 인즉무욕 정즉상안 검즉상족

어질지 않은 사람은 사귀지 말고, 의롭지 않은 재물은 취하지 말고, 선하지 않은 분노는 드러내지 말고, 옳지 않은 일은 말하지 말라. 삼가면 근심이 없게 되고, 참으면 치욕이 없게 되며, 고요하면 늘 편안하게 되고, 검소하면 늘 풍족하게 되느니라.

86. 曲禮曰, 傲不可長이요 欲不可縱이요 志不可滿이요
곡례왈 오불가장 욕불가종 지불가만

樂不可極이니라.
낙불가극

「곡례」에서 말했다. "오만한 버릇을 길러서는 안 되며, 욕심을 한껏 부려서는 안 되며, 뜻을 가득 채우려 해서는 안 되며, 즐거움을 끝까지 누리려고 해서도 안 된다."[67]

87. 素書云, 行足以爲儀表하고 智足以決嫌疑하고 信可以守約하고
소서운 행족이위의표 지족이결혐의 신가이수약

廉可以分財니라.
염가이분재

『소서』에서 말했다. "행위는 충분히 모범이 될 수 있어야 하고, 지식은 충분히 의혹을 결단할 수 있어야 하고, 신뢰는 약속을 준수할 수 있어야 하고, 청렴은 재물을 나눌 수 있어야 하니라."

88. 景行錄曰, 心可逸이언정 形不可不勞요 道可樂이언정
경행록왈 심가일 형불가불로 도가락

67 『禮記』「曲禮」에 보인다.

身不可不憂니 形不勞則怠惰易弊하고 身不憂則荒淫不定이라.
신불가불우 형불로즉태타이폐 신불우즉황음부정

故로 逸生於勞而常休하고 樂生於憂而無厭하나니 逸樂者는
고 일생어로이상휴 낙생어우이무염 일락자

憂勞를 其可忘乎아.
우로 기가망호

『경행록』에서 말했다. "마음은 편안히 가질 수 있을지언정 육체는 수고롭지 않으면 안 되고, 도는 즐길 수 있을지언정 몸가짐은 걱정하지 않을 수 없으니, 육체를 수고롭게 하지 않으면 게을러서 어그러지기 쉽고, 몸가짐을 걱정하지 않으면 술과 주색(酒色)에 빠져서 안정되지 못한다. 그러므로 마음의 편안함은 육체의 수고로움에서 생겨 항상 기쁠 수 있고, 즐거움은 걱정함에서 생겨나 내내 싫증나지 않나니, 마음이 편안하고 도를 즐기고자 하는 사람이라면 육체적 근심과 마음의 수고로움을 어찌 잊을 수 있겠는가?"

89. 心無諂曲이면 與霹靂同居니라.
심무첨곡 여벽력동거

마음으로 남에게 지조를 굽혀 아첨하려는 생각이 없다면 벼락과도 함께 살 수 있다.

90. 門內에 有君子면 門外에 君子至요 門內에 有小人이면 門外에
문내 유군자 문외 군자지 문내 유소인 문외

小人至라.

문 안에 군자가 있으면 문 밖에서 군자가 찾아오고, 문 안에 소인이 있으면 문 밖에서 소인이 찾아온다.

91. 太公曰, 一行有失이면 百行俱傾이니라.
태공왈 일행유실 백행구경

태공이 말했다. "하나의 행동에 과실이 있으면 백 가지 행동이 모두 훼손되느니라."

92. 素書云, 短 莫短於苟得하고 孤 莫孤於自恃니라.
소서운 단 막단어구득 고 막고어자시

『소서』에서 말했다. "단처는 구차하게 취득하는 것보다 더한 단처가 없고, 외톨이는 스스로 옳다고 생각하는 것보다 더한 외톨이는 없다."

93. 老子曰, 鑒明者는 塵埃不能汚하고 神淸者는 嗜欲豈能膠리오.
노자왈 감명자 진애불능오 신청자 기욕기능교

> 노자가 말했다. "거울이 맑으면 티끌도 이를 더럽힐 수 없고, 정신이 맑으면 기호와 욕심이 어떻게 몸에 달라붙을 수 있으리오?"

94. 書云, 不矜細行하면[68] 終累大德하니라.
서운 불긍세행 종루대덕

> 『상서』에서 말했다. "자잘한 행실이라고 조심하지 않으면 마침내 큰 덕에 누를 끼치게 되리라."[69]

95. 子曰, 君子는 泰而不驕하고 小人은 驕而不泰니라.
자왈 군자 태이불교 소인 교이불태

> 공자가 말했다. "군자는 태연하고 교만하지 않는 데 반해 소인은 교만하기만 할 뿐 태연하지 못하니라."[70]

96. 荀子曰, 兼服天下之心에 高上尊貴라도 不以驕人하고
순자왈 겸복천하지심 고상존귀 불이교인
聰明聖智라도 不以窮人하고 齊給速通이라도[71] 不爭先人하고
총명성지 불이궁인 제급속통 부쟁선인
剛毅勇敢이라도 不以傷人하며 不知則問하고 不能則學하며
강의용감 불이상인 부지즉문 불능즉학
雖能이라도 必讓하나니 然後에 爲德이니라.
수능 필양 연후 위덕

> 순자가 말했다. "천하의 인심을 모두 복종하도록 만들려면 신분이 높아져 존귀한 지위에 있더라도 남에게 교만을 떨지 않고, 총명하고 슬기롭다 하더라도 그것으로 남을 핍박하지 않고, 민첩하고 재치가 있더라도 남보다 앞서고자 다투지 않고, 굳세고 용감하더라도 남을 해치지 않고, 모르면 묻고, 할 줄 모르면 배우며, 비록 할 줄 안다 해도 반드시 남에게 겸양한다. 그런 다음에라야 덕이 있다고 할 것이다.[72]

---

68 '矜'은 보통 '불쌍히 여길(긍)'으로 보지만, 여기서는 '조심하다'(신중하다)로 새긴다.

69 『尙書』「旅獒」에 보인다.

70 『論語』「子路」에 보인다.

71 '齊給速通'에서 '齊'는 '疾', '給'

72 『荀子』「非十二子篇」에 보인다.

97. 賢士傳曰(현사전왈), 色不染(색불염)이면 無所穢(무소예)요 財不貪(재불탐)이면 無所害(무소해)요 酒不貪(주불탐)이면 無所觸(무소촉)이라. 不輕他(불경타)면 自厚(자후)하고 不屈他(불굴타)면 自安(자안)하나니 心平則無怨惡(심평즉무원오)하니라.

『현사전』에서 말했다. "여색(이성을 가까이 하는 것)은 접촉하지 않으면 제 몸 더럽힐 일이 없고, 재물은 탐내지 않으면 자기에게 손해 갈 일이 없고, 맛있는 술은 탐내지 않으면 스스로 추태 부릴 일이 없다. 남을 경시하지 않으면 절로 존중받을 수 있고, 남에게 굴종하지 않으면 절로 마음이 편안해지나니, 마음이 평화로우면 원망이나 혐오가 없게 되느니라."

98. 老子曰(노자왈), 聖人(성인)은 積德(적덕)이언정 不積財(부적재)하나니 執道(집도)면 全身(전신)하고 執利(집리)면 招害(초해)하니라.

노자가 말했다. "성인은 덕행을 쌓지 재물을 쌓지 않나니 도에 따라 행동하면 몸을 보전할 수 있고, 이익에 집착하여 움직이면 재앙을 불러들이게 되느니라."

99. 蔡伯喈曰(채백개왈), 喜怒(희로)는 在心(재심)하고 言出於口(언출어구)하니 不可不愼(불가불신)이니라.

채백개[73]가 말했다. "기뻐하고 노여워하는 것은 마음에 있고, 말은 입 밖으로 나가는 것이니 삼가지 않으면 안 된다."

---

73 채백개: 東漢의 문학가이며 書法家인 蔡邕(133~192)을 말한다. 채옹의 字는 伯喈로 陳留(오늘날 河南省 開封市 陳留鎮) 圉縣 사람이다. 漢 獻帝 때에 左中郎將에 임명되었기에 후인들이 그를 '蔡中郎'이라 불렀다. 젊어서부터 박학했고 비백체(飛白體)를 창시했으며 문장에 뛰어났다. 189년 동탁(董卓)에게 발탁되어 시어사(侍御史), 시중(侍中)에서 좌중랑장(左中郎將)까지 승급하였으나 동탁이 벌을 받고 죽음을 당한 후 투옥되어 옥중에서 사망하였다.

채옹
동한시대의 문학가이며 서법가로 서예의 기법인 '영자팔법(永字八法)'과 '비백체(飛白體)'의 창시자로 알려져 있다.

100. 衛伯曰, 寬惠博愛는 敬身之基요 勤學者는 立身之本이니라.
위백왈 관혜박애 경신지기 근학자 입신지본

위백이 말했다. "관대하고 자애로우며 널리 사랑하는 마음가짐은 공경으로 몸을 닦는 기초이고, 학습에 부지런한 것은 몸을 세워 처세하는 근본이니라."

101. 子曰, 身居富貴而能下人者를 何人而不與富貴하며
자왈 신거부귀이능하인자 하인이불여부귀

身居人上而能愛敬者를 何人而敢不愛敬하며
신거인상이능애경자 하인이감불애경

身居權職所以嚴肅者를 何人而敢不畏懼也며 發言而古하고
신거권직소이엄숙자 하인이감불외구야 발언이고

動止合規면 何人이 敢違命者也리오.
동지합규 하인 감위명자야

공자가 말했다. "자신이 부귀한 자리에 있으면서도 남에게 자신을 낮출 줄 아는 자라면 어떤 사람이 그에게 부귀를 허여하지 않겠으며, 자신이 남의 윗자리에 있으면서도 남을 아끼고 공경할 줄 아는 자를 어떤 사람이 감히 아끼고 공경하지 않겠으며, 자신이 권세가 있는 직위에 있으면서도 엄정하고 공정하게 행동하는 자를 어떤 사람이 감히 두려워하지 않겠으며, 말을 하면 고인의 법도에 맞고 행동하면 규범에 합당하다면 어떤 사람이 감히 그의 명령을 어길 수 있겠는가?"

102. 顏氏家訓曰, 借人典籍이어든 皆須愛護하되 先有缺壞면
안씨가훈왈 차인전적 개수애호 선유결괴

就爲補治하라. 此亦士大夫百行之一也니라.
취위보치 차역사대부백행지일야

『안씨가훈』[74]에서 말했다. "남의 책을 빌려볼 때는 모두 아끼고 소중히 다루어야 한다. 우선 해지거나 찢어진 곳이 있으면 곧 이를 잘 기워서 온전하게 만들어라. 이 역시 사대부로서 반드시 실천해야 할 여러 가지 행동 중의 하나인 것이다."[75]

---

74 '顏氏家訓'은 北齊의 문학자 顏之推(531~590)가 자손을 위해 지은 책이다. 20편으로 되어 있는데, 隋나라 이전 敎子學의 集大成이다. 가족도덕·대인관계를 비롯하여 구체적인 경제생활·풍속·학문·종교 나아가서는 문자·음운(音韻) 등 다양한 내용을 구체적인 체험과 풍부한 사례를 바탕으로 하여 논했다.

75 『顏氏家訓』「治家篇」, 『小學』「廣敬身」에 보인다.

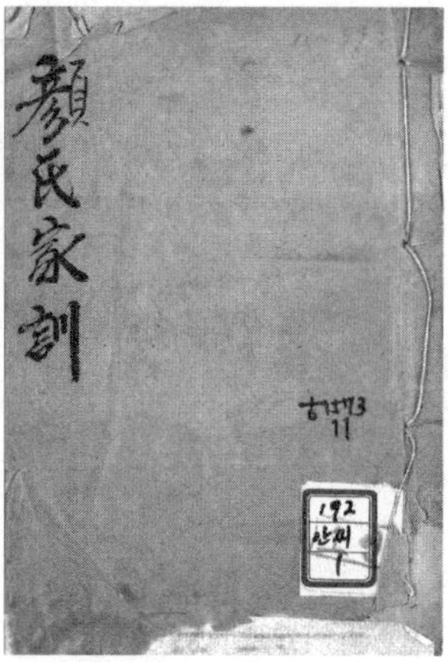

중국 목판본 『안씨가훈』, 7권 1책

북제(北齊) 안지추(顏之推) 저

103. 宰予晝寢(재여주침)이어늘 子曰(자왈), 朽木(후목)은 不可雕也(불가조야)요 糞土之墻(분토지장)은 不可杇也(불가오야)니라.

재여[76]가 낮잠을 자거늘 공자가 말했다. "썩은 나무는 조각할 수 없고, 썩은 흙으로 만든 담은 흙손질을 할 수 없다."[77]

104. 紫虛元君(자허원군) 誠諭心文曰(성유심문왈), 福生於淸儉(복생어청검)하고 德生於卑退(덕생어비퇴)하고 道生於安靜(도생어안정)하고 命生於和暢(명생어화창)하고 患生於多慾(환생어다욕)하고 禍生於多貪(화생어다탐)하고 過生於輕慢(과생어경만)하고 罪生於不仁(죄생어불인)이니라. 戒眼(계안)하여 莫看他非(막간타비)하고 戒口(계구)하여 莫談他短(막담타단)하고 戒心(계심)하여 莫自貪嗔(막자탐진)하고 戒身(계신)하여 莫隨惡伴(막수악반)하며 無益之言(무익지언)을 莫妄說(막망설)하고 不干己事(불간기사)를 莫妄爲(막망위)하라.

---

76 재여(宰予, B.C. 522~B.C. 458): 字는 子我(宰我)로 春秋 말기 노나라 사람이다. 孔子의 저명한 제자로서 '孔門十哲'의 한 사람이다. 재여가 어느 날 낮잠을 자고 있었다. 공자가 크게 노해 그를 깨워 꾸짖으며 이르기를, "썩은 나무에는 새길 수 없고, 썩어 문드러진 흙으로 쌓은 담은 흙손으로도 손질할 수 없다."고 했다. 재여는 평소 말을 잘하는 사람으로, 공자는 일찍이 그의 말만 믿고 행동 또한 그러려니 여겼는데, 이와 같이 낮잠을 자면서 게으름을 피우는 것을 보고 화가 나서, 이런 썩어 빠진 정신을 가진 사람에게는 아무리 꾸짖거나 가르쳐도 희망이 없다는 뜻으로 이른 것이다.

77 『論語』「公冶長」에 보인다.

尊君王孝父母하고 敬尊長奉有德하고 別賢愚恕無識하며
존군왕효부모 경존장봉유덕 별현우서무식

物順來而勿拒하고 物旣去而勿追하며 身未遇而勿望하고
물순래이물거 물기거이물추 신미우이물망

事已過而勿思하라. 聰明도 多暗昧요 算計도 失便宜니라.
사이과이물사 총명 다암매 산계 실편의

損人終自失이요 依勢禍相隨라. 戒之在心하고 守之在氣니
손인종자실 의세화상수 계지재심 수지재기

爲不節而亡家하고 因不廉而失位니라. 勸君自警於平生하노니
위부절이망가 인불렴이실위 권군자경어평생

可歎可驚而可畏니라. 上臨之以天鑑하고 下察之以地祇하며
가탄가경이가외 상림지이천감 하찰지이지지

明有王法相繼하고 暗有鬼神相隨하니 惟正可守요 心不可欺라
명유왕법상계 암유귀신상수 유정가수 심불가기

戒之戒之하라.
계지계지

자허원군의 『성유심문』에서 말했다. "복은 청렴과 검소함에서 생기고, 덕은 자기를 낮추고 물러서는 데서 생기며, 도는 평안히 하고 고요히 하는 데서 생기고, 생명은 화창함에서 생긴다. 근심은 욕심이 많음에서 생기고, 재앙은 탐욕이 많은 데서 생기며, 허물은 경솔하고 교만한 데서 생기고, 죄악은 어질지 못한 데서 생긴다. 눈을 경계하여 다른 사람의 그릇된 것을 보지 말도록 하고, 입을 경계하여 다른 사람의 결점을 말하지 말도록 하고, 마음을 경계하여 스스로 탐내고 성내지 말도록 하고, 몸을 경계하여 나쁜 짝을 따르지 말도록 하며, 유익하지 않은 말은 함부로 하지 말도록 하고, 나와 관련 없는 일은 함부로 간여하지 말도록 하라. 임금을 높이고 부모에게 효도하며, 어른을 공경하고 덕이 있는 사람을 받들며, 어진 사람과 어리석은 사람을 분별하고 무식한 사람을 용서하라. 일이 순리로 오거든 물리치지 말고, 일이 이미 지나갔거든 뒤쫓지 말며, 몸이 아직 때를 만나지 않았거든 원망하지 말고, 일이 이미 지나갔거든 생각하지 마라. 총명한 사람도 어두운 때가 많고 계획을 잘해 놓았어도 적합한 때를 잃는 수가 있다. 남을 손상하게 하면 마침내 자기도 손실을 입을 것이요, 세력에 의존하면 재앙이 잇달아 나오리라. 경계할 것은 마음에 있고, 지킬 것은 기운에 있다. 절약하지 않음으로써 집을 망치고, 청렴하지 않음으로 인해 지위를 잃느니라. 그대에게 평생을 두고 스스로 경계할 것을 권고하노니, 탄식할 만하고 놀랄 만하고 두려워할 만한 일이로다. 위에는 하늘의 거울이 그대를 굽어보고, 아래에는 땅의 신령이 그대를 살피고 있다. 밝은 곳에는 왕법(王法)이 서로 이어져 있고, 어두운 곳에는 귀신이 서로 따르고 있다. 오직 바른 것을 지켜내야 하고 마음은 속여서는 안 되나니, 이를 경계하고 경계할지어다."

105. 孟子曰(맹자왈), 世俗所謂不孝者(세속소위불효자)가 五(오)이니 惰其四肢(타기사지)하여 不顧父母之養(불고부모지양)이 一不孝也(일불효야)오 博奕好飮酒(박혁호음주)하여 不顧父母之養(불고부모지양)이 二不孝也(이불효야)오 好貨財(호화재)하며 私妻子(사처자)하여 不顧父母之養(불고부모지양)이 三不孝也(삼불효야)오 從耳目之欲(종이목지욕)하여 以爲父母戮(이위부모륙)이 四不孝也(사불효야)오 好勇鬥狠(호용투한)하여 以危父母(이위부모)가 五不孝也(오불효야)니라.

맹자가 말했다. "세속에서 말하는 불효라는 것이 다섯 가지다. 사지(팔다리)를 움직이기 싫어서 부모의 봉양을 돌아보지 않는 것이 첫 번째 불효이고, 장기나 바둑을 즐기고 술 마시기를 좋아하여 부모의 봉양을 돌아보지 않는 것이 두 번째 불효이고, 재물을 좋아하고 처자식만 편애하면서 부모의 봉양을 돌아보지 않는 것이 세 번째 불효이고, 귀와 눈의 욕망만을 좇다가 부모를 욕되게 하는 것이 네 번째 불효이고, 만용을 부리기 좋아하여 싸우거나 사나운 짓을 함으로써 부모를 위태롭게 하는 것이 다섯 번째 불효이다."[78]

〈오륜행실도〉 권1 '효자도'에 실려 있는 '추운 겨울 민손이 홑옷을 입고 있다'는 내용을 담은 〈민손단의(閔損單衣)〉

민손은 일찍이 어머니를 여의었는데, 아버지가 계모를 맞이하여 아들 둘을 낳았다. 민손은 지극한 효성으로 부모를 섬겼으나, 계모가 미워하여 두 아들에게는 목화를 누인 옷을 입히고 민손에게는 갈대꽃을 누인 옷을 입혔다. 겨울 어느 날 아버지가 민손에게 수레를 몰게 하였는데, 몸이 추운 나머지 고삐를 놓쳤다. 아버지가 야단을 쳤으나 민손은 변명하지 않았다. 뒤에 아버지가 계모의 소행을 알고 내보내려 하니 민손이 아버지에게 아뢰기를, "어머니께서 계시면 한 자식만 추우면 되지만, 어머니를 보내면 세 자식이 외롭게 됩니다〔母在一子寒, 母去三子單〕." 하였다. 아버지가 갸륵하게 여겨 내보내는 것을 그만두었다. 뒤에 계모도 자신의 잘못을 뉘우치고 세 아들을 고루 사랑하여 드디어 자애로운 어머니가 되었다. 그림에서 무릎을 꿇고 아버지를 향해 읍소하는 민손의 모습이 간절하다.

78 『孟子』「離婁下」에 보인다.

중국화가의 24효도 중 '갈대꽃을 넣은 옷을 입고도 어머니에게 순종하다'는 내용을 담은 〈노의순모(蘆衣順母)〉

민손(閔損)의 자는 자건(子騫)이다. 그래서 『논어』에는 공자가 제자인 그를 민자건으로 불렀다. 일찍이 공자는 이렇게 말했다. "효성스럽구나! 민자건이여. 그의 부모와 형제들이 그를 칭찬하는 말에 대해 사람들이 아무런 이의가 없구나." 〔孝哉. 閔子騫. 人不間於其父母昆弟之言〕."

또한 『논어』에 이런 대목이 보인다. 계씨가 민자건을 비(費)라는 고을의 책임자로 삼으려 했을 때, 민자건은 계씨의 사자로 온 이에게 말했다. "나를 위해 잘 말해주시오. 만약 다시 그런 제안을 듣는다면 노나라를 떠나 제나라로 갈 것이라고 말이오〔善爲我辭焉. 如有復我者, 則吾必在汶上矣〕." 결국 부도덕한 계씨정권에 참여하지 않겠다는 의지를 드러낸 것이다. 이처럼 민자건은 공자문하에서 안연(顔淵), 염백우(冉伯牛), 중궁(仲弓)과 함께 덕행에 뛰어난 제자로 유명했다.

안분편 安分篇

1. 景行錄云, 知足可樂이요 務貪則憂니라.[79]
경행록운 지족가락 무탐즉우

『경행록』에서 말했다. "만족할 줄 알면 즐거울 수 있을 것이요, 탐욕에 힘쓰면 근심하게 된다."

2. 知足者는 貧賤亦樂이요 不知足者는 富貴亦憂니라.
지족자 빈천역락 부지족자 부귀역우

만족할 줄 아는 사람은 빈천해도 즐거울 것이요, 만족할 줄 모르는 사람은 부귀해져도 근심에서 벗어나지 못한다.

3. 將上不足하고 比下有餘니라.
장상부족 비하유여

상층에 있는 이와 견주어보면 부족하겠지만 하층에 있는 이와 견주어보면 여유가 생길 수 있다.

4. 若比向下면 生無有不足者리라.
약비향하 생무유부족자

만일 모든 것을 자기보다 못한 하층 사람들과 견주며 살아간다면 부족함이 없게 되느니라.

5. 擊壤詩曰, 安分身無辱이요 知幾心自閑이니 雖居人世上이나 却是出人間이니라.
격양시왈 안분신무욕 지기심자한 수거인세상 각시출인간

『격양시』에서 말했다. "분수에 편안하면 몸에 욕됨이 없을 것이요, 기미를 알면

79 『道德經』(『老子』) 제44장에 "名與身孰親고 身與貨孰多오 得與亡孰病이오 是故로 甚愛必大費요 多藏必厚亡이라. 知足不辱이요 知止不殆이니 可以長久리라."라고 했다. 곧 "이름과 몸은 어느 것을 더 친애해야 하는가? 이름을 숭상하는 사람은 반드시 그 몸을 소홀하게 다룰 것이다. 몸과 재물은 어느 것이 비중이 더 큰가? 재물을 탐내 싫어할 줄 모르는 사람은 반드시 그 몸을 가볍게 여길 것이다. 이름이나 재물을 얻는 것과 잃는 것은 어느 편이 사람을 병 되게 할 것인가? 명리(名利)를 얻기 위해 그 몸을 손상한다면 얻는 것이 그를 병들게 할 것이다. 이 때문에 재물을 지나치게 사랑하면 반드시 크게 허비하게 되고, 재물을 많이 감추면 반드시 많이 잃게 될 것이다. 만족할 줄 알면 욕됨이 없고 그칠 줄 알면 위태롭지 않으리니, 이렇게 하면 장구할 수 있을 것이다."라는 뜻이다.

마음이 저절로 한가할 것이다. 비록 인간 세상에 살더라도 도리어 인간 세상을 벗어난 것과 같다."

6. 神童詩云, 壽夭莫非命이요 窮通各有時라 迷途空役役하니 安分是便宜라.
신동시운 수요막비명 궁통각유시 미도공역역 안분시편의

『신동시』[80]에서 말했다. "장수나 요절은 모두 명운에 달려 있고, 곤궁함과 통달함은 각기 일정한 때가 있다. 길을 잃고 공연히 허둥대고 있으니, 분수를 잘 지키는 것이 참으로 좋은 대책이니라."

7. 子曰, 富與貴는 是人之所欲也나 不以其道로 得之어든 不處也하며 貧與賤이 是人之所惡也나 不以其道로 得之라도 不去也니라.
자왈 부여귀 시인지소욕나 불이기도 득지 불처야 빈여천 시인지소오야 불이기도 득지 불거야

공자가 말했다. "부귀는 사람이면 누구나 바라는 것이다. 그러나 정당한 방도로 얻은 것이 아니면 누리지 말아야 하며, 빈천은 사람이면 누구나 싫어하는 것이다. 그러나 정당한 방도로 얻은 것이 아니라 해도 버리지 말아야 한다."[81]

8. 子曰, 不義而富且貴는 於我에 如浮雲이니라.
자왈 불의이부차귀 어아 여부운

공자가 말했다. "의롭지 않으면서 누리는 부귀는 나에게는 뜬구름과 같으니라."[82]

9. 老子曰, 知其榮하여 守其辱하라.
노자왈 지기영 수기욕

노자가 말했다. "세상의 영화가 어떤 것인지(영화로움이 덧없다는 것)를 잘 알아차리고, 욕된 생활이라 할지라도 꾹 참고 견뎌내라."[83]

---

80 '神童詩'는 『幼學詩』라고도 한다. 중국 고대에 사용된 어린이용(蒙學) 교재이다. 北宋의 汪洙가 편찬했다.

81 『論語』「里仁」에 보인다.

82 『論語』「述而」에 보인다.

83 『老子』 제28장에 보인다.

10. 荀子曰, 自知者는 不怨人하고 知命者는 不怨天이니 怨人者는
순자왈 자지자 불원인 지명자 불원천 원인자
窮하고 怨天者는 無志니 失之己하고 反之人이면 豈不亦迂哉리오.
궁 원천자 무지 실지기 반지인 기불역우재
榮辱之大分은 安危利害之常體니 先義而後利者는 榮하고
영욕지대분 안위이해지상체 선의이후리자 영
先利而後義者는 辱하며 榮者는 常通하고 辱者는 常窮하며 通者는
선리이후의자 욕 영자 상통 욕자 상궁 통자
常制人하고 窮者는 常制於人하나니 是榮辱之大分也니라.
상제인 궁자 상제어인 시영욕지대분야

순자가 말했다. "스스로를 잘 아는 자는 남을 원망하지 않고 천명을 아는 자는 하늘을 원망하지 않는다. 남을 원망하는 자는 궁해지고 하늘을 원망하는 자는 식견이 없는 자다. 자신이 실수하고 그 원인을 남에게 돌리니 그 어찌 어리석지 않겠는가? 영화와 치욕의 대체적인 구분이란 안위와 이해는 늘 있는 일이나 의를 먼저 하고 이익을 뒤로하는 자는 영화롭게 되고, 이익을 먼저 하고 의를 뒤로하는 자는 치욕스럽게 된다. 영화로운 자는 항상 거리낌이 없고 치욕을 당한 자는 늘 편할 날이 없으니, 거리낌이 없는 자는 남을 부릴 수 있으나 곤궁한 자는 언제나 남에게 다스림을 받는다. 이것이 바로 영화와 치욕의 대체적인 구분이다."[84]

11. 命合喫麤食이면 莫思重羅麵하라.[85]
명합끽추식 막사중라면

거친 밥을 먹어야만 하는 운명이라면 고운 밀가루로 만든 국수 먹을 생각일랑 하지 말라.

12. 量其所入하여 度其所出하라.
양기소입 탁기소출

수입을 헤아려서 지출을 결정하라.

13. 子曰, 君子는 固窮이나[86] 小人은 窮斯濫矣니라.
자왈 군자 고궁 소인 궁사람의

공자가 말했다. "군자는 아무리 곤궁해도 이를 편안히 여기면서 의리를 고수하지만, 소인은 곤궁하면 제멋대로 굴게 마련이다."[87]

---

84 『荀子』「榮辱」에 보인다.

85 '重羅麵'은 '가는 밀가루'이다. 가는 비단 체로 두 차례 거른 고운 밀가루를 말한다. 속석(束皙)의 「麪賦 면부」에 "重羅之麪, 塵飛雪白(가는 밀가루가 눈처럼 날린다)."이라는 한 구절이 있다.

86 '固窮'이란 도의(道義)를 고수하면서 빈궁한 처지를 편안하게 여기는 것을 말한다.

14. 省喫하고 省用하고 省求人하라.
생끽 생용 생구인

| 먹는 것을 줄이고 씀씀이를 줄이며 남에게 요구하는 일을 줄여라.

15. 汪信民常言, 人常咬得菜根이면 則百事可爲니라.
왕신민상언 인상교득채근 즉백사가위

| 왕신민(왕혁)[88]이 항상 말했다. "사람이 늘 나물 뿌리를 씹어 먹고 지낼 수 있다면 (고난의 시절을 참고 견디어낼 수 있다면), 무슨 일이든 다 해낼 수 있느니라."[89]

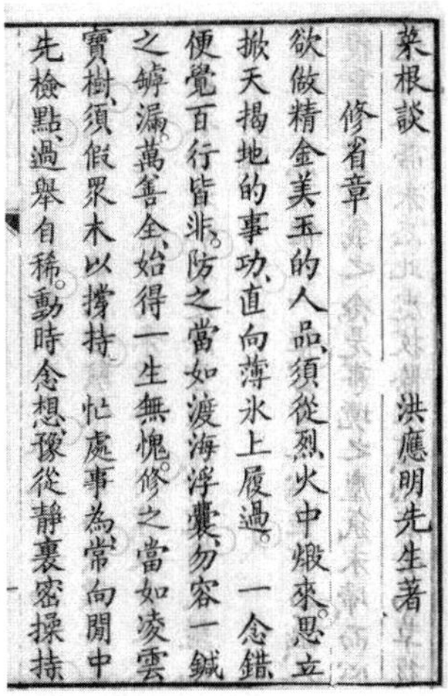
菜根談 洪應明先生著
修省章
欲做精金美玉的人品，須從烈火中煅來。思立掀天揭地的事功，直向薄氷上履過。一念錯，便覺百行皆非。防之當如渡海浮囊，勿容一鍼之罅漏。萬善全，始得一生無愧。修之當如凌雲寶樹，須假衆木以撐持。忙處事為常向閒中先檢點，過擧自稀。動時念想，豫從靜裏密操持

『채근담(菜根譚)』 2권. 합계 356조의 간결한 미문으로 이루어졌는데, 대구(對句)를 많이 썼다. '채근'은 왕신민(汪信民)의 '人常能咬菜根, 卽百事可成'에서 따왔다고 한다. 자연과 마음, 수신과 성찰, 세상 사는 법도에 관한 지혜를 담고 있다. 일본에서 한때 '채근담 열기'가 일어날 정도로 널리 읽혔다.

原本小學集註卷之六 一〇八
名也
○汪信民이嘗言人이常咬得菜根則百事를可做ㅣ라ᄒᆞ야늘胡康侯ㅣ聞之고擊節歎賞ᄒᆞ더라
●汪信民이일즉닐오ᄃᆡ사ᄅᆞᆷ이상해ᄂᆞ믈ᄲᅳ리ᄅᆞᆯ너흘면온갓일을可히일우리라ᄒᆞ야ᄂᆞᆯ胡康侯ㅣ듣고節을擊ᄒᆞ고차탄ᄒᆞ야기리더라
(集說)陳氏曰信民，名革，臨川人，康侯，文定公，字也，人能甘淡泊，而不以外物，動心，則可以有爲矣，擊節，一說，擊手指節，一說，擊器物，爲節，皆通，嘆，咳嘆，賞，稱賞，朱子曰學者，須常以志士不忘在溝壑，爲念，則道義重，而計較死生之心，輕矣，況衣食外物，至微末事，不得，未必便死，亦何用犯義，犯分，役心，役志，營營以求之耶，某觀今人，因不能咬菜根，而至於違其本心者，衆矣，可不戒哉
右는實敬身이라
●이우ᄒᆞᆫ몸공경ᄒᆞ욤을實ᄒᆞ히우니라
原本小學集註卷之六 終

주자의 〈소학(小學)·선행(善行)·실경신(實敬身)〉에 "왕신민은 '사람이 나물 뿌리를 늘 씹어 먹을 수 있다면 세상의 어떤 일이라도 할 수 있을 것이다.'라고 말한 적이 있다. 호강후가 이 말을 듣고 무릎을 치면서 감탄하고 칭찬했다〔汪信民嘗言, 人常咬得菜根, 則百事可做. 胡康侯, 聞之, 擊節嘆賞〕." 고 한다.

---

87 『論語』「衛靈公」에 보인다.

88 최근에 『菜根譚』의 진정한 작자로 알려진 송나라 汪革(1071~1110)의 字는 '信民'으로 臨川 騰橋人이다. 江西詩派 詩人으로 進士에 급제한 뒤 長沙·宿州·楚州 등지에서 教授를 역임했다. 왕혁은 평생토록 淸操하게 살았다. 長沙教授 시절, 모친이 돌아가시자 동료들이 부조를 했으나 사양하고 받지 않았다. 그는 淸貧하게 살았지만 남의 위급함을 구제할 때는 조금의 주저함도 없었다. 일찍이 "咬得菜根斷, 則百事可做."이라고 했는데, 朱熹가 이를 『小學』에 넣었다. 이처럼 당시 문인들로부터 매우 높은 평가를 받았다. 『淸溪集』 10권, 『論語直解』, 『菜根譚』 등을 남겼다. 『채근담』은 왕혁의 저작이다. 명나라 洪應明(字 自誠)은 다만 출판을 중계한 인물에 지나지 않는다. 이를 후인들이 오인한 것이다. 그래서 "洪應明은 무고하고 汪信民은 원통하다"는 말이 생겨났다.

89 『小學』「善行」, 『邵氏聞見錄』에 보인다.

16. 中庸云, 素富貴하얀 行乎富貴하며 素貧賤하얀 行乎貧賤하며
중용운 소부귀 행호부귀 소빈천 행호빈천

素夷狄하얀 行乎夷狄하며 素患難하얀 行乎患難이니라.
소이적 행호이적 소환난 행호환난

『중용』에서 말했다. "현재 부귀하면 부귀한 처지에 알맞게 행동하고, 현재 빈천하면 빈천한 처지에 알맞게 행동하며, 현재 이적(오랑캐)의 가운데에 있으면 그 상황에 알맞게 처신하고, 현재 환난의 가운데에 있으면 그 상황에 알맞게 행하라."

17. 濫想은 徒傷神이요 妄動은 反致禍니라.
남상 도상신 망동 반치화

지나친 생각은 정신을 상하게 할 뿐이요, 망령된 행동은 도리어 재앙을 부른다.

안의편 安義篇

1. 顔氏家訓曰, 夫有人民而後에 有夫婦하고 有夫婦而後에 有父子하고
안씨가훈왈 부유인민이후 유부부 유부부이후 유부자

有父子而後에 有兄弟하니 一家之親은 此三者而已矣라.
유부자이후 유형제 일가지친 차삼자이이의

自茲以往으로 至于九族히 皆本於三親焉이라. 故로 於人倫에
자자이왕 지우구족 개본어삼친언 고 어인륜

爲重也니 不可不篤이니라.
위중야 불가부독

『안씨가훈』에서 말했다. "인류가 있은 뒤에 부부가 있고, 부부가 있은 뒤에 부자가 있고, 부자가 있은 뒤에 형제가 있나니 한 집의 친족 관계는 이 세 가지뿐이니라. 이로부터 나아가 구족에 이르기까지 모두 이 세 가지 친족 관계에 근본 한다. 그러므로 이 세 가지가 인륜에 있어서 가장 중요한 것이니 돈독하게 하지 않으면 안 된다."[90]

2. 曹大家曰, 夫婦者는 以義爲親하며 以恩爲合이니 欲行楚撻하면
조대가왈 부부자 이의위친 이은위합 욕행초달

義欲何義며 詈罵叱喧하면 恩欲何恩이리오. 恩義旣絶이요
의욕하의 이매질훤 은욕하은 은의기절

鮮不離矣니라.
선불리의

조대고(반소)[91]가 말했다. "부부는 도의를 통해 친한 관계가 되고 은덕을 통해 결합하게 된 것이다. 그런데 부부가 만일 매질을 해서 벌을 주려 한다면 이런 도의는 또한 무슨 도의라고 말해야 하며, 부부가 만일 시끄럽게 꾸짖고 욕한다면 이런 은덕은 또한 무슨 은덕이라고 말해야 할 것인가? 은덕과 도의가 모두 끊어지고 나서도 헤어지지 않는 경우는 매우 드물었느니라."

90 『顔氏家訓』「兄弟」에 보인다.

91 '曹大家'는 곧 班昭이다. 曹世叔에게 시집갔다가 일찍 과부가 되었다. 班固가 『漢書』를 편찬하다 완성하지 못하고 죽자, 漢나라 和帝가 그 누이 班昭에게 명하여 이어서 완성하도록 했다. 황후 및 여러 貴人들의 '선생' 노릇을 했기에 '大家'라고 했다. '家'는 '姑'로 읽는다. 『女誡』 등을 남겼다.

청나라 황산수(黃山壽, 1855~1919)의 반희속사(班姬續史)

오빠인 반고가 『한서』를 마무리하지 못하고 죽자 황제의 명을 받들어 표(表)와 천문지(天文志) 등을 편찬해 완결했다고 한다.

반소상(班昭像)

황제의 부름을 받고 궁에 들어가 황후와 귀인들의 스승이 되어 '대가(大家)'라 불렀다는 기록이 보인다.

3. 太公曰, 知恩報恩이면 風光如雅하고 有恩不報면 非爲人也니라.
태공왈 지은보은 풍광여아 유은불보 비위인야

> 태공이 말했다. "은혜를 알아보고 은혜를 갚는다면 아름다운 풍광이 항상 남지만, 은혜가 있는데도 이를 갚지 않는다면 이는 사람 된 도리가 아니다."

제 4 장

예절과 언어

고대의 관자(管子)는 『의식(衣食)이 족한 연후에 예절(禮節)을 안다。』고 했다。 맞는 말이다。 헐벗고 굶주리는 사람에게 예절을 차리라고 요구하는 것은 지나친 욕심이다。 이제 우리는 정도의 차이는 있지만 의식이 풍족한 시대를 살고 있다。 기적에 가까운 경제적 성공에 힘입은 탓이다。 선진국 대열에 들어가자면 국격(國格)을 높여야 한다。 국격은 국민의 인격에서 나온다。 인격은 예절과 언어로 드러난다。 동양고전이 말하는 〈인격은 예절에서 나온다〉[遵禮]、〈교양인의 바른 말하기〉[言語]를 경청할 필요가 있다。

1

인격은 예절에서 나온다 [遵禮]

'준례遵禮'란 예절을 따른다는 의미이다. 예절이란 상호 욕망의 절제를 선언하는 인간 사이의 약속이다. 예절은 욕망의 호수를 막아 놓은 제방과 같다. 약속은 지켜져야 한다. 그렇지 않으면 욕망은 무한대로 분출한다. 당위로서 존재하는 예절을 불편하다고 말하는 이도 있다. 예절이 다소 불가피한 구속을 수반하기 때문이다. 하지만 실상은 서로 마음 편하자고 만들어진 것이 예절이다. 어른을 보고 그냥 지나치면 왠지 마음이 편치 않다. 인사를 올리면 불편함이 해소된다. 서로가 즐겁다. 역으로 예절이 바로 서지 못하면 불화와 소란으로 서로 괴롭다. 크고 작은 싸움은 모두 서로 예로 대하지 않아서 생겨난다. 그러므로 예절을 소홀히 할 수 있겠는가? 익은 벼는 고개를 숙인다. 고개를 숙일수록 인격이 저절로 높아지는 이치와 같다.

1. 曾子曰, 朝廷莫如爵이요 鄕黨莫如齒요
증자왈 조정막여작 향당막여치
輔世長民莫如德이니라.
보세장민막여덕

번역 증자[1]가 말했다. "조정에서는 벼슬만한 것이 없고, 마을에서는 나이만한 것이 없고, 세상을

1 증자(曾子, B.C. 506~B.C. 436): 증점(曾點)의 아들로 이름은 삼(參), 자는 자여(子輿), 산동성[山東省]에서 출생하였다. 공자(孔子)의 고제(高弟)로 효심이 두텁고 내성궁행(內省躬行)에 힘썼으며, 노(魯)나라 지방에서 제자들의 교육에 주력하였다. 공자가 제자들을 모아 놓고 "나의 도는 하나로써 일관한다[吾道一以貫之]"고 말했을 때 다른 제자들은 그 말의 참뜻을 몰라 생각에 잠겼으나, 증자는 선뜻 '부자(夫子)의 도는 충서(忠恕)뿐'이라고 해설하여 다른 제자들을 놀라게 하였다는 이야기는 유명하다. 공자의 도(道)를 계승

돕고 백성을 기르는 데는 덕만한 것이 없다."[2]

풀이 맹자는 일찍이 천하에 두루 통하는 세 가지 존귀한 것으로 '삼달존三達尊'을 꼽은 바 있다. 마을에서는 나이[齒], 조정에서는 벼슬[爵], 세상을 돕고 백성을 기를 때는 덕[德]보다 앞서는 것이 없다는 것이다. 동양고전의 논리를 지금 적용해도 큰 무리가 따르지 않을 법하다. 금의환향해서 어른은 몰라보고 그저 벼슬자랑하며 위세를 부리면 당장 따돌림을 받는 이치도 여기에 있다.

증자
효행으로 유명한 공자의 제자

한자와 문법 '莫如~'는 '~와 같은 것이 없다. ~만한 것이 없다. ~이 제일 낫다'로 새긴다. '鄕'과 '黨'은 각각 마을을 뜻하는데, '鄕'은 12,500戶의 마을을, '黨'은 500戶의 마을을 지칭하는 낱말이다. '齒'는 본래 이(치)나 여기서는 나이(치)로 새겨야 한다. '輔'는 도울(보), '長'은 동사로서 기를(장)이다.

2. 出門如見大賓하고[3] 入室如有人일새니라.
출문여견대빈 입실여유인

번역 집안 밖으로 나서면 만나는 이마다 큰 손님을 뵙는 듯이 하고, 집안 방에 들어와서는 늘 사람이 있는 것과 같이 행동해야 한다.

풀이 집에 있거나 밖에 있거나 항상 마음을 공손하게 가지라는 말이다. 누구를 대하든 자기를 낮추어 예를 표하면 싫어할 이가 없을 것이다. 안에서도 밖에 있을 때와 같은 마음자세를 유지한다는 것이 얼마나 어려운 일인가!

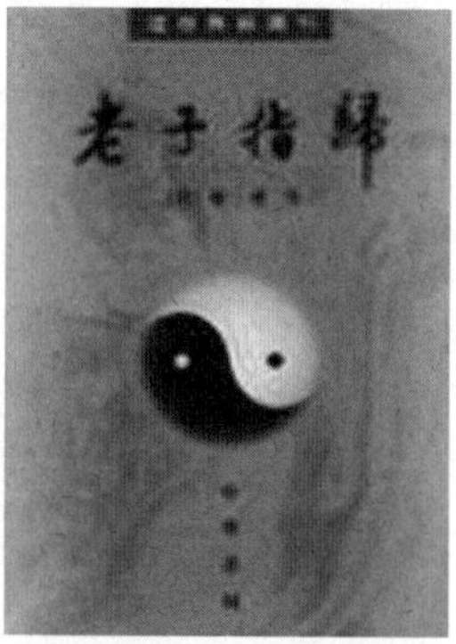

엄준(嚴遵)의 『노자지귀(老子指歸)』
1994년 중화서국 간행

한자와 문법 '賓'은 손님(빈), '如'는 여기에서 동사로 풀어서 '~처럼 하다'로 새긴다.

하였으며, 그의 가르침은 공자의 손자 자사(子思)를 거쳐 맹자(孟子)에게 전해졌다고 한다.

2 『孟子・公孫丑下』에 보인다. 원문에는 "天下有達尊三, 爵一, 齒一, 德一. 朝廷莫如爵, 鄕黨莫如齒, 輔世長民莫如德. 惡得有其一以慢其二哉."라 했다.

3 『論語』「顔淵」에 보인다.

3. 若要人重我이면 無過我重人이니라.

약요인중아 무과아중인

번역 만약 남이 나를 중히 여기도록 하고 싶다면, 내가 먼저 남을 중하게 대우해주는 것보다 나은 것이 없다.

풀이 사랑받고 싶으면 주저하지 말고 먼저 사랑하라는 말이다. 공자의 '서恕' 사상은 두 가지로 전개된다. 하나는 소극적인 '서'로써 내가 원치 않는 것을 남에게 베풀지 않는 방식이고, 다른 하나는 적극적인 '서'로써 내가 하고 싶은 것을 남이 먼저 하도록 하는 방식이다. 이 경우는 후자의 적극성이 보인다.

한자와 문법 '要'는 동사로 희망할, 바랄, 원할(요)이다. '重'은 본래 무거울(중)인데 여기서는 '중히 여기다'로 의동화(意動化)되었다. '無過~'은 '~에 지나는 것은 없다, ~보다 나은 것은 없다'는 뜻이다.

4. 父不言子之德하며 子不談父之過니라.

부불언자지덕 자부담부지과

번역 아버지는 아들의 덕을 말하지 않으며, 자식은 아버지의 허물을 이야기하지 않는다.

풀이 부모와 자식 사이에도 지켜야 할 예절이 있다. 서로 막 대해서는 안 된다. 더욱이 남에게 자식을 자랑하거나 아비의 허물하는 말을 해서는 안 된다. 모두에게 이로울 것이 없다.

한자와 문법 여기서 '過'는 명사로는 허물(과)이다.

2

교양인의 바른 말하기 [言語]

'언어言語'란 생각을 말로 표현하는 행위이다. 공자는 말을 잘하는 교언巧言보다 더듬거리는 눌언訥言을 좋게 평가한 바 있다. 말을 잘하는 것이 무슨 죄가 될까? 말만 잘하고 실천이 따르지 않는 것이 문제다. 또한 세상을 살다보면 말을 가려서 해야 한다. 언어는 사실과 정감을 전달한다. 말은 인격의 표현이다. 상대, 장소, 시기에 맞는 언어를 사용해야 존경받을 수 있다. 그래서 침묵이 웅변보다 나을 때가 있다. 마음의 울림이 따르지 않는 언어는 상대에 대한 모욕이고 폭력이다. 동양고전은 주체할 수 없는 사욕에 사로잡힌 현대인의 배설에 가까운 무절제한 언어 사용에 경종을 울리고 있다.

1. 劉會曰, 言不中理면 不如不言이요
(유회왈 / 언부중리 / 불여불언)
一言不中이면 千語無用이니라.[4]
(일언부중 / 천어무용)

번역 유회[5]가 말했다. "말이 이치에 맞지 않으면 말하지 않은 것만 같지 못하고, 한마디 말이 이치에 맞지 않으면 천 마디 말이라도 소용이 없느니라."

풀이 말을 많이 해서 덕 볼 일이 없다. 이치에 합당한 말만 가려서 해라. 그래야 말을 하지 않아도 신뢰감을 느낄 수 있는 것이다.

4 重刊本에는 '萬語無用'으로 되어 있다.
5 유회: 사람 이름인데 정확히 누군지 알 수 없다.

한자와 문법 '中'은 본디 가운데(중)으로 쓰이는데 여기서는 동사가 되어 적중할, 맞을(중)으로 새긴다.

2. 君平曰, 口舌者는 禍患之門이요 滅身之斧也니라.
군평왈 구설자 화환지문 멸신지부야

번역 군평[6]이 이르기를 입과 혀는 재앙과 근심의 문이요, 몸을 죽게 하는 도끼이니라.

풀이 죽을 각오를 하고 임금에게 올리는 상소를 '지부상소持斧上疏'라고 한다. 도끼를 가지고 가는 이유는 무엇인가? 상소의 내용이 못마땅하면 목숨을 거두시라는 뜻이다. 그만큼 '바른 말'을 하겠다는 말이다. 죽을 각오가 되어 있지 않다면 침묵하는 편이 낫다.

한자와 문법 '者'는 '~이라는 것'으로 새긴다. '斧'는 도끼(부), '滅'은 없어질, 멸망할(멸)이다.

3. 利人之言은 煖如綿絮하고 傷人之語는 利如荊棘이라.
이인지언 난여면서 상인지어 이여형극
一言半句라도 重值千金이요 一語傷人은 痛如刀割이니라.
일언반구 중치천금 일어상인 통여도할

번역 사람을 이롭게 하는 말은 따스하기가 솜과 같고 사람을 상하게 하는 말은 날카롭기가 가시와 같다. 한마디 말이나 반쪽 구절이라도 중하기가 천금에 해당하고 한마디 말이 사람을 상하게 하는 것은 아프기가 칼로 베는 것과 같으니라.

풀이 말을 나불나불 잘하는 것이 중요하지 않고 남에게 이익이 되는 말을 하는 것이 중요하다. 가시 돋친 말을 피하고 솜처럼 따스한 말을 할 수 없을까? 그러자면 어려서부터 집안에서 그런 훈련을 쌓아야 한다. 우선 남을 배려하는 마음씨부터 기를 일이다.

한자와 문법 이 글에서 '利'는 이로울(리)와 날카로울(리)로 사용되었다. '利人之言'의 '利'는 이롭다는 뜻이고, '利如荊棘'의 '利'는 날카롭다는 뜻이다. '煖'은 따뜻할(난), '綿'은 솜(면), '絮'는 솜(서), '荊'은 가시(형), '棘'은 가시(극)이다. '형극(荊棘)'은 '가시'란 뜻의 상용어이다. 안중근 의사의 말에 "하루라도 독서를 하지 않으면 입 안에 가시가 돋는다[一日不讀書, 口中生荊棘]."고 했을 때, '형극'도

6 장군평(莊君平): 서한의 도가 학자이며 사상가이다. 촉(蜀)의 팔선(八仙) 중의 한 사람이다. 한 명제 유장(劉莊)의 휘자를 피하여 엄군평(嚴君平)으로 고쳤다. 촉군(蜀郡) 사람으로 성도(成都)에 은거하며 복술(卜術)로 업을 삼았다.

마찬가지다. '値'는 값(치), 해당할(치), 만날(치) 등의 의미가 있는데, 여기서는 '해당하다'는 뜻으로 쓰였다. '割'은 가를, 벨(할)이다.

안중근 의사와 그의 친필

4. 口是傷人斧요 言是割舌刀니 閉口深藏舌하면 安身處處牢니라.
구시상인부 언시할설도 폐구심장설 안신처처뢰

번역 입은 사람을 상하게 하는 도끼요 말은 혀를 베는 칼이니, 입을 닫고 혀를 깊이 감추면 몸을 편안히 하여 가는 곳마다 든든해질 것이다.

한자와 문법 '是'는 '~이다'의 뜻이다. '牢'는 본래 외양간과 같은 우리(뢰)이다. 여기서는 '단단하다, 든든하다, 미덥다'는 뜻으로 쓰였다.

5. 酒逢知己면 千鐘少요 話不投機면 一句多니라.
주봉지기 천종소 화불투기 일구다

번역 술자리에서 뜻이 통하는 지기를 만나면 천 잔 술로도 적지만, 말을 함에 제때를 맞추지 못하면 한 구절도 많은 것이니라.

풀이 말은 때가 중요하다는 지적이다. 말할 때를 아는 이가 현명한 자다. 때를 찾지 못하면 침묵해야 한다. 피차간에 마음과 생각이 달라 대화가 제대로 소통될 수 없는 상태에 이르렀을 때 하는 말은 서로에게 독이 될 뿐이다.

〈관포지교(管鮑之交)〉로 유명한 관중

한자와 문법 '知己'는 '자기를 알아주는 친구'다. '鐘'은 잔(종)이다, '機'는 본래 '베틀(기계) 기'이나 여기서는 '시기, 기회'란 뜻으로 쓰였다. 오늘날 '투기(投機: speculation)'는 기회를 엿보아 큰 이익을 보려는 것을 뜻한다. '땅 투기'와 같은 행위는 단기간에 대폭적인 가격변동이 있을 것을 예견한 매매행위로서 정상적인 경제활동으로 보기 어렵다. 여기서 '투기'는 말할만한 적절한 기회를 잡는 것을 뜻하는 것으로, 대화할 때 서로 동의할 수 있는(agreeable) 말을 하는 것을 이른다. '話不投機'의 상대어는 '담득투기(談得投機)'이다.

명·심·보·감
스스로 읽기

준례편 遵禮篇

1. 子曰, 居家有禮故로 長幼辨하고 閨門有禮故로 三族和하고
자왈 거가유례고 장유변 규문유례고 삼족화
朝廷有禮故로 官爵序하고 田獵有禮故로 戎事閑하고
조정유례고 관작서 전렵유례고 융사한
軍旅有禮故로 武功成이니라.
군려유례고 무공성

> 공자가 말했다. "집안에 예가 있기 때문에 어른과 어린이가 변별되고, 안방에 예가 있기 때문에 삼족이 화목하고, 조정에 예가 있기 때문에 벼슬이 차례가 서고, 사냥에 예가 있기 때문에 군사(軍事)가 숙달되고, 군대에 예가 있기 때문에 무공이 이루어지느니라."[7]

2. 晏子曰, 上無禮면 無以使下하고 下無禮면 無以事上하니라.
안자왈 상무례 무이사하 하무례 무이사상

> 안자가 말했다. "만일 윗사람이 예의가 없다면 아랫사람을 제대로 부릴 수 없고, 만일 아랫사람이 예의가 없다면 윗사람을 제대로 섬길 수 없다."

3. 子曰, 恭而無禮則勞하고 愼而無禮則葸하고 勇而無禮則亂하고
자왈 공이무례즉로 신이무례즉시 용이무례즉란
直而無禮則絞니라.
직이무례즉교

> 공자가 말했다. "공손하되 예의가 없으면 수고스럽고, 신중하되 예의가 없으면 두렵고, 용맹스럽되 예의가 없으면 난폭하고, 강직하되 예의가 없으면 너무 각박하게 되느니라."[8]

4. 子曰, 君子有勇而無禮면 爲亂하고 小人有勇而無禮면 爲盜니라.
자왈 군자유용이무례 위란 소인유용이무례 위도

---

7 『禮記』「仲尼燕居」, 『孔子家語』「論禮」에 보인다.
8 『論語』「泰伯」에 보인다.

> 공자가 말했다. “군자가 용맹하기만 하고 예가 없으면 난리를 일으키고, 소인이 용맹하기만 하고 예가 없으면 도둑질을 하느니라.”[9]

5. 孟子曰(맹자왈), 君子所以異於人者(군자소이이어인자)는 以其存心也(이기존심야)니 君子(군자)는 以仁存心(이인존심)하며 以禮存心(이례존심)이니라. 仁者(인자)는 愛人(애인)하고 有禮者(유례자)는 敬人(경인)하나니 愛人者(애인자)는 人恒愛之(인항애지)하고 敬人者(경인자)는 人恒敬之(인항경지)니라.

> 맹자가 말했다. “군자가 보통 사람과 다른 점은 자기의 마음을 잘 보존하고 있다는 것이다. 군자는 인을 마음에 보전하고 있고 예를 마음에 보존하고 있다. 인자는 남을 사랑하고, 예의가 있는 자는 남을 공경하니, 남을 사랑하는 자는 남도 늘 그를 사랑하고, 남을 공경하는 자는 남도 늘 그를 공경하느니라.”[10]

6. 有子曰(유자왈), 禮之用(예지용)이 和爲貴(화위귀)하니라.

> 유자가 말했다. “예가 행해질 때 화평한 기운이 중요하니라.”[11]

7. 言不和(언불화)라도 貌且恭(모차공)하라.

> 말이 화합하지 못할지라도 외모는 공경스런 태도를 보여야 한다.

8. 有子曰(유자왈), 恭近於禮(공근어례)면 遠恥辱也(원치욕야)니라.

> 유자가 말했다. “공손한 태도가 예에 가까우면 치욕을 멀리할 수 있느니라.”[12]

9. 程子曰(정자왈), 無不敬(무불경)하라.

> 정자가 말했다. “공경하지 않음이 없어야 하느니라.”

---

9 『論語』「陽貨」에 보인다.

10 『孟子』「離婁下」에 보인다.

11 『論語』「學而」에 보인다.

12 『論語』「學而」에 보인다.

10. 孟子云, 徐行後長者를 謂之弟오 疾行先長者를 謂之不弟니라.
맹자운 서행후장자 위지제 질행선장자 위지부제

맹자가 말했다. "천천히 걸어서 어른의 뒤를 따르는 것을 일러 '제(弟: 공경하다)'라 하고, 빨리 걸어서 어른보다 앞서 가는 것을 일러 '부제(不弟: 공손하지 못하다)'라고 한다."[13]

11. 少儀曰, 執虛如執盈하고 入虛如有人하라.
소의왈 집허여집영 입허여유인

『소의』[14]에서 말했다. "빈 그릇 잡기를 가득 찬 그릇 잡듯이 하며, 빈 곳에 들어가기를 사람이 있는 곳에 들어가듯이 하라."

12. 孔子於鄕黨에 恂恂如也하사 似不能言者러시다.
공자어향당 순순여야 사불능언자

공자가 고향 마을에 계실 때는 미덥고 진실한 모습을 보이시어 말을 잘 못하는 사람과 같으셨다.[15]

13. 太公曰, 客無親疏하니 來者當愛니라.
태공왈 객무친소 내자당애

태공이 말했다. "손님은 가깝고 멀고를 따지지 말고, 오는 손님은 응당 기쁘게 맞이해야 하느니라."

14. 欒共子曰, 民生於三하니 事之如一이라. 父生之하고 師教之하고
난공자왈 민생어삼 사지여일 부생지 사교지

君食之니 非父不生이요 非食不長이요 非教不知이 生之族也니라.
군식지 비부불생 비식부장 비교부지 생지족야

난공자[16]가 말했다. "사람은 세 존재(어버이, 스승, 임금) 덕분에 살게 되었으니, 이 셋을 섬기기를 똑같이 해야 한다. 아버지는 나를 낳아 주시고, 스승은 나를 가르쳐 주시고, 임금은 나를 먹여 주셨으니, 아버지가 아니면 태어나지 못하고 임금이 먹여 주지 않으면 자라지 못하고, 스승이 가르쳐 주지 않으면 알지 못하니, 이들이 사람을 살려 준 세 존재이니라."[17]

---

13 『孟子』「告子下」에 보인다.

14 '少儀'는 『禮記』의 篇名으로 고대의 귀족 자제들이 익혀야 하는 예의를 기록했다.

15 『論語』「鄕黨」에 보인다.

16 '欒共子'는 晉나라 哀侯의 大夫인 共叔成이다. 桓叔의 師傅였던 欒賓의 아들이다.

15. 禮記曰, 男女不雜坐하고 不親授하며
예기왈 남녀부잡좌 불친수

嫂叔不通問하고 父子不同席이니라.
형숙불통문 부자부동석

『예기』에서 말했다. “남녀는 서로 섞여 앉아서는 안 되고, 서로 직접 주고받아서도 안 된다. 형수와 삼촌 사이에는 서로 안부를 물어서는 안 되며, 아비와 자식 사이에는 자리를 함께하여 앉아서는 안 된다.”[18]

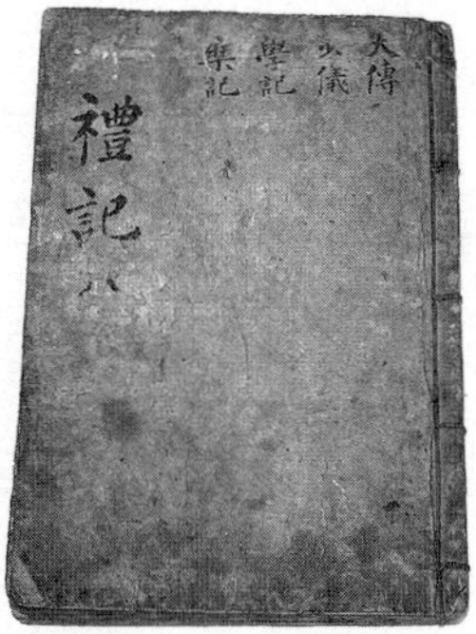

『예기』
유가경전(오경)의 하나로 예의 근본정신을 담고 있다.

16. 論語曰, 祭如在하시며 祭神如神在러시다.
논어왈 제여재 제신여신재

『논어』에서 말했다. “선조에게 제사를 지낼 때는 조상 신령이 와 계신 듯이 하셨고, 신에게 제사지낼 때는 그 신이 와 계신 것처럼 하셨느니라.”[19]

17. 子曰, 事死如事生하며 事亡如事存이 孝之至也니라.
자왈 사사여사생 사망여사존 효지지야

공자가 말했다. “죽은 분 섬기기를 산 분 섬기듯이 하고, 없는 분 섬기기를 계신 분 섬기듯이 하는 것, 이것이 바로 효의 극치니라.”[20]

18. 老少長幼는 天分秩序니 不可悖理而傷道也니라.
노소장유 천분질서 불가패리이상도야

늙은이와 젊은이, 어른과 어린이는 하늘이 정한 차례이니, 이치에 어긋나게 해서 하늘의 도리를 상하게 해서는 안 된다.

---

17 『小學』「明倫」, 『國語』「晉語」에 보인다.

18 『禮記』「曲禮上」에 보인다.

19 『論語』「八佾」에 보인다.

20 『中庸』에 보인다.

언어편 言語篇

1. 子曰, 中人以上은 可以語上也어니와 中人以下는 不可以語上也니라.
자왈 중인이상 가이어상야 중인이하 불가이어상야

> 공자가 말했다. "자질이 중간(보통) 이상의 사람에게는 높은 차원의 도를 말해 줄 수 있지만, 자질이 중간 이하의 사람에게는 높은 차원의 도를 말해 줄 수 없다."[21]

2. 子曰, 可與言而不與之言이면 失人이요 不可與言而與之言이면 失言이니 知者는 不失人하며 亦不失言이니라.
자왈 가여언이불여지언 실인 불가여언이여지언 실언 지자 부실인 역부실언

> 공자가 말했다. "상대하여 말할 만한데 말하지 않으면 사람을 잃는 것이며, 상대하여 말할 만하지 않은데 말을 한다면 말을 잃는 것이다. 지혜로운 사람은 사람을 잃지 않고 말도 잃지 않느니라."[22]

3. 士相見禮曰, 與君言엔 言使臣하며 與大夫言엔 言事君하며 與老者言엔 言使弟子하며 與幼者言엔 言孝弟於父兄하며 與衆言엔 言忠信慈祥하며 與居官者言엔 言忠信이니라.
사상견례왈 여군언 언사신 여대부언 언사군 여로자언 언사제자 여유자언 언효제어부형 여중언 언충신자상 여거관자언 언충신

> 『의례』「사상견례」에서 말했다. "임금과 함께 말할 때에는 신하 부리는 일을 말해야 하며, 경대부와 함께 말할 때에는 임금 섬기는 일을 말해야 하며, 남의 부형들과 함께 말할 때에는 아우와 아들 부리는 일을 말해야 하며, 남의 아들과 아우와 함께 말할 때에는 부형에게 효도하고 공순하는 일을 말해야 하며, 서민들과 함께 말할 때에는 충성과 신의 그리고 자비와 선량함을 말해야 하며, 관직에 있는 사람과 함께 말할 때에는 충성과 신의를 말해야 하느니라."[23]

---

21 『論語』「雍也」에 보인다.

22 『論語』「衛靈公」에 보인다.

23 『小學』「敬身」에 보인다.

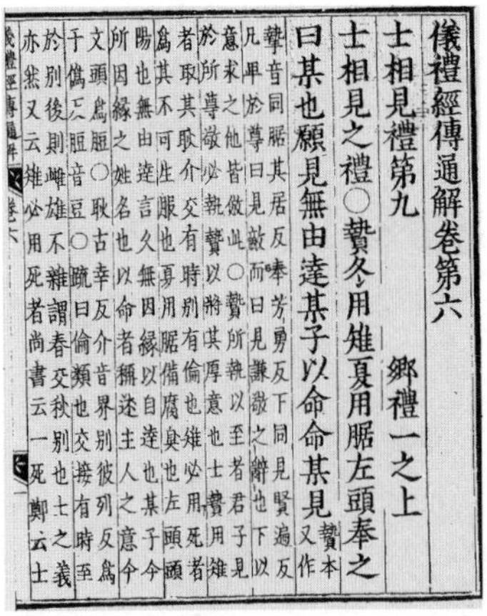

儀禮經傳通解卷第六

士相見禮第九 鄉禮一之上

士相見之禮○贄冬用雉夏用腒左頭奉之

曰某也願見無由達某子以命命某見

일본 목판본 『의례경전통해』 권6, 〈사상견례〉 제9

『의례』는 유교의 13경 중의 하나이다. 『주례』(周禮)』·『예기』와 함께 삼례(三禮)로 불린다.

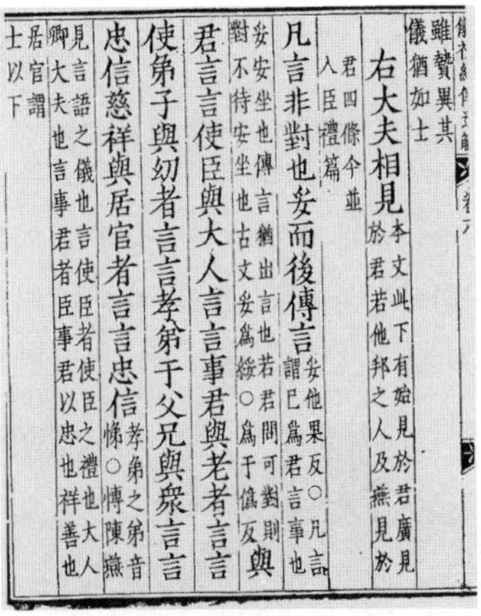

右大夫相見

凡言非對也妥而後傳言

君言言使臣與大人言言事君與老者言言

使弟子與幼者言言孝弟于父兄與衆言言

忠信慈祥與居官者言言忠信

〈사상견례〉 본문 내용

『의례』 17편 가운데 하나인 〈사상견례〉는 선비들이 공식적으로 서로 만나 인사하는 의례이다.

3. 子曰(자왈), 夫人不言(부인불언)이언정 言必有中(언필유중)이니라.

> 공자가 말했다. "저 사람은 말을 하지 않을지언정 말을 하면 꼭 도리에 맞게 말하여 핵심을 찌른다."[24]

4. 景行錄云(경행록운), 稠人廣坐(조인광좌)에 一言之失(일언지실)이면 顏色之差(안색지차)하여 便有悔吝(변유회린)이니라.

> 『경행록』에서 말했다. "넓은 자리에 사람들이 빽빽하게 모여 있는데, 말 한마디를 잘못해서 얼굴빛이 달라지면 바로 후회가 따라오게 되느니라."

5. 子曰(자왈), 小辨(소변)은 害義(해의)하고 小言(소언)은 破道(파도)니라.[25]

> 공자가 말했다. "속 좁은 자잘한 분석은 예의를 해치고, 쓸데없이 자잘한 언론은 도덕을 파괴시키느니라."[26]

24 『論語』「先進」에 보인다.

25 어떤 본에서는 '小言破道'를 '小義害道'라고 했다.

26 『孔子家語』에 보인다.

6. 四皓謂子房曰, 向獸彈琴은 徒盡其聲이요
사호위자방왈 향수탄금 도진기성

以言傷人하면 痛如刀戟이니라.
이언상인 통여도극

사호가 자방[27]에게 말했다. "짐승에게 거문고를 연주해 주는 것은 공연히 그 음악 소리만 낭비하는 것이요, 말을 가지고 사람을 상하게 하면 그 고통이 칼이나 창으로 찌르는 것과 같으니라."

현재(玄齋) 심사정(沈師正, 1707~1769)의 〈상산사호(商山四皓)〉
네 신선이 한가로이 바둑을 두고, 나무 아래서 동자가 찻물을 끓이고 있다. 사슴이 찾아와 옆에 있는지도 모른 채 바둑 삼매에 빠져 있는 신선들의 모습이 한가롭다. 진(秦)나라 말, 한나라 초의 은사(隱士)들인 '상산사호'는 진나라의 혼란스러움을 피해 상산 산림에서 띠집을 짓고 숨어 살았다고 한다.

7. 荀子曰, 與人善言은 暖於布帛하고 傷人之言은 深於矛戟이니라.
순자왈 여인선언 난어포백 상인지언 심어모극

순자가 말했다. "남에게 해주는 좋은 말은 비단옷보다 따뜻하고, 남을 중상하는(헐뜯는) 말은 창에 찔린 상처보다 깊으니라."[28]

8. 離騷經云, 甛言如蜜하고 惡語如刀니라.
이소경운 첨언여밀 악어여도

人不以多言爲益하고 犬不以善吠爲良하니라.
인불이다언위익 견불이선폐위량

---

27 '四皓'는 '商山四皓'인데 진(秦)나라 때 산중에 숨어 살던 동원공(東園公)·하황공(夏黃公)·녹리선생(甪里先生)·기리계(綺里季)의 네 노인을 가리킨다. '子房'은 한나라 개국공신인 張良(?~B. C. 189)이다.

28 『荀子』「榮辱」에 보인다.

『이소경』에서 말했다. "달콤한 말은 꿀과 같고 악한 말은 칼과 같다. 사람은 말을 많이 하는 것을 이익이라고 생각하지 않고, 개는 짖기를 잘하는 것을 훌륭하다고 보지 않느니라."

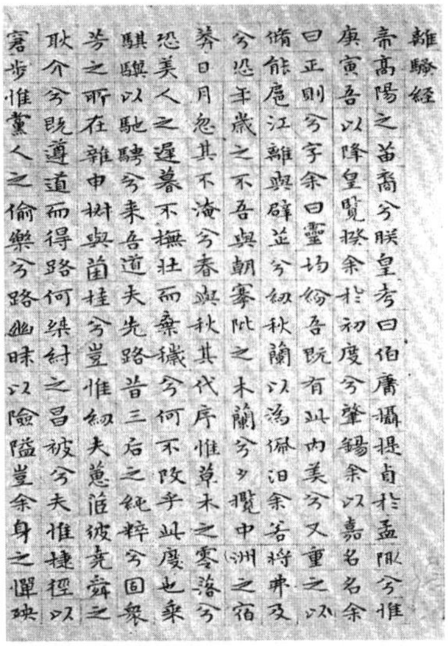

명나라 문징명(文徵明, 1470~ 1559)이 쓴 〈이소경(離騷經)〉

'이소'는 이별의 우수를 풀어낸 작품이다. 작자 굴원은 중국 전국시대의 정치가이자 비극시인. 초회왕(楚懷王)·경양왕(頃襄王) 때 벼슬을 하다 참소를 당하여 방랑한 뒤, 멱라(汨羅)에 빠져죽었다고 전한다.

굴원

그의 초사(楚辭)는 울분의 정서가 넘쳐 풍부한 서정성을 내포했다는 평가를 받는다. 특히 〈이소〉는 굴원의 대표작으로 370여 구, 2,400여 자로 된 중국 고대의 최장편 서정시이다. 왕일(王逸)은 〈초사장구(楚辭章句)〉에서 〈이소경(離騷經)〉이라 불렀고, 송나라 홍흥조(洪興祖)는 〈초사보주(楚辭補注)〉에서 "대개 후세의 선비들이 그의 초사를 조술하면서 높여서 '경'이라 한다(蓋後世之士祖述其詞, 尊之爲經耳)."고 했다. 간혹 〈이소부(離騷賦)〉라 하기도 하고, 〈소(騷)〉라고 줄여서 부르기도 한다. 한나라에서 남북조 시대까지 〈이소〉는 굴원의 초사를 총칭해왔다. 문학사에서는 또한 '풍(風)'과 '소(騷)'를 병칭하여, '풍'으로 〈시경(詩經)〉을 개괄하고, '소'로 〈초사(楚辭)〉를 개괄하는 것이 상식으로 되어 있다.

9. 刀瘡은 易好나 惡語는 難消니라.

도창 이호 악어 난소

칼로 생긴 상처는 쉽게 낫지만, 악한 말로 다친 마음의 상처는 없어지기 어려우니라.

10. 子貢曰, 君子는 一言에 以爲知하며 一言에 以爲不知니 言不可不愼也니라.

자공왈 군자 일언 이위지 일언 이위부지 언불가불신야

자공이 말했다. "군자는 한마디 말로 지혜롭게 되기도 하고 한마디 말로 지혜롭지 못하게도 되는 것이니, 말을 삼가지 않아서는 안 된다."[29]

11. 論語云, 一言可以興邦하고 一言可以喪邦이니라.
논어운 일언가이흥방 일언가이상방

『논어』에서 말했다. "한마디 말로 나라를 흥하게 할 수도 있고, 한마디 말로 나라를 잃어버리게 할 수도 있느니라."[30]

12. 藏經云, 人於倉卒顚沛之際에 善用一言者가 上資祖考하고 下蔭兒孫이니라.
장경운 인어창졸전패지제 선용일언자 상자조고 하음아손

『장경』[31]에서 말했다. "사람이 갑자기 곤궁해져서 엎어지고 넘어지는 위급한 상황에 처하더라도 한마디 좋은 말을 잘 사용하면 위로는 조상을 빛낼 수 있고, 아래로는 자손들에게 음복을 끼칠 수 있을 것이다."

14. 子曰, 巧言令色이 鮮矣仁이니라.
자왈 교언영색 선의인

공자가 말했다. "말이나 듣기 좋게 하고 가식적인 얼굴로 비위를 맞추는 사람치고 어진 사람은 적다."[32]

15. 逢人且說三分話하고 未可全抛一片心이니 不怕虎生三個口요 只恐人情兩樣心이니라.
봉인차설삼분화 미가전포일편심 불파호생삼개구 지공인정량양심

사람을 만나거든 우선 십 분의 삼만 말하되 자기가 지니고 있는 한 조각 마음을 다 털어버리지 말지니, 호랑이가 세 번 입을 벌리는 것은 두렵지 않고 다만 세상 사람의 두 가지 마음이 두려우니라.[33]

---

29 『論語』「子張」에 보인다.

30 『論語』「子路」에 보인다.

31 '藏經'은 또한 '大藏經' 혹은 '一切經'이라 부른다. 불교 경전의 총칭이다.

32 『論語』「學而」에 보인다.

33 宋나라 釋道源이 編著한 『景德傳燈錄』에 보인다.

16. 能言이면 能語解人하여 胸寬腹大하니라.
능언 능어해인 흉관복대

| 말에 능한 사람은 말로 상대를 잘 이해시켜 마음을 탁 트이게 만들어 주느니라.

17. 荀子云, 贈人以言이 重於金石珠玉하고 勸人以言이
순자운 증인이언 중어금석주옥 권인이언

美於黼黻文章하고[34] 聽人以言이 樂於鍾鼓琴瑟이니라.
미어보불문장 청인이언 낙어종고금슬

| 순자가 말했다. “남에게 좋은 말로 보내주는 것이 금은이나 주옥보다 귀중하고, 남에게 좋은 말로 권면해주는 것이 곤룡포의 무늬보다 아름다우며, 남에게 좋은 말을 들려주는 것이 종고나 음악 연주 소리보다 즐거우니라.”[35]

18. 子曰, 惡人은 難與言이니 遜避以自勉이니라.
자왈 악인 난여언 손피이자면

| 공자가 말했다. “악한 사람은 함께 이야기하기 어려우니 겸손한 태도로 피함으로써 스스로 힘써야 하느니라.”

19. 子曰, 道聽而途說이면 德之棄也니라.
자왈 도청이도설 덕지기야

| 공자가 말했다. “길에서 주워들은 말을 전하는 것은 덕을 저버리는 것이다.”[36]

---

34 ‘黼黻文章’은 임금이 예복으로 입는 곤룡포에 놓은 여러 가지 모양의 수이다. ‘보’는 흰 빛깔과 검은 빛깔로 자루 없는 도끼 모양을, ‘불’은 검은 빛깔과 푸른 빛깔로 아(亞) 자 모양을, ‘문’은 푸른 빛깔과 붉은 빛깔로, ‘장’은 붉은 빛깔과 흰 빛깔로 수놓은 것이다.

35 『荀子』「非相」에 보인다.

36 『論語』「陽貨」에 보인다.

제5장 학문과 교육

옥은 쪼지 않으면 그릇을 이루지 못하고, 사람은 배우지 않으면 도리를 알지 못한다. 인간의 도리를 알고 행하려면 배우고 또 배워야 한다. 진정 학문에 뜻을 둔 이라면 총명하면서도 배우기를 좋아하고 지위가 높지만 아랫사람에게 묻는 일을 부끄러워하지 않아야 한다. 〈인생의 풍요는 학문에서 비롯된다〉[勸學], 〈자식을 사람으로 키워라〉[訓子], 〈인생의 근본은 무엇인가〉[立教]를 통해 동양고전은 학문과 교육의 근본을 말하고자 한다.

1

인생의 풍요는 학문에서 비롯된다 [勤學][1]

'근학勤學'은 학문에 부지런히 힘쓰라는 말이다. 무엇을 위해 학문을 해야 하는가? 일찍이 송나라 진종이 「권학문勸學文」에서 부귀영화가 모두 책 속에 있으니 부지런히 공부하라고 했다. 그런데 이황은 제자들에게 『고문진보古文眞寶』를 가르칠 때, 이 「권학문」을 두고서 "어떻게 이욕利欲이 담긴 글을 가지고 남을 힘쓰게 할 수 있겠는가?"라고 했다. 학문은 이욕을 추구하는 수단이 결코 아니라는 말이다.

이처럼 동양고전은 경제적인 부를 축적하기 위해서가 아니라 인간답게 사는 길을 밝게 터득하는 학문을 하라고 한다. 요령과 편법에 익숙한 현대인에게 고전의 가르침은 너무 어리석어 보인다. 바보가 아니라면 그 누가 돈이 안 되는 공부를 할까! 역설적으로 역사는 노둔하지만 끈기 있는 사람이 학문으로 대성할 수 있다고 증언한다.

공부는 때가 중요하다. 때를 놓치면 공부의 성취가 어려워 후회가 남는다. 인생은 학문을 익힐 때가 있고 배운 것을 사회에 기여할 때가 있다. 정보화 시대를 살아가는 현대인들은 평생 배우고 익혀야 한다. 그러나 학문의 기초는 일정한 수학기에 형성된다. 봄에 씨앗을 뿌려야 가을에 거둘 수 있다. 때 늦은 씨앗은 열매를 맺지 못한다.

1. 莊子曰, 人之不學은 若登天而無術이며 學而智遠은
장자왈 인지불학 약등천이무술 학이지원
若披祥雲而覩靑天하고 如登高山而望四海하니라.[2]
약피상운이도청천 여등고산이망사해

1 '勤學篇'을 '勸學篇'으로 적은 판본도 있다.

번역 장자가 말했다. "사람이 배우지 아니함은 마치 하늘을 오르는 데 아무런 기술이 없는 것과 같으며, 배워서 지혜가 심원해지는 것은 마치 상서로운 구름을 헤치고 푸른 하늘을 보는 것 같고, 마치 높은 산에 올라 사해를 바라보는 것 같으니라."

풀이 배움을 하늘 오르기에 비유했다. 하늘을 오르는 이유는 구름에 가려진 푸른 하늘을 보고파서다. 지혜가 깊어지면 보이는 세상도 넓어진다. 배움의 즐거움은 바로 거기에 있다.

한자와 문법 '人之不學'에서 '之'는 새기지 않는 것이 맞다. 이런 '之'를 문법에서 '개사'라고 한다. 의미는 없고 연결해주는 작용만 한다. '人不學'은 '사람이 배우지 않는다'라는 독립된 문장이다. 중간에 '之'가 들어가면 이 문장은 독립성을 잃고 하나의 구로 전락되어 문장의 성분이 되고 만다. '人之不學'(사람이 배우지 않는 것은)이 〈주어〉, '若'(같다)이 〈술어〉, '登天而無術'(하늘을 오르는 데 기술이 없는 것)이 〈목적어〉가 된다. '披'는 헤칠(피), '覩'는 볼(도)이다.

2. 禮記曰, 玉不琢이면 不成器요 人不學이면 不知道니라.

예기왈 옥불탁 불성기 인불학 부지도

번역 『예기』에서 말했다. "옥은 쪼지 않으면 그릇을 이루지 못하고, 사람은 배우지 아니하면 도리를 알지 못하느니라."[3]

풀이 배움의 목적을 제시했다. 사람의 도리를 알기 위해 배워야 한다는 말이다. 현대인들이 되새겨봐야 할 대목이다.

한자와 문법 '琢'은 쪼을(탁)이다. '成器'는 '그릇을 이루다' 즉, '그릇이 되다'라는 뜻이다.

중국 초학교재인 〈삼자경(三字經)〉에 나오는 "玉不琢, 不成器, 人不學, 不知義."

---

2 현재 전하는 『莊子』에는 없는 글이다.

3 『禮記』「學記」에 보인다.

3. 太公曰, 人生不學이면 冥冥如夜行이니라.
태공왈 인생불학 명명여야행

번역 태공이 말했다. "사람이 살면서 배우지 아니하면, 생각이 어둑어둑해서 마치 밤길을 가는 것과 같으니라."

풀이 이 역시 배움의 이유를 설명했다. 사람의 도리를 제대로 모르면 암흑 같은 인생이 기다린다는 경고다.

한자와 문법 '冥'은 어두울(명)이다.

4. 韓文公曰, 人不通古今이면 馬牛而襟裾니라.
한문공왈 인불통고금 마우이금거

번역 한 문공[4]이 말했다. "사람이 고금에 통달하지 못하면 말이나 소에게 옷을 입혀 놓은 것과 같으니라."[5]

풀이 역사를 모르면 동물과 같다는 논리이다. 인간이 되려면 고금의 역사를 익혀라! 그리하여 그 속에서 인간의 지혜를 섭취하라!

한자와 문법 '而'는 두 문구를 이어주는 접속사로 여기서는 '~지만, ~면서 그러나' 정도로 새긴다. '襟'은 옷깃(금), '裾'는 옷자락(거)이다. '襟裾'는 명사가 합하여 동사로 변했다. '옷을 입다'로 새긴다.

---

4 한 문공(韓文公)은 당나라의 문인이자 사상가였던 한유(韓愈, 768~824)이며, 문공은 그의 시호이다.

한유
당나라의 문인이자 사상가. 도가와 불가를 배척하고 유가의 정통성을 적극 옹호・선양했다. 유종원(柳宗元)과 함께 고문운동을 주도하여 산문의 새로운 경지를 개척하여 '당송팔대가(唐宋八大家)'의 머리를 차지하였다.

5 『韓昌黎全集』「符讀書城南」에 보인다.

5. 朱子曰, 勿謂今日不學而有來日하며
주자왈 물위금일불학이유래일

勿謂今年不學而有來年하라.
물위금년불학이유래년

日月逝矣라 歲不我延이니 嗚呼老矣라 是誰之愆고.
일월서의 세불아연 오호로의 시수지건

번역 주자가 말했다. "오늘 배우지 않고 내일이 있다고 하지 말며, 금년에 배우지 않고 내년이 있다고 하지 말라. 해와 달은 가니 세월은 나를 기다려 주지 않는다. 아! 늙었구나. 이 누구의 허물인가?"[6]

풀이 공부의 때를 강조했다. 오늘 할 일을 내일로 미루지 말라는 경고이다. 세월을 탓하지 말고 나태한 나를 벌하라는 명령이다.

한자와 문법 '勿謂~'는 '~라고 하지 마라'로 새긴다. '逝'는 갈(서)다. 주로 시간의 흐름을 표현할 때 사용한다. '延'은 시간을 뒤로 늦출(연), '愆'은 허물, 잘못(건)이다. 이 두 자는 짝수 구의 운자이다. '歲不我延'은 부정문이어서 대명사 '我'가 앞으로 도치되었다.

6. 論語云, 學如不及하고 猶恐失之하라.
논어운 학여불급 유공실지

번역 『논어』에서 말했다. "배움은 미치지 못한 것처럼 여기고, 오히려 놓치면 어쩌나 하고 걱정해야 하느니라."[7]

풀이 배움의 태도를 말했다. 목표를 세우고 목표에 도달할 때까지 부단히 노력하는 모습을 위와 같이 표현한 것이 아닌가 한다.

한자와 문법 '及'은 미칠(급)으로 도달한다는 뜻이다. '猶'는 부사로 '오히려(유)'이다.

---

6 『古文眞寶』「朱子勸學文」(「朱文公勸學文」)에 보인다.

7 『論語』「泰伯」에 보인다.

2

자식을 사람으로 키워라 [訓子]

김홍도, 〈서당〉. 매 맞고 우는 아이.

'훈자訓子'는 자식을 훈육한다는 뜻이다. '역자지교易子之教'란 말이 있다. 맹자는 일찍이 부자父子가 서로 책선責善하다 보면 틈이 벌어지기 때문에 아들을 바꾸어서 가르쳐야 한다고 했다. 자식에게 모범이 되기에 충분한 아버지라면 자식의 교사가 될 수 있다. 그러나 대부분의 부모들이 말 따로, 행동 따로 하게 되면 자식의 거울이 되기 어렵다. 그래서 부득이 다른 이에게 자식교육을 위탁한다. 현대교육은 인간의 도리를 아무도 가르치지 않는다. 가정의 부모도 그렇고 이른바 학교 선생도 지식교육에 몰입한 나머지 사람 되는 교육을 등한시한다. 교육의 목적이 사람 만드는 것인데, 본말이 전도되고 만 것이다. 당신이 진정으로 자식을 사랑한다면 사람으로 키우라는 동양고전에 귀를 기울일지어다.

1. 漢書云(한서운), 黃金滿籯(황금만영)라도 不如教子一經(불여교자일경)이오 賜子千金(사자천금)이라도 不如教子一藝(불여교자일예)이니라.

번역 『한서』[8]에서 말했다. "황금이 상자에 가득하더라도 자식에게 경전 하나를 가르침만 못하고, 자식에게 천금을 물려주더라도 자식에게 한 가지 재주를 가르치는 것만 못하느니라."[9]

풀이 『탈무드』에 보면 "물고기를 잡아주기보다는 잡는 방법을 가르쳐 주는 것이야말로 지혜로운 유산이다."라는 가르침이 있다. 돈은 소비재이니 자식의 인생을 지켜줄 수 없다. 경전과 재주를 가르침만 못하다는 동양고전을 경청할 만하다. 훗날 경전은 정신적인 자산을, 재주는 물질적인 자산을 만들어줄 것이기 때문이리라.

한자와 문법 '籯'은 상자(영), '經'은 경서(경)이다. '賜'는 줄(사)인데 주로 윗사람이 아랫사람에게 주는 경우에 쓰인다. '藝'는 재주(예)이다. '不如~'는 '~하는 것만 못하다'는 비교구문이다.

2. 至樂은 莫如讀書요 至要는 莫如敎子니라.
지락 막여독서 지요 막여교자

번역 더없이 즐거운 것은 독서만한 게 없고, 더없이 중요한 것은 자식 가르침만한 게 없다.

풀이 독서의 즐거움과 교육의 중요성을 말했다.

한자와 문법 '至'는 부사로 '가장, 최고로, 더없이'로 새긴다. '莫如~'는 '~만한 것이 없다'고 새기는데, 비교구문이다. '要'는 여기서 '요긴함, 중요함'이란 뜻의 명사로 쓰였다.

3. 呂滎公曰, 內無賢父兄하고 外無嚴師友한데
여형공왈 내무현부형 외무엄사우

而能有成者는 鮮矣니라.
이능유성자 선의

번역 여형공[10]이 말했다. "안으로는 어진 어버이와 형이 없고, 밖으로는 엄한 스승과 벗이 없으면

8 한서: 중국 후한(後漢)시대의 역사가 반고(班固)가 저술한 기전체(紀傳體)의 역사서이다. 12제기(帝紀)·8표(表)·10지(志), 70열전(列傳)으로 전 100권으로 이루어졌다. 『前漢書』 또는 『西漢書』라고도 한다. 『史記』와 더불어 중국 史學史上 대표적인 저작이다. 한 무제에서 끊긴 사마천의 『史記』의 뒤를 이은 '두 번째의 정사(正史)'라 한다.

9 『漢書』「韋賢傳」에 보인다.

10 여형공: 송나라의 학자인 여희철(呂希哲, 1039~1116)을 가리킨다. 여공저(呂公著)의 아들로 자는 원명(原明)이며, 형공(滎公)은 시호이다. 어려서는 손복(孫復), 호원(胡瑗) 등에게 종학하였으며, 나중에는 이정(二

서 성공을 할 수 있는 자는 드무니라."

풀이 집 안팎으로 따라 배울 수 있는 대상이 있어야 인격과 학문이 성숙한다는 발언이다. 수학기에는 가까운 멘토(Mentor)가 될 만한 일종의 발전 모델이 필요하다.

한자와 문법 '內～～', '外～～'로 이루어진 대구문장이다. '鮮'은 드물(선)이니, '～～者, 鮮矣'는 '～하는 사람(～하는 것)이 드물다'로 새긴다.

송나라 여희철(呂希哲)의 저술『여씨잡기 (呂氏雜記)』2권

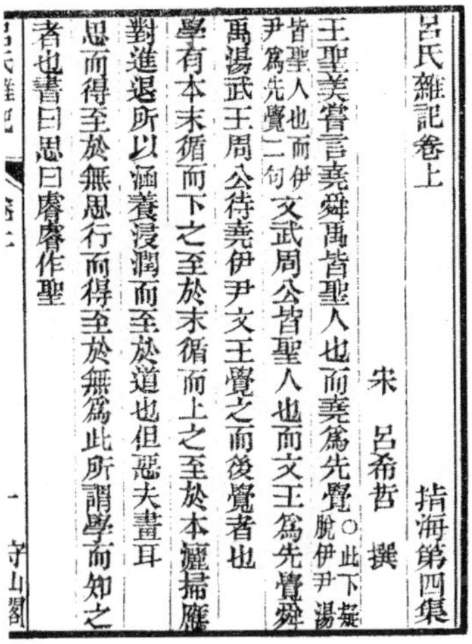
呂氏雜記卷上　指海第四集
宋　呂希哲　撰
王聖美嘗言堯舜禹皆聖人也而堯爲先覺○此下疑脫伊尹湯皆聖人也而伊尹爲先覺二句 文武周公皆聖人也而文王爲先覺舜禹湯武王周公待堯伊尹文王覺之而後覺者也
學有本末循而下之至於末循而上之至於本灑掃應對進退所以涵養浸潤而至於道也但惡夫畫耳思而得至於無思行而得至於無爲此所謂學而知之者也書曰思曰睿睿作聖
呂氏雜記　卷上　一　守山閣

『여씨잡기』본문

4. 憐兒多與棒하고 憎兒多與食하라.

연아다여봉　증아다여식

번역 아이를 사랑하면 매를 많이 주고, 아이를 미워하면 먹을 걸 많이 주라.

풀이 '미운 자식 떡 하나 더 준다.'는 속담이 있다. 또 '사랑의 매'라는 말도 유행한다. 가능하면 '매'를 들지 않고 사랑하는 방법을 찾기를 바란다. 또한 미워하는 아이도 없으면 더욱 좋을 것이다. '매'보다 무서운 것은 아이를 좌절하게 만드는 폭언이다. 솜처럼 따스한 말로 아이를 감동시키는 교육이 절실하다.

한자와 문법 '憐'은 어여삐 여길, 사랑할(련), '棒'은 몽둥이(봉), '與'는 동사로 줄(여)이다.

程)과 장재(張載)에게 수학하였다.『呂氏雜記』를 저술했다.

3

인생의 근본은 무엇인가 [立敎]

'입교立敎'란 교육을 바르게 세운다는 뜻이다. 여기서 교육은 인간 윤리교육이다. 삼강오륜에 대한 이야기가 중심이다. 개인과 가정 그리고 국가사회로 관계의 범위가 확장되면서 단계별로 추구되어야 할 교육의 덕목으로 독서와 수학, 검소와 근면, 화목과 순종, 공평과 청렴 등을 제시한다. 비틀거리는 한국교육을 바로 세우자면 먼저 삼강오륜의 의미를 바로 이해하는 데서 시작할 일이다.

1. 景行錄云(경행록운), 爲政之要(위정지요)는 曰公與淸(왈공여청)이요 成家之道(성가지도)는 曰儉與勤(왈검여근)이니라.

번역 『경행록』에서 말했다. "정치를 하는 요체는 공평과 청렴이요, 집안을 이루는 도리는 검소함과 부지런함이니라."

풀이 정사의 요체와 치가의 요령을 잘 지적했다. 액자에 써서 문지방 위에 걸어둘 만한 구절이다.

한자와 문법 '爲'는 할(위)이고, '要'는 명사로 '요체'이다. '與'는 접속사로 '~와'로 새기고, '淸'은 청렴할(청), '勤'은 부지런할(근)이다.

2. 讀書는 起家之本이요 循理는 保家之本이요
독서 기가지본 순리 보가지본

勤儉은 治家之本이요 和順은 齊家之本이니라.
근검 치가지본 화순 제가지본

번역 독서는 집안을 일으키는 근본이요, 이치를 따르는 것은 집안을 보존하는 근본이며, 근검은 집안을 다스리는 근본이요, 화목하고 순종하는 것은 집안을 바르게 하는 근본이니라.

풀이 이른바 되는 집안이 갖추고 있는 네 가지 원칙을 말했다. 집을 일으켜 세우고 보전하고 잘 다스리고 가지런히 하는 일련의 과정에서 어느 한 가지인들 실천이 쉽지 않다. 현대의 가족들도 따라 배울만한 가르침이 아닌가? 이 역시 문지방 위에 써 붙여 놓아야겠다.

한자와 문법 '循'은 '順'과 통하는 글자로 따를(순)이다.

3. 孔子三計圖云, 一生之計는 在於幼하고[11]
공자삼십계도운 일생지계 재어유

一年之計는 在於春하고 一日之計는 在於寅하니라.
일년지계 재어춘 일일지계 재어인

幼而不學이면 老無所知하고 春若不耕이면 秋無所望하고
유이불학 노무소지 춘약불경 추무소망

寅若不起이면 日無所辦하니라.
인약불기 일무소판

번역 공자가 『삼계도』에서 말했다. "일생의 계획은 유년시절에 있고, 일 년의 계획은 봄에 있고, 하루의 계획은 새벽에 있다. 그러므로 유년에 배우지 않으면 늙어서 아는 바가 없고, 봄에 밭을 갈지 않으면 가을에 바랄 것이 없고, 새벽에 일어나지 않으면 그날 할 일을 처리할 수 없느니라."[12]

풀이 인생은 살아가는 것인가 아니면 살아지는 것인가? 동양고전은 인생은 주체적인 의지에 의해 살아가는 것이라고 말한다. 그래서 계획하는 삶이 성공하는 삶이라는 결

11 '幼' 대신 '勤'이라 한 판본도 있다.

12 元나라 魯明善의 『農桑衣食撮要』「十二月」에 보인다.

론을 이끌어낸다.

한자와 문법 '計'는 꾀, 계획(계), '圖'는 도모할(도), '幼'는 어릴(유), '寅'은 오전 3~5시인 '寅時'를 가리킨다. '辦'은 일 처리할(판)이다.

4. 性理書云, 五敎之目은[13] 父子有親과 君臣有義와 夫婦有別과 長幼有序와 朋友有信이니라.
(성리서운 / 오교지목 / 부자유친 / 군신유의 / 부부유별 / 장유유서 / 붕우유신)

번역 『성리서』에서 말했다. "오륜의 항목은 부자 사이에는 친함이 있어야 하고, 군신 간에는 의리가 있어야 하며, 부부 간에는 분별이 있어야 하고, 어른과 아이 간에는 차례가 있어야 하며, 친구 간에는 믿음이 있어야 하느니라."[14]

『오륜행실도(五倫行實圖)』
1797년 왕명에 따라 원래 전하는 『삼강행실도』, 『이륜행실도(二倫行實圖)』 두 책을 합하여 수정, 간행했다. 1859년에는 교서감(校書監)에서 중간하기도 했다.

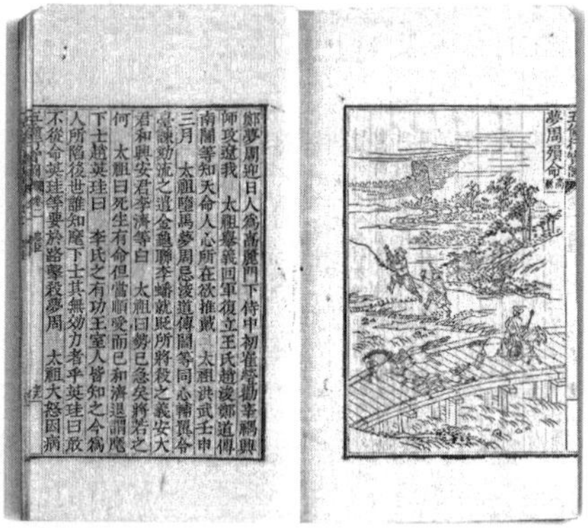

『오륜행실도』 본문 내용
내용은 부자(父子)·군신(君臣)·부부(夫婦)·장유(長幼)·붕우(朋友)의 오륜에 모범이 된 150인의 행적을 추려 적고, 그 옆에 그림을 덧붙였다.

풀이 '오교'는 '오륜'이라 하기도 한다. 인간이 세상을 살면서 맺게 되는 가장 기본적인 인간관계의 원칙을 제시했다. 오륜을 오래 묵은 사상이라고 버릴 것인가? 그렇지 않다. 잘 따져보면 지금도 유효한 설정이다. 가정이 붕괴되는 것은 부자 사이가 멀어졌기 때문이고, 부부가 제 역할을 다하지 못했기 때문이다. 국가나 사회도 마찬가지다. 근본원리에 비추어 오늘의 왜곡을 교정하려는 노력이 요구된다.

---

13 '五敎(五倫)'은 『孟子』 「滕文公章」上에 처음 나온다.
14 『朱子大全』 卷74, 雜著, 「白鹿洞書院揭示」에 보인다.

5. 三綱은 君爲臣綱이요 父爲子綱이요 夫爲婦綱이니라.
삼강 군위신강 부위자강 부위부강

번역 삼강은 '임금은 신하의 벼리가 되며, 아버지는 자식의 벼리가 되며, 지아비는 지어미의 벼리가 되는 것'이니라.[15]

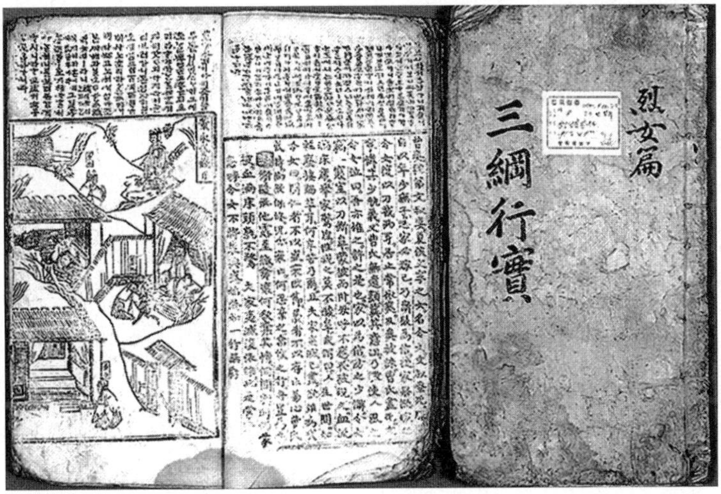

『삼강행실』
1431년에 집현전(集賢殿) 부제학(副提學) 설순(偰循) 등이 왕명에 따라 조선과 중국의 서적에서 군신(君臣)·부자(父子)·부부(夫婦)의 3강(三綱)의 모범이 될 만한 충신·효자·열녀를 각각 35명씩 모두 105명을 뽑아 그 행적을 그림과 글로 칭송한 책이다.

풀이 서로 필요한 존재 사이의 중심점을 규정한 것이 '삼강'이다. 한쪽이 다른 한쪽을 바라보고 따라가면 사회가 평화롭게 된다는 생각이다. 주종의 논리가 스며들어 있으나, 선후의 관점으로 보는 것이 현실적이다. 군신, 부자, 부부라고 할 때, 앞에 있는 주체가 주동적이고 수범적이어야 한다는 논리다. 남녀평등이 꿈이 아닌 현실로 다가오고, 민주화로 인한 시민주권의 강화가 이뤄지고 있는 오늘, 삼강은 얼마든지 새롭게 해석되고 수용될 여지가 있다.

한자와 문법 '綱'은 벼리(강)이다. '벼리'는 우리말로, 그물의 위쪽 코를 꿰어 오므렸다 폈다 하는 줄로 그물에서 가장 중요한 부분이다.

15 漢나라 班固의 『白虎通義』「三綱六紀」에 보인다.

6. 王蠋曰, 忠臣은 不事二君이요 烈女는 不更二夫니라.
왕촉왈 충신 불사이군 열녀 불경이부

번역 왕촉[16]이 말했다. "충신은 두 임금을 섬기지 아니하고, 열녀는 두 남편을 고쳐 모시지 아니한다."[17]

풀이 충신과 열녀가 사라진 세상을 살고 있다. 그렇다고 충신과 열녀가 제거해야 할 악이라는 말은 아니다. '의리'보다 '이익'으로 관계 지어지는 현실이 과연 건강한 것인지 자문해보라. 인간 정감의 '순수성'이 갈수록 퇴색해가는 지금, 충신과 열녀의 기본 정신으로 되돌아갈 수는 없는 것일까?

한자와 문법 '事'는 동사로 섬길(사)이다. '烈'은 매울(렬)인데, 여기에서는 여성의 지조나 절개가 굳고 열렬함을 뜻한다. '更'은 고칠(경)이다.

16 왕촉: 전국시대 제(齊)나라 사람이다. 연나라 악의(樂毅)가 제나라를 칠 적에 왕촉이 어질다는 말을 듣고, 그가 사는 획읍(畫邑) 30리 둘레로 들어가지 말라고 명하고 그를 불렀으나, 그는 끝내 나아가지 않고 스스로 목매어 죽었다.

17 『史記』「田單傳」에 보인다.

명·심·보·감
스스로 읽기

근학편 勤學篇

1. 子夏曰(자하왈), 博學而篤志(박학이독지)하고 切問而近思(절문이근사)하면 仁在其中矣(인재기중의)니라.

> 자하가 말했다. "널리 배워서 뜻을 돈독하게 하고 간절하게 묻고 가까운 것부터 생각해 나가면 인이 그 가운데 있을 것이다."[18]

2. 禮記曰(예기왈), 博學強識而讓(박학강지이양)하고 敦善行而不怠(돈선행이불태)면 謂之君子(위지군자)니라.

> 『예기』에서 말했다. "견문이 넓고 기억력이 강하면서도 겸양하고 선행을 돈독하게 하되 게으름이 없으면 군자라고 할 수 있다."[19]

3. 子曰(자왈), 敏而好學(민이호학)하며 不恥下問(불치하문)이라.

> 공자가 말했다. "(그 사람은) 명민하고 배우기를 좋아하며 아랫사람에게 묻는 것을 부끄러워하지 않았다."[20]

4. 性理書云(성리서운), 爲學之序(위학지서)는 博學之(박학지)하고 審問之(심문지)하고 愼思之(신사지)하고 明辨之(명변지)하고 篤行之(독행지)니라.

> 『성리서』에서 말했다. "학습하는 순서는 널리 배우고 자세히 묻고 삼가 생각하고 밝게 변별하고 독실히 실행하는 것이다."[21]

5. 莊子云(장자운), 不登峻嶺(부등준령)이면 不知天高(부지천고)하고 不履深淵(불리심연)이면[22] 豈知地厚(기지지후)며

18 『論語』「子張」에 보인다.
19 『禮記』「曲禮上」에 보인다.
20 『論語』「公冶長」에 보인다.
21 주자의 「백록동규(白鹿洞規)」에 보인다.

人不遊於聖道면 焉可謂賢이리오.
인불유어성도 언가위현

장자가 말했다. "높은 산에 올라보지 않으면 하늘이 정말로 높다는 것을 알지 못하고, 깊은 연못을 밟아보지 않고서 어찌 땅이 정말로 두껍다는 것을 알겠으며, 사람이 성인의 도를 배우지 않고서 어찌 현명하게 될 수 있다고 말할 수 있겠는가?"

6. 人不知學이면 譬如牛羊이니라.
인부지학 비여우양

사람이 배울 줄 모르면 소나 양과 매한가지다.

7. 朱文公曰, 家若貧이라도 不可因貧而廢學이요 家若富라도 不可恃富而怠學이니 貧若勤學이면 可以立身이요 富若勤學이면 名乃光榮이라. 惟見學者顯達이요 不見學者無成이라. 學者는 乃身之寶요 學者는 乃世之珍이라. 是故로 學則乃爲君子요 不學則爲小人이니 後之學者는 宜各勉之니라.
주문공왈 가약빈 불가인빈이폐학 가약부 불가시부이태학 빈약근학 가이립신 부약근학 명내광영 유견학자현달 불견학자무성 학자 내신지보 학자 내세지진 시고 학즉내위군자 불학즉위소인 후지학자 의각면지

주 문공[23]이 말했다. "집이 혹시 가난하더라도 가난 때문에 배우는 것을 버리지 말 것이요, 집이 만약 부유하더라도 부유한 것을 믿고 학문을 게을리 해선 안 된다. 가난한 자가 만약 부지런히 배운다면 몸을 세울 수 있을 것이요, 부유한 자가 만약 부지런히 배운다면 이름이 더욱 빛날 것이니라. 오직 배운 자가 훌륭해지는 것을 보았으며, 배운 사람으로서 성취하지 못하는 것은 보지 못했다. 배움이란 것은 곧 몸의 보배요, 배운 사람은 곧 세상의 보배이다. 이 때문에 배우면 군자가 되고 배우지 않으면 소인이 될 것이니, 후에 배우는 자는 마땅히 각기 여기에 힘써야 할지니라."

8. 徽宗皇帝曰, 學者는 如禾如稻하고 不學者는 如蒿如草로다. 如禾如稻兮여 國之精糧이요 世之大寶로다. 如蒿如草兮여
휘종황제왈 학자 여화여도 불학자 여호여초 여화여도혜 국지정량 세지대보 여호여초혜

22 '深淵'를 '深崖'라 한 판본도 있다.

23 주문공: 남송의 朱熹를 가리킨다. '文公'은 주희의 시호이다.

耕者憎嫌하고 鋤者煩惱니라. 他日面墻에 悔之已老리라.
경자증혐 서자번뇌 타일면장 회지이로

휘종황제[24]가 말했다. "배운 사람은 낟알 같고 벼 같지만, 배우지 않은 사람은 쑥 같고 풀 같도다. 아아, 낟알 같고 벼 같음이여! 나라의 좋은 양식이요, 온 세상의 보배로다. 쑥 같거나 풀 같음이여! 밭을 가는 자가 미워하고 밭을 매는 자가 걱정스러워 한다. 다른 날 담장에 얼굴을 대한 듯할 적에 배우지 않은 것을 뉘우친들 이미 늙어버리고 만 것을."

송 휘종 조길(趙佶, 1082~1135)
신종(神宗)의 제11자, 송나라 제8대 황제로 예술에 상당히 조예가 깊었다.

송 휘종 조길의 〈청금도(聽琴圖)〉. 북경고궁박물원 소장

9. 直言訣曰, 造燭은 求明이요 讀書는 求理라. 明以照暗室하고
직언결왈 조촉 구명 독서 구리 명이조암실

理以照人心이니라.
이이조인심

『직언결』에서 말했다. "초를 만드는 것은 밝음을 구하기 위함이요, 책을 읽는 것

24 휘종 황제: 북송의 제8대 황제 徽宗 趙佶(1082~1135)이다. 神宗의 11子다. 25년(1100~1125) 동안 재위했다. 문화재를 수집・보호하고 궁정서화가를 양성하여, 문화사상 선화시대(宣和時代)라는 한 시기를 나타냈다. 금나라와 동맹하여 요나라를 협공하고 연운십육주(燕雲十六州)를 수복하려고 꾀하였으나, 오히려 금나라 군사의 진입을 초래해 국도 카이펑[開封]이 함락되고, 북송의 멸망을 가져왔다.

은 이치를 구하기 위함이다. 밝음을 가지고서 어두운 방을 비추고 이치를 가지고서 사람의 마음을 비추느니라."

10. 劉通曰, 蠶質合絲라도 待繰方出하고 人情懷知라도 須學乃成이라.
유통왈 잠질합사 대소방출 인정회지 수학내성

유통이 말했다. "누에고치의 바탕이 실 뽑기에 알맞더라도 고치 켜는 일을 기다려야만 비로소 실을 자아낼 수 있고, 사람의 마음이 지혜를 품고 있더라도 배워야만 성취가 있을 수 있다."

11. 禮記曰, 獨學無友면 則孤陋寡聞하니라.
예기왈 독학무우 즉고루과문

『예기』에서 말했다. "홀로 배우느라 벗을 사귀지 않으면 배운 것이 고루해지고 식견이 천박해진다."[25]

12. 書是隨身之寶요[26] 才是國家之珍이라.[27]
서시수신지보 재시국가지진

책은 몸에 지니는 보물이요, 인재는 나라의 보배이다.

13. 學到老라도 不會到老니라.
학도로 불회도로

늙을 때까지 배운다고 해서 학문이 노숙해지는 것은 아니다.

14. 論語云, 好仁不好學이면 其蔽也愚오 好知不好學이면
논어운 호인불호학 기폐야우 호지불호학

其蔽也蕩이요 好信不好學이면 其蔽也賊이요 好直不好學이면
기폐야탕 호신불호학 기폐야적 호직불호학

其蔽也絞요 好勇不好學이면 其蔽也亂이요 好剛不好學이면
기폐야교 호용불호학 기폐야란 호강불호학

其蔽也狂이니라.
기폐야광

『논어』에서 말했다. "어짊만 좋아하고 배우기를 좋아하지 않으면 그 폐단은 어리석게 되고, 지혜만 좋아하고 배우기를 좋아하지 않으면 그 폐단은 방탕하게 되고,

25 『禮記』「學記」에 "獨學而無友, 則孤陋而寡聞."이라 했다.

26 '寶'를 '本'이라 한 판본도 있다.

27 『千金譜』에는 "字是隨身寶, 財是國家珍, 一字値千金, 千金難買聖賢心."이라 했다.

믿음만 좋아하고 배우기를 좋아하지 않으면 그 폐단은 해치게 되고, 정직만 좋아하고 배우기를 좋아하지 않으면 그 폐단은 각박하게 되고, 용맹만 좋아하고 배우기를 좋아하지 않으면 그 폐단은 어지럽게 되고, 강한 것만 좋아하고 배우기를 좋아하지 않으면 그 폐단은 경솔하게 되느니라."[28]

15. 子曰(자왈), 弟子入則孝(제자입즉효)하고 出則弟(출즉제)하며 謹而信(근이신)하며 汎愛衆(범애중)하되 而親仁(이친인)이니 行有餘力(행유여력)이어든 則以學文(즉이학문)이니라.

공자가 말했다. "제자들은 집안에 들어가서는 효도를 다하고 밖에 나가서는 윗사람에게 공손하며, 말은 미덥게 하며, 널리 대중을 사랑하면서도 어진 이를 가까이해야 한다. 이러한 일을 행하고 남는 힘이 있거든 글을 배울 일이다."[29]

16. 諸葛武侯誡子弟書曰(제갈무후계자제서왈), 君子之行(군자지행)은
靜以修身(정이수신)하고 儉以養德(검이양덕)이니
非澹泊(비담박)이면 無以明志(무이명지)요 非寧靜(비영정)이면
無以致遠(무이치원)이라. 夫學(부학)은 須靜也(수정야)오 才(재)는
須學也(수학야)라. 非學(비학)이면 無以廣才(무이광재)요
非靜(비정)이면 無以成學(무이성학)이라.
慆慢則不能硏精(도만즉불능연정)이요
險躁則不能理性(험조즉불능리성)이라. 年與時馳(연여시치)하며
意與歲去(의여세거)하여 遂成枯落(수성고락)이어늘
悲歎窮廬(비탄궁려)인들 將復何及也(장부하급야)리오.

〈제갈무후도(諸葛武侯圖)〉
국립중앙박물관 소장. 숙종의 어람용.

제갈무후(제갈량)가 『계자서』(자제를 훈계한 글)에서 말했다. "군자의 행실은 고요함으로 몸을 닦고 검소함으로 덕을 기른다. 성정을 담박하게 하지 않으면 뜻을 밝힐 수 없고 심경을 고요하게 하지 않으면 고원한 세계에 이를 수 없다. 학습은

28 『論語』「陽貨」에 보인다. 청주판본에는 빠진 대목과 오자가 있어 보충하고 바로 잡았다.
29 『論語』「學而」에 보인다.

반드시 고요함을 필요로 하고 재능은 반드시 학습을 필요로 한다. 학습하지 않으면 재능을 키울 수 없고 고요하지 않으면 학업을 이룰 수 없다. 태만하고 경솔하면 정밀하게 연구할 수 없고, 흉험하고 조급하면 성정을 도야할 수 없다. 나이와 시간이 나는 듯이 지나가고 의지와 세월이 함께 사라져서, 마침내 시들어 떨어져 죽게 된다. 그리고 궁핍한 오두막에서 슬프게 한탄한들 장차 어떻게 다시 미칠 수 있겠는가?"[30]

30 『諸葛亮家書』에 보인다.

훈자편 訓子篇

1. 司馬溫公曰, 養子不敎는 父之過요 訓導不嚴은 師之惰라.
사마온공왈 양자불교 부지과 훈도불엄 사지타

父敎師嚴兩無外한대 學問無成은 子之罪라. 暖衣飽食居人倫하고
부교사엄양무외 학문무성 자지죄 난의포식거인륜

視我笑談如土塊라. 攀高不及下品流하여 稍遇賢才無語對니
시아소담여토괴 반고불급하품류 초우현재무어대

勉後生하여 力求誨하고 投明師하여 莫自昧하라.
면후생 역구회 투명사 막자매

一朝雲路果然登이면 姓名亞等呼先輩라. 室中若未結姻親이라도
일조운로과연등 성명아등호선배 실중약미결혼친

自有佳人求匹配라. 勉旃汝等各早修하여[31] 莫待老來徒自悔하라.
자유가인구필배 면전여등각조수 막대노래도자회

사마온공(사마광)이 말했다. "자식을 기르면서 가르치지 않음은 부모의 잘못이요, 훈도를 엄하게 하지 않음은 스승의 게으름이다. 아비는 가르치고 스승은 엄하여 둘 다 도리에 벗어남이 없는데, 학문을 이루지 못함은 자식의 죄니라. 따뜻하게 입고 배부르게 먹으며 인륜의 즐거움을 누리면서 내가 웃으며 하는 말을 흙덩이처럼 하찮게 여기네. 높은 곳에 오르려다 미치지 못하여 하품의 무리로 떨어지고 나면 점점 어진 인재들을 만나도 더불어 이야기할 수 없다네. 후생들에게 권면하노라. 힘써 가르침을 구하고, 훌륭한 스승에게 달려가 스스로를 몽매한 상태에 빠지기 않게 하라! 하루아침에 정말로 출셋길에 오르기만 하면 명성이 드러나 선배들과 함께 나란히 불리게 되리라. 집안에 만약 아직 혼인하지 못한 친척이 있다면 절로 아름다운 여인이 배필이 되고자 할 것이다. 권면하노라! 그대들은 각자 일찍 수학하여 늙고 나서 부질없이 스스로 후회하지 않도록 하라."

사마광(司馬光)

북송(北宋)의 정치가, 문학가, 사학가인 사마광(司馬光, 1019~1086). 자는 군실(君實) 호는 우수(迂叟). 하남성(河南省) 광산현(光山縣) 출생. 세칭 '속수선생(涑水先生)'이라 한다. 인종(仁宗), 영종(英宗), 신종(神宗), 철종(哲宗)의 4조를 섬겼다. 중국역사상 최초의 편년체(編年體) 통사(通史)인 『자치통감(自治通鑑)』 편찬을 주관하였다.

2. 柳屯田勸學文(曰), 父母養其子而不敎면 是不愛其子也오
유둔전권학문 왈 부모양기자이불교 시불애기자야

31 '旃(전)'은 '之焉(지언)'의 合音으로 된 글자이다.

雖敎而不嚴(수교이불엄)이면 是亦不愛其子也(시역불애기자야)오 父母敎而不學(부모교이불학)이면

是子不愛其身也(시자불애기신야)오 雖學而不勤(수학이불근)이면 是亦不愛其身也(시역불애기신야)라. 是故(시고)로

養子必敎(양자필교)하고 敎則必嚴(교즉필엄)하고 嚴則必勤(엄즉필근)하고 勤則必成(근즉필성)이라.

學則庶人之子爲公卿(학즉서인지자위공경)하고 不學則公卿之子爲庶人(불학즉공경지자위서인)이니라.

유둔전(유영)[32]이 『권학문』에서 말했다. "부모가 자기 자식을 기르면서 가르치지 않으면 이는 자식을 사랑하지 않는 것이다. 비록 가르치되 엄하게 하지 않는다면 이 또한 자식을 사랑하지 않는 것이다. 부모가 가르치는데도 배우려 하지 않는다면 이는 곧 자식이 자기 자신을 사랑하지 않는 것이다. 비록 배운다고 하더라도 부지런히 하지 않는다면 이 또한 자기 자신을 사랑하지 않는 것이다. 그러므로 자식을 기를진대 반드시 가르쳐야 하고, 가르칠 땐 반드시 엄히 해야 하며, 엄하게 하면 반드시 부지런해지고, 부지런히 하면 반드시 성취할 것이다. 제대로 배우면 서민의 자식도 공경(정승이나 장관)이 될 수 있으나 배우지 않으면 공경의 자식도 서인이 되느니라."

유영기념관(柳永紀念館位)

중국 복건성(福建省) 무이산시(武夷山市) 남쪽, 무이산(武夷山) 풍경명승구(風景名胜區)에 있다.

유영의 대표작 〈접련화(蝶戀花)〉

꽃 피자 나비는 날아들고(蝶戀花), "높은 다락 위에 마냥 기대어 있노라니 바람만 살랑살랑. 멀리 하염없이 바라보니 봄날 우수처럼 하늘가 지평선 아지랑이 노을 속에 푸른 풀빛이 스러져간다. 말 없으니 난간에 기대 선 이 심정 뉘라서 알리오? 못 믿겠지 취해서 미쳐 볼 거나. 잔 들고 노래를 부를 거나? 치워라! 흥 없는 억지놀음. 허리끈 헐렁해져도 후회 않으리. 그대 위해 마르고 여위는 것쯤이야(獨倚危樓風細細, 望極春愁, 黯黯生天際, 草色煙光殘照裏, 無言誰會憑闌意, 擬把疏狂圖一醉, 對酒當歌, 强樂還無味, 衣帶漸寬終不悔, 爲伊消得人憔悴)."

32 '柳屯田'은 북송시대의 저명한 詞人, 柳永(987?~1053?)이다. 1034년 진사에 급제하고 관직이 둔전원외랑(屯田員外郎)에 이르렀다. 속칭 유둔전(柳屯田)이라고도 부른다. 일찍부터 화류계에 출입하여 많은 가사를 썼고, 교방(敎坊: 음악교습소)의 신곡은 모두 그의 가사에 의하여 불려졌다.

유영기념관 왼편에 있는 석조상 〈유영과 가녀(歌女)〉

유영의 작품 〈우림령 (雨霖鈴)〉을 형상화했다. 유영이 정인(情人)과 헤어지기 어려워하는 정감을 느낄 수 있다.

유영(柳永)은 북송의 전문 사인(詞人)이다. 그는 중국 역사에서 '사(詞)'의 새로운 국면을 개척하고 문학적 완성도를 높인 탁월한 작가이다. 유영은 늘 가루(歌樓)와 기관(妓館)에서 자유롭게 노닐며 가기(歌妓)와 악공(樂工)과 교유함으로써 만사(慢詞: 100자 전후 또는 그 이상의 자수로 된 장편 사)의 생명력을 인식하여 상당히 많은 만사를 창작한 작가가 되었다. 유영의 만사 창작은 문인들에게 영향을 끼쳐 만사의 번영을 가져왔고 소식(蘇軾), 신기질(辛棄疾) 같은 뛰어난 작가를 출현시켰다. 유영의 사는 표현수법이 남달랐고 청루(青樓)와 기녀(妓女) 그리고 떠도는 실의한 문인 등 하층인물의 생활과 심리를 그려내는 데 뛰어났다. 사에 나오는 주인공은 기본적으로 모두 시정의 평민이었다. 유영은 그들에 대해 동정을 표시했다. 유영은 현달한 관리나 귀족들의 가연(歌筵)이나 규방(閨房)을 떠나서 사회의 중하층으로 나아가 그들의 생활을 너무 광범위하게 반영해 내었다. 그는 전통적인 제재에서 벗어나 생활에서 섭취한 내용을 흡수하여 통속화·구어화(口語化)하였다. 이어(俚語)와 속어(俗語)를 사 속에서 운용하여 절실한 정감을 생동적으로 표현했다. 요컨대 유영 사의 내용과 형식은 모두 '아(雅)'를 억제하고 '속(俗)'을 발양하는 특징을 지니고 있다.

유영은 위완(委婉)과 함축(含蓄)을 중시하는 소령(小令: 50자 이하의 단편)의 창작수법과 풍격이 만사와 어울리지 않는다는 사실을 알았다. 그래서 전과 달리 포서(鋪敍: 주어진 시간이나 공간, 주제와 같은 조건에 따라서 세밀하게 서술하는 창작방식)와 백묘(白描: 원래 먹으로 선을 그리는 화법인데, 문학에서는 대상을 윤색하지 않고 스케치하듯 골격을 제시하는 방식)의 수법을 사용했다. 그렇기 때문에 감정 표현이 매우 직설적이다. 돌려 말하거나 숨기지 않아 감정을 강렬하게 한 번에 쏟아내는 특징이 있다. 유영의 사 문학이 끼친 영향은 매우 컸다. 소동파의 문인인 황정견(黃庭堅), 진관(秦觀)까지도 유영의 사풍(詞風)을 계승하고자 했다. 유영 사문학은 민간의 환영을 받아 "사람들이 모여드는 우물이 있는 곳에서는 누구나 유영의 사를 부를 줄 알았다."고 할 정도로 널리 전송되었다.

오늘날 고전교양이 조금이라도 있는 중국인들이라면 누구나 흥이 나면 유영의 사 작품을 한두 편 노래할 줄 안다. 마치 유행가를 부르듯이 유영의 사를 대한다. 그러나 우리에겐 유영과 유영의 사 작품이 낯설다. 전통적으로 '사'라는 문학 장르가 익숙하지 않았기 때문이다.

3. 白侍郎勉學文에 有田不耕이면 倉廩虛하고 有書不教면 子孫愚니라.
백시랑면학문 유전불경 창름허 유서불교 자손우

倉廩虛兮여 歲月乏이로다. 子孫愚兮여 禮義疏로다.
창름허혜 세월핍 자손우혜 예의소

若惟不耕與不教면 是乃父兄之過歟인저.
약유불경여불교 시내부형지과여

백시랑(백낙천)이 『면학문』에서 말했다. "농토가 있어도 농사짓지 않으면 곳간이 비게 되고, 책이 있으나 가르치지 않으면 자손이 어리석게 된다. 곳간이 비어지면 오래도록 궁핍해질 것이요. 자손이 어리석으면 (집안에) 예의가 없어질 것이다. 만약 농사도 짓지 않고 가르치지도 않는다면 이는 곧 부형의 허물이 될 것이다."

4. 景行錄云, 賓客不來면 門戶俗하고 詩書無敎면 子孫愚니라.
경행록운 빈객불래 문호속 시서무교 자손우

『경행록』에서 말했다. "손님이 오지 않으면 집안이 속되게 되고, 『시경』과 『서경』을 가르치지 않으면 자손이 어리석어진다."

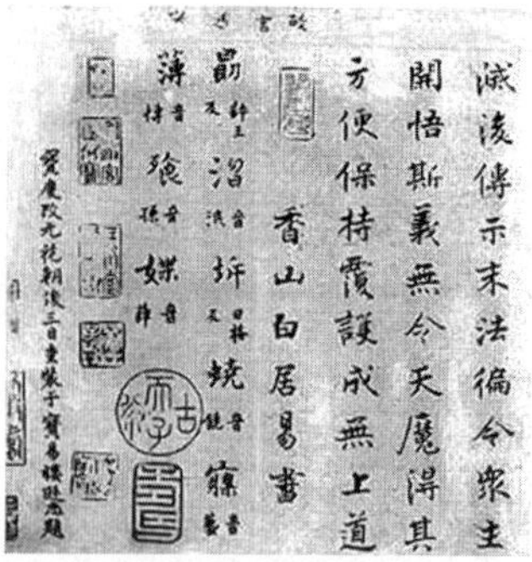

백거이(白居易, 772~846)의 〈능엄경(楞嚴經)〉 묵적(墨迹)
백거이의 자는 낙천(樂天), 호는 향산거사(香山居士), 취음선생(醉吟先生). 일찍이 본인 스스로 시선(詩仙)과 시마(詩魔)로 자신을 비유하기도 했고, 또한 광대화주(廣大化主)란 칭호도 가지고 있다.

5. 莊子曰, 事雖小나 不作이면 不成이요 子雖賢이나 不敎면 不明이니라.[33]
장자왈 사수소 부작 불성 자수현 불교 불명

장자가 말했다. "일이 아무리 사소하다 하더라도 하지 않으면 이루지 못할 것이요, 자식이 아무리 똑똑하다 하더라도 가르치지 않으면 총명하게 되지 못하느니라."

13세기 후반에 활동한 원나라 화가 유관도(劉貫道)의 〈몽접도(夢蝶圖)〉
현실세계와 가상세계를 넘나드는 이야기를 다룬 영화 〈매트릭스(Matrix)〉의 소재가 되기도 한 '호접몽(蝴蝶夢: 나비의 꿈)'은 『장자』에 나오는 바, "장자가 나비가 되어 훨훨 날아다니는 꿈을 꾸었는데, 꿈이 깬 뒤에 자기가 꿈속에서 나비가 되었는지, 나비가 꿈속에서 자기가 된 것인지 모르겠다."고 했다. 즉 장자는 '현실과 꿈을 분간하지 못하는 상황'을 설정하여 만물은 결국 하나의 세계로 귀결된다는 물아일체(物我一體), 즉 무위자연(無爲自然)을 설명한 것이다.

33 현재 전하는 『莊子』에는 없는 글이다.

6. 公孫丑曰, 君子之不敎子는 何也잇고, 孟子曰, 勢不行也니라.
공손추왈 군자지불교자 하야 맹자왈 세불행야

敎者는 必以正이니 以正不行이어든 繼之以怒하고
교자 필이정 이정불행 계지이노

繼之以怒則反夷矣니 夫子敎我以正하시되 夫子도 未出於正也라
계지이노즉반이의 부자교아이정 부자 미출어정야

하면 則是父子相夷也니 父子相夷則惡矣니라. 古者에
즉시부자상이야 부자상이즉악의 고자

易子而敎之하니라. 父子之間은 不責善이니 責善則離하나니
역자이교지 부자지간 불책선 책선즉리

離則不祥이 莫大焉이니라.
이즉불상 막대언

> 공손추가 말했다. "군자가 자기 자식을 직접 가르치지 않는 것은 무엇 때문입니까?" 맹자가 말했다. "형세상 그렇게 할 수 없기 때문이다. 가르치는 사람은 반드시 정도로 가르치게 마련인데, 정도로 가르쳤을 때 자식이 이행하지 않으면 노여움이 뒤따르게 되고, 노여움이 뒤따르게 되면 도리어 자식의 마음에 상처를 주게 되고, 그렇게 되면 자식은 마음속으로 '아버지는 나에게 정도로 가르치면서 아버지는 왜 정도대로 실행하지 않는가?' 하고 생각할 것이다. 이는 아버지와 아들 사이에 서로 마음을 해치는 것이니, 아버지와 아들 사이에 서로 마음을 해치는 것은 좋지 않다. 그래서 옛날에는 자식을 바꾸어 가르쳤다. 부모와 자식 사이엔 책선(責善: 서로 잘하라고 충고하는 것)하지 않는 법이다. 책선을 하게 되면 정이 떨어지게 되는데, 정이 떨어지게 된다면 이보다 더 큰 불상사는 없을 것이다."[34]

7. 太公曰, 男子失敎면 長必頑愚하고 女子失敎면 長必麤疎니라.
태공왈 남자실교 장필완우 여자실교 장필추소

> 태공이 말했다. "남자아이가 교육의 기회를 놓치면 자라서 반드시 미련하고 어리석게 되며, 여자아이가 교육의 기회를 놓치면 자라서 반드시 솜씨가 거칠고 서툴게 되느니라."

8. 養男之法은 莫聽誑言이요 育女之法은 莫敎離母니라. 男年長大어든
양남지법 막청광언 육녀지법 막교리모 남년장대

莫習樂酒하고 女年長大어든 莫令遊走하라.
막습악주 여년장대 막령유주

> 사내아이 기르는 법은 거짓말을 듣지 못하게 하는 것이요, 계집아이 기르는 법은 어미를 떠나지 못하게 하는 것이다. 사내아이가 자라나거든 풍악이나 술을 익히지

34 『孟子』「離婁上」에 보인다.

| 말도록 하고, 계집아이가 자라나거든 놀러 다니지 말도록 하라.

9. 嚴父(엄부)는 出孝子(출효자)요 嚴母(엄모)는 出巧女(출교녀)니라.

| 엄한 아버지는 효성스런 아들을 길러내고, 엄한 어머니는 솜씨 좋은 딸을 길러낸다.

10. 憐兒(연아)는 無功(무공)하고 憎兒(증아)는 得力(득력)이라.

| 아이를 귀여워하면 효과가 없고, 아이를 미워하면 도리어 효과를 볼 수 있다.

11. 桑條從小抑(상조종소억)이요 長大抑不屈(장대억불굴)이라.

| 뽕나무 가지는 작았을 때는 비틀어 휘게 할 수 있으나, 다 큰 다음에는 비틀어도 굽게 할 수 없다.

12. 人皆愛珠玉(인개애주옥)이나 我愛子孫賢(아애자손현)이니라.

| 남들은 모두 귀중한 구슬을 사랑하지만, 나는 자손이 똑똑한 것을 사랑한다.

13. 內則曰(내칙왈), 凡生子(범생자)에 擇於諸母(택어제모)와 與可者(여가자)하되 必求其寬裕慈惠溫良恭敬(필구기관유자혜온량공경)하고 愼而寡言者(신이과언자)하여 使爲子師(사위자사)하니라. 子能食事(자능식사)이어든 教以右手(교이우수)하며 能言(능언)이어든 男唯女俞(남유여유)하며 男鞶革(남반혁)하고 女鞶絲(여반사)니라. 六年(육년)이어든 教之數與方名(교지수여방명)하고 七年(칠년)이어든 男女不同席(남녀부동석)하며 不共食(불공식)하니라. 八年(팔년)이어든 出入門戶(출입문호)와 及即席飮食(급즉석음식)에 必後長者(필후장자)하여 始教之讓(시교지양)하니라. 九年(구년)이어든 教之數目(교지수목)하고 十年(십년)이어든 出就外傅(출취외부)하되 居宿於外(거숙어외)하니라.

| 『내칙』에서 말했다. "무릇 자식을 낳아 기를 적에는 유모들 가운데서 가장 적합한 이를 고르되 반드시 성품이 너그럽고 자애로우며 온순하고 어질며 공경스럽고 삼가서 말이 적은 자를 구해서 그녀로 하여금 자식의 스승을 삼아야 하느니라. 자식

이 밥을 먹을 수 있게 되거든 오른손을 쓰도록 가르치고 말을 할 수 있게 되거든 남자는 '예' 하고 빨리 대답하게 하고 여자는 '알았습니다.'라고 다소곳이 느리게 대답하도록 가르쳐야 하느니라. 남자는 가죽 큰 띠를 띠고 여자는 실(비단)로 띠를 한다. 여섯 살이 되거든 숫자와 방위의 이름을 가르치며, 일곱 살이 되거든 남녀가 함께 같은 자리에 앉지 않고 함께 밥을 먹지 않도록 해야 하느니라. 여덟 살이 되거든 문을 드나들거나 음식 먹는 자리에 나아갈 때 반드시 어른보다 나중에 행동하도록 해서 비로소 사양하는 일에 대해 가르쳐야 하느니라. 아홉 살이 되거든 달력의 날짜 보는 법을 가르치고, 열 살이 되거든 바깥 스승에게 나가 배우되 밖에서 거처하며 잠을 자도록 한다."[35]

35 『禮記』「內則」에 보인다.

입교편 立教篇

1. 子曰, 立身有義而孝爲本이요 喪祀有禮而哀爲本이요
자왈 입신유의이효위본 상사유례이애위본
戰陣有列而勇爲本이요 治政有理而農爲本이요
전진유열이용위본 치정유리이농위본
居國有道而嗣爲本이요 生財有時而力爲本이니라.
거국유도이사위본 생재유시이력위본

> (여섯 가지 근본에 대하여) 공자가 말했다. "몸을 세워 세상을 살아갈 때 의리가 있어야 하지만 효도가 근본이요, 상사와 제사를 치룰 적에는 예법이 있어야 하지만 슬퍼함이 근본이요, 전장에서 진을 칠 때 대열이 있으나 용맹이 근본이요, 정사를 나스릴 때 규율이 있지만 농사가 근본이요, 나라를 지킬 때 일정한 방법이 있으나 후사(계승자)를 잘 기르는 것이 근본이요, 재물을 생산할 때 일정한 시기가 있지만 노력이 근본이니라."[36]

2. 景行錄云, 勤者는 富之本이요 儉者는 富之源이니라.
경행록운 근자 부지본 검자 부지원

> 『경행록』에서 말했다. "부지런함이 부를 이루는 근본이요, 검소함이 부를 이루는 근원이니라."

3. 古靈陳先生이 爲仙居令하여 敎其民曰, 爲吾民者는 父義母慈하며
고령진선생 위선거령 교기민왈 민위오자 부의모자
兄友弟恭하며 子孝婦順하며 夫婦有恩하며 男女有別하며
형우제공 자효부순 부부유은 남녀유별
子弟有學하며 鄕閭有禮하라. 貧窮患難에 親戚相救하고
자제유학 향려유례 빈궁환난 친척상구
婚姻死喪에 鄰保相助하라. 毋惰農業하고 毋作盜賊하고
혼인사상 인보상조 무타농업 무작도적
毋學賭博하고 毋好爭訟하고 毋以强凌弱하고 毋以惡凌善하고
무학도박 무호쟁송 무이강릉약 무이악릉선
毋以富呑貧하라. 行者는 讓路하고 耕者는 讓畔하라. 班白者가
무이부탄빈 행자 양로 경자 양반 반백자
不負戴於道路하면 則爲禮義之俗矣리라.
불부대어도로 즉위예의지속의

36 『孔子家語』 권4, 「六本」에 보인다.

고령 진 선생이 선거현의 수령이 되었을 때 그 백성들을 이렇게 가르쳤다. "나의 백성이 된 자는 아버지는 의롭고 어머니는 자애로워야 하며, 형은 아우를 우애하고 아우는 형에게 공순해야 하며, 자식은 부모에게 효도해야 하고 지어미는 지아비에게 순종해야 한다. 부부 사이에는 은의가 있어야 하고, 남녀 사이에는 분별이 있어야 하고, 자제들은 배움에 힘써야 하고, 고을의 친한 이들 사이에는 예절이 있도록 해야 한다. 빈곤과 환난을 당했을 때는 친척들이 나서서 서로 구휼해주어야 하고 혼인과 상사가 있을 때는 이웃이 서로 도와주어야 한다. 농사를 게을리 지어서는 안 되며, 도적질 하지 말고, 노름질을 배우지 말라. 관청에 가서 쟁송하기를 좋아하지 말고 강하다고 약한 이를 업신여기지 말고, 악한 이가 선한 이를 업신여겨서는 안 된다. 부유하다고 가난한 자의 것을 삼키려 하지 말라. 길 가는 이들이 서로 길을 양보하고 농사짓는 이들이 밭두둑을 서로 양보하라. 그렇게 하여 반백의 노인이 길에서 무거운 짐을 지고 이는 일이 없게 한다면 예의 풍속이 바로 형성될 것이다."

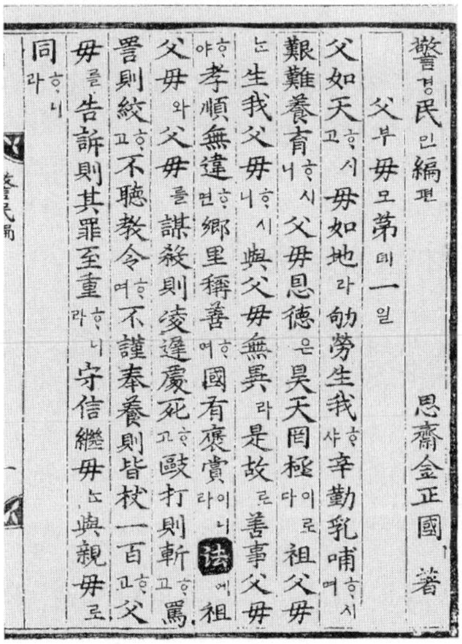

警민民編편

父부母모第뎨一일　思齋金正國 著

父如天고 母如地라 劬勞生我ᄒᆞ샤 辛勤乳哺ᄒᆞ시 艱難養育ᄒᆞ시니 父母恩德은 昊天罔極이라 祖父母ᄂᆞᆫ 生我父母ᄒᆞ시니 與父母無異라 是故로 善事父母ᄒᆞ야 孝順無違ᄒᆞ면 鄕里稱善ᄒᆞ며 國有褒賞이니 法 祖父母와 父母를 謀殺則凌遲處死ᄒᆞ고 毆打則斬ᄒᆞ고 罵詈則絞ᄒᆞ고 不聽教令ᄒᆞ며 不謹奉養則皆杖一百ᄒᆞ고 父母를 告訴則其罪至重ᄒᆞ니 守信繼母ᄂᆞᆫ 與親母로 同ᄒᆞ니라

『경민편언해(警民編諺解)』 1책

1519년(중종 14) 황해도 관찰사 김정국(金正國, 1485~ 1541)이 백성을 경계(警戒)하기 위해 편찬・간행한 책. 인륜의 기본에 관계되면서도 백성이 범하기 쉬운 덕목을 13조목으로 나누어 각각 윤리적인 해설과 함께 잘못을 범했을 때 적용되는 벌칙을 적어놓았다. 나중에 언해본이 나왔다. 후반부에 정철(鄭澈)의 〈훈민가(訓民歌)〉 16수와 송나라 진양(陳襄)의 〈선거권유문(仙居勸誘文)〉 등의 부록되었다. 정철의 글은 진양의 〈선거권유문〉을 바탕으로 지어졌다고 한다.

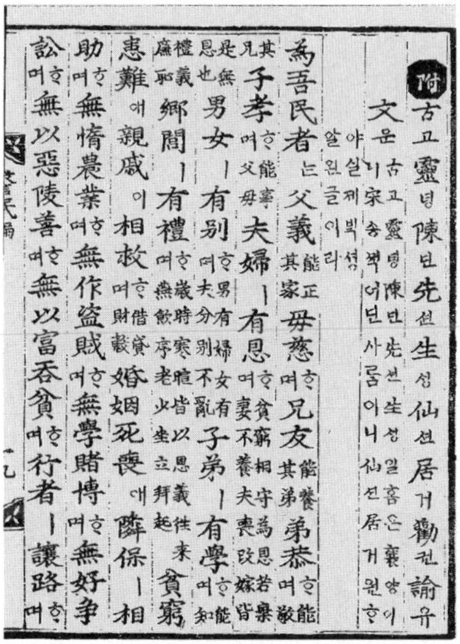

附 古고靈령陳딘先션生ᄉᆡᆼ仙션居거勸권諭유文문

爲吾民者ᄂᆞᆫ 父義 母慈ᄒᆞ며 兄友 弟恭ᄒᆞ며 子孝ᄒᆞ며 夫婦ㅣ有恩ᄒᆞ며 男女ㅣ有別ᄒᆞ며 子弟ㅣ有學ᄒᆞ며 鄕閭ㅣ有禮ᄒᆞ며 貧窮患難애 親戚이 相救ᄒᆞ며 婚姻死喪애 隣保ㅣ相助ᄒᆞ며 無惰農業ᄒᆞ며 無作盜賊ᄒᆞ며 無學賭博ᄒᆞ며 無好爭訟ᄒᆞ며 無以惡陵善ᄒᆞ며 無以富呑貧ᄒᆞ며 行者ㅣ讓路ᄒᆞ며

〈경민편〉에 부록된 진양의 〈선서권유문〉

세칭(世稱) '고령선생(古靈先生)'으로 불리는 진양(陳襄, 1017~1080)은 1042년 진사가 되어 초임으로 포성현(浦城縣: 福建省)의 주부(主簿)에 임명되었고, 이어서 선거(仙居), 하양(河陽), 몽양(蒙陽) 등 현령을 역임했다. 1048년 선거현령(仙居縣令)이 되었을 때, "백성들이 질박함을 숭상하여 독서할 줄 아는 이가 드물고[民尙朴野, 罕知讀書]", "백성이 많은 변고에 궁곤해졌고 감옥이 가득 찰까 걱정이다[民窮多變, 監獄患滿]."라고 했다. 또한 홍수가 나자 직접 재난을 만난 백성들을 구휼했다. 만년에 신법(新法)을 반대하여 신종(神宗)에게 왕안석(王安石), 여혜경(呂惠卿)을 폄척(貶斥)해야 한다고 요구하기도 했다.

4. 性理書云, 教人者는 養其善心而惡自消하고 治民者는
성리서운 교인자 양기선심이악자소 치민자

導之以敬讓而爭自息이니라.
도지이경양이쟁자식

『성리서』에서 말했다. "사람을 가르친다는 것은 그 사람의 착한 마음을 잘 길러 악이 절로 사라지게 만드는 것이요, 백성을 다스린다는 것은 공경과 겸양으로 인도하여 다툼이 절로 사라지게 만드는 것이다."

5. 禮云, 爲君엔 止於仁하고 爲父엔 止於慈하고 爲子엔 止於孝하고
예운 위군 지어인 위부 지어자 위자 지어효

爲友엔 止於信하고 爲弟엔 止於敬하고 爲國人交엔 止於信하나니
위우 지어신 위제 지어경 위국인교 지어신

若爲斯道면 可以爲政理矣리라.[37]
약위사도 가이위정리의

『예기』에서 말했다. "임금이 되어서는 인에 그치고, 아비가 되어서는 자애에 그치고, 자식이 되어서는 효에 그치고, 벗이 되어서는 믿음에 그치고, 아우가 되어서는 공경에 그치고, 국인과 더불어 사귀는 데에는 신의에 그치나니 만약 이러한 도리를 잘 실천한다면 충분히 정사를 다스릴 수 있을 것이다."

6. 文中子曰, 治官엔 莫若平이요 臨財엔 莫若廉이니라.
문중자왈 치관 막약평 임재 막약렴

문중자(왕통)[38]가 말했다. "공무를 수행할 때에는 '공평'만한 것이 없고, 재물을 관리할 때에는 '청렴'만한 것이 없다."

7. 說苑云, 治國若彈琴이요 治家若執轡니라.
설원운 치국약탄금 치가약집비

『설원』에서 말했다. "나라를 거문고 연주하듯이 다스리고, 집안을 말 고삐 잡듯이 다스려라."

8. 孝當竭力하고 忠則盡命하라.
효당갈력 충즉진명

---

37 『大學』에는 "爲人君, 止於仁, 爲人臣, 止於敬, 爲人子, 止於孝, 爲人父, 止於慈, 與國人交, 止於信."이라 했다.

38 '文中子'는 隋나라 王通(584~618)의 사시(私謚)이다. 초당의 시인 王勃의 祖父로서 『中說』를 지었다.

| 효도를 할 때는 힘을 다해야 하고, 충성을 할 때에는 목숨을 다 바쳐야 한다.

9. 女慕貞潔(여모정결)하고 男效才良(남효재량)하라.

| 여자는 정결한 여인을 사모해야 하고, 남자는 재능이 뛰어난 선비를 본받아야 한다.

10. 張思叔座右銘曰(장사숙좌우명왈), 凡語(범어)를 必忠信(필충신)하며 凡行(범행)을 必篤敬(필독경)하며 飮食(음식)을 必愼節(필신절)하며 字劃(자획)을 必楷正(필해정)하며 容貌(용모)를 必端莊(필단장)하며 衣冠(의관)을 必肅整(필숙정)하며 步履(보리)를 必安詳(필안상)하며 居處(거처)를 必正靜(필정정)하며 作事(작사)를 必謀始(필모시)하며 出言(출언)을 必顧行(필고행)하며 常德(상덕)을 必固持(필고지)하며 然諾(연락)을 必重應(필중응)하며 見善(견선)을 如己出(여기출)하며 見惡(견악)을 如己病(여기병)하라. 凡此十四者(범차십사자)는 皆我未深省(개아미심성)이라. 書此當座隅(서차당좌우)하여 朝夕視爲警(조석시위경)하노라.

| 장사숙[39]의 『좌우명』에서 말했다. "무릇 말을 반드시 충성되고 미덥게 하며, 무릇 행실을 반드시 돈독히 하고 공경히 하며, 음식을 반드시 삼가고 알맞게 하며, 글씨를 반드시 반듯하고 바르게 쓰며, 용모를 반드시 단정하고 씩씩하게 하며, 의관을 반드시 엄숙하고 바르게 하며, 걸음걸이를 반드시 안전하고 자상히 하며, 거처하는 곳을 반드시 바르고 정숙하게 하며, 일하는 것을 반드시 계획을 세워 시작하

39 장사숙: '思叔'은 송나라 학자 장역(張繹)의 字로, 河南 壽安人이다. 정이천(程伊川)의 문인이다. 그는 당초 향곡(鄕曲)에서 과거 공부를 하다가 나중에 이천의 문하에 들어가 성리(性理)의 학문을 익혔다.

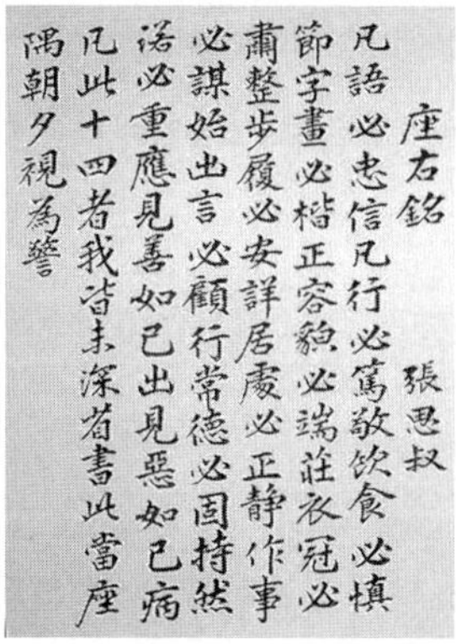

송나라 학자 장역(장사숙)의 좌우명

며, 말하는 것을 반드시 그 실행 여부를 생각해서 하며, 상덕을 반드시 굳게 지키며, 승낙을 반드시 신중히 대응하며, 선을 보거든 자기에게서 나온 것 같이 하며, 악을 보거든 자기의 병인 것처럼 하라. 무릇 이 열네 가지는 모두 내가 아직 깊이 살피지 못한 것이다. 이것을 써서 자리의 귀퉁이에 붙여 놓고 밤낮으로 보고 경계하노라."[40]

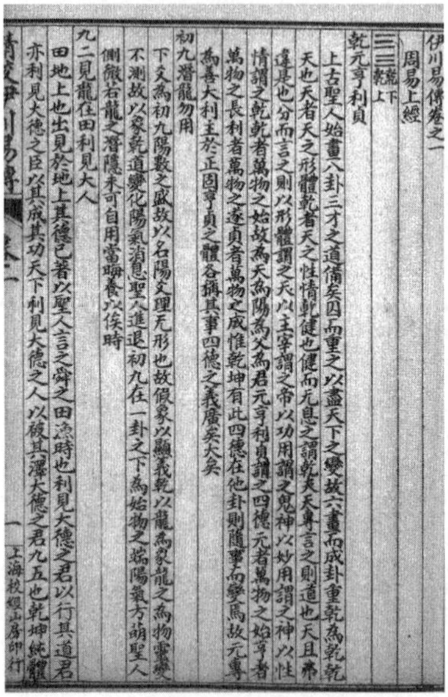

精校伊川易傳 卷一
伊川易傳卷之一
周易上經
乾下乾上
乾元亨利貞
上古聖人始畫八卦三才之道備矣因而重之以盡天下之變故六畫而成卦重乾爲乾乾天也天者天之形體乾者天之性情乾健也健而无息之謂乾夫天專言之則道也天且弗違是也分而言之則以形體謂之天以主宰謂之帝以功用謂之鬼神以妙用謂之神以性情謂之乾乾者萬物之始故爲天爲陽爲父爲君元亨利貞謂之四德元者萬物之始亨者萬物之長利者萬物之遂貞者萬物之成惟乾坤有此四德在他卦則隨事而變焉故元專爲善大利主於正固亨貞之體各稱其事四德之義廣矣大矣
初九潛龍勿用
下爻爲初九陽數之盛故以名陽爻理无形也故假象以顯義乾以龍爲象龍之爲物靈變不測故以象乾道變化陽氣消息聖人進退初九在一卦之下爲始物之端陽氣方萌聖人側微若龍之潛隱未可自用當晦養以俟時
九二見龍在田利見大人
田地上也出見於地上其德已著以聖人言之舜之田漁時也利見大德之君以行其道君亦利見大德之臣以共成其功天下利見大德之人以被其澤大德之君九五也乾坤純體
上海校經山房印行

중국 상해 교경산방(校經山房) 발행 『이천역전(伊川易傳)』 본문

정이(程頤, 1033~1107, 호 伊川)는 존재하는 현상(易象)과 존재하는 방식(易理)은 분리되지 않는다는 관점에서 역을 논리적으로 해석했다. 『고려사』에 의하면, 고려말 〈이천역전〉이 들어왔는데, 우탁(禹倬, 1262~ 1342)이 문을 닫고 연구하여 이치에 통달했다고 한다. 훗날 퇴계 이황은 고향 예안의 선배인 우탁의 학덕을 기려 역동서원(易東書院)을 세워 추모했다.

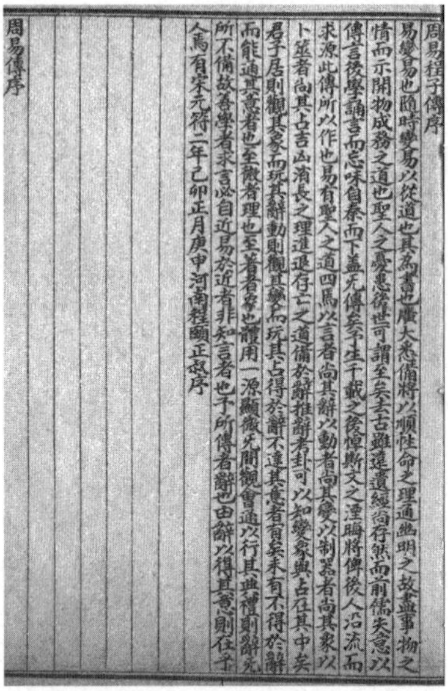

周易程子傳序
易變易也隨時變易以從道也其爲書也廣大悉備將以順性命之理通幽明之故盡事物之情而示開物成務之道也聖人之憂患後世可謂至矣去古雖遠遺經尚存然而前儒失意以傳言後學誦言而忘味自秦而下蓋无傳矣予生千載之後悼斯文之湮晦將俾後人沿流而求源此傳所以作也易有聖人之道四焉以言者尚其辭以動者尚其變以制器者尚其象以卜筮者尚其占吉凶消長之理進退存亡之道備於辭推辭考卦可以知變象與占在其中矣君子居則觀其象而玩其辭動則觀其變而玩其占得於辭不達其意者有矣未有不得於辭而能通其意者也至微者理也至著者象也體用一源顯微无間觀會通以行其典禮則辭无所不備故善學者求言必自近易於近者非知言者也予所傳者辭也由辭以得其意則在乎人焉有宋元符二年己卯正月庚申河南程頤正叔序
周易傳序

주역전서(周易傳序)

양시(楊時, 1053~1135, 호 龜山)의 〈발문〉에 의하면, 당초에 정이가 〈역전(易傳)〉을 저술했으나 완성을 보지 못하고 세상을 떠나게 되자, 문인 '장역(張繹)'에게 〈역전〉을 주었으나 장역도 얼마 후 죽었다. 장역은 서른이 되어서야 정이의 문하에 들어가 수학했다. 정이는 일찍이 "내가 만년에 두 선비를 얻었다."고 했는데, 바로 윤돈(尹焞, 1161~1132, 賜號 和靖處士)과 장역을 가리키는 것이었다. 하지만 애석하게도 장역은 정이 사후 일 년 만에 세상을 떠났다. 장역의 죽음으로 〈역전〉이 전수되지 못하고 산일되었다. 그 후 정이의 문인 사현도(謝顯道)가 당시 서울인 개봉에서 〈역전〉 책을 얻어 동문인 양시에게 보여주었고, 양시가 최종적으로 교정을 하고 중복된 부분을 제거하여 완성을 보았다고 한다.

11. 范益謙座右銘曰, 一不言朝廷利害邊報差除요
범익겸좌우명왈 일불언조정이해변보차제

40 『宋名臣言行錄』에 보인다.

二不言州縣官員長短得失이요 三不言衆人所作過惡之事요
이불언주현관원장단득실 삼불언중인소작과악지사

四不言仕進官職趨時附勢요 五不言財利多少厭貧求富요
사불언사진관직추시부세 오불언재리다소염빈구부

六不言淫媟戲慢評論女色이요 七不言求覓人物干索酒食이요
육불언음설희만평론여색 칠불언구멱인물간색주식

又曰, 人附書信을 不可開坼沈滯요 與人並坐에 不可窺人私書요
우왈 인부서신 불가개탁침체 여인병좌 불가규인사서

凡入人家에 不可看人文字요 凡借人物에 不可損壞不還이요
범입인가 불가간인문자 범차인물 불가손괴불환

凡喫飮食에 不可揀擇去取요 與人同處에 不可自擇便利요
범끽음식 불가간택거취 여인동처 불가자택편리

凡人富貴를 不可歎羨詆毁니 凡此數事에 有犯之者면
범인부귀 불가탄선저훼 범차수사 유범지자

足以見用意之不肖니 於存心修身에 大有所害라 因書以自警하노라.
족이견용의지불초 어존심수신 대유소해 인서이자경

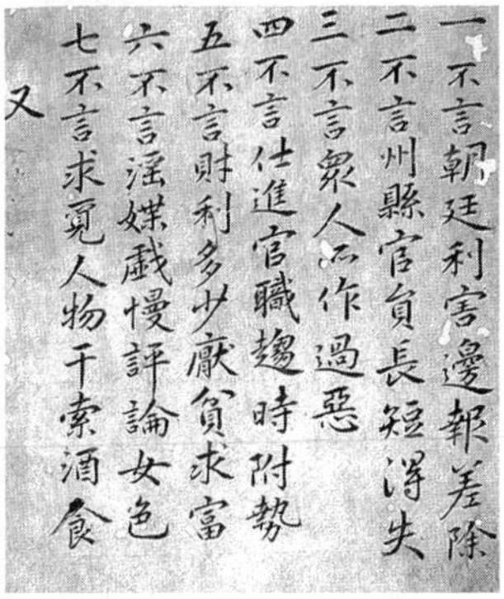

퇴계 이황의 글씨 〈범익겸 좌우명〉

범익겸이 『좌우명』에서 말했다 "첫째 조정의 이해와 변방의 보고나 관직의 임명에 대하여 말하지 말 것이요, 둘째 주현 관원의 장단과 득실에 대하여 말하지 말 것이요, 셋째 여러 사람이 저지른 악한 일을 말하지 말 것이요, 넷째 벼슬에 나아가는 것과 기회를 따라 권세에 아부하는 일에 대하여 말하지 말 것이요, 다섯째 재리의 많고 적음이나 가난을 싫어하고 부를 구하는 것을 말하지 말 것이요, 여섯째 음탕하고 난잡한 농짓거리나 여색에 대한 평론을 말하지 말 것이요, 일곱째 남의 물건을 요구하거나 술과 음식을 구하고 찾는 일을 말하지 말 것이다." 또한 말했다. "남이 부치는 편지를 뜯어보거나 지체시켜서는 안 되며, 남과 함께 앉아 있으면서 남의 사사로운 글을 엿보아서는 안 되며, 무릇 남의 집에 들어가서 남의 문장을 보지 말며, 남의 물건을 빌렸을 때 손상시키거나 돌려보내지 않아서는 안 된다. 무릇 음식을 먹음에 가려서 버리거나 취해서는 안 되며, 남과 같이 있으면서 자기만의 편리를 취해서는 안 된다. 무릇 남의 부귀를 부러워하거나 헐뜯어서는 안 된다. 무릇 이 몇 가지 일을 범하는 자가 있으면 그 마음 씀이 어질지 않음을 볼 수 있으니, 마음을 보존하고 몸을 닦는 데 크게 해로운 것이 있다. 이 때문에 이 글을 써서 스스로 경계하노라."[41]

41 『東萊辨志錄』에 보인다.

12-1. 武王이 問太公曰, 人居世上에 何得貴賤貧富不等고
무왕 문태공왈 인거세상 하득귀천빈부부등

願聞說之하여 欲知是矣로다. 太公曰, 富貴는 如聖人之德하여
원문설지 욕지시의 태공왈 부귀 여성인지덕

皆由天命이어니와 富者는 用之有節하고 不富者는 家有十盜니라.
개유천명 부자 용지유절 불부자 가유십도

무왕이 태공에게 다음과 같이 물었다. “사람이 세상에 사는 데 어찌하여 귀천과 빈부가 고르지 않을 수 있습니까? 원컨대 그에 대한 설명을 듣고 진실을 알고자 합니다.” 태공이 대답했다. “부귀는 성인의 덕과 같아서 다 천명에서 말미암거니와 부자는 쓰는 것이 절제가 있고 부유하지 않은 자는 집에 열 가지 도둑이 있기 때문입니다.”

명나라 대진(戴進)의 그림 〈위빈수조도(渭濱垂釣圖)〉

대진은 남송의 이당(李唐)과 마원(馬遠)의 원체풍격(院體風格)을 이어받고 있다. 명나라 초기에 궁정에서 이런 종류의 은사나 현재를 불러 조정을 위해 힘쓰도록 하는 〈초현도(招賢圖)〉가 매우 유행했다. 이 〈위빈수조도〉도 작자가 궁정화원에서 제작한 작품으로 보인다.

〈위빈수조도〉에서 강태공(좌)과 주 문왕(우)이 만나는 부분

이 그림은 주 문왕이 위수에서 은거하고 있던 강태공을 찾아와 조정에 들어와 정사를 도와달라고 요청하는 이야기를 형상화했다. 강태공이 주 문왕과 공수(拱手)한 채 담론하는 모습이 중앙에 놓임으로써 초점을 형성하고 있다.

12-2. 武王曰, 何謂十盜닛고. 太公曰, 時熟不收가 爲一盜요
무왕왈 하위십도 태공왈 시숙불수 위일도

收積不了가 爲二盜요 無事燃燈寢睡가 爲三盜요 慵懶不耕이
수적불료 위이도 무사연등침수 위삼도 용나불경

爲四盜요 不施功力이 爲五盜요 專行巧害가 爲六盜요 養女太多가
위사도 불시공력 위오도 전행교해 위육도 양녀태다

爲七盜요 晝眠懶起가 爲八盜요 貪酒嗜慾이 爲九盜요 强行嫉妬가
위칠도 주면나기 위팔도 탐주기욕 위구도 강행질투

爲十盜니이다.
위십도

무왕이 말했다. "무엇을 열 가지 도둑이라고 합니까?" 태공(太公)이 대답했다. "때맞게 익은 곡식을 수확하지 않는 것이 첫째 도둑이요, 수확하고 제대로 쌓아 두지 않는 것이 둘째 도둑이요, 일 없이 등불을 켜놓고 잠자는 것이 셋째 도둑이요, 게을러서 밭 갈지 않는 것이 넷째 도둑이요, 공력을 들이지 않는 것이 다섯째 도둑이요, 오로지 교활하고 해로운 일만 행하는 것이 여섯째 도둑이요, 딸을 너무 많이 기르는 것이 일곱째 도둑이요, 낮잠을 자고 아침에 일어나기를 게을리 하는 것이 여덟째 도둑이요, 술을 탐하고 욕심을 즐기는 것이 아홉째 도둑이요, 뻔뻔하게 질투를 부리는 것이 열째 도둑입니다."

12-3. 武王曰, 家無十盜而不富者는 何如닛고. 太公曰, 人家에
무왕왈 가무십도이불부자 하여 태공왈 인가

必有三耗니이다. 武王曰, 何名三耗닛고. 太公曰,
필유삼모 무왕왈 하명삼모 태공왈

倉庫漏濫不蓋하여 鼠雀亂食이 爲一耗요 收種失時가 爲二耗요
창고누람불개 서작란식 위일모 수종실시 위이모

抛撒米穀穢賤이 爲三耗니이다.
포살미곡예천 위삼모

무왕이 말했다. "집에 열 가지 도둑이 없는데도 부유하지 못한 것은 어째서입니까?" 태공이 대답했다. "그런 사람의 집에는 반드시 '세 가지 낭비(삼모)'가 있습니다." 무왕이 말했다. "무엇을 세 가지 낭비라고 이름 합니까?" 태공이 대답했다. "창고가 새고 넘치는데도 덮지 않아 쥐와 새들이 어지럽게 먹어대는 것이 첫째 낭비요, 거두고 씨 뿌리는 때를 놓치는 것이 둘째 낭비요, 곡식을 버리고 흩어지게 하여 더럽히고 천하게 하는 것이 셋째 낭비입니다."

12-4. 武王曰, 家無三耗而不富者는 何如닛고. 太公曰, 人家에
무왕왈 가무삼모이불부자 하여 태공왈 인가

必有一錯·二誤·三痴·四失·五逆·六不祥·七奴·八賤·九愚·十强하여 自招其禍요 非天降殃이니이다.
필유 일착 이오 삼치 사실 오역 육불상 칠노 팔천 구우 십강 자초기화 비천강앙

무왕이 물었다. "집에 세 가지 낭비가 없는데도 부유하지 못한 것은 어째서입니

까?" 태공이 대답했다. "그런 사람의 집에는 반드시 첫째 잘못, 둘째 그름, 셋째 바보스러움, 넷째 과실, 다섯째 거스름, 여섯째 상서롭지 못함, 일곱째 상스러움, 여덟째 천박함, 아홉째 어리석음, 열째 뻔뻔함이 있어서 그 화를 자초하는 것이요, 하늘이 재앙을 내리는 것이 아닙니다."

12-5. 武王曰(무왕왈), 願悉聞之(원실문지)하나이다. 太公曰(태공왈), 養男不教訓(양남불교훈)이 爲一錯(위일착)이요 嬰孩不訓(영해불훈)이 爲二誤(위이오)요 初迎新婦不行嚴訓(초영신부불행엄훈)이 爲三痴(위삼치)요 未語先笑(미어선소)가 爲四失(위사실)이요 不養父母(불양부모)가 爲五逆(위오역)이요 夜起赤身(야기적신)이 爲六不祥(위육불상)이요 好挽他弓(호만타궁)이 爲七奴(위칠노)요 愛騎他馬(애기타마)가 爲八賤(위팔천)이요 喫他酒勸他人(끽디주권다인)이 爲九愚(위구우)요 喫他飯命朋友(끽타반명붕우)가 爲十强(위십강)이니이다. 武王曰(무왕왈), 甚美誠哉(심미성재)라 是言也(시언야)여.

무왕이 말했다. "그 내용을 다 듣기를 원합니다." 태공이 대답했다. "아들을 기르되 가르치지 않는 것이 첫째 잘못이요, 어린아이를 훈도하지 않는 것이 둘째 그름이요, 새 며느리를 맞아들여 엄한 가르침을 행하지 않는 것이 셋째 바보스러움이요, 말하기 전에 먼저 웃는 것이 넷째 실수요, 부모를 봉양하지 않는 것이 다섯째 거스름이요, 밤에 알몸으로 일어나는 것이 여섯째 상서롭지 못함이요, 남의 활을 당기기를 좋아하는 것이 일곱째 상스러움이요, 남의 말을 타기를 좋아하는 것이 여덟째 천박함이요, 남의 술을 마시면서 다른 사람에게 권하는 것이 아홉째 어리석음이요, 남의 밥을 먹으면서 벗에게 명하는 것이 열째 뻔뻔함입니다." 무왕이 말했다. "매우 아름답고 진실하도다! 이 말씀이여."

제 6 장

효도와 정치

공자는 근본공부를 중시했다。 근본이 확립되면 도(道)가 따라 나온다고 믿은 까닭이다。 부모에게 효도하고 어른에게 공경하는 것이 인(仁)을 행하는 근본이고、 효는 백행(百行)의 근본이다。 동양고전은 효도에 근본하여 가정과 정치를 논하여 〈부모는 나에게 누구인가〉[孝行]、〈건강한 가정을 어떻게 만들 것인가〉[治家]、〈행복한 정치란 무엇인가〉[治政]라고 묻는다。

1

부모는 나에게 누구인가 [孝行]

자식은 부모를 잘 모셔야 한다. 자식에게 '효'는 권리이자 의무이다. 동양고전은 인간이 금수와 같은 동물이 아닐 수 있는 근거를 '효'에서 찾는다. 그런데 전통시대에 국가에서 정려旌閭를 내리고 경제적 특혜를 베풀어 효자를 표창한 까닭은 무엇인가? 효가 국가 경영과 불가분의 연관이 있기 때문이다. 자식과 부모의 관계가 발전하면 신하와 군주의 그것이 된다. 효자와 충신은 서로 갈등하지 않고 병행한다고 믿는 것이다. 고전이 말하는 효행의 진정성은 물질과 정성이 함께 가는 데 있다. 현대인에게 마음이 따르지 않는 부모 봉양이 얼마나 허무한 것인지 일깨워준다.

1. 詩曰(시왈), 父兮生我(부혜생아)하시고 母兮鞠我(모혜국아)하시니 哀哀父母(애애부모)여 生我劬勞(생아구로)셨다. 欲報深恩(욕보심은)이나 昊天罔極(호천망극)이로다.

번역 『시경』에서 말했다. "아버지 날 낳으시고 어머니 날 기르시니, 슬프고 슬프다 아버지 어머니시여! 나를 낳느라고 애쓰시고 수고하셨도다. 깊은 은혜를 갚고자 하오나 가을하늘처럼 끝이 없구나."[1]

풀이 『홍길동전』에 보면, 시비侍婢: 곁에서 상전에게 시중드는 계집종 춘섬이 낳은 길동이가 아버지 홍 판서에게 눈물로 하소연하는 대목이 나온다. "소인이 평생 서러워하는 바는 소인이 대감 정기를 받아 당당한 남자로 태어났고, 또 낳아 길러 주신 어버이의 은혜

1 『詩經』 小雅, 小旻, 「蓼莪」에 보인다.

를 입었음에도 아버지를 아버지라 못 하옵고, 형을 형이라 못 하오니 어찌 사람이라 하겠습니까?" 또한 본문에서도 "아버지 날 낳으시고 어머니 날 기르시니"라고 했으니, 현대인이라면 한번쯤 의아한 표정을 짓지 않을 수 없으리라. 오늘날 상식에 기대어 말하면, 남자의 정자와 여자의 난자가 만나 세포분열을 거듭해서 태어난 것이 아이일 터이다. 따라서 현상적으로 보면, 아이를 낳고 길러 주는 이는 어머니이다. 아버지가 아이를 임신한다는 설정은 아놀드 슈왈제네거가 주연한 〈주니어〉와 같은 영화 속에서나 있음직하다. 아버지가 아이를 낳는다는 발상은 고대 동양의 농경사회를 살아간 농부의 철학에서 나온 것이다. 농부는 하늘과 땅의 도움을 받아 생명을 유지하기 위한 온갖 활동을 진행한다. 절기에 따라 씨를 뿌리고 김매고 거두고 갈무리하는 생활이 그들의 신앙이다. 그들은 아이를 낳는 것을 밭에 씨를 뿌려 거두는 것으로 생각했다. '정기精氣'로 표현되는 씨앗은 아버지, 씨앗을 받아 발아·성장시키는 대지를 어머니로 보았다. 아마 이런 생각이 '부부유별夫婦有別'의 사상을 낳은 듯하다. 인간이 동물과 다른 점은 무엇일까? 존재의 근원을 생각할 줄 안다는 것이 아닐까? 그러나 이 세상에는 나를 낳고 길러준 '존재의 근원'에 대해 고마움을 느끼지 못하는 사람이 많다. 존속살인尊屬殺人은 너무도 끔찍하다. '어버이의 날' 하루만이라도 '나의 근원'에 대한 속 깊은 성찰이 있어야겠다.

영화 〈주니어〉 포스터(1994)

한자와 문법 '詩'는 『詩經』을 뜻한다. '鞠'은 기를(국), '生'은 낳을(생), '劬'는 힘쓸(구), '勞'는 수고할(로), '昊'는 가을하늘(호), '罔'은 없을(망)이다.

2. 父母在어시든 不遠遊하고 遊必有方이니라.

부모재 불원유 유필유방

번역 부모가 살아 계실 적에는 멀리 가서 놀지 말고, 놀 때에는 반드시 가는 행방을 알려야 한다.[2]

풀이 부모에게 효도하는 방법 가운데 가장 쉬우면서 어려운 것이 바로 '걱정을 끼쳐 드리지 않는 것'이다. 떨어져 있는 부모에게 전화 한 통 올리는 것이 효도이다. 사정이 어

2 『論語』「里仁」에 보인다.

려워도 부모 앞에서는 환한 표정을 짓는 것이 또한 효도이다. 우리는 남에게 폐를 끼치지 말라고 교육한다. 그러면서 정작 제 부모는 돌보지 않는다. 공사가 다망하여 돌볼 시간이 없다고 핑계 댄다. 집 나간 자식 걱정에 잠 못 이루는 것이 우리네 부모들이다. 어디를 가면 간다 하고 집에 오면 왔다고 말하는 것이 최대의 효도임을 잊지 말자.

3. 父命召어시든 唯而不諾하고 食在口則吐之니라.

부명소 유이불락 식재구즉토지

번역 아버지께서 명하여 부르시거든 '예!'라고 응답하고 느리게 대답하지 말며, 음식이 입에 들었으면 그것을 바로 뱉을지니라.[3]

풀이 아버지는 나에게 생명을 주신 분이다. 존재의 근원인 아버지의 명은 곧 조물주의 부르심과 같은 것이다. 머뭇거리고 미적거릴 여유가 없다. 바로 소리쳐 '예!'라고 답하고 달려가서 그 명을 받들어야 한다. 이것이 자식이 아버지를 생각하는 기본자세이다. 그래야 자식과 아버지의 관계가 자리를 잡는다.

한자와 문법 '召'는 부를(소), '唯'는 바로 대답할(유), '諾'은 미적미적 시간을 끌다가 대답할(낙), '吐'는 토할(토)이다.

4. 太公曰, 孝於親이면 子亦孝之하나니 身旣不孝면 子何孝焉이리오.

태공왈 효어친 자역효지 신기불효 자하효언

번역 태공이 말했다. "부모에게 효도하면 자식이 또한 그에게 효도하나니 자신이 이미 효도하지 않았는데 자식이 어찌 효도를 하겠는가?"

풀이 세상에 공짜가 있으랴! 농부가 땀을 흘려야 곡식을 거둘 것이 아닌가? 따로 자식에게 효도 교육을 시킬 필요가 없다. 가정이 좋은 학습장이다. 내가 어버이에게 잘하면 자식도 따라 배우는 법이다. 그래서 삼대 부자는 어려워도 삼대 효자는 쉬운 것이다.

---

3 『禮記』「玉藻」에 보인다.

한자와 문법 '親'은 '부모'란 뜻이다.

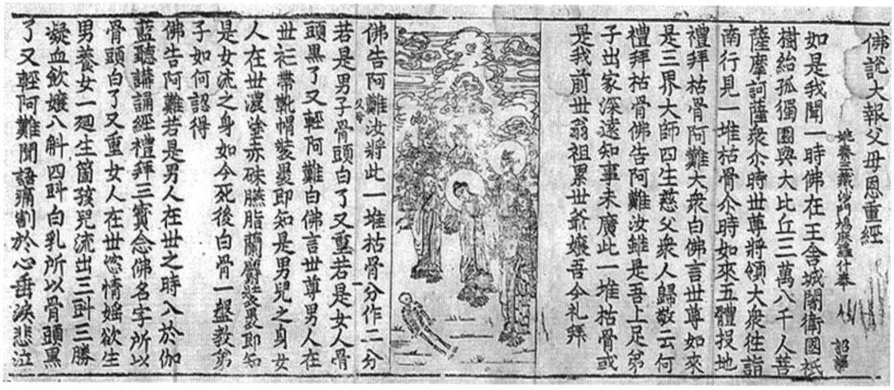

『불설대보부모은중경(佛說大報父母恩重經)』

부모의 소중한 은혜에 대한 부처님의 가르침을 발한 경선. 1432년(세종 14) 후궁인 명빈 김씨에 의해 간행되었다. 줄여서 '부모은중경' 또는 '은중경'으로 부르는 이 경전은 구마라습이 번역한 것으로, 부모의 10가지 소중한 은혜를 글과 그림으로 함께 나타내었다.

5. 孝順은 還生孝順子요 五逆은 還生五逆兒이니
효순 환생효순자 오역 환생오역아

不信하거든 但看簷頭水하라. 點點滴滴不差移니라.
불신 단간첨두수 점점적적불차이

번역 효도하고 순종하는 사람은 또한 효도하고 순종하는 자식을 낳을 것이요, 오역[4]한 사람은 또한 오역하는 아이를 낳을 것이다. 믿지 못하겠거든 다만 저 처마 끝의 물을 보라. 한 점 한 점 똑똑 어긋나 옮겨지지 않으리라.[5]

풀이 불교적 인과응보의 논리가 스며들어 있다. 육신의 형상만이 아니라 심성의 모습도 유전된다는 생각이다. 공교육에서 이루어지는 강요된 도덕교육보다 가정에서 보고 듣는 무언의 학습효과가 훨씬 크다는 사실을 우리 부모들은 주목하기 바란다. 앞으

4 五逆: 보통 주군(主君), 아버지, 어머니, 할아버지, 할머니를 시해하는 일을 말한다. 혹은 불교에서 말하는 다섯 가지 惡行을 '오역'이라 하기도 한다. 소승불교에서는 어머니를 살해하는 것, 아버지를 살해하는 것, 아라한을 죽이는 것, 악심을 품고 부처의 몸에서 피가 나게 하는 것, 승가의 화합을 깨뜨리는 것이 이에 속한다. 오역을 범하면 無間地獄에 떨어진다고 한다. 그런데 「立敎篇」에 보면 주(周)나라 무왕(武王)과 강태공(姜太公)과의 문답에서, 강태공이 "부모를 봉양하지 않는 것이 다섯 번째의 거스름이다[不養父母, 爲五逆]."라고 했다. 따라서 '五逆'은 이 문장에서 부모에게 효도하지 않는 사람을 가리키는 것으로 보는 것이 좋겠다.

5 『增廣賢文』에 보인다.

로는 비오는 날 처마 끝으로 나아가 떨어지는 낙숫물 소리를 듣고, 어느 선승처럼 툭 탁하고 큰 깨달음을 얻어야겠다.

한자와 문법 '順'은 순종한다는 뜻이다. '還'은 '돌아올(환)'이지만, 부사로 '다시, 또한, 도리어'의 뜻으로 쓰인다. '生'은 타동사로 '~에 살다', '~을 낳다'이다. '簷'은 처마(첨), '頭'는 여기서는 별 뜻 없는 명사 어미로써 도움글자에 불과하다. '滴'은 물방울(적)이다.

2

건강한 가정을 어떻게 만들 것인가 [治家]

수양이 된 사람이 이끄는 가정은 늘 화기가 넘친다. '수신제가修身齊家'의 도리를 몰라서 몸을 망치고 집안을 어지럽히는 사람이 있을까? 사람이 거울이요 법이다. 보고 배울 이가 있으면 집안은 잘 다스려진다. 집밖에서 거울을 찾고 법을 구하는 현대인에게 동양고전은 안으로 들어와 거울을 만들고 법을 세우라고 말한다. 오늘의 부부관계를 되돌아보라. 결혼을 했다고 모두 부부라 할 수 있을까?

1. 待客(대객)에 不得不豊(부득불풍)이며 治家(치가)에 不得不儉(부득불검)이니라.

번역 손님을 접대할 때는 풍성하게 하지 않을 수 없으며, 가정을 다스릴 때는 검소하게 하지 않을 수 없느니라.

풀이 『대학』에 보면, "후하게 할 데에 박하게 하고서 박하게 할 데에 후하게 할 이가 있지 않다[其所厚者薄, 而其所薄者厚, 未之有也]."고 했다. 지식과 지혜를 갖춘 이는 일의 경중과 선후를 보아 행동을 결정한다는 말이다. 손님 접대와 가정 살림 가운데 무엇을 후하게 하고 무엇을 박하게 해야 할까? 동양고전은 '손님 접대'를 풍성하게 하라고 한다. 오늘날 '접대'란 표현이 다소 부정적으로 사용되는 것 같다. 본래는 그렇지 않았다. 타인에 대한 공경恭敬은 말이 아닌 물질로 '표현'되어야 한다. 더욱이 손님 접대는 가문과 가문 사이의 예절과도 관련되니 인색하게 굴어서는 안 된다. 우호적인 감정을 갖도록 잘 대접해야 뒤탈이 없다. 이를 위해서라도 가정살림은 검소하게 하지 않을 수 없다.

한자와 문법 '待'는 본래 기다릴(대)이나 여기서는 '대접하다'는 뜻으로 사용되었다. '不得不+술어'는 '~하지 않을 수 없다, 부득불 ~해야 한다'로 새긴다.

2. 太公曰, 痴人은 畏婦하고 賢女는 敬夫하니라.

태공왈 치인 외부 현녀 경부

번역 태공이 말했다. "어리석은 남자는 지어미를 두려워하고, 현명한 여자는 지아비를 공경하느니라."[6]

풀이 재미있는 말씀이다. 현대인에게 이 구절을 읽고 어떻게 생각하느냐고 묻고 싶다. 본문대로라면 지어미를 두렵게 여기는 남자는 모두 바보가 되고, 지아비를 공경하는 여자는 모두 똑똑이가 될 터이다. 과연 그럴까? 곰곰이 따져볼 일이다. 똑똑한 남자는 지어미를 '두려운 대상'이 아니라 손님을 대하듯 '공경의 대상'으로 생각한다. 이렇게 하는 것이 또한 '부부유별'의 원리에 맞는다. 공경하는 것과 두려워하는 것은 엄연히 구별되어야 한다. 문제를 일으키는 것은 언제나 '사이비'이다. 서로 '공경하는 척', '두려워하는 척' 이것이 가정의 평화를 망가뜨리는 주범이다.

한자와 문법 '痴'는 어리석을(치), '敬'은 공경할(경)이다.

3. 子孝雙親樂이요 家和萬事成이라.

자효쌍친락 가화만사성

번역 자식이 효도하면 양친이 즐겁고, 집안이 화목하면 만사가 이뤄지느니라.

풀이 단골 식당에 걸려 있는 액자에서 자주 보는 글이다. 덧붙일 말이 없다. 진리이기 때문이다. 그렇게 굳게 믿고 실천으로 옮겨야 살아 있는 진리가 된다. 진리를 액자 속에 버려두지 말지어다.

한자와 문법 '雙'은 두, 짝(쌍), '親'은 어버이, 양친(친)이다.

---

6 『增廣賢文』에 보인다.

4. 文中子曰, 婚娶而論財는 夷虜之道也니라.
문중자왈 혼취이논재 이로지도야

번역 문중자(왕통)[7]가 말했다. "혼인하고 장가드는 데 재물을 논하는 것은 오랑캐들의 도리니라."[8]

풀이 혼인풍습은 지역마다 다르다고 한다. 우리나라도 북한과 남한이 다르고 경상도와 전라도가 다르다. 다르긴 해도 공통적인 것은 혼례비용이 만만치 않다는 사실이다. 심지어 '딸 셋이면 기둥뿌리가 흔들린다.'는 말이 나올 정도다. 동양고전은 이런 풍습을 미개한 오랑캐의 문화로 본다. 문명한 세상에 사는 우리가 이런 소리를 들어서야 되겠는가!

한자와 문법 '婚'은 혼인(혼), '娶'는 장가들(취), '夷'는 오랑캐(이), '虜'는 오랑캐(로)이다. '而'는 앞글과 뒷글을 대등하게 이어주는 접속사이다.

문중자 왕통
수나라의 유학자

7 문중자: 중국 수(隋)나라의 학자 왕통(王通, 584~617)이다. 자 중엄(仲淹). 시호 문중자(文中子), 허난[河南] 출생으로 당나라 왕발(王勃)의 조부이다. 어려서부터 시·서·예·역(易)에 통달, 스스로 유자(儒者)임을 자부하고 강학에 힘을 쏟아 당의 명신 위징(魏徵)·방현령(房玄齡) 등을 배출하였다. 『文中子』 10권을 남겼다.

8 『中說』「事君」에 보인다.

3

행복한 정치란 무엇인가 [治政]

선비가 선비인 까닭은 예의염치禮義廉恥에 있다. 그중에서 염치를 모르면 나머지는 모두 허례허식일 뿐이다. 인간이 존재하기 위해서는 전체 우주의 도움을 받지 않을 수 없다. 염치란 나의 존재를 위해 부득이 누를 끼치게 되는 대상을 향한 미안하고 부끄러운 마음이다. 이 마음이 곧 인류애와 통할 때 세상은 평화롭게 공존할 수 있다. 염치와 의리는 현대인에게 부족한 절제와 양보의 미덕을 함양하는 필수조건이다. 동양고전은 염치를 아는 선비에게 청렴, 근면, 공정, 신중을 요구한다. 진정한 리더십은 정직과 사랑 그리고 겸손에서 나온다. 현대인은 고전이 말하는 그런 지도자와 행복한 정치에 목말라 있다.

1. 明道先生曰(명도선생왈), 一命之士(일명지사)라도[9] 苟有存心於愛物(구유존심어애물)이면 於人(어인)에 必有所濟(필유소제)리라.

번역 명도 선생[10]이 말했다. "처음 벼슬하는 선비라도 진실로 물건을 아껴주려는 생각을 마음에

9 '一命之士'를 '一介之士'로 한 판본도 있다.

10 명도 선생: 중국 북송(北宋) 중기의 유학자 정호(程顥, 1032~1085)다. 자 백순(伯淳), 호 명도(明道), 시호 순(純). 허난성[河南省] 뤄양[洛陽] 출생으로 존칭으로 '명도 선생'이라 불리고, 동생 정이(程頤: 伊川)와 함께 '이정자(二程子)'로 알려졌다. '이기일원론(理氣一元論)', '성즉이설(性則理說)'을 주창하였다. 그의 사상은 동생 정이를 거쳐 주자(朱子)에게 큰 영향을 주어 송나라 새 유학의 기초가 되었고, 정주학(程朱學)의 중핵을 이루었다.

간직한다면 (머지않아) 반드시 백성에 대해서도 구제하는 사업이 있게 될 것이다."[11]

풀이 '아낀다'는 말과 '사랑한다'는 말은 같은가 다른가? 물건을 아낀다고 하면 자연히 함부로 대하지 않는 태도가 떠오른다. 누구를 사랑한다고 하면 무언가 주고 싶은 감정이 솟아난다. 아낄 줄 알아야 사랑도 온전해진다. 상대를 함부로 대하지 않는 공경함이 사랑을 오래도록 지속시켜주기 때문이다. 미관말직에 있더라도 무언가 아끼려는 생각을 가슴에 품고 있으면 그 마음이 은연중에 백성에게로 옮겨갈 수 있다. 백성에게 봉사하는 사업을 해야 벼슬아치의 보람을 누릴 수 있다. 과연 높으신 나리들께서 이런 '애물愛物'과 '애인愛人'의 마음을 지니고 있을까?

한자와 문법 '一命之士'는 벼슬에 처음 나가 미관말직에 있는 선비이다. '苟'는 진실로(구), '存'은 타동사로 '~을 지니다, 간직하다'의 뜻이다. '物'은 나 이외의 '사물이나 사람'을 뜻한다. '濟'는 건널, 구제할(제)이다.

겸재 정선의 〈정문입설도(程門立雪圖)〉

중국 송대의 유학자 정이(程頤, 1033~1107) 선생의 고사를 그린 것이다. 양시(楊時)와 유작(游酢)은 북송(北宋) 때의 대유학자 정호(程顥)의 제자였다. 정호가 세상을 떠난 뒤에 양시와 유작은 정호의 동생인 정이를 스승으로 섬기고자 찾아갔다. 그들이 정이의 집에 이르렀을 때, 마침 정이는 눈을 감고 좌정하여 명상에 잠겨 있었다. 두 사람은 조용히 서서 정이가 눈을 뜨기를 기다렸는데, 이때 밖에는 눈이 내리기 시작하였다. 한참 뒤에 정이가 눈을 뜨고 양시와 유작을 보았을 때, 문 밖에는 눈이 한 자나 쌓여 있었다. 그렇게 오랜 시간이 지날 때까지 두 사람은 스승을 뵙고자 말없이 서서 기다렸던 것이다. 그 후 '정문입설'은 '정씨 집 문 앞에 서서 눈을 맞다'라는 뜻으로, 제자가 스승을 존경하거나 간절히 배움을 청하는 자세를 비유하게 되었다.

2. 童蒙訓曰, 當官之法은 唯有三事니 曰淸曰愼曰勤이라.
동몽훈왈 당관지법 유유삼사 왈청왈신왈근

知此三者면 則知所以持身矣니라.
지차삼자 즉지소이지신의

번역 『동몽훈』[12]에서 말했다. "제대로 관리 노릇하는 법도에는 오직 세 가지 일이 있을 뿐이니,

11 『二程遺書』「明道行狀」에 보인다.

청렴과 삼감과 부지런함이다. 이 세 가지를 잘 알면 몸을 제대로 갖는 방법을 알 수 있을 것이다."

풀이 '셋'이란 매우 편리한 숫자다. 하나는 부족하고 둘은 미진하며 넷이 되면 번거로우니 셋이 적당하다. 관리가 유념해야 할 '3사'는 현대의 공직자에게도 강조되어야 한다. 그래야 쓸데없는 처신으로 물의를 일으키지 않을 터이니 말이다.

한자와 문법 '當'은 '담당하다, 맡다, ~이 되다'의 뜻이다. '淸'은 '맑다'는 뜻에서 '청렴할(청)'이 되었다. '所以'는 '까닭' 또는 '방법'이다.

3. 當官者는 必以暴怒爲戒하여 事有不可어든
당관자 필이폭노위계 사유불가

當詳處之라야 必無不中하리라.
당상처지 필무부중

若先暴怒이면 只能自害리니 豈能害人이리오.
약선폭노 지능자해 기능해인

번역 관리 된 자는 반드시 사납게 성내는 것을 경계하여 일에 불가한 점이 있거든 마땅히 그것을 자상하게 처리해야 반드시 들어맞지 않음이 없으리라. 만약 먼저 사납게 성부터 낸다면 다만 자신을 해칠 뿐이니 어찌 남을 해칠 수 있으랴?

풀이 지금도 권위를 앞세워 안 된다고 버럭 성부터 내고 보는 관리가 없지 않다. 이들은 공직사회의 적이다. 봉사하는 관리가 존경받는 이유는 그들이 백성의 입장에 서서 문제를 해결하려 했기 때문이다. 이런 관리가 많아져야 관공서의 문턱이 낮아질 것이다.

한자와 문법 '以A爲B'는 'A를 B로 여기다, A를 B로 삼다'로 새긴다. '戒'는 경계할, 경계(계), '詳'은 자상할(상)이다. '無不+술어'는 '~하지 않는 것이 없다'로 새긴다. '中'은 동사로 맞을(중)이다. '自+동사'는 '스스로 ~하다, 스스로를 ~하다'로 새기면 좋다.

---

12 동몽훈: 중국 북송(北宋) 말기의 시인·학자 여본중(呂本中, 1084~1145)이 지은 교훈서로 3권이다. 가정이나 서숙에서 어린이들을 대상으로 가르칠 때 교재로 사용되었다. 여본중의 본명은 대중(大中), 자는 거인(居仁), 호는 동래선생(東萊先生), 시호는 문청(文淸)이다. 벼슬은 中書舍人兼直學士院에 이르렀다. 뒤에 秦檜에게 꺼림을 받아 벼슬을 그만두었다. 송대 강서시파(江西詩派)를 대표하는 시인으로, 저서에 『春秋解』, 『東萊先生詩集』, 『師友淵源錄』, 『江西詩社宗派圖』, 『紫微詩話』 등이 있다.

4. 抱朴子曰, 迎斧鉞而正諫하며 據鼎鑊而盡言이면 此謂忠臣也니라.

포박자왈 / 앙부월이정간 / 거정확이진언 / 차위충신야

번역 『포박자』[13]에서 말했다. "(목을 베는) 도끼를 맞이해서도 바르게 간언하며, (쪄 죽이는) 가마솥에 들어가서도 할 말을 다하면 이를 충신이라 이르니라."[14]

신선도(神仙圖)

긍재(兢齋) 김득신(金得臣, 1754~1822)의 〈신선도〉는 장수무병(長壽無病)한 생에 대한 애착, 현세 기복적(現世祈福的)인 염원과 밀착되어 성행하여 축수 축복용(祝壽祝福用)으로 많이 그려졌다. 여러 신선전에 등장하는 신선은 500여 명이 넘는다. 그중 그림 소재로 많이 다뤄진 대표적인 신선은 종리권(鍾離權)·여동빈(呂洞賓)·장과로(張果老)·한상자(韓湘子)·이철괴(李鐵拐)·조국구(曹國舅)·남채화(藍采和)·하선고(何仙姑)의 8선이다. 김득신은 검술도인인 '여동빈'을 그렸다. 옆에는 동자가 생황과 피리를 불고 있다.

김득신의 〈신선도〉

여동빈의 스승으로 연금술사인 종리권(鍾離權)을 그렸다. 등에 쌍검을 지고 일렁이는 바닷물결 위를 걷고 있는데, 표주박(호리병)과 파초선을 들고 있는 모습이 흥미롭다.

13 포박자: 중국 동진(東晋)의 도교학자 갈홍(葛洪, 284~364)이 위백양이 전개한 역(易)의 이론에 신선도(神仙道)의 이론과 방법을 확립시켜 저술한 책이다. 『포박자』는 내편(內篇) 20권과 외편(外篇) 50권으로 짜여 있고 내편은 도교와 깊은 관계가 있으나 외편은 유서(儒書)로서 세간(世間)의 이해득실을 논한 저술이다.

14 『抱朴子』 外篇, 「臣節」 참조

풀이 바른 말을 하고 할 말을 끝까지 다하는 이를 충성스런 신하라고 한다. 물론 충의 대상은 나라요 임금이다. 성군에게 충신이 필요할까? 도끼로 신하의 목을 베고 가마솥에 신하를 밀어 넣어 쪄 죽이는 성군은 없다. 폭군이나 그런 만행을 서슴지 않는다. 그런데도 폭군에게 간언을 할 것인가? 약삭빠르게 행동해야 출세가 보장되는 사회에선 충신이 나올 수 없다. 오늘날이 난세인가 치세인가? '엉뚱한 충신'을 만들지 않는 치세이기를 빈다.

한자와 문법 '迎'은 맞을(영), '斧'는 도끼(부), '鉞'은 도끼(월), '부월(斧鉞)'은 임금의 의장에 사용되어 임금의 권위를 나타낸다. '諫'은 간할(간), '据'는 웅거할(거), '鼎'은 다리가 셋인 솥, 가마솥(정), '鑊'은 가마솥, 죄인을 삶아 죽이는 형구(확)이다. '謂~'는 '~라 일컫는다'로 새긴다.

효행편 孝行篇

1. 子曰, 身體髮膚는 受之父母라. 不敢毁傷이 孝之始也오
자왈 신체발부 수지부모 불감훼상 효지시야

立身行道하여 揚名於後世하여 以顯父母가 孝之終也니라.
입신행도 양명어후세 이현부모 효지종야

공자가 말했다. "이 몸은 모두 부모님에게서 받은 것이니 감히 다치지 않게 하는 것이 효의 시작이요, 자신의 몸을 바르게 세우고 바른 도를 행하여 이름을 후세에 드날림으로써 부모님을 드러나게 해 드리는 것이 효의 마지막이다."[15]

2. 子曰, 孝子之事親也는 居則致其敬하고 養則致其樂하고
자왈 효자지사친야 거즉치기경 양즉치기락

病則致其憂하고 喪則致其哀하고 祭則致其嚴이니라.
병즉치기우 상즉치기애 제즉치기엄

〈24효도〉 중 '위모매아(爲母埋兒)'

한나라 때 곽거(郭巨)라는 사람이 있었다. 매우 가난하여 곽거가 벌어온 돈으로 겨우 입에 풀칠이나 할 수 있었다. 후에 곽거는 아들을 하나 낳았는데, 그는 매우 활달하고도 귀여웠다. 아이가 세 살 무렵에 곽거의 어머니는 이 손자를 귀여워하여 항상 당신이 드실 음식을 아껴서 아이에게 나누어 먹였다. 곽거는 이러한 모습을 보고 곧 아내와 몰래 상의하였다. "우리 집이 이렇게 가난하여 어머니를 봉양할 식량조차 이미 바닥이 났는데, 지금 어린 자식까지 딸려 있어 어머니가 드실 것에서 반을 나누어야 하니 어찌 이 아이를 그냥 둘 수 있겠소? 아이를 땅에 묻으면 어머니가 드실 것을 나누지 않아도 되니, 어찌 나쁜 짓이라 할 수 있겠소?" 그의 아내는 사랑하는 아이를 이와 같이 하는 것을 결코 원하지 않았으나, 시어머니께 효도를 다하려면 어찌 할 수 없어 남편의 말에 동의하였다. 그날 곽거는 아내와 집 뒤에 있는 큰 나무 밑으로 갔다. 아내는 아이를 안고 서글피 울고 있고 그는 괭이로 땅을 힘껏 파내고 있었다. 그런데! 어찌 된 일인가! 땅을 겨우 석 자 깊이도 파내려 가지 않았는데, 갑자기 많은 황금이 땅 속에 묻혀 있는 것이 보였다. 그는 매우 기뻐하며 황금이 묻혀 있는 곳을 자세히 살펴보니 그곳에는 다음과 같이 쓰여 있었다. "이 황금은 하늘이 효자에게 내리는 상금이다. 그러므로 관가에서는 가져갈 수 없으며, 백성 또한 가로채어 쓸 수 없다." 즉 이 황금은 어머니를 위해 아들을 묻으려 했던 효자에게 내리는 상이 분명하였다. 그래서 부부는 황금을 가지고 집으로 돌아와 더욱 노모에게 효도하였고, 아들도 훌륭하게 키웠다.

15 『孝經』「開宗明義章」에 보인다.

공자가 말했다. “효자가 어버이를 섬길 때 평소에는 그 공경을 다하고, 봉양함에는 그 즐거움을 다하고, 병이 드시면 근심을 다하고, 초상이 나면 슬픔을 다하고, 제사 지낼 때엔 엄숙함을 다한다.”[16]

3. 子曰(자왈), 故(고)로 人不愛其親而愛他人者(인불애기친이애타인자)를 謂之悖德(위지패덕)이요 不敬其親而敬他人者(불경기친이경타인자)를 謂之悖禮(위지패례)니라.

공자가 말했다. “그러므로 사람이 자기의 어버이를 사랑하지 않으면서 남을 사랑하는 것을 일러 ‘패덕(德義, 어그러진 것)’이라 하고, 자기 어버이를 공경하지 않으면서 남을 공경하는 것을 일러 ‘패례(禮義, 어그러진 것)’라고 한다.”[17]

4. 子曰(자왈), 君子之事親孝(군자지사친효)라. 故(고)로 忠可移於君(충가이어군)하고 事兄悌(사형제)라. 故(고)로 順可移於長(순가이어장)하고 居家理(거가리)라. 故(고)로 治可移於官(치가이어관)이라.

공자가 말했다. “군자는 어버이를 모실 때 효성으로 하기 때문에 그 효심을 임금에게 바꿔 적용하여 충성심을 발휘할 수 있는 것이요. 형을 섬길 때 공경으로 하기 때문에 그 공경을 다른 어른에게 적용하여 공순함을 발휘할 수 있는 것이요, 평소 집안에 있을 때 잘 다스렸기 때문에 그 잘 다스렸던 것을 벼슬살이에 적용하여 백성을 잘 다스리게 할 수 있는 것이다.”[18]

5. 曲禮曰(곡례왈), 夫爲人子者(부위인자자)는 出(출)에 必告(필고)하고 反(반)에 必面(필면)하며 所遊(소유)를 必有常(필유상)하며 所習(소습)을 必有業(필유업)하며 恒言(항언)에 不稱老(불칭로)하여 年長以倍(연장이배)면 則父事之(즉부사지)하고 十年以長(십년이장)이면 則兄事之(즉형사지)하고 五年以長(오년이장)이면 則肩隨之(즉견수지)하며 群居五人(군거오인)이면 則長者(즉장자)는 必異席(필이석)하라.

『곡례』에서 말했다. “무릇 사람의 자식이 된 자는 밖에 나갈 때는 반드시 부모에게 행선지를 말씀 드리고, 집에 돌아와서는 반드시 부모의 얼굴을 뵙고 돌아왔음

---

16 『孝經』「紀孝行章」에 보인다.

17 『孝經』「聖治章」에 보인다.

18 『孝經』「廣揚名章」에 보인다.

을 알려 드려야 한다. 노는 곳은 반드시 일정하여야 하고, 익히는 것은 반드시 과업이 있어야 하며, 항상 자신이 늙었다고 말하지 않도록 주의하여야 한다. 나이가 두 배 많은 사람을 대할 때는 부모처럼 섬기고, 10년 연장자를 대할 때는 형처럼 섬기고, 5년 연장자를 대할 때는 어깨를 나란히 하고 걷되 조금 뒤처져서 따라간다. 다섯 사람 이상이 한 자리에 있는 경우에 연장자의 좌석은 반드시 달리하여야 한다."[19]

6. 父母之年은 不可不知也니 一則以喜오 一則以懼니라.
부모지년 불가부지야 일즉이희 일즉이구

공자가 말했다. "어버이의 연세에 대해서 자식이 관심을 가지지 않으면 안 되니 한편으로는 오래 사셔서 기쁘지만, 또 한편으로는 노쇠한 모습이 두려워지기 때문이나."[20]

7. 父在에 觀其志오 父沒에 觀其行이나 三年을 無改於父之道라야 可謂孝矣니라.
부재 관기지 부몰 관기행 삼년 무개어부지도 가위효의

공자가 말했다. "아버지가 생존했을 때에는 자식의 뜻을 관찰하고, 아버지가 돌아간 뒤에는 자식의 행동을 관찰해보면 그 선악을 알 수 있나니, 삼 년 동안 아버지가 하던 방식(법도)을 고치는 일이 없어야 효도를 제대로 했다고 말할 수 있을 것이다."[21]

8. 伊川先生曰, 人無父母면 生日에 當倍悲痛이요 更安忍置酒張樂하여 以爲樂이리오 若具慶者는[22] 可矣니라.
이천선생왈 인무부모 생일 당배비통 갱안인치주장악 이위락 약구경자 가의

이천 선생(정이)[23]이 말했다. "자식 된 사람은 부모가 돌아가시고 없으면 생일날

19 『禮記』「曲禮上」에 보인다.

20 『論語』「里仁」에 보인다.

21 『論語』「學而」와 「學而」에 보인다.

22 '具慶'이란 부모(양친)가 모두 살아 있어 경사스럽다는 말이다. 예전에는 어른께서 "侍下가 어떻게 되시는가?" 하고 물으면, 조부모와 양친이 다 계시면 '重侍下(중시하)', 부모 양친이 다 계시면 '具慶侍下(구경시하)', 부친만 계시면 '嚴侍下(엄시하)', 모친만 계시면 '偏侍下(편시하)', 부모가 다 안 계시면 '永感下(영감하)'라고 답했다. 특히 조선시대 『文科榜目』에서 급제자의 인적사항을 적을 때도 위와 같은 용어를 썼다.

마땅히 갑절이나 비통해지는 법이다. 그런데 또한 어찌 차마 술판을 벌이고 풍악을 울리며 즐거움을 누릴 수 있겠는가? 그렇지만 만일 부모가 모두 살아 있을 때는 그렇게 해도 좋을 것이다."[24]

9. 羅先生曰, 天下無不是的父母니라.[25]

나선생왈 천하무불시적부모

나 선생(나종언)[26]이 말했다. "천하에 옳지 않은 부모는 없다."[27]

나종언(羅從彥)

세칭 예장선생(豫章先生)이라 한다. 양시(楊時), 이동(李侗), 주희(朱熹)와 함께 '민학사현(閩學四賢)'으로 불린다. 양시의 제자로 '궁리(窮理), 무욕(無慾)'을 주장했다. 주희의 아버지 주송(朱松)과 선생 이동(李侗)이 모두 나종언의 문생이었다. 이동이 나종언에게서 배웠고, 나종언이 양시에게 배웠으며, 양시는 정이에게 배웠다. 양시는 바로 유작과 함께 '정문입설'한 유명한 양구산(楊龜山)인데, 그가 이정(二程)의 정통을 전한 사람이다.

10. 養子에 方知父母恩하고 立身에 方知人辛苦니라.

양자 방지부모은 입신 방지인신고

자기가 자식을 길러 보아야 비로소 부모의 은혜가 얼마나 큰지를 알 수 있고, 몸을 세워 세상에 나아가 살아봐야만 비로소 사람 노릇하기가 얼마나 힘든 것인지 알 수 있다.

11. 孟子曰, 不孝有三하니 無後爲大하니라.

맹자왈 불효유삼 무후위대

맹자가 말했다. "불효가 세 가지 있는데, 그중에서도 후사(後嗣: 뒤를 이을 아들)

23 '伊川先生'은 북송시대 철학자인 洛陽 출신 程頤(1033~1107)다.

24 『二程遺書』 卷6에 보인다.

25 어떤 판본에는 "孟子曰, 無不是底父母."라 했으나 오류로 보인다.

26 '羅先生'은 곧 程頤·程顥의 再傳弟子인 羅從彦(1072~1135)이다. 그의 字는 仲素로 사람들이 '豫章先生'이라 불렀다.

27 朱子集註, 『孟子』 「離婁上」 28장, '瞽瞍底豫'(순임금이 부모 섬기는 도리를 다하자 그의 아버지 고수가 기뻐하기에 이르렀다)는 대목에 대한 집주에 "昔羅仲素語此云, 只爲天下無不是底父母."라 했다.

를 두지 못하는 것이 가장 큰 불효이다."[28]

12. 養兒防老하고 積穀防饑하라.[29]

양아방로 적곡방기

자식을 잘 길러 늙었을 때 부양할 사람이 있게 대비하고, 식량을 창고에 넉넉히 축적하여 뜻밖의 굶주림에 대비하라.

〈24효도〉 중 '각목사친(刻木事親)'

한나라 때 이름난 효자가 있었는데, 그의 이름은 정란(丁蘭)이었다. 그가 어렸을 때 부모가 모두 연이어 세상을 떠났다. 부모를 너무 일찍 여의었으므로 부모께 효도를 다하지 못한 그는 항상 마음 깊이 부모를 사모하며 그들의 은혜를 생각하게 되었다. 어느 날, 정란은 부모께 효도할 수 있는 방법을 찾아냈다. 그는 부모님의 형상을 나무에 조각하여 집안에 모시고, 아내와 함께 매일 조석으로 밥과 반찬 등 제례 음식을 바쳐 마치 살아 있는 사람을 모시듯 정성을 다하였다. 그러나 이와 같은 봉양도 오랜 세월이 흐르자, 정란 부인의 정성은 점점 줄어들게 되었다. 하루는 정란이 외출한 사이에 그녀가 바늘을 가지고서 고의로 그 목각상의 손가락을 찌르자, 그곳에서 붉은 피가 흘러내리는 것이 아닌가! 정란이 돌아오자, 그 목각상의 양친은 정란을 보고 슬픈 표정을 짓더니 눈물을 흘렸다. 정란은 목각상이 눈물을 흘리는 것을 보고, 자신이 집에 없던 사이에 분명히 어떤 일이 있었다고 생각하였다. 잠시 후, 아내가 목각상에게 못된 짓을 한 연고를 알아낸 정란은 크게 노하여 결국 아내를 그녀의 집으로 되돌려 보냈다.

13. 曾子曰, 父母愛之어시든 喜而不忘하고 父母惡之어시든 懼而無怨하고 父母有過어시든 諫而不逆하라.

증자왈 부모애지 희이불망 부모오지 구이불원 부모유과 간이불역

증자가 말했다. "부모가 사랑하시면 기뻐하며 잊지 말고, 부모가 미워하시면 두려워하기는 하되 원망해서는 안 된다. 부모에게 허물이 있거든 바른 말을 드리되 부모의 뜻을 거슬러서는 안 된다."[30]

---

28 『孟子』「離婁上」에 보인다.

29 宋나라 진원정(陳元靚)의 『事林廣記』에 "養兒防老, 積穀防饑."라 했다.

30 『小學』「明倫」에 보인다. 『孟子』「萬章上」에도 일부 보인다.

14. 子曰, 五刑之屬이 三千이나 而罪莫大於不孝니라.
자왈 오형지속 삼천 이죄막대어불효

> 공자가 말했다. "오형[31]에 속하는 범죄 조목이 삼천 가지나 되지만, 불효보다 큰 죄는 없다."[32]

19세기 말 화가 일재(一齋) 김윤보(金允輔)의 〈형정도첩(刑政圖帖)〉에서 '역적을 참수하는 장면'

15. 曾子曰, 孝慈者는 百行之先이니 莫過於孝니라. 孝至於天이면
증자왈 효자자 백행지선 막과어효 효지어천

則風雨順時하고 孝至於地면 則萬物化盛하고 孝至於人이면
즉풍우순시 효지어지 즉만물화성 효지어인

則衆福來臻하니라.
즉중복래진

> 증자가 말했다. "자애로운 어버이에게 효성을 다하는 것은 가장 우선적으로 실천해야 할 행동이다. 이 세상에서 효성을 능가할 가치는 없다. 효성이 하늘에 이르면 바람과 비가 때를 맞추어 순조롭게 되고, 효성이 땅에 이르면 만물이 화육하여 번성해지며, 효성이 사람에게 이르면 모든 복이 모여들어 이르게 된다."

---

31 '五刑'은 『書經』「呂刑」에서 말한 다섯 가지 형벌로 얼굴에 자자하는 묵형(墨刑), 코를 베는 의형(劓刑), 발꿈치를 베는 월형(刖刑), 남녀의 생식기를 못 쓰게 하는 궁형(宮刑), 사형(死刑)인 대벽(大辟)이다.

32 『孝經』「五刑章」에 보인다.

치가편 治家篇

1. 司馬溫公曰, 凡諸卑幼 事無大小히 毋得專行하고
사마온공왈 범제비유 사무대소 무득전행

必咨稟於家長이니라.
필자품어가장

사마온공이 말했다. "무릇 신분이 낮거나 나이가 어린 사람들은 일의 크고 작음이 없이 제멋대로 행동하지 말고 반드시 가장에게 여쭈어서 일을 처리해야 한다."

2. 勤儉常豐이면 至老不窮이니라.
근검상풍 지로불궁

부지런하고 검소하면 늘 풍족하게 살 수 있어서 늙도록 궁핍한 경우가 없으리라.

3. 有錢常備無錢日이요 安樂須防病患時니라.
유전상비무전일 안락수방병환시

돈이 있을 때에는 늘 돈 떨어질 날을 대비하고, 건강하고 즐거울 때에는 몸에 병이 날 때를 방비해야 한다.

4. 健奴는 無禮하고 嬌兒는 無孝하니라.
건노 무례 교아 무효

건장한 노복은 예절을 차릴 줄 모르고 귀여운 아이는 효도할 줄 모른다.

5. 教婦初來하고 教子嬰孩하라.
교부초래 교자영해

아내(또는 며느리)는 처음 시집에 왔을 때 가르쳐야 하고, 아이는 아직 어릴 때 가르쳐야 한다.

6. 凡使奴僕에 先念飢寒이니라.
범사노복 선념기한

무릇 노복을 부릴 때는 먼저 그들의 배고픔과 추위를 염려해주어라.

7. 時時防火發하고 夜夜備賊來니라.
시시방화발 야야비적래

> 언제나 불이 날까 예방하고, 밤마다 도적 들까 대비하라.

8. 景行錄云, 觀朝夕之早晏하여 可以卜人家之興替니라.
경행록운 관조석지조안 가이복인가지흥체

> 『경행록』에서 말했다. "아침밥과 저녁밥의 이르고 늦음을 보아 그 집이 흥할지 쇠할지 점칠 수 있다."[33]

9. 司馬溫公曰, 凡議婚姻에 先須察其婿與婦之性行과 及家法何如하고
사마온공왈 범의혼인 선수찰기서여부지성행 급가법하여

勿苟慕其富貴하라. 婿苟賢矣면 今雖貧賤이나 安知異時에
물구모기부귀 서구현의 금수빈천 안지이시

不富貴乎리오. 苟爲不肖면 今雖富盛이나 安知異時에
불부귀호 구위불초 금수부성 안지이시

不貧賤乎리오. 婦者는 家之所由盛衰也니
불빈천호 부자 가지소유성쇠야

苟慕一時之富貴而娶之면 彼挾其富貴하여
구모일시지부귀이취지 피협기부귀

鮮有不輕其夫而傲其舅姑하여 養成驕妬之性이리니 異日爲患이
선유불경기부이오기구고 양성교투지성 이일위환

庸有極乎리오. 假使因婦財以致富하며 依婦勢以取貴라도
용유극호 가사인부재이치부 의부세이취귀

苟有丈夫之志氣者면 能無愧乎아.
구유장부지지기자 능무괴호

> 사마온공이 말했다. "무릇 혼인을 의논함에는 먼저 사위와 며느리 될 사람의 성격과 품행 및 가법이 어떠한가를 살펴야 한다. 구차하게 한때의 부귀를 탐하여 사모하지 말라. 사위가 만일 현명하다면 지금은 비록 가난하고 비천하지만 어찌 훗날 부귀하게 되지 못하리라는 것을 알 수 있겠는가! 만일 현명하지 못한 사람이라면 지금은 비록 부귀가 성대하다 할지라도 어찌 훗날 가난하고 비천하게 되지 않으리라는 것을 알 수 있겠는가? 며느리(지어미)는 한 집안의 흥성과 쇠락을 이끌어내는 사람이다. 만일 한때의 부귀를 탐하여 사모하는 태도로 며느리를 맞아들인다면 며느리가 자기의 부귀를 끼고 지아비를 경시하고 시부모에게도 오만하게 대하지 않는 경우가 드물게 될 것이다. (그럼에도 며느리에게) 교만하고 질투하는 품성을 양성해 준다면 훗날 생겨날 환난이 어찌 다함이 있겠는가! 설사 며느리 집안의 재물로 인해서 부를 이루었거나 며느리의 권세에 의지하여 귀하게 되었다 하더라도 만일 대장부로서 의지와 기상을 지닌 사람이라면 마음으로 부끄러워하지 않을

33 『방씨가훈(龐氏家訓)』에 보인다.

수 있겠는가?

10. 安定胡先生曰, 嫁女를 必須勝吾家者하라. 勝吾家者면
안정호선생왈 가녀 필수승오가자 승오가자

則女之事夫가[34] 必欽必戒하리라. 娶婦를 必須不若吾家者하라.
즉여지사부 필흠필계 취부 필수불약오가자

不若吾家者면 則婦之事舅姑가 必執婦道하리라.
불약오가자 즉부지사구고 필집부도

안정 호 선생(호원)[35]이 말했다. "딸을 시집보낼 때는 반드시 우리 집안보다 나은 곳으로 보내야 한다. 우리 집안보다 나은 집으로 가면 딸이 지아비를 섬길 때 반드시 공경하고 삼갈 것이다. (하지만) 며느리를 맞이할 때는 반드시 우리 집안보다 못한 곳에서 맞아야 한다. 우리 집안보다 못한 곳에서 오면 며느리가 시부모를 섬길 때 반드시 부도(지어미의 도리)를 따를 것이다."

〈호원(胡瑗) 소주(蘇州) 석각상(石刻像)〉

호원(胡瑗, 993~1059)의 묘원(墓園)에 있는 대리석 소상

강소(江蘇) 여고(如皐) 출신이나 조상이 섬서(陝西) 안정보(安定堡: 오늘날 섬서성 子長縣)에 살았기에 학자들은 그를 '안정 선생(安定先生)'이라 부른다. 북송의 저명한 학자요 교육가, 사상가로 송대이학(宋代理學)의 선하(先河)를 열었다. 남송 사상가 주희와 함께 유명한 송대 최고의 교육가다.

11. 男大에 不婚은 如劣馬無韁하고 女長에 不嫁는 如私鹽犯首니라.
남대 불혼 여렬마무강 여장 불가 여사염범수

남자가 다 컸는데도 장가들지 못했다면 이는 시원치 않은 말이 고삐를 매지 않은 것과 같고, 여자가 다 컸는데도 시집가지 못했다면 이는 사사로이 소금을 만들어

34 '事夫'를 '事人'이라 한 판본도 있다.

35 '安定胡先生'은 북송시대 학자인 胡瑗(993~1059)을 말한다. 그의 먼 조상이 安定(지금의 甘肅 涇川 이북)이란 곳에서 대대로 살았기에 당시 학자들이 그를 '安定先生'이라 불렀다고 한다.

판 죄를 범한 것과 같다.

12. 司馬溫公曰, 凡爲家長에 必謹守禮法하여 以禦群子弟와
사마온공왈 범위가장 필근수예법 이어군자제

及家衆이니 分之以職하고 授之以事하여 而責其成功하며
급가중 분지이직 수지이사 이책기성공

制財用之節하여 量入以爲出하고 稱家之有無하여
제재용지절 양입이위출 칭가지유무

以給上下之衣食과 及吉凶之費하되 皆有品節而莫不均一하며
이급상하지의식 급길흉지비 개유품절이막불균일

裁省冗費하고 禁止奢華하여 常須稍存贏餘하여 以備不虞니라.
재생용비 금지사화 상수초존영여 이비불우

사마온공이 말했다. "무릇 가장이 되었을 때에는 반드시 예법을 삼가 지켜서 자제들과 집안사람들을 교육시켜야 한다. 그들의 직분을 나누어 해야 할 일을 안배해주고 그런 다음에 그들에게 일을 이뤄내도록 요구해야 한다. 재물을 사용하는 한도를 정하여 수입을 헤아려 지출하고, 집안에 있고 없는 것을 잘 파악하여 온 집안 위아래의 의복과 먹을거리 그리고 길흉사에 들어가는 비용을 공급하되 모두 일정한 규모의 제한을 두어 균일하지 않은 것이 없게 해야 한다. 갖가지 쓸데없는 비용을 깎고 덜어내고 사치와 화려를 금지하여 늘 조금이라도 여분을 남겨두었다가 뜻하지 않은 쓰임에 대비해야 한다."

치정편 治政篇

1. 唐太宗御製云(당태종어제운), 上有麾之(상유휘지)하고 中有乘之(중유승지)하고 下有附之(하유부지)하여 幣帛衣之(폐백의지)요 倉廩食之(창름식지)하니 爾俸爾祿(이봉이록)이 民膏民脂(민고민지)니라.

下民(하민)은 易虐(이학)이어니와 上蒼(상창)은 難欺(난기)니라.

당태종[36]의 『어제문』에서 말했다 "위에는 지시하는 이가 있고, 중간에는 이를 따라 다스리는 관원이 있고, 그 아래에는 이에 따르는 백성이 있다. 백성이 바친 비단으로 옷을 지어 입고 백성에게 거둔 곳간의 곡식으로 밥을 해 먹으니 너희의 봉록은 나 백성의 기름인 것이니라. 아래에 있는 백성은 학대하기가 쉽지만, 위에

36 당태종: 당(唐)나라의 제2대 황제(재위 626~649) 이세민(李世民, 598~649)이다. 아버지는 이연(李淵: 초대 황제)이고 어머니는 두(竇) 씨이다. 중국 역사상 유수(有數)의 영주(英主)로 알려져 있으며, 북방민족의 피가 섞인 무인 귀족 집안에서 태어났다. 당나라를 수립하고 군웅을 평정하여 중국 통일하였다. 제위에 오른 다음 연호를 정관(貞觀)으로 고쳤으며, 널리 인재를 고르게 등용하여 공정한 정치로 후세 제왕의 모범이 되었다. 그의 치세는 '정관지치(貞觀之治)'라 칭송받았다.

당 태종
당나라의 2대 황제 이세민

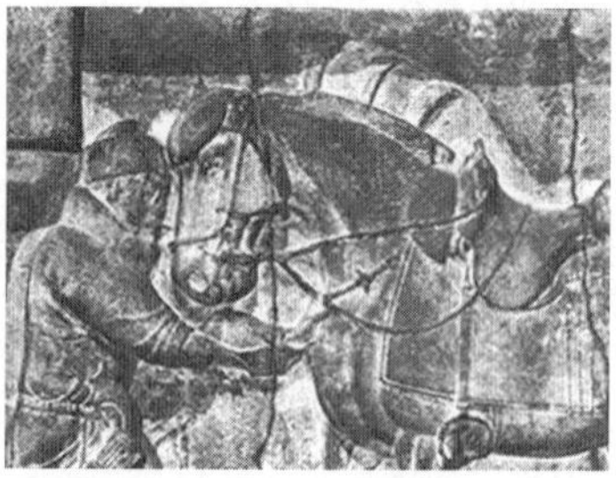

당태종 능에 새겨진 무사와 말

토신을 접견하는 당 태종

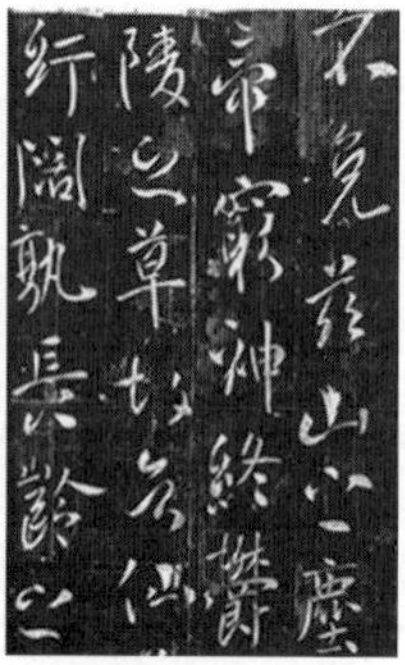

당 태종의 글씨

있는 푸른 하늘(하느님)은 속이기 어렵다."

2. 事君을 如事親하며 事官長을 如事兄하며 與同僚를 如家人하며
사군 여사친 사관장 여사형 여동료 여가인

待羣吏를 如奴僕하며 愛百姓을 如妻子하며 處官事를
대군리 여노복 애백성 여처자 처관사

如家事然後에 能盡吾之心이니 如有毫末不至면 皆吾心에
여가사연후 능진오지심 여유호말부지 개오심

有所未盡也니라.
유소미진야

임금 섬기기를 어버이 섬기는 것 같이 하며, 관청의 우두머리 섬기기를 형 섬기는 것 같이 하며, 동료를 집안사람처럼 함께 지내며, 여러 아전을 노복처럼 대우하며, 백성을 처와 같이 사랑하며, 관청의 일을 집안일처럼 처리하라. 그런 다음에 내 마음을 다했다고 할 수 있으니, 만약 털끝만큼이라도 지극하지 못함이 있으면 모두 내 마음에 아직 극진히 하지 못한 바가 있기 때문이니라.

3. 或問, 簿는 佐令者也니 簿所欲爲를 令或不從이면 奈何닛고.
혹문 부 좌령자야 부소욕위 영혹부종 내하

伊川先生曰, 當以誠意動之니라. 今令與簿不和는 便是爭私意요[37]
이천선생왈 당이성의동지 금령여부불화 변시쟁사의

令은 是邑之長이니 若能以事父兄之道로 事之하여 過則歸己하고
영 시읍지장 약능이사부형지도 사지 과즉귀기

善則唯恐不歸於令하여 積此誠意면 豈有不動得人이리오.
선즉유공불귀어령 적차성의 기유부동득인

어떤 사람이 물었다. "부(簿)는 영(令: 縣令)을 보좌하는 자입니다. 부(簿)가 하고자 하는 바를 영(令)이 혹시 따르지 않으면 어떻게 합니까?" 이천(伊川: 程頤) 선생이 대답했다. "마땅히 성의로써 그를 움직여야 할 것이다. 이제 영(令)과 부(簿)가 화목치 않는 것은 곧 사사로운 마음으로 다투어서이다. 영(令)은 고을의 장관이니 만약 부형(父兄)을 섬기는 도리로 섬겨서, 잘못은 자신에게로 돌리고 잘한 것은 행여 영(令)에게로 돌아가지 못할까 걱정하라. 이와 같은 성의(誠意)를 쌓아간다면 어찌 감동시키지 못할 사람이 있겠는가?"

4. 童蒙訓曰, 凡異色人은 皆不宜與之相接하고 巫祝尼媼之類은
동몽훈왈 범이색인 개불의여지상접 무축니온지류

37 '便是'를 '只是'라 한 판본도 있다.

尤宜罷絶이니 要以淸心省事爲本이니라.
우의파절 요이청심생사위본

『동몽훈』에서 말했다. “무릇 다른 종류의 사람들과 더불어 서로 오가며 지내는 것은 정말 옳지 않고, 무당이나 늙은 여승과는 더욱 연락을 끊고 지내는 것이 옳다. 언제나 마음을 맑게 하고 일을 줄이는 것으로 근본을 삼아야 하느니라.”

5. 劉安禮問臨民한대 明道先生曰, 使民으로 各得輸其情이니라.
유안례문임민 명도선생왈 사민 각득수기정

問御吏한대 曰, 正己以格物이니라.
문어리 왈 정기이격물

유안례[38]가 백성을 다스리는 도리에 대해 묻자, 명도(明道: 程顥) 선생이 말했다. “백성으로 하여금 각각 그들의 뜻을 펼 수 있도록 해야 하느니라.” 부하 관리 거느리는 도리를 묻자, 대답했다. “제 몸을 바르게 함으로써 남을 바르게 만들어라.”[39]

6. 韓魏公이 問明道先生하니 說하되 立朝에 大槪前面路子를
한위공 문명도선생 설 입조 대개전면로자

放敎寬하나니 若窄時엔 異日和自家無轉側處니라.
방교관 약착시 이일화자가무전측처

한위공(한기)[40]이 명도 선생(정호)에게 묻자, 명도 선생이 말했다. “조정에서 벼슬하면서 일을 처리할 때에는 앞날을 위해 여유를 남겨두어야 하나니, 만일 여지를 두지 않고 엄격하게 처리하면 훗날 스스로 운신할 곳이 없게 된다.”

7. 子曰, 不敎而殺을 謂之虐이오 不戒視成을 謂之暴오 慢令致期를
자왈 불교이살 위지학 불계시성 위지포 만령치기

謂之賊이니라.
위지적

공자가 말했다. “미리 가르치지 않고 잘못했다고 죽이는 것을 일러 ‘잔학(殘虐)’이라 하고, 미리 훈계하지도 않고 결과만 따지는 것을 일러 ‘포악(暴惡)’이라 하며,

38 유안례(劉安禮): 북송의 유학자 유안상(劉安上, 1069~1128)이다. 字 元禮, 永嘉人으로 劉安節의 제자다. 유안절과 함께 程頤를 사사하여 學行이 뛰어나 ‘二劉’로 불렸다. 進士를 거쳐 錢塘尉, 殿中侍御史를 역임했다. 그때 蔡京이 정사를 독단하자 유안상이 상소를 올려 그의 죄를 성토했다. 아무런 결과가 없자 다시 中丞 石弼率과 함께 조정에서 탄핵했다. 이에 채경이 마침내 太乙宮使로서 재상을 그만두고 致仕했다. 유안상은 右諫議大夫, 知舒州, 提擧鴻慶宮을 역임하고 1126년 致仕한 뒤 집에서 죽었다. 지금 『劉給事集』 五卷이 『四庫總目』에 전한다.

39 『二程遺書』 「明道行狀」에 보인다.

40 韓琦(1008~1075): 宋나라 相州 安陽 출신으로 魏國公에 봉해졌다.

| 명령은 태만히 내리고 기한을 재촉하는 것을 일러 '잔적(殘賊)'이라고 하느니라."[41]

8. 子曰, 擧直錯諸枉이면 能使枉者直이니라.
자왈 거직조제왕 능사왕자직

| 공자가 말했다. "정직한 사람을 등용하고 부정한 사람들을 버리면 부정한 사람들도 정직하게 만들 수 있느니라."[42]

9. 子曰, 擧直錯諸枉이면 則民服하고 擧枉錯諸直이면 則民不服이니라.
자왈 거직조제왕 즉민복 거왕조제직 즉민불복

| 공자가 말했다. "곧은 사람을 등용하고 굽은 모든 사람들을 버리면 백성들이 복종하고, 굽은 사람을 등용하고 곧은 모든 사람들을 버리면 백성들이 복종하지 않을 것입니다."[43]

18세기 조선화가 옥애(玉崖) 김진여(金振汝)의 〈성적도(聖蹟圖)〉 중 〈주소정묘(誅少正卯)〉
노나라 대부(大夫) 소정묘가 천하의 5대악(大惡), 즉 만사에 통달하고도 흉험한 짓만 하고, 괴팍하고 고집스러우며, 말이 거짓되고 교활하며, 괴이한 일을 잡다하게 많이 알고 있으며, 틀린 것을 교묘히 옳은 것으로 꾸며대는 등 나라 정치를 어지럽히므로 공자가 섭정(攝政)할 당시 주살(誅殺)했다. 이 주살사건은 『사기(史記)』의 〈공자세가편(孔子世家篇)〉, 『공자가어(孔子家語)』의 〈시주편(始誅篇)〉, 『순자(荀子)』의 〈유좌편(宥坐篇)〉 등에 기록되어 있다.

10. 子曰, 其身正이면 不令而行하고 其身不正이면 雖令이라도 不從이니라.
자왈 기신정 불령이행 기신부정 수령 부종

41 『論語』「堯曰」에 보인다.
42 『論語』「顔淵」에 보인다.
43 『論語』「爲政」에 보인다.

공자가 말했다. "윗사람의 몸가짐이 바르면 명령하지 않아도 행해지고, 몸가짐이 바르지 않으면 명령을 내려도 따르지 않게 되느니라."[44]

11. 子曰(자왈), 言忠信(언충신)하며 行篤敬(행독경)이면 雖蠻貊之邦(수만맥지방)이라도 行矣(행의)어니와 言不忠信(언불충신)하며 行不篤敬(행부독경)이면 雖州里(수주리)나 行乎哉(행호재)아.

공자가 말했다. "말을 진실하고 미덥게 하며 행동을 독실하고 신중히 하면 비록 오랑캐 나라라 하더라도 뜻이 행해질 수 있겠지만, 말이 진실하고 미덥지 못하고 행동이 독실하거나 신중하지 못하면 비록 내가 사는 고을에선들 뜻이 행해질 수 있겠는가?"[45]

12. 子貢曰(자공왈), 位尊者(위존자)는 德不可薄(덕불가박)이요 官大者(관대자)는 政不可欺(정불가기)니라.

자공이 말했다. "지위가 높은 사람은 덕이 엷어서는 안 되고 벼슬이 성대한 사람은 정치가 속임이 있어서는 안 된다."

13. 子謂子產(자위자산)하사대 有君子之道(유군자지도) 四焉(사언)이니 其行己也(기행기야) 恭(공)하며 其事上也(기사상야) 敬(경)하며 其養民也(기양민야) 惠(혜)하며 其使民也(기사민야) 義(의)니라.

공자가 자산을 두고 이렇게 평했다. "그에게는 군자의 도로 네 가지가 있었으니, 그는 몸가짐이 공손하였고 윗사람을 섬기는 데 공경스러웠고, 백성을 돌보는 데 은혜로웠고 백성 부리기를 올바르게 하였다."[46]

14. 子張(자장)이 問仁於孔子(문인어공자)한대 孔子曰(공자왈), 能行五者於天下(능행오자어천하)면 爲仁矣(위인의)니라. 請問之(청문지)한대 曰(왈), 恭寬信敏惠(공관신민혜)니 恭則不侮(공즉불모)하고 寬則得衆(관즉득중)하고 信則人任焉(신즉인임언)하고 敏則有功(민즉유공)하고 惠則足以使人(혜즉족이사인)이니라.

자장이 인에 대해 공자에게 물었다. 공자가 말했다. "천하의 어느 곳에서든지 다섯

44 『論語』「子路」에 보인다.

45 『論語』「衛靈公」에 보인다.

46 『論語』「公冶長」에 보인다.

가지를 실천할 수 있으면 인이라 할 것이다." 그 내용에 대해 듣기를 청하니, 공자가 말했다. "공손·관용·신뢰·민첩·은혜이니, 공손하면 모욕을 당하지 않고 관용하면 무리를 얻을 수 있으며 신뢰하면 남이 일을 맡겨주며, 민첩하면 공적이 있게 되고 은혜로우면 족히 남을 부릴 수 있느니라."[47]

15. 子曰(자왈), 君子惠而不費(군자혜이불비)하며 勞而不怨(노이불원)하며 欲而不貪(욕이불탐)하며 泰而不驕(태이불교)하며 威而不猛(위이불맹)이니라.

공자가 말했다. "군자는 백성에게 혜택을 베풀되 허비하지 않으며, 백성에게 일을 시키되 원망을 사지 않으며, 어진 일에 의욕을 가지되 탐욕을 부리지 않으며, 태연하되 교만하지 않으며, 위엄이 있으되 사납지 않은 것이다."[48]

16. 孟子曰(맹자왈), 責難於君(책난어군)을 謂之恭(위지공)이요 陳善閉邪(진선폐사)를 謂之敬(위지경)이요 吾君不能(오군불능)을 謂之賊(위지적)이니라.

맹자가 말했다. "어려운 일을 임금에게 책하는 것을 '공'이라 이르고, 선한 것을 말하여 사심을 막는 것을 '경'이라 이르고, '우리 임금은 훌륭한 일을 할 수 없다'고 하는 것을 '적'이라 한다."[49]

17. 書云(서운), 木以繩直(목이승직)하고 君以諫正(군이간정)하니라.

『서경』에서 말했다. "나무는 먹줄을 받아서 곧아지고, 임금은 간언을 듣고서 바르게 되느니라."

18. 忠臣(충신)은 不怕死(불파사)니 怕死(파사)면 不忠臣(불충신)이니라.

충신은 죽음을 두려워하지 않나니 죽음을 두려워한다면 충신이라 할 수 없다.

---

47 『論語』「陽貨」에 보인다.

48 『論語』「堯曰」에 보인다. 본문에서 공자가 말한 다섯 가지를 '五美'라고 한다.

49 『孟子』「離婁上」에 보인다.

제7장 우정과 여성

마음이 통하는 벗을 만난 사람의 인생은 즐겁고 행복하다。 결코 고독해질 수 없기 때문이다。 자살은 출구가 보이지 않는 절대고독、 우정의 상실에서 나온다。 마음의 막힘、 소통의 부재가 무서운 이유이다。 지혜로운 인간은 서로의 존엄을 인정하고 정감을 교류할 줄 안다。 상대를 믿지 못하는 풍토 속에서 진정한 우정은 자랄 수 없다。 모든 것을 믿고 맡겨도 좋은 참다운 벗을 만들기란 그래서 어려운 법이다。 우정은 자본주의 시장경제체제에서 신용이란 이름으로 살아 있다。 모든 경제활동에서 첫 번째 덕목으로 자리 잡은 신용을 고인들의 생각을 빌려 새롭게 성찰해봐야 할 때이다。 여성은 누구인가? 사랑으로 생명을 품는 아름다운 존재이다。 고전 속의 여성은 사랑을 받기보다 나누어 줌으로써 삶의 의미를 확인하고 싶어 한다。 그 속에 대지를 닮은 모성、 위대한 어머니가 있다。 이처럼 사랑은 우정과 여성을 건강하게 자라게 한다。 〈어떻게 참다운 친구를 사귈 것인가〉[交友]、〈믿음이 얼마나 소중한 것인가〉[存信]、〈어떤 주부가 가정을 일으키는가〉[婦行]를 통해 우정과 여성에 대하여 다시 생각해본다。

1

어떻게 참다운 친구를 사귈 것인가 [交友]

벗과 믿음으로 사귀라는 말이 있다. 그러나 현대인의 벗 사귐이 과연 신뢰와 의리에 바탕을 두고 있을까? 권세와 명예 그리고 이익에 따라 참새처럼 모였다 흩어지며 우정을 논하는 세상을 본다. 김정희는 〈세한도歲寒圖〉를 왜 그렸을까? 염량炎凉한 세태를 꼬집고 우정의 진정성을 논하기 위해서다. 동양고전은 추운 겨울 북풍한설에 맞서는 송백松柏의 푸른 기상을 본받아 서로 외양의 수식을 걷어내고 정직하게 속내를 드러내는 용기가 필요하다고 말한다.

1. 子曰, 與善人居는 如入芝蘭之室이라.
자왈 여선인거 여입지란지실
久而不聞其香이나 卽與之化矣요 與不善人居는
구이불문기향 즉여지화의 여불선인거
如入鮑魚之肆라. 久而不聞其臭이나 亦與之化矣니라.
여입포어지사 구이불문기취 역여지화의
丹之所藏者赤 漆之所藏者黑이니 是以로 君子는
단지소장자적 칠지소장자흑 시이 군자
必愼其所與處者焉하니라.
필신기소여처자언

번역 공자가 말했다. "선한 사람과 함께 지내는 것은 마치 향기로운 지초와 난초가 있는 방안에 들어간 것과 같아서 오래되면 그 향기를 맡지 못하게 되니 곧 그 향기와 동화될 것이고. 선하지 못한 사람과 함께 있는 것은 마치 비린내 나는 생선 가게에 들어간 것과 같아서 오래되면 그 냄새를 맡지 못하게 되니 이 또한 그 냄새와 동화될 것이다. 단사가 갈무리되어 있는 곳은 붉어지고, 옻칠이 갈무리되어 있는 곳은 검게 된다. 이런 까닭에 군자는 반드시 함께 지낼 사람을 삼가야 하느니라."[1]

명대 중기의 화가 구영(仇英, 약1498~1552)의 〈자로문진도(子路問津圖)〉

초나라를 지날 때 공자가 제자 자로를 시켜 나루터를 물은 이야기를 형상했다. 장저(長沮)와 걸닉(桀溺)은 춘추시대의 은자들이다. 어느 날 두 사람이 함께 밭을 갈고 있었다. 마침 공자가 그곳을 지나다가 큰 강을 만나 길이 막히자, 그들에게 자로를 보내 나루터를 물어보도록 했다. 장저가 일하던 손을 멈추지 않고 물었다. "수레 고삐를 잡고 있는 저 사람은 누구요?" 자로가 대답했다. "공구라 합니다." 장저는 고개를 들고 다시 물었다. "노나라의 공구라는 사람 말이요?" "그렇습니다." " 그 사람이라면 틀림없이 나루터가 어디 있는지 알 거요." 자로는 할 수 없이 걸닉에게 물었다. 걸닉은 쟁기질을 멈추고 물었다. "그대는 누구요?" 자로가 대답했다. "저는 중유라 합니다." "그렇다면 노나라 공구의 제자시겠구려?" "그렇습니다." "그대에게 한마디 하겠소. 홍수처럼 도도하게 흘러가는 이 어지러운 세상을 누가 바꿀 수 있겠소. 사람을 피하는 저 사람을 따르기보다는 세상을 피하는 사람을 따라 은자가 되는 것이 나을 거요." 이 말을 하면서도 흙으로 씨앗을 덮느라 여념이 없었다. 자로는 돌아와 공자에게 앞뒤 이야기를 했다. 공자는 길게 탄식했다. "내 어찌 산림에 은거해 새나 짐승과 더불어 살겠는가? 내 사람들과 살지 않고 누구와 함께 살겠는가? 제대로 된 세상이라면 내가 굳이 바꾸려 하지 않았을 것이다."

수레에 앉아서 자로를 기다리고 있는 공자(부분 확대)

밭 가는 장저와 걸닉에게 나루터를 묻고 있는 자로(부분 확대)

풀이 물고기는 종류에 따라 노는 물이 다르다. 물에 따라 생리가 달라지기 때문이다. 부모는 자식이 남보다 '좋은 물'에서 놀기를 바란다. 이왕이면 다홍치마라고 난초향이 물씬 풍기는 그런 무리와 사귀라고 한다. 벗 사귐도 경쟁의 논리에 휩쓸리는 시절이

---

1 『孔子家語』「六本」에 보인다.

다. 부모의 극성으로 동아리가 깨지거나 재조합되기 일쑤다. 그러나 얼마 뒤에 보면, '그 아이'는 여전히 비린내 나는 어물전에서 놀고 있다. 분통이 터질 노릇이다. 나보다 뛰어난 향기를 가진 이와 교유하라는 부모의 권유는 일리가 있다. 그래야 조금이라도 나를 향상시킬 수 있기 때문이다. 다만 성적을 올리는 도구로 우정의 본질이 훼손되는 현실이 아쉬울 뿐이다.

한자와 문법 '與'는 개사(전치사 with)로 '~과, ~함께'로 새긴다. '居'는 '~ 있다'로 새긴다. '芝'는 지초(지), '室'은 방(실), '卽'은 부사로 '바로, 곧'인데, '則'과는 원래 다른 글자이다. '化'는 '변화하다, 동화하다'로 새긴다. '鮑'는 절인 생선(포), 말린 생선은 '포(脯)'라 한다. '肆'는 제멋대로 할(사)로 많이 쓰이는데, 여기서는 '점포, 가게'의 의미로 쓰였다. '丹'은 원래 붉을(단)이나 여기서는 붉은 돌, 즉 '단사(丹砂)'를 의미한다. '漆'은 옻(칠), '是以'는 '이로써, 이런 까닭에'로 새기며, 앞 문장의 내용을 결속시키는 작용을 한다. '聞'은 본디 들을(문)이나 여기에서는 '(냄새를) 맡다'는 뜻으로 쓰였다. 고대 한글에서도 '듣다'와 '맡다'는 통한다. 그래서 예부터 '香(을) 듣고'란 말을 곧 '향기를 맡고'로 새긴다. '臭'는 '香'의 상대어이다. '취'는 나쁜 냄새, '향'은 좋은 냄새를 뜻한다. 그것이 우리가 '악취'라고 하지 '악향'이라고 하지 않는 까닭이다.

2. 子曰(자왈), 與好人交者(여호인교자)는 如蘭蕙之香(여란혜지향)하여 一家種之(일가종지)면 兩家皆香(양가개향)하고 與惡人交者(여악인교자)는 如抱子上墻(여포자상장)하여 一人失脚(일인실각)이면 兩人遭殃(양인조앙)이니라.

번역 공자가 말했다. "좋은 사람과 사귐은 마치 난초 향기와 같아 한 집안이 심으면 두 집안 모두 향기가 난다. 그러나 악한 사람과 사귐은 마치 아이를 안고 담장 위에 올라간 것과 같아서 한 사람만 발을 헛 딛어도 두 사람이 재앙을 만난다."

풀이 이왕 사귈 양이면 좋은 사람과 사귀라는 권고이다. 한 집이 잘되면 나머지 한 집도 덩달아 행복해지고, 한 사람이 잘못되면 나머지 한 사람도 불행하게 되는 경우가 있다. 우리가 좋은 사람과 우정을 나누어야 하는 이유는 모두 행복해지는 데 있다. 흔하게 듣는 말 가운데 '시너지 효과(synergy effect)'란 것이 있다. 이를 상승효과相乘效果라고 번역한다. 시너지는 원래 전체적 효과에 기여하는 각 기능의 공동작용을 뜻하는 말이다. 둘이 만나 시너지 효과를 내지 못하고 역으로 마이너스 효과를 초래한다면 어떻게 할까? 그런 우정은 너무나 위험한 해악이다. 버리고 돌아보지 말자!

한자와 문법 '蕙'는 난초의 일종인 혜초(혜)이고, '遭'는 만날(조)이며, '上墻'의 '上'은 동사로 '(담에) 오르다'로 새긴다.

3. 家語云, 與好學人同行이면 如霧露中行하여
가어운 여호학인동행 여무로중행

雖不濕衣라도 時時有潤하고 與無識人同行이면
수불습의 시시유윤 여무식인동행

如厠中坐하여 雖不汚衣라도 時時聞臭하며
여측중좌 수불오의 시시문취

與不善人同行이면 如刀劍中하여 雖不傷人이라도
여불선인동행 여도검중 수불상인

時時驚恐이니라.
시시경공

번역 『가어』에서 말했다. "공부를 좋아하는 사람과 함께 가면 마치 안개 속을 가는 것과 같아서 비록 옷은 젖지 않더라도 때때로 윤택함이 있고, 아는 것이 없는 사람과 함께 가면 마치 뒷간에 앉은 것 같아서 비록 옷은 더럽히지 않더라도 때때로 고약한 냄새를 맡게 된다. 어질지 못한 사람과 함께 가면 마치 칼 속에 있는 것과 같아 비록 사람이 다치지는 않지만 때때로 겁을 내어 놀라게 된다."

풀이 무식한 애들과 어울리지 말고 공부 잘하는 모범생과 지내라는 어머니 말씀이다. 부모의 자식 걱정은 예나 지금이나 매한가지다. 이른바 성공한 인물들이 다 그렇게 했다고 증언하니 별 수 없지 않은가? 성인의 말씀을 어길 수 없지 않은가?

한자와 문법 '濕'은 축축할, 젖을, 적실(습), '潤' 젖을, 누누할, 축축하게 할(윤), '厠'은 뒷간, 변소(측), '汚'는 더러울, 더럽힐, 욕보일(오)이다.

4. 太公曰, 近朱者는 赤하고 近墨者는 黑하고
태공왈 근주자 적 근묵자 흑

近賢者는 明하고 近才者는 智하고 近癡者는 愚하고
근현자 명 근재자 지 근치자 우

近良者는 德하고 近智者는 賢하고 近愚者는 暗하고
근량자 덕 근지자 현 근우자 암

近佞者는 諂하고 近偸者는 賊하느니라.
근영자 첨 근투자 적

번역 태공이 말했다. “주사(朱砂)를 가까이하는 이는 붉어지고, 먹물을 가까이하는 이는 검어진다.[2] 어진 이를 가까이하는 이는 밝아지고, 재주 있는 이를 가까이하는 이는 지혜로워진다. 멍청한 이를 가까이하는 이는 어리석어지고, 선량한 이를 가까이하는 이는 덕이 있게 된다. 지혜로운 이를 가까이하는 이는 현명해지며, 우둔한 이를 가까이하는 이는 어두워진다. 아첨하는 이를 가까이하면 아첨꾼이 되고 훔치는 이를 가까이하면 도적이 된다.”

풀이 사람은 본래 선하게 태어난 존재이다. 맹자가 그렇게 말했고 역대 선현들이 그렇게 믿었다. 그런데 왜 우리 주변엔 악한이 그렇게도 많은가? 악화가 양화를 구축하듯 악의 전염성은 선의 그것보다 강하고 빠르기 때문이 아닐까? 주사朱砂를 가까이하면 붉게 변하고 먹물을 가까이하면 검게 변한다고 한다. 좋은 사람을 가까이하면 좋게 변하고 나쁜 사람을 가까이하면 나쁘게 변한다는 것을 비유한 것이다. 이처럼 주어진 환경조건이 인격 형성에 막대한 영향을 준다. 맑고 향기로운 세상에서 죄를 짓고 감옥에 가는 것은 부끄러운 일이다. 탁류와 악취가 만연한 세상에서는 죄를 짓지 않고 살아가기 어렵다. 감옥 밖에 있는 이도 요행으로 법망을 피했을 뿐이다. 누구나 나쁜 생각과 행동을 방조한 공범자이다. 가까이해도 좋은 ‘너’를 만날 수 있게 하는 유일한 대안은 늘 깨어 있는 의식으로 개인의 욕망을 절제하여 ‘맑고 향기로운 사회’를 만들어 나가는 것이다.

한자와 문법 주사(朱砂)는 붉은색 광물성 안료로 단사(丹砂) 혹은 진사(辰砂)라고도 한다. 수은광물인 주사는 심신(心神)을 편안하게 하고 경련(痙攣)을 진정시키며 시력을 좋게 하고 해독(解毒)하는 효능이 있다고 한다. ‘佞’은 본래 ‘말재주가 좋다’는 뜻을 가진 말인데, 나중에 말을 잘해서 상대의 비위를 잘 맞춘다는 의미로 확장되었다. 부정적인 의미로 ‘알랑거리다’, ‘아첨하다’로 새길 때도 있고, 긍정적인 의미로 ‘재주가 있다’로 새길 때도 있다. ‘간영(奸佞)’은 ‘간사하여 아첨을 잘한다’는 뜻이고, ‘불녕(不佞)’은 ‘재주가 없다’는 뜻이다. ‘不佞’은 편지에서 상대를 높이고 ‘나’를 낮출 때 사용하는 겸사로서 ‘저는’이라고 새긴다. ‘첨(諂)’은 ‘아첨하다’는 뜻이나 여기서는 명사로 ‘아첨을 잘하는 사람’으로 새긴다. ‘투(偸)’는 ‘훔치다’는 뜻이고 ‘적(賊)’은 본래 ‘해치다’는 뜻이다. 여기서 ‘賊’은 ‘남을 해치는 사람(도적)’으로 쓰였다.

5. 橫渠先生曰, 今之朋友는 擇其善柔以相與하여
횡거선생왈 금지붕우 택기선유이상여

拍肩執袂하며 以爲氣合하고 一言不合이어든
박견집몌 이위합기 일언불합

怒氣相加하나니 朋友之際는 欲其相下不倦이라.
노기상가 붕우지제 욕기상하불권

2 晋나라 傅玄의 「太子少傅箴」에는 “故近朱者赤,, 近墨者黑, 聲和則響淸, 形正則影直.”이라고 했다.

故로 於朋友之間에 至於敬者라야 日相親與하여
고 어붕우지간 지어경자 일상친여

得效最速이리라.
득효최속

번역 횡거(橫渠, 1020~1077, 張載의 호) 선생이 말했다. "오늘날 사귐이란 굽실거리기 잘하는 자를 골라 서로 사귀고 있다. 어깨를 치며 소매를 잡아 이렇게 하는 것이 의기가 투합하는 것으로 여긴다. 그러다가 말 한마디가 어긋나면 서로 노기를 증가시킨다. 붕우 사이란 서로가 자신을 낮추어 게을리 하지 않는 데 있다. 그러므로 친구 사이에는 공경함에 이르러야 날마다 서로 친함을 베풀어 그 효과가 가장 빨리 나타날 것이다."

풀이 장횡거가 말한 나쁜 교유는 오늘날의 조직폭력배의 그것을 연상하게 해준다. '조직을 이루어 폭력으로 불법 행위를 저지르는 무리'가 조직폭력배인데, 그들은 힘 있는 자에게 '형님' 하며 굽실거리고 비슷한 또래끼리는 어깨를 툭툭 치고 옷소매를 끌어당기며 같이 잘 지내보자고 너스레를 떤다. 불법을 저질러가며 이익을 좇아 의기투합하다가도 뜻이 맞지 않거나 자기 몫이 적으면 금방 성을 내며 칼부림이라도 해댈 양으로 서로 으르렁거린다. 조폭組暴의 우정은 집단이익을 수호하기 위한 일방적인 추종과 복종관계가 있을 뿐 서로 인간 존엄성을 지켜주려는 배려가 전혀 없다. 이런 조폭組暴식 우정이 우리의 정치판에 오염된 지 오래다. 허구한 날 당론을 수호하기 위해 서로 치고받으며 국회를 난장판으로 만든다. 우리의 정치인들의 가슴에서 '鬪爭'을 밀어내고 '恭敬' 두 자가 흘러넘쳐 폭포와 같은 감동으로 우리의 가슴을 상쾌하게 해줄 날이 언제쯤일까?

한자와 문법 '善柔'는 『논어』 「계씨편(季氏篇)」에서 공자가 "유익한 벗이 셋이고, 해로운 벗이 셋이다. 정직한 사람과 벗하고 성실한 사람과 벗하고 박학다식한 사람과 벗하면 유익하고, 편벽된 사람과 벗하거나 굽실거리기 잘하는 사람과 벗하거나 빈말 잘하는 사람과 벗하면 해롭다[益者三友, 損者三友. 友直, 友諒, 友多聞, 益矣. 友便辟, 友善柔, 友便佞, 損矣]."에서 나온 말이다. '善柔'의 '善'은 형용사 '착하다'의 뜻이 아니고, 동사로 '잘하다'로 새겨야 한다. 공자가 말한 해로운 벗 가운데 하나로 '굽실거리기 잘하다'는 뜻이다. '박견(拍肩)'은 '어깨를 친다'는 뜻이고 '집몌(執袂)'는 '옷소매를 잡는다'는 뜻인데 모두 서로 허물없이 사귀면서 의기투합하는 정황을 표현한 말이다. '袂' 자가 들어간 다른 낱말을 소개하면 다음과 같다. '분몌(分袂)'는 '옷소매를 나눈다'로 새겨, 곧 헤어진다는 뜻으로 쓰인다. '염몌(斂袂)'는 '옷소매를 여민다'는 뜻인데, 상대에게 경의를 표할 때 쓰는 말이고, '분몌(奮袂)'는 '옷소매를 떨친다'는 뜻인데, 무언가 결심하고 행동하려는 태도를 표현할 때 쓰는 말이다. 기억해두면 좋은 낱말들이다. '相下不倦'에서 '下'는 동사로 '상대에게 자신을 낮추다'는 뜻이고 '倦'은 '게을리 하다'는 뜻이다. '日相親與'에서 '日'은 부사로 '날마다'로 새긴다.

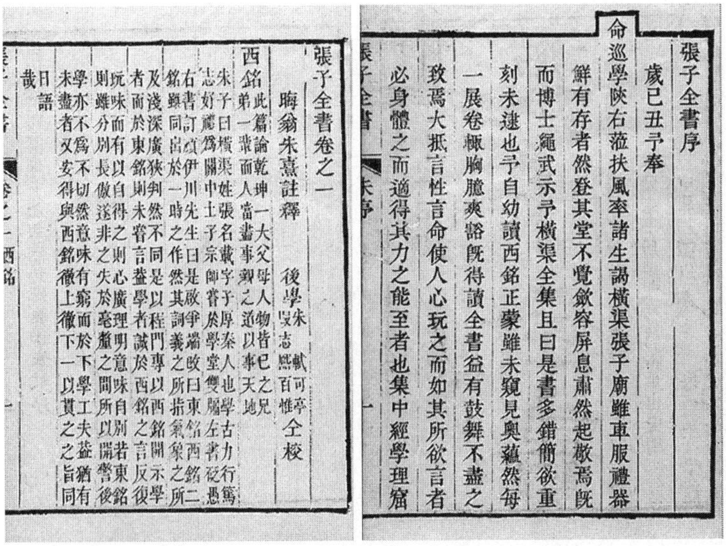

송나라 장재(張載)가 짓고 남송의 주희가 주석을 단 『장자전서 (張子全書)』 15권.
청대 중기 판본.

6. 子曰, 晏平仲은 善與人交로다. 久而敬之온여.

자왈 안평중 선여인교 구이경지

번역 공자가 말했다. "안평중[3]은 남과 사귀기를 잘한다. 오래되어도 그를 공경하는구나."[4]

풀이 공자의 이 말씀은 종종 잘된 사귐의 사례로 소개된다. 핵심어는 공경敬이다. 오래도록 사귀어도 상대가 나를 여전히 공경하거나 나 역시 상대를 여전히 공경하기가 쉽지 않다. 이런저런 일로 부딪치다 보면 우정에 금이 가서 서로 미워하다가 마침내 갈

---

3 안평중: 춘추시대 후기의 매우 중요한 정치가·사상가·외교가인 안영(晏嬰, ?~B.C. 500)이다. 자는 중(仲), 시호는 평(平)이어서 일반적으로 평중(平仲)으로 불린다. 또한 그를 높이는 이들은 안자(晏子)라고도 칭한다. 산동성 내주(萊州) 사람이다. 안영은 제(齊)나라 上大夫 晏弱의 아들로 검약한 생활과 겸손한 태도로 이름이 났다. 전하기로는 안영은 키도 작고 얼굴도 못생겼다고 한다. 齊 靈公 26년(B.C. 556) 안약이 병사하자 안영이 이어서 上大夫가 되었다. 그 후 齊 靈公·莊公·景公 3朝를 50여 년 동안 보좌했다. 안영은 두뇌가 비상하고 변론에 능했다. 국정을 보좌하며 여러 차례 제나라 임금에게 간언을 올렸다. 대외적으로도 뛰어난 정책을 많이 구사했다. 또한 원칙을 견지하여 사신으로 나가서 욕을 받지 않아 국격과 국위를 지켰다. 공자가 평소에 안영을 존경해 마지않았거니와 사마천도 그를 대단히 추숭하여 관중에게 견주기도 했다. 『晏子春秋』를 남겼다.

4 『論語』「公冶長」에 보인다.

라서기까지 한다. 그 뒤엔 서로 원수가 된다. 안평중은 그렇지 않았다. 그 비법이 무엇인지 알고 싶다. 아마도 그의 겸손하고 공경하는 품성이 작용한 결과일 것이다. 서로 의가 상하는 것은 서로 양보하지 않거나 제 잘못을 인정하지 않는 데서 생겨난다. 안평중은 그와 반대로 벗을 대했던가 보다. 늘 자신을 낮추고 상대를 높였다. 다시 말하건대, 높아지려면 먼저 스스로를 낮추어라.

한자와 문법 '善'은 착하다는 뜻으로 쓰이지 않고 여기서는 동사가 되어 '~을 잘하다'로 새긴다.

중국 산동(山東) 가상(嘉祥) 송산(宋山) 화상석(畫像石) 탁본 〈이도살삼사(二桃殺三士)〉

『안자춘추(晏子春秋)』에 실려 있는 이야기다. 제(齊)나라 경공(景公)에게는 신변을 호위하는 장수로 공손접(公孫接), 고야자(古冶子), 전개강(田開疆) 세 사람이 있었다. 그들은 힘과 공을 빌려 법과 위계질서를 무시했다. 참다못한 재상 안영이 이들을 제거하기 위한 계획을 짰다. 어느 날 안영이 만찬석상에서 복숭아 두 개를 내어 와 경공에게 바치며, "이 복숭아를 가장 공로가 큰 신하에게 상으로 주십시오."라고 하였다. 먼저 공손접이 나서서, "사냥 때, 폐하께 달려드는 호랑이를 내가 맨손으로 잡았다." 하고는 복숭아를 하나 가졌다. 전개강 역시 "나는 매복을 사용하여 두 번이나 적을 무찔렀다." 하고는 남은 복숭아를 가졌다. 당황한 고야자가, "폐하를 모시고 황하를 건널 때, 폐하 수레의 왼쪽 말이 중류로 도망쳤다. 내가 강으로 들어가 백 걸음 동안 흐름을 거스른 다음 흐름을 좇아 90리를 가 말을 죽였다. 그런 다음 왼손으로 말의 엉덩이를 붙잡고 오른손으로 말의 목을 들어 언덕으로 올라왔다." 하고 큰소리로 말했다. 공손접과 전개강이 이 말을 듣고, "우리의 공훈은 그대의 발끝에도 미치지 못한다. 그런데도 복숭아를 탐한 것은 우리의 탐욕 때문이다." 하고는 스스로 목을 베었다. 고야자도 "두 사람이 죽었는데 나 혼자 사는 것은 인(仁)이 아니다. 사람이 명성을 자랑하고 있는 것을 듣고 부끄럽게 여기는 것은 의롭지 못하다." 하고 칼을 뽑아 자기의 목을 찔렀다. 제갈량(諸葛亮)은 〈양보음(梁甫吟)〉에서 "하루아침에 참언을 입어, 두 복숭아가 세 장사를 죽였다〔一朝被讒言, 二桃殺三士〕."라 했고, 이백도 〈양보음〉에서 "제나라의 재상은 힘이 남산을 갈아엎는 세 명의 장사를 죽이는 데 두 개의 복숭아를 사용하였네〔力排南山三壯士, 齊相殺之費二桃〕."라고 하여, 안영의 고사가 더욱 유명하게 되었다.

7. 嵇康曰, 凶險之人은 敬而遠之하고 賢德之人은
혜강왈 음험지인 경이원지 현덕지인

親而近之하라. 彼以惡來에 我以善應하고
친이근지 피이악래 아이선응

彼以曲來에 我以直應하면 豈有怨之哉리오.
피이곡래 아이직응 기유원지재

번역 혜강[5]이 말했다. "흉악하고 음험한 사람은 겉으론 공경하면서도 마음으론 멀리하고, 현명하고 덕이 있는 사람은 겉으로도 친밀하게 대하고 마음으로도 가까이하라. 저 사람이 악한 마음으로 다가올 때 내가 선한 마음으로 응대하고, 저 사람이 삐뚤어진 마음으로 다가올 때 내가 곧은 마음으로 응대하면 어찌 원망함이 있겠는가!"

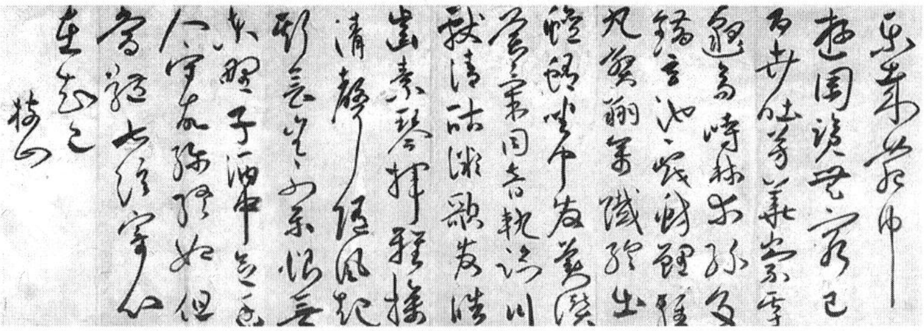

명나라 지산(枝山) 축윤명(祝允明, 1460~1526)의 초서 〈혜강 주회시(嵇康 酒會詩)〉

원문: "樂哉苑中遊, 周覽無窮已, 百卉吐芳華, 崇臺邈高峙, 林木紛交錯, 玄池戲魴鯉, 輕丸斃翔禽, 纖綸出鱗鮪, 坐中發美贊, 異氣同音軌, 臨川獻清酤, 微歌發皓齒, 素琴揮雅操, 清聲隨風起, 斯會豈不樂, 恨無東野子, 酒中念幽人, 守故彌終始, 但當體七弦, 寄心在知己. 枝山"

풀이 '경원시敬遠視하다'는 표현이 있다. 겉으로는 가까운 체하면서 실제로는 멀리하고 꺼림칙하게 여긴다는 말이다. '敬'은 공경할경인데, 여기서는 '상대에게 예절을 갖추다' 정도의 의미로 쓰였다. 진정 마음으로 공경을 표하기보다는 형식적・외면적으로 적당하게 체면치레를 한다는 것이 이 '敬' 자의 속뜻이다. 현명한 이는 흉측한 마음보를 지닌 이에게 쓸데없이 예에 어긋난 행태를 보여 상대를 노엽게 만들지 않는다. '親近'은 '敬遠'의 상대어이다. 내면으로 친밀감을 표시하면서 적극적으로 가까이 다가서려는 움직임이 '친밀'이다. 현명한 이는 소인을 멀리하고 현인을 가까이할 줄 안다. 현인이 소인만큼 많다면 오죽 좋을까? 그러나 우리 주변에 현인을 가장한 소인이 너무나 많다. 현인은 만나기 어려우니 조금은 소극적이지만 평소에 소인들과 잘 지내는 공부를 하지 않으면 안 된다. 소인들에게 그들과 다른 현명한 '나'를 드러낼 필요는 없다. 가능하면 이질감을 보이지 말고 "나의 선함과 바름을 지키되 예절을 갖추어 잘 대해주는 것이 상책이다!"

한자와 문법 '嵇'는 산 이름(혜)이다.

8. 相識滿天下하되 知心能幾人이리오.

상식만천하 지심능기인

5 혜강(223~263): 삼국(三國)시대 위(魏)나라의 문학가, 사상가, 음악가이다. 죽림칠현(竹林七賢)의 한 사람. 완적(阮籍)과 이름을 나란히 했다. 일찍이 중산대부(中散大夫)를 지냈다. 그래서 세상에서는 그를 혜중산(嵇中散)이라 부른다.

번역 서로 알고 지내는 사람은 천하에 가득하되, 마음을 알 수 있는 이가 몇이나 되겠는가?

풀이 사람 사이에서 '안다'는 말처럼 추상적인 것이 없다. 앎의 깊이가 경우에 따라 천차만별이다. '아담은 이브를 알았다.'거나 '요셉이 아내 마리아를 알았다.'고 할 때의 '앎'은 서로 성관계를 맺었다는 말이다. 누가 누구를 안다고 할 수 있는가? 제일 어려운 것이 '마음'이다. 그래서 "열 길 물 속은 알아도 한 길 사람 속은 모른다."고 하지 않는가? 마음을 터놓고 말하고 표정으로 마음을 읽을 수 있는 벗이 몇이나 될까? 아마 전혀 없거나 있어도 한 둘에 그칠 것이다. 그런 벗은 천하와도 바꿀 수 없다.

한자와 문법 '滿'은 가득할(만), '幾'는 몇, 얼마(기)이다.

9. 酒食兄弟는 千個有라도 急難之朋은 一個無로다.

주식형제 천개유 급난지붕 일개무

번역 함께 술 마시고 밥 먹는 형제가 천 명이 있다 한들 급하고 어려울 때 도와줄 친구는 하나도 없구나.

풀이 연암 박지원의 「회성원집발문繪聲園集跋」에서 이렇게 말했다. "옛날에 붕우朋友를 말하는 사람들은 붕우를 '제2의 나'라 일컫기도 했고, '주선인周旋人'이라 일컫기도 했다. 이 때문에 한자를 만드는 자가 날개 우羽 자를 빌려 벗 붕朋 자를 만들었고, 손 수手 자와 또 우又 자를 합쳐서 벗 우友 자를 만들었으니, 붕우란 마치 새에게 두 날개가 있고 사람에게 두 손이 있는 것과 같음을 말한 것이다." '주선인'이 주로 하는 일은 급하고 어려운 처지를 벗어나게 해주는 것이다. 친구의 '급난急難'에 강 건너 불구경하듯 나 몰라라 하는 인간은 친구의 자격이 없다. 그런 벗이라면 먹고 난 밥그릇이나 마시고 난 술잔을 내던지듯 그냥 버려도 좋다! 〈兄弟急難圖〉라는 그림이 있다. 임진왜란 때 정경세鄭經世(1563~1633)와 함께 의병을 일으킨 이준李埈(1560~1635)이 백화산白華山 전투에서 병으로 죽게 되었을 때, 죽음을 무릅쓴 채 동생을 업고 전장을 빠져나와 생명을 건지게 한 형 이전李㙉(1558년~1648)의 활동상을 차천로車天輅(1556~1615)가 그린 그림이다. 이전은 오직 처음부터 혼자만 살려는 계책을 세우지 않았던 까닭에 끝내는 둘 다 모두 온전하게 되는 결과를 얻었다. '급난'을 구원하는 이의 마음 자세는 응당 이전과 같아야 할 것이다.

〈형제급난도〉 그림

백화산(白華山) 싸움터에서 이전이 갖은 위험과 고난을 겪어 가며 병으로 사경에 이른 동생 준을 업고 전진(戰陣)을 빠져 나와 생명을 구한 형제간의 우애를 그렸다.

〈형제급난도〉 판화

앞의 그림과 동일한 구도를 보여준다. 백화산을 배경으로 형이 동생을 업고 가는 모습과 칼과 활을 든 적병 2명이 형제를 가해하려는 장면을 그렸다. 이준의 해설에 의하면, 자신은 병이 위독해 이미 죽은 목숨과 다름없으니, 형이나 빨리 피신해 생명을 보전, 가문에 잘못되는 일이 없게 하라고 간청했으나, 형은 자신의 손을 잡고 울며 죽어도 같이 죽고 살아도 같이 살자는 말로 위안하였다. 그리고 자기를 등에 업고 가다가 적군을 만났는데, 적이 칼을 빼어 죽이려다가 형제의 우애에 감동하여 살려주었다고 한다.

한자와 문법 '~~有, ~~無'의 대구를 파악하면 문장의 뜻을 이해하기 쉽다. '急難'이란 '절박한 재난', 즉 급작스러운 재난이나 갑자기 닥친 어려운 일을 말한다. 그럴 때 구원의 손길이 절실하다. '급난'을 외면하지 않고 달려와 구원해주는 벗이 진정한 친구이다. 그래야 내가 그런 처지에 놓일 때 나도 그와 같이 구원받을 수 있다. 이것이 바로 '相生'(서로 함께 삶)이 '常生'(떳떳하게 살아감)이 될 수 있는 이치이다.

10. 不結子花는 休要種이요 無義之朋은 不可交니라.
(불결자화 / 휴요종 / 무의지붕 / 불가교)

번역 열매를 맺지 않는 꽃은 심지 말고, 의리 없는 친구는 사귀지 말라.

풀이 '의리'가 있는지 없는지 처음부터 알 수 있으면 오죽 좋으랴! 큰일을 치르고 나야 그 '의리'가 눈에 들어온다. 그땐 미적거리거나 미련을 갖지 말고, 냉정하게 말하고 행동해야 한다. 그것이 친구였던 이에게도 좋은 일이다.

한자와 문법 '休'는 본래 쉴(휴)이나 여기서는 '~하지 말라, ~해서는 안 된다'는 금지사(부사)이다. '要'는 '~하려 하다'로 새긴다. '種'은 본래 씨앗(종)인데, 여기서는 동사가 되어 '심다, 뿌리다'로 새긴다.

11. 莊子云, 君子之交는 淡如水요 小人之交는 甘若醴니라.

장자운 군자지교 담여수 소인지교 감약례

번역 장자가 말했다. "군자의 사귐은 물과 같이 담담하고, 소인의 사귐은 단술같이 달콤하니라."[6]

풀이 어떤 모임의 이름으로 '담수회淡水會'란 것이 있다고 한다. 동양고전을 읽지 않은 이 가운데 혹시 이를 무슨 '생활용 식수를 연구하는 모임'으로 착각할 수 있다. '담수회'는 '군자의 벗 사귐'을 표방한 모임이다. 모임 이름이 너무도 좋아 잊히지 않는다. 그런데 이익을 다투는 경쟁사회에서 담담한 물처럼 벗을 사귈 수 있을지 궁금하다. 군자라면 소인과 달리 차분하고 평온하게 사심을 버리고 공평을 추구해야 하는데, 그것이 여간 어렵지 않을 터이다. 우선 물맛을 '최고의 맛'으로 인정하려는 마음부터 가져야겠다.

한자와 문법 淡은 맑을(담)인데, 여기서는 '싱겁다'는 의미로 쓰였다. '甘'은 달(감)인데 '첨(甛)'과 뜻이 같다. 그래서 '甘若醴'를 '甛似蜜'(꿀처럼 달다)로 쓴 경우도 있다. '醴'는 단술(례)이다. '醴泉'은 '달콤한 샘물'인데, 지명(경상북도 예천군)으로 쓰이고 있다. '如'와 '若'은 모두 동사로 '~과 같다'로 새긴다.

12. 通俗篇云, 路遙에 知馬力하고 日久에 見人心이니라.

통속편운 노요 지마력 일구 견인심

번역 『통속편』에서 말했다. "길이 멀어야 말의 힘을 알 수 있고, 날이 오래 지나야 사람의 마음을 알 수 있느니라."

6 『莊子』「山木」, "君子之交, 淡若水, 小人之交, 甘若醴, 君子淡以親, 小人甘以絶."

풀이 사람 일은 알 수 없다. 어제 의리를 맹세한 친구가 오늘 악한이 되어 나타난다. 믿음을 담보할 수 있는 방법은 없을까? 있다면 '정직'과 '순수'뿐이다. 어떤 일이 있더라도 내가 먼저 상대를 의심하거나 탓하지 말자. 어떤 일이 있더라도 내가 먼저 마음을 바꾸거나 성을 내지 말자. 이렇게 해서 시간이 흐르고 또 흐르면 우리는 둘이자 하나인 좋은 친구가 될 수 있다. 그날이 올 때까지 친구의 이름을 외쳐라!

한자와 문법 '遙'는 멀(요), '日'은 날(일)인데 여기서는 '세월'로 새기면 더욱 좋다.

2

믿음이 얼마나 소중한 것인가 [存信]

공자는 일찍이 백성에게 믿음(신뢰, 신용)을 잃은 정부는 존립할 수 없다고 했다. 인간 사회의 존재원리는 모름지기 사람과 사람이 만나 서로 믿고 의지하며 살아가는 데서 찾아진다. 믿음이 없는 사회를 상상해보라. 서로 소통할 수 없는 사회는 지상의 지옥이다. 너무나 끔찍하고 소름끼치는 일들이 연상되지 않는가? 사람은 빵과 우유만으로 살 수 없는 존재다. 그래서 사랑과 믿음은 공기와 물처럼 인간의 생명소다. 하늘과 땅에 대한 믿음 없이 봄날 밭에 나가 씨를 뿌리는 농부는 없다. 이 세상일도 마찬가지다. '사람'이 곧 믿음이어야 한다. 믿음 없이는 아무것도 성취할 수 없다. 스스로를 믿는 그 마음으로 세상 모두를 온전히 믿어야만 평화를 이룰 수 있다. 믿음의 회복을 통해 살맛나는 세상을 만들어보라는 말씀이 동양의 고전이 전하는 메시지다.

1. 子曰(자왈), 人而無信(인이무신)이면 不知其可也(부지기가야)라. 大車無輗(대거무예)하며 小車無軏(소거무월)이면 其何以行之哉(기하이행지재)리오.

번역 공자가 말했다. "사람으로서 믿음이 없다면 어떻게 세상에서 살아갈 수 있을지 모르겠다. 큰 수레에 수레채 마구리가 없고 작은 수레에 멍에막이가 없으면 어떻게 길을 갈 수 있겠는가?"[7]

---

7 『論語』「爲政」에 보인다.

풀이 수레는 사람과 짐을 실어 날라주니 인간에게 매우 고마운 기구이다. 수레는 몸체, 바퀴, 채로 이뤄져 있다. 수레에 연결된 채를 들고 끌거나 동물에 멍에를 지워 끌게 한다. 얼마 전까지도 농촌에선 소달구지를 볼 수 있었다. 덜컹거리며 천천히 신작로를 굴러가는 소달구지야말로 '느림'의 시대를 웅변하는 추억이었다. 그 시절 농부들은 굽은 나무로 바퀴를 만들고 곧은 나무로 끌채를 만든 다음 말과 소에게 멍에를 씌워 수레를 완성했다. 수레와 말[소]을 연결하는 부분이 공자가 말한 '예'와 '월'이다. 예월이 없으면 수레를 움직일 수 없다. 수레와 말이 따로 놀기 때문이다. 인간과 인간을 연결하는 부분이 있다면 그것은 필시 믿음일 것이다. 공자가 그렇게 말했다. 믿음이 없다면 한 걸음도 움직일 수 없다. 멍에와 채를 걷어낸 수레가 꼼짝없이 정지해 있는 것처럼 말이다.

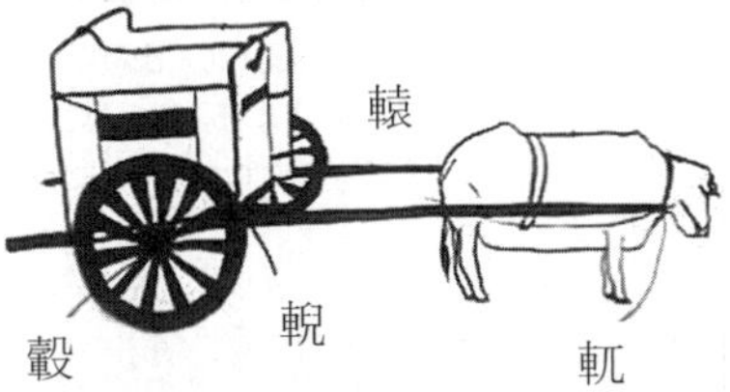

조선 김진여의 〈성적도〉, 〈협곡회제(夾谷會齊)〉

협곡에서 제나라 임금을 만나다. 공자가 대사구가 되어 재상(宰相)의 일을 섭행하였다. 노나라 임금 정공(定公)을 보좌하여, 협곡(夾谷)으로 가서 제(齊)나라 임금과 회맹을 성공적으로 주도했다. 그 결과 제나라가 침략해 빼앗아갔던 땅을 노나라에 되돌려주었다.

한자와 문법 '不知其可'에서 '그 가함'을 '그런 유형의 인간이 세상을 옳게 살아갈 수 있는지'로 풀어서 새겨도 된다. '잘 모르겠다'는 말은 정말 모른다는 것이 아니라, '그래서는 안 된다'는 부정적인 뉘앙스를 깔고 있는 어법이다. '예월(輗軏)'에서 '예'는 멍에 끝에 가로지른 나무이고, '월'은 멍에 끝에 위로 구부러진 부분으로, 신실(信實)을 비유한 말이다.

2. 老子曰, 人之有信은 如車有輪이니라.
노자왈 인지유신 여거유륜

번역 노자가 말했다. "사람에게 믿음이 있는 것은 마치 수레에 바퀴가 있는 것과 같다."

풀이 앞서 공자는 '예월'로 믿음을 논했는데, 노자는 '바퀴'로 믿음의 중요성을 환기시켰다. 바퀴 없는 수레가 없듯이 믿음 없는 인간은 생각할 수 없다는 이야기다.

노자출관도(老子出關圖)
청우를 타고 관문을 나서는 노자. '예'와 '월'이 선명하다.

3. 君子一言은 快馬一鞭이니 一言既出이면 駟馬難追니라.
군자일언 쾌마일편 일언기출 사마난추

번역 군자의 한마디 말은 빠르게 달리는 말에게 채찍을 한 차례 후려치는 것과 같으니 한마디 말이 입에서 나오고 나면 네 필의 말이 끄는 수레라도 따라잡기 어렵다.[8]

풀이 내뱉은 말은 소문이 되어 빨리 퍼져나가 다시 거두어들이기 어렵다. 그러니 말을 삼가라는 것이다. 삼간다는 표현 속에는 말에 대한 신뢰도를 높이겠다는 의지가 함축되어 있다. 군자의 한마디는 천금처럼 무거워야 한다는 말도 언어의 진실성을 강조한 격언이다. "희고 맑은 옥의 티는 갈고 닦으면 되나, 말의 실수는 고칠 수 없으니 가벼이 해서는 안 된다[白圭之玷, 尙可磨也. 斯言之玷, 不可磨也]." 『시경』 「대아大雅」에 나오는 명구이다. 『논어』 「선진』에 보면, 공자가 이 백규장白圭章을 매일 되풀이하여 읽는 남용南容이라는 제자에게 자기 형의 딸을 시집보냈다고 한다. 남용이 말을 삼가고자 함이 이와 같으니 반드시 그 행동도 삼갈 것이라 믿었기 때문이다. 또한 '사불급설駟不及舌'[9]이란 말이 있는데, 이는 네 마리 말이 끄는 빠른 수레도 사람의 혀에는

8 『論語』 「顏淵」에 "夫子之說君子也, 駟不及舌."이라는 구절이 보인다. '一言既出, 駟馬難追'는 현재에도 상용하는 成語로서 영문으로 번역하면, "A word once spoken cannot be overtaken even by a team of four horses." 혹은 "A word spoken is past recalling."이라고 한다.

9 춘추시대 위(衛)나라 대부(大夫) 극자성(棘子成)이 말했다. "군자는 질실(質實: 순수)하면 그만이지, 어찌

미치지 못한다는 뜻으로, 소문所聞은 빨리 퍼지므로 말조심하라는 뜻이다.

한자와 문법 '사(駟)'는 네 마리의 말이 이끄는 빨리 달리는 마차다. 사람이 한번 말을 잘못하면 그것을 없애려 하지만 사마(駟馬)같이 속도가 빠른 수단을 동원해도 말의 전파 속도를 따라잡지 못한다. 말[言]을 조심하라는 비유이다. 이와 비슷한 성어로 '규사(圭駟)의 탄식'이 있다. 쓸데없는 말을 한 데 대한 후회를 뜻한다. 『시경』「대아」'억(抑)'에 "백규의 흠은 오히려 갈아 없앨 수 있거니와 이 말의 결함은 다스릴 수 없다."와 '사불급설'에서 '圭'와 '駟'를 따와 만든 성어이다.

4. 子路는 無宿諾이러라.
자로 무숙낙

번역 자로는 일단 응낙한 일을 그 이튿날로 미루는 경우는 없었다.[10]

풀이 공자가 찬양한 말이다. 자로는 사람이 충신忠信하고 강직剛直했다. 강직하기에 분명했고 분명했기에 결단력이 있었다. 그래서 공자는 자로가 몇 마디 짧은 말을 가지고 옥사를 잘 판결했다고 찬미한 바 있다. 또한 자로는 응낙한 일을 그 이튿날로 미루는 법이 없었다고 한다. 상대의 부탁을 받고 "그래!" 하고 바로 응답하기는 쉽다. 자로가 아무 생각 없이 무조건 상대의 부탁을 들어주지는 않았을 것이다. 그러나 일단 승낙한 일에 대해서는 반드시 그 믿음을 저버리지 않도록 노력했다. 이러한 모습이 공자로 하여금 자로를 충성스럽고 미더움이 있는 인간으로 믿게 했을 것이다. 알면 바로 실행하고, 승낙하면 바로 실천해야 신용이 생긴다. 실천에 용감했던 자로의 성격을 현대인들이 배워야 하지 않을까?

한자와 문법 '宿'은 잘(숙)인데, 여기서는 '묵히다'로 새긴다. '諾'은 승낙할(낙)으로 '머리를 끄덕이는 것'인데 이 문장에서는 '묵히다'의 목적어로 쓰였다.

문식(文飾: 꾸밈)할 필요가 있겠는가[君子質而已矣. 何以文爲]." 하자, 자공(子貢)이 말했다. "애석하도다! 선생의 말씀이여. 군자답기는 하나, 실수한 그 혀(말)는 사마(駟馬)라도 따라잡지 못할 것이요. 문도 질과 같은 것이며, 질도 문과 같은 것이니, 범이나 표범의 털 벗긴 가죽은 개나 양의 털 벗긴 가죽과 같은 것입니다[惜乎. 夫子之說. 君子也, 駟不及舌, 文猶質也, 質猶文也, 虎豹之鞹, 猶犬羊之鞹也]." 여기서 '사불급설(駟不及舌)'이란 성어가 나왔다.

10 『論語』「顔淵」에 "子曰, 片言可以折獄者, 其由也與. 子路無宿諾."이라고 나와 있다.

5. 司馬溫公曰, 誠之道는 固難入이라.
사마온공왈 성지도 고난입

然이나 當自不妄語始니라.
연 당자불망어시

번역 사마온공(사마광)이 말했다. "성의 도는 진실로 들어가기 어렵다. 그러나 응당 망령된 말을 하지 않는 것으로부터 시작해야 한다."

풀이 '성'을 '진실하다, 성실하다'로 새겨도 문제는 없지만, 실상에 있어서는 우리말로 정확히 풀이하기 어려운 글자이기도 하다. 유교철학에서는 '성誠'을 하늘의 근본속성으로 본다. 그래서 '성'이란 하늘의 길이고, '성'하고자 하는 것이 사람의 길이라고 한다. 모든 일의 시작이며 끝이 곧 '성'에 있다는 것이다. 따라서 "성이 유지되지 못하면 아무것도 이뤄질 수 없다[不誠無物]." 인간의 일상적인 삶에서도 마찬가지로 '성'은 중요하며, 그 '성'의 실천을 드러내 보여주는 것으로 '불망어不妄語'가 있다. 다시 말하면, 진정한 수행은 이 '불망어'로부터 시작된다. 북송의 성리학자 정호程顥, 호 明道가 말하기를 "사람이 되는 도리는 망령된 말을 하지 않는 것으로부터 시작된다[作人之道, 自不妄語始]."고 했다. 성현이 되는 길도 망령스런 말을 입 밖에 내지 않는 데서부터 시작되는 것이다. 사마광은 사람됨이 효성스럽고 우애로우며 충성스럽고 믿음성이 있었으며[孝友忠信], 공손하고 검소하며 반듯하고 곧은[恭儉正直] 마음씨의 소유자였다고 한다. 젊어서나 늙어서나 일찍이 망령된 말을 하지 않았다. 그랬기 때문에 "성의 도는 진실로 들어가기 어렵다. 그러나 응당 망령된 말을 하지 않는 것으로부터 시작해야 한다."고 말할 수 있었던 것이다. 예부터 불교에서는 '불망어不妄語'를 열 가지 선한 일[十善] 가운데 하나로 보았다. '십선도十善道' 또는 '십선계十善戒'는 '십악十惡'의 반대인데, 산 것을 죽이지 않고[不殺生], 도둑질을 하지 않으며[不偸盜], 음욕을 하지 않으며[不邪婬], 거짓말을 하지 않으며[不妄語], 빛난 말을 하지 않으며[不綺語], 모진 말을 하지 않으며[不惡口], 두 가지 말을 하지 않으며[不兩舌], 아끼고 탐하지 않으며[不貪欲], 성내지 않으며[不瞋恚], 사악한 생각을 하지 않는[不邪見] 것이 그 열 가지이다. 또한 5계가 있는데, 살아 있는 것을 죽이지 않으며[不殺生], 도둑질하지 않으며[不偸盜], 아내 이외의 여성, 남편 이외의 남성과 부정한 관계를 맺지 않으며[不淫], 망령된 말을 하지 않으며[不妄語], 술을 마시지 않는[不飮酒] 것의 5종의 계를 말한다. '하지 말라'는 이 5계가 바로 진지하게 일상적으로 수행해야 할 5학처五學處가 된다.

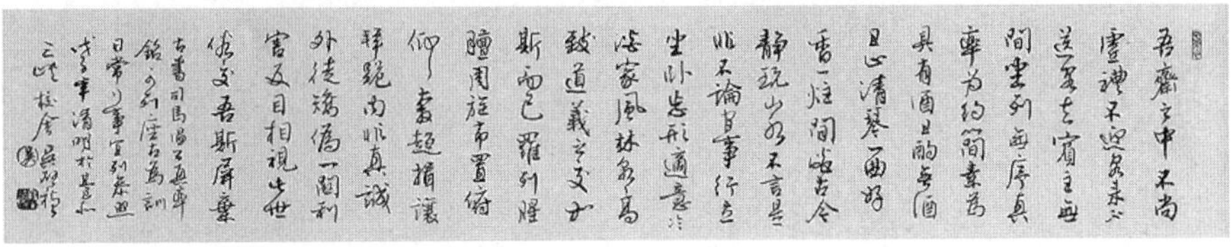

중국 현대서법가 오계정(吳啓禎)의 2008년 작 사마온공 〈진솔명(眞率銘)〉

원문: "吾齋之中, 不尙虛禮, 不迎客來, 不送客去, 賓主無間, 坐列無序, 眞率爲約, 簡素爲具, 有酒且酌, 無酒且止, 淸琴一曲, 好香一炷, 閑譚古今, 靜翫山水, 不言是非, 不論官事, 行立坐臥, 忘形適意, 冷淡家風, 林泉高致, 道義之交, 如斯而已. 羅列腥羶, 周旋布置, 俯仰奔趨, 揖讓拜跪, 內非眞誠, 外徒矯僞, 一關利害, 反目相視, 此世俗交, 吾斯屛棄."

6. 益智書云, 君臣不信하면 國不安하고 父子不信하면 家不睦하고 兄弟不信하면 情不親하고 朋友不信하면 交易疏하니라.

(익지서운 / 군신불신 / 국불안 / 부자불신 / 가불목 / 형제불신 / 정불친 / 붕우불신 / 교이소)

번역 『익지서』에서 말했다. "군신이 서로 믿지 못하면 나라가 안정되지 못하고, 부자가 서로 믿지 못하면 가정이 화목하지 못하며, 형제가 서로 믿지 못하면 정이 친밀해지지 못하며, 벗이 서로 믿지 못하면 사귐이 쉽게 성글어진다."

풀이 믿음 없이는 어떠한 인간관계도 바르게 성립할 수 없음을 말하고 있다. 서로 믿어야 마음의 거리가 좁혀져 상대에게 충성을 다할 수 있다. 권력이나 이익, 재물이나 명예 혹은 정이나 사랑까지도 믿을 수 있어야 아낌없이 줄 수 있는 것이 아닐까? 하늘의 운행을 의심하면 한 해를 이룰 수 없고, 대지의 운행을 믿지 못하면 초목이 성장할 수 없다. 봄날의 미덕은 바람이다. 바람을 믿지 못하면 꽃을 피울 수 없다. 여름의 미덕은 더위이다. 더위를 믿지 못하면 만물이 자랄 수 없다. 가을의 미덕은 햇볕이다. 햇볕을 믿지 못하면 곡식이 여물지 못한다. 겨울의 덕은 추위다. 추위를 믿지 못하면 땅이 단단해질 수 없다. 천지와 사시의 변화도 믿음이 없이는 아무것도 이룰 수 없거늘 하물며 사람에게 있어서이겠는가? 사람의 얼굴을 하고서 믿음을 상실했다면 그는 더 이상 사람이 아니다.

한자와 문법 '睦'은 화목할(목)이다. '和'가 상대에게 따스한 말을 건네는 모습이라면 '睦'은 상대에게 따스한 눈길을 보내는 것이다. '화목'이란 이렇듯 서로를 배려하는 말씨와 눈길을 먹고 피어난 꽃이다. '疏'는 성글, 성길(소)인데, 서로 사이가 서먹서먹해지는 것이다. 서로 거리가 멀어지거나 만나는 횟수가 드물어지는 변화를 겪은 이들이 편지 같은 글에서 자주 사용하는 말이다. 성글면 멀어지게 된다. 그래서 나온 말이 '소원(疏遠)'이다.

3

어떤 주부가 가정을 일으키는가 [婦行]

동양고전은 음양의 조화로 우주가 운행된다고 말한다. 그렇기 때문에 여성과 남성의 관계는 대립이 아니라 조화를 지향한다. 21세기는 여성의 시대이다. 더 이상 남성들에 의한 여성의 억압과 차별을 용인하지 않는다. 고전 속의 여성은 여전히 유별有別한 존재로 남아 있다. 그러나 남성에게 부족한 여성의 덕을 신뢰하여 가정의 원천으로 생각한다. 덕은 힘이다. '어머니'란 낱말이 우리의 가슴을 울리는 것도 이 여성의 힘 때문이다. 노자는 지상 최고의 선은 물의 부드럽고 겸손한 미덕을 지닌다[上善若水]고 했다. 물의 미덕을 닮은 여성의 말과 행동은 그래서 더욱 아름답다.

1-1. 益智書云, 女有四德之譽하니 一曰婦德이요
익지서운 여유사덕지예 일왈부덕

二曰婦容이요 三曰婦言이요 四曰婦工也하니라.
이왈부용 삼왈부언 사왈부공야

번역 『익지서』에서 말했다. "여자에게는 네 가지 칭송할 덕이 있으니, 첫째는 지어미의 덕성(마음씨)이요, 둘째는 지어미의 용모(맵씨)요, 셋째는 지어미의 말씨요, 넷째는 지어미의 솜씨니라."

풀이 '덕'이란 무엇인가? 거듭 말하거니와 마음과 영혼에서 우러나오는 '힘'이다. 결혼한 지어미의 힘이 곧 '부덕'이다. 이 힘은 지아비나 다른 남성에게는 없다. 그래서 거듭 거듭 칭송해도 부족하다. 또한 이 힘은 '살림'의 철학을 가능하게 하는 원동력이다.

한자와 문법 '譽'는 기릴(예)이다. '칭찬하다'는 뜻이다. '工'은 본디 장인(공)이다. 일꾼이나 노동자, 일이나 노동을 모두 '工'이라 한다. 여기서는 '솜씨나 재간, 실력, 기예'를 가리킨다.

〈여사잠도〉-1

동진(東晋) 화가 고개지(顧愷之, 약 345~406)의 작품으로 전한다. 원래 청나라 궁실에 소장되어 있었는데, 영국과 프랑스 연합군이 원명원(圓明園)을 불태울 때, 영국으로 흘러들어가 현재는 대영 박물관에 소장 중이다. 〈여사잠(女史箴)〉은 진(晉)나라의 문인 장화(張華)가 지은 문장으로 혜제(惠帝)의 비(妃)인 가씨(賈氏) 일족의 지나친 세도를 풍자하기 위하여 지은 것이며, 궁정(宮廷)의 여사(女史)가 훈계(訓戒)를 내리는 형식(形式)으로 후궁(後宮)으로서의 윤리 도덕을 설명하였다. 원문: "班婕有辭, 割歡同輦, 夫豈不懷, 防微慮遠."

1-2. 婦德者는 不必才名絶異요 婦容者는 不必顔色美麗요
부덕자 불필재명절이 부용자 불필안색미려

婦言者는 不必辯口利詞요 婦工者는
부언자 불필변구리사 부공자

不必技巧過人也니라.
불필기교과인야

번역 부녀의 덕성(맘씨)은 반드시 재주와 명성이 매우 뛰어나야 하는 것이 아니며, 부녀의 용모(맵씨)는 반드시 얼굴빛이 아름답고 고와야 하는 것이 아니며, 부녀의 말씨는 반드시 변론이 뛰어나고 단어를 날카롭게 사용해야 하는 것이 아니며, 부녀의 솜씨는 반드시 기교가 남보다 뛰어나야 한다는 것은 아니다.

풀이 세인들이 생각하는 사덕四德의 조건을 제시했다. '불필不必'이란 표현이 반복되었다. '있어도 그만 없어도 그만' 그런 뉘앙스를 풍기는 구법이다. 기존의 관념에 사로잡히지 말고 '사덕'을 말하겠다는 선언이기도 하다.

한자와 문법 '者'는 '~이라는 것'으로 새기면 순하다. '不必~'은 '반드시 ~해야 한다'는 '必~'의 부정이니 '꼭(반드시) ~할 필요는 없다'로 새긴다. '絶異'의 '絶'은 부사로 몹시, 매우, 가장(절)이고 '異'는 형용사로 특별할, 뛰어날(이)이다. '利'는 날카로울(리), '過人'은 '남보다 뛰어나다'로 새긴다.

〈여사잠도〉-2
원문: "道罔隆而不殺, 物無盛而不衰, 日中則昃, 月滿則微, 崇猶塵積, 替若駭機."

1-3. 其婦德者는 淸貞廉節하며 守分整齊하고
기부덕자 청정염절 수분정제

行止有恥하며 動靜有法이니 此爲婦德也니라.
행지유치 동정유법 차위부덕야

婦容者는 洗浣塵垢하며 衣服鮮潔하며 沐浴及時하며
부용자 세완진구 의복선결 목욕급시

一身無穢이니 此爲婦容也니라. 婦言者는
일신무예 차위부용야 부언자

擇詞而說하고 不談非禮하며 時然後言하여
택사이설 부담비례 시연후언

不厭於人이니 此爲婦言也니라. 婦工者는
불염어인 차위부언야 부공자

專勤紡績하며 勿好葷酒하고 供具甘旨하여
전근방적 물호훈주 공구감지

以奉賓客이니 此爲婦工也니라.
이봉빈객 차위부공야

번역 그 부녀의 덕성(마음씨)이라는 것은 맑고 곧고 검소하고 절제가 있으며, 분수를 지켜 마음을 정연하게 가다듬고, 행동거지에 염치가 있으며, 일상생활에 법도가 있는 것이니, 이것이 부녀의 덕성이 되는 것이니라. 부녀의 용모(맵씨)라는 것은 먼지나 때를 씻어내며, 의복을 곱고 깨끗하게 하고, 목욕을 제때에 하여 온몸에 더러움이 없게 하는 것이니, 이것이 부녀의 용모가 되는 것이니라. 부녀의 말씨라는 것은 바른 말을 골라서 말하여, 예에 어긋나는 말을 하지 않으며, 때에 맞은 연후에 말을 하여 남에게 싫증을 느끼게 하지 않나니, 이것이 부녀의 말씨가 되는 것이니라. 부녀의 솜씨라는 것은 길쌈을 오로지 부지런히 하며, 술 빚기를 좋아하지 않고, 맛있는 음식을 갖추어서 손님을 받드는 것이니, 이것이 부녀의 솜씨가 되느니라.

풀이 부덕婦德, 부용婦容, 부언婦言, 부공婦工에 대한 내용을 보다 세부적으로 설명했다. 현대적 관점에서 보아도 매우 합리적이다. 지어미에 합당한 마음씨와 맵시, 말씨와 솜씨를 갖춘 여인을 찾기란 쉽지 않을 듯하다. 조금 이상하게 들릴지는 모르겠지만 이 4덕을 전업주부로 있는 남성이 수용해도 별 문제가 없다. 고금을 소통하는 이 4덕 가운데 '부공', 즉 솜씨 부분을 못마땅하게 여길 여성이 있을 법하다. 그럴 필요가 있을까? 시대가 달라졌으니 여성이 남성보다 잘할 수 있는 분야가 더 늘어났다. 그렇게 시야를 열고 이 대목을 이해하면 마음이 편해진다.

한자와 문법 '淸'은 맑을(청)으로 순수하다는 뜻이고, '貞'은 곧을(정)으로 변치 않고 굳세다는 뜻이다. '廉'은 청렴할, 검소할(렴)으로 분수에 맞게 산다는 뜻이고, '節'은 절약할(절)로 씀씀이를 절제한다는 뜻이다. '整齊'는 마음을 가지런히 하는 것이고, '行止'는 행동거지(行動擧止), 즉 일상에서의 행동을 말한다. '動靜'도 비슷한 뜻이다. 즉 일상의 기거를 뜻한다. '擇'은 가릴(택)이다. '時然後言, 不厭於人.'은 『論語』「憲問』에서 나온 말이다. 언젠가 공자가 공명가(公明賈)에게 공숙문자(公叔文子)에 대해서 물으니, 공명가가 대답하기를, "부자(夫子: 공숙문자)께서는 말할 때가 되어서 말을 하므로 남들이 그 말을 싫어하지 않고, 즐거운 뒤에 웃기 때문에 남들이 그 웃는 것을 싫어하지 않습니다."라고 했다. '紡'은 실 자을(방), '績'은 길쌈할(적), '葷'은 어지러워할(훈), '供'은 갖출(공), '具'는 갖출(구)이다.

〈여사잠도〉-3

원문: "人咸知飾其容, 而莫知飾其性, 性之不飾, 或愆禮正, 斧之藻之, 克念作聖, 出其言善, 千里應之, 苟違斯義, 則同衾以疑."

1-4. 此四德者는 是婦人之大德이니 而不可缺之者也라.
차사덕자 시부인지대덕 이불가결지자야

爲之甚易하며 務之在正이니 依此而行이면
위지심이 무지재정 의차이행

是爲婦節이니라.
시위부절

번역 이 네 가지 덕은 부녀자로서 큰 덕이니 하나도 빠뜨려서는 안 되는 것이다. 이를 행하기는 매우 쉬우며 이를 힘씀이 바른 데에 있으니, 이에 의거하여 행한다면 이것이 바로 부녀자의 범절이 되는 것이니라.

풀이 4덕을 부절婦節로 승화시키라는 말이다. 바꾸어 말하면, 지어미의 범절이 이 4덕으로부터 나온다고 하겠다. 각각의 부덕을 갈고 닦아 4덕을 완비하면 지어미의 힘이 얼마나 강력해질까? 상상만 해도 즐거운 일이다. 이를 '대덕'이라고 했다. '위대한 지어미의 힘'이라는 뜻이다. 우리의 어머니들은 이 힘을 가지고 가난 속에서도 가정을 지키고 나라를 발전시켰다. 지금도 이 '위대한 지어미의 힘'은 단절 없이 길러지고 솟구치고 뻗어나가 곧 세계를 움직일 추세이다.

한자와 문법 첫 번째 '是'는 '~이다'이고 말미의 '是'는 이(시)이다. '缺'은 빠질(결)이니, '不可缺之者'는 '빠뜨려서는 안 되는 것'으로 새긴다. '務'는 '~에 힘쓰다'이고, '依'는 의지할(의)다.

〈여사잠도〉-4

원문: "夫出言如微, 而榮辱由茲, 勿謂幽昧, 靈監無象, 勿謂玄漠, 神聽無響, 無矜爾榮, 天道惡盈, 無恃爾貴, 隆隆者墜, 鑒於小星, 戒彼攸遂, 比心螽斯, 則繁爾類."

2. 太公曰, 婦人之禮는 語必細輕하고 行必緩步하라.
태공왈 부인지례 어필세경 행필완보

止則斂容하고 動則徉徂하라. 耳無餘聽하고 目無餘視하라.
지즉렴용 동즉양조 이무여청 목무여시

出無諂容하고 廢飾裙褶하라. 不窺不觀牖戶하고
출무첨용 폐식군습 불규불관유호

早起夜眠하며 莫憚勞苦하라. 戰戰兢兢하여 常憂玷辱하라.
조기야면 막탄로고 전전긍긍 상우점욕

번역 태공이 말했다. "부인의 예절은 말소리가 반드시 가늘고 가벼워야 하고 다닐 때에는 반드시 천천히 걸어야 한다. 멈추어 있을 때는 얼굴을 정숙하게 가져야 하고 움직일 때에는 느긋하게 걸어야 한다. 귀로는 너무 많은 말을 들으려 하지 말고 눈은 너무 많은 것을 보려고 하지 말라. 밖으로 나갈 때는 아양 떠는 얼굴을 지어서는 안 되고, 옷을 화려하게 치장해서는 안 된다. 엿보지 말고 창문으로 살피지 말라. 일찍 일어나고 밤에 잠들라. 수고로움과 괴로움을 꺼리지 말고 온 종일 조심조심하면서 항상 아낙의 행실을 더럽히지 않을까 근심해야 하느니라."

〈여사잠도〉-5
원문: "驩不可以黷, 寵不可以專, 專實生慢, 愛極則遷, 致盈必損, 理有固然, 美者自美, 翩以取尤, 冶容求好, 君子所讎, 結恩而絕, 職此之由."

풀이 이 역시 '부부유별'의 원리가 적용되었다. 지어미의 예의범절이란 측면에서 볼 때, 말소리가 조용조용해야 한다는 것이다. 지아비의 예의범절에서 볼 때, 지아비의 말씨는 그와 달라야 할 것이다. 그래야 음양대대陰陽待對의 원리에 어울린다고 보기 때문이다. 어찌 되었건, 성악을 전공하지 않는 한 지어미의 목소리가 쩌렁쩌렁할 필요가 있을까? 나머지 모든 절목은 여성으로서 품위를 잃지 않게 하려는 고인들의 배려를 표현한 것으로 이해하면 된다.

한자와 문법 '細'는 형용사로 소리가 '가늘다'는 뜻이다. 귀에다 대고 소곤거리는 것을 '부이세어附耳細語'라고 한다. 이처럼 '細'는 작게 말할 때 쓰이는 말이다. '歛'은 거둘(렴), '徉徂'는 '徜徉(상양)'과 같은 뜻으로 '유유히 걷는 모습'이다. '裙'은 치마(군), '褶'은 주름, 겹옷(습), '牖'는 창(유), '憚'은 꺼릴(탄)이다. '戰戰'은 몹시 두려워하여 벌벌 떠는 모양이고, '兢兢'은 조마조마하여 마음을 놓지 못하는 모양이다. '戰戰兢兢'은 조심하고 주의하는 모양이다. '玷'은 이지러질(점)으로 여기서는 '욕되게 하다, 더럽히다'는 뜻으로 쓰였다.

3. 賢婦令夫貴하고 佞婦令夫賤하니라.
현부령부귀 영부령부천

번역 현명한 지어미는 지아비를 귀하게 만들고, 영악한 지어미는 지아비를 천하게 만드느니라.

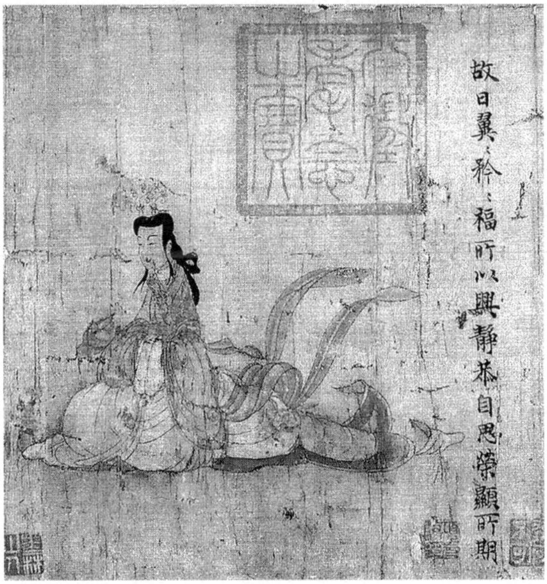

〈여사잠도〉-6
원문: "故曰, 翼翼矜矜, 福所以興, 靖恭自思, 榮顯所期."

풀이 부인의 내조를 말했다. '賢'은 마음씨가 어질 뿐 아니라 머리도 똑똑한 경우에 쓰이는 말이다. 슬기롭다고 풀이해도 좋을 정도다. 한 남자의 미래는 한 여자의 손에 달려 있다. 왜냐하면 부부란 공동운명체이기 때문이다. 서로 힘을 합해야 집안을 일으킬 수 있다. 분열은 공멸을 가져온다. 한 사람의 '슬기로운 지어미'가 집안을 일으키는 이야기를 자주 들을 수 있다. 처음부터 못난 지아비는 없다. 지어미가 어떻게 하는가에 따라 지아비의 형편이나 평판도 달라진다. 영악한 지어미는 남편을 망친다.

말만 많고 실속은 적기 때문이다. 말이 많으면 지아비의 마음이 안정되지 않는다. 욕먹는 지어미가 어떻게 집안을 일으킬 수 있는가?

한자와 문법 '令+A+술어'는 'A로 하여금 ~하게 하다'로 새긴다. '令'과 '使'는 기능이 같다. '佞'은 아첨할(녕)이다. 말재주가 너무 좋은 나머지 남의 비위를 잘 맞추는 경우에 쓰인다. 다소 부정적인 표현이다.

4. 家有賢妻면 夫不遭橫禍하니라.
가유현처 부부조횡화

번역 집에 현명한 지어미가 있으면 지아비가 엉뚱한 재앙을 만나지 않느니라.

〈여사잠도〉-7
원문: "女史司箴, 敢告庶姬." 顧愷之畫.

풀이 현명한 지어미는 지아비의 건강을 매일같이 체크한다. 특히 지아비의 심리상태를 잘 살핀다. 이른바 사고는 대부분 컨디션이 나빠 집중력이 떨어질 때 생긴다. 도무지 생각지 못한 재앙을 어떻게 막아낼까? 아니 과연 그런 재앙이라는 것이 가능할까? 동양고전은 그런 재앙은 없다고 말한다. 인과의 법칙에 따라 생겨날 뿐 막지 못할 재앙은 없다고 본다. 지혜로운 지어미는 전후 상황을 잘 판단하여 지아비를 횡액으로부터 지켜낼 수 있다. 그것은 '지어미의 힘'에 지아비를 향한 '사랑'이 더해질 때 가능하다.

한자와 문법 'A(명사)+有+B'는 'A에 B가 있다'로 새긴다. '遭'는 만날(조), '橫'은 본래 가로(횡)이나 부사가 되면 '갑작스러울, 뜻밖의'로 새긴다. '橫財'는 '뜻밖에 얻은 재물'이고, '橫死'는 '뜻밖의 죽음'이다.

5. 賢婦和六親하고 佞婦破六親하니라.
현부화육친 영부파육친

번역 현명한 지어미는 육친을 화목하게 하고 영악한 지어미는 육친을 깨뜨리느니라.

풀이 며느리가 들어오고 나서 분란이 그치지 않는 집이 있다고 한다면 그 책임은 누구에게 있을까? 받아들인 쪽인가 들어온 쪽인가? 엄격히 말하면 반반이라고 해야 한다. 그런데 사람들은 모두 '며느리 탓'으로 돌린다. 억울한 며느리가 되지 않으려면 지혜로워야 한다. 우선 손님이 주인행세를 하려 하면 안 된다. 눈칫밥을 먹어가며 가풍을 익혀야 한다. 그렇게 차차 가풍을 알아가다 보면 주인과 손님이 하나가 된다. 너와 나를 구별하지 않는데 무슨 '불화'가 생겨날까? 오히려 우리 집안에 복덩이가 들어왔다고 고마워할 것이다. 더욱 현명한 며느리는 복을 받으려 하지 않고 식구들에게 골고루 나누어 주는 것으로 자신의 존재감을 느끼는 여인이다. 영악한 지어미는 그 반대다.

한자와 문법 '六親'은 부모(父母)・형제(兄弟)・처자(妻子)를 말한다.

명·심·보·감
스스로 읽기

교우편 交友篇

1. 孟子曰, 自暴者는 不可與有言也요 自棄者는 不可與有爲也니라.
맹자왈 자포자 불가여유언야 자기자 불가여유위야

맹자가 말했다. "스스로를 해치는 사람과는 함께 인의(仁義)를 논할 수 없고, 스스로를 버리는 사람과는 함께 대사를 도모할 수 없다."

2. 太公曰, 女無明鏡이면 不知面上精粗요 士無良友면 不知行步虧踰니라.
태공왈 여무명경 부지면상정추 사무량우 부지행보휴유

태공이 말했다. "여자가 밝은 거울이 없으면 얼굴이 고운지 거친지 알 수 없고, 선비가 어진 벗이 없으면 자기 행동에서 무엇이 부족하고 무엇이 지나쳤는지 알 수 없게 된다."[11]

3. 子曰, 責善은 朋友之道니라.
자왈 책선 붕우지도

공자가 말했다. "상대가 선하게 되도록 요구하는 것이 벗 사귐의 바른 방법이다."

4. 結朋友호대 須勝己요 似我면 不如無니라.
결붕우 수승기 사아 불여무

벗과 사귐을 맺을 때 반드시 자기보다 나은 이를 얻어야 하고, 자기와 같은 이라면 도리어 없는 것만 못하다.

5. 種樹호대 莫種垂楊柳하며 結交호대 莫交輕薄兒하라.
종수 막종수양류 결교 막교경박아

나무를 심을 때 수양버들은 심지 말고, 사귐을 맺을 때 경박한 아이와는 사귀지

11 '虧'는 이지러질, 부족할(휴), '踰'는 넘을, 초과할(유)이다. '휴유'는 곧 '과(過), 불급(不及)'과 같은 표현이다.

| 말라.

6. 古人結交는 惟結心이요 今人結交는 惟結面이니라.
고인결교 유결심 금인결교 유결면

| 고인들은 벗과 사귐을 맺을 때 오직 마음으로 맺었지만 현대인은 벗과 사귐을 맺을 때 오직 얼굴로만 맺는다.

이탈리아 우표 속의 마테오 리치(Matteo Ricci, 1552~1610)
중국명은 이마두(利瑪竇)다. 이탈리아의 예수회 선교사로 중국에 최초로 선교한 인물이며 중국에서 전교하기 위해 서양의 학술을 중국어로 번역하였다. 그의 『천주실의(天主實義)』는 한국의 천주교 성립과 조선 지식인 사회에 큰 영향을 끼쳤다.

答建安王即乾齋子友論
大西洋耶穌會士利瑪竇述
竇也自太西航海入中華仰
大明天子之文德古先王之遺教卜室嶺表星霜亦屢易
矣今年春時度嶺浮江抵於金陵覩
上國之光沾沾自喜以爲庶幾不負此遊也遠覽未周返
棹至豫章停舟南浦縦目西山玩奇挹秀計此地爲至
人淵藪也低回留之不能去遂捨舟就舍因而赴見
建安王荷不鄙許之以長揖賓序設醴驩甚
王乃移席握手而言曰凡有德行之君子辱臨吾地未嘗

마테오 리치가 저술한 『교우론(交友論)』
명(明)나라 말기의 건안왕(建安王)을 위해 저술한 책으로, 서양인들의 우정과 사고(思考)에 대한 개념을 간결한 대화체로 서술했다. 1595년 풍응경(馮應京)과 구여기(瞿汝夔)가 서문을 붙여 난창〔南昌〕에서 1권 1책으로 간행하였다.

7. 宋弘曰, 糟糠之妻는 不下堂이요 貧賤之交는 不可忘이라.
송홍왈 조강지처 불하당 빈천지교 불가망

송홍이 말했다. "일찍이 자기와 함께 밥 대신 술지게미와 쌀겨로 연명하던 시절에 함께했던 아내는 버려서 안 되고, 빈천할 때 우정을 맺은 벗은 잊어서 안 된다."[12]

---

12 『後漢書』「宋弘傳」에 나오는 이야기이다. 宋弘은 後漢 光武帝 때 監察을 맡아보았다. 송홍은 태생이 온후한 사람이었지만 임금에게 간할 정도로 강직한 인물이었다. 어느 날 광무제는 미망인이 된 누나 湖陽公主를 불러 신하 중 누구를 마음에 두고 있는지 물었고, 호양공주는 당당한 풍채와 덕성을 지닌 송홍을 넌지시 언급했다. 마음을 굳힌 광무제는 호양공주를 병풍 뒤에 앉혀 놓고 송홍의 의중을 떠보기 위해 불러들였다. 광무제는 "속담에 신분이 높아지면 친구를 바꾸고, 돈을 많이 벌면 아내를 바꾼다고 하는데 그것이 인지상정이 아니겠는가[諺言, 貴易交, 富易妻, 人情乎]?"라며 뜻을 물었다. 그러자 송홍은 "신은 가난하고 천할 때 사귄 친구는 잊을 수 없고, 고생한 아내는 쫓아낼 수 없다고 들어 알고 있습니다[臣聞, 貧賤之知, 不可忘, 糟糠之妻, 不下堂]."라며 거절했다. 광무제와 호양공주는 크게 실망했고, 이후 '조강지처(糟糠之妻)'라는 말이 생겨났다고 한다.

후한(後漢) 광무제(光武帝, 世祖) 유수(劉秀, B.C. 4~A.D. 57).

호양공주가 병풍 뒤에서 광무제와 송홍의 대화를 엿듣고 있다.

8. 施恩於未遇之先하고 結交於貧寒之際하라. 人情常似初相識이면 到老終無怨恨心하리라.
시은어미우지선 결교어빈한지제 인정상사초상식 도로종무원한심

우정을 나누기 전에 은혜를 베풀고, 빈한할 적에 사귐을 맺어라. 사람의 마음이 항상 처음 알았을 때와 같이하면 늙도록 끝내 마음에 원한을 품지 않게 될 것이다.

9. 人用財交요 金用火試라. 水持杖探知深淺하고 人用財交便見心이라.
인용재교 금용화시 수지장탐지심천 인용재교변견심

사람은 재물을 이용하여 사귀고, 쇠는 불을 이용하여 시험한다. 물은 지팡이를 가지고 깊이를 탐지할 수 있고, 사람은 재물을 이용하여 사귀어 진심을 알아낼 수 있다.

10. 仁義엔 莫交財요 交財엔 仁義絕이라.
인의 막교재 교재 인의절

인의를 추구하면 재물을 써서 사귀지 말라. 재물을 써서 사귀면 인의는 단절되느니라.

부행편 婦行篇

1. 孔子曰, 婦人은 伏於人也니라. 是故로 無專制之義하고
공자왈 부인 복어인야 시고 무전제지의

有三從之道니라. 在家從父하고 適人從夫하고 夫死從子하여
유삼종지도 재가종부 적인종부 부사종자

無所敢自遂也니라. 教令不出閨門하고 事有饋食之間而已矣니라.
무소감자수야 교령불출규문 사유궤사지간이이의

是故로 女는 及日乎閨門之內하고 不百里而奔喪하고
시고 여 급일호규문지내 불백리이분상

事無擅爲니라. 行無獨成하여 參知而後動하고 可驗而後言하며
사무천위 행무독성 참지이후동 가험이후언

晝不遊庭하고 夜行以火하여 所以正婦德也니라.
주불유정 야행이화 소이정부덕야

공자가 말했다. "지어미란 다른 사람의 뜻에 따르게 마련이다. 이런 까닭에 전제(專制: 독립적인 의사결정권)의 의리는 없고 삼종(三從: 세 가지 순종하는 일)의 도리만 있다. 집에 있을 때에는 아버지에게 순종하고, 시집가서는 남편에게 순종하며, 남편이 죽으면 아들에게 순종하여 감히 제 마음대로 일을 처리하지 못한다. 교훈이나 명령이 규문(閨門: 아낙이 거처하는 안방, 규방) 밖에 나가지 못하고 일은 음식을 공궤(供饋: 윗사람에게 음식을 드림)하는 데 있을 뿐이다. 이런 까닭에 여자는 종일토록 규문 안에 있으며, 100리 밖에 분상(奔喪: 먼 곳에서 어버이의 죽음을 듣고 집으로 급히 돌아감)하지 않는다. 일은 제 마음대로 하지 않으며, 행동은 단독으로 수행하지 않는다. 다른 사람을 참여시켜서 알게 한 뒤에야 행동하며, 증거가 확실한 뒤에야 말한다. 낮에 뜰에서 놀지 않으며 밤에 안에서 다닐 때에는 불을 밝힌다. 이것이 부덕(婦德)을 바르게 하는 것이다."[13]

2. 或이 問호대 孀婦를 於禮(理)에 似不可取(娶)니 如何오 伊川先生曰,
혹 문 상부 어례(리) 사불가취(취) 여하 이천선생왈

然하다. 凡取는 以配身也니 若取失節者하여 以配身이면 是는
연 범취 이배신야 약취실절자 이배신 시

己失節也니라. 又問호대 或有孀婦(孤孀)하여 貧窮無託者어든
기실절야 우문 혹유상부(고상) 빈궁무탁자

可再嫁否아. 曰, 只是後世에 怕飢寒死라. 故로 有是說이라. 然이나
가재가부 왈 지시후세 파기한사 고 유시설 연

餓死事는 極小하고 失節事는 極大하니라.[14]
아사사 극소 실절사 극대

13 '閨'는 안방(규), '饋'는 진지 올릴(궤), '食'는 먹일(사). 밥(사), '奔'은 달릴(분), '擅'은 제멋대로 할(천)이다.

어떤 이가 물었다. “과부를 아내로 맞이함이 예법(또는 도리)상 안 된다고 하니 어찌된 것입니까?” 이천(伊川: 程頤) 선생이 말했다. “그렇다! 대체로 아내를 맞이하는 일은 내 몸의 짝이 되게 하는 일인데, 만약 절개를 잃은 사람을 아내로 맞이하여 내 몸의 짝으로 하면 이는 내 몸도 절개를 잃는 것이다.” 또 물었다. “혹시 과부가 홀로 있으며 가난하고 궁곤하여 의지할 곳이 없는 사람이면 다시 시집감이 옳지 아니합니까?” (이천 선생이) 말했다. “이 말은 단지 후세에 춥고 배고파 굶주림에 죽을 것이 두려워 이런 말을 한 것이다. 그렇지만 굶어 죽는 일은 지극히 미세한 것이고, 절개를 잃는 일은 지극히 중대한 것이다.”[15]

〈태평광기(太平廣記)〉에 나오는〈무쌍전(無雙傳〉 그림

당나라 건중(建中) 때에 유진(劉震)의 딸은 이름이 무쌍(無雙)이었는데 이종사촌간인 왕선객(王仙客)과 혼인하기로 허락되어 있었다. 그런데 주자의 난(亂)에 연루되어 유진의 가족은 모두 죽고 무쌍은 궁내의 액정(掖庭)에 들어가게 된다. 왕선객이 어렵게 무쌍과 연락이 되어 그 편지를 가지고 부평(富平)에 가 고압아에게 도움을 청하니, 압아는 모산(茅山)의 도사를 찾아가 영약을 구해온 다음 시비 채빈(采蘋)을 꾸며 궁중에 들여보내 무쌍이 역당(逆黨)이라 하여 영을 내려 사약을 받게 하였다. 그런 다음 그 시신을 빼내어 영약으로 살린 뒤 자신의 목숨을 끊어 비밀이 지켜지도록 한다.

당나라 전기소설가 이공좌(李公佐, 770?~850?)의 〈사소아전(謝小娥傳)〉 그림

사소아는 아버지와 남편이 도적에게 살해당하자 원수를 갚겠다고 다짐한다. 어느 날 아버지와 남편이 꿈에 나타나 도적에 대한 단서를 남기나 그 뜻을 알지 못한다. 그러던 중 제물(齊物)이라는 이름의 스님을 만나고, 또 이 글의 지은이인 이공좌(李公佐)를 만나 그들의 정체를 알게 된다. 그 후 사소아는 남장을 하고 그 집에 일꾼으로 들어간다. 그의 신임을 얻어낸 사소아는 도적들을 죽여 원수를 갚은 뒤 비구니가 된다.

14 『二程全書』「遺書」에 보인다.

15 ‘孀’은 과부(상)이다. 젊어서 남편을 여읜 여자를 청상과부(靑孀寡婦)라고 한다. ‘娶’는 장가들(취)이다. 인용한 정이의 주장을 풀어보면 이렇다. 아내를 맞이한다는 것은 함께 祖上(宗廟)을 받들어 代를 이어 감「[嗣續]인데, 만약 절개 잃은 사람을 아내로 맞이하여 짝을 하게 되면 나 자신도 함께 절개를 잃은 것과 같다. ‘貧窮’은 가난하여 살기 어렵다는 뜻인데, ‘餓死極小’는 ‘사람이 누군들 죽지 않겠는가?’라는 것을 이른 것이다, 절개를 지키는 일이 목숨을 유지하며 살아가길 바라는 것보다 더 깊고 두터운 일이다. ‘失節極大’는 몸을 잃고 다시 시집을 가면 마음속으로 부끄러워 하늘과 땅 사이에 스스로 설 수 없으니 비록 살아가는 삶이더라도 유익함이 없다.

3. 烈女傳曰(열녀전왈), 古者(고자)에 婦人(부인)이 妊子(임자)에 寢不側(침불측)하며 坐不邊(좌불변)하며 立不蹕(입불필)하며 不食邪味(불식사미)하며 割不正(할부정)이어든 不食(불식)하며 席不正(석부정)이어든 不坐(부좌)하며 目不視邪色(목불시사색)하며 耳不聽淫聲(이불청음성)하며 夜則令瞽誦詩(야즉령고송시)하며 道正事(도정사)하니라. 如此(여차)면 則生子(즉생자)에 形容端正(형용단정)하며 才過人也(재과인야)리라.

『열녀전』[16]에서 말했다. "옛날에 부인이 아이를 배면 잠잘 때는 몸을 옆으로 기울게 하지 않으며, 앉을 때에는 모로 앉지 않으며, 설 때에는 한쪽 발로 서지 않으며, 잡스런 맛이 나는 음식은 먹지 않으며, 고기를 썬 것이 반듯하지 않으면 먹지 않으며, 좌석이 반듯하지 않으면 앉지 않으며, 눈으로는 잡스런 빛깔을 보지 않으며, 귀로는 음란한 소리를 듣지 않으며, 밤에는 소경(봉사)에게 시를 낭송하게 하였으며, 바른 일을 말하게 하였다. 이와 같이 하여 자식을 낳으면 체격과 얼굴이 단정하며 재주가 남보다 뛰어날 것이다."[17]

청대 화가 임훈(任薰, 1835~1893)의 〈등하침사도(燈下沈思圖)〉

맑게 단장한 여인이 등 아래서 깊이 생각에 잠겨 있는 아리따운 자태를 그렸다. 그 가운데 눈썹을 찡그려 정신을 모으고 있는 모양이 매우 사랑스럽다.

16 일명 『古列女傳』이라 한다. 西漢의 劉向이 편찬했다. 母儀, 賢明, 仁智, 貞順, 節義, 辯通, 孼嬖의 7門으로 나누어 총 105名 婦女의 事跡을 기록했다.

17 '妊'은 임신이다. '側'은 그 몸을 기울게 함이고, '邊'은 그 몸을 편벽되게 함이다. '蹕'은 마땅히 '跛'가 되어야 하니 한쪽 발에 치우쳐 맡김을 이른다. '邪味'는 부정한 맛이다. '割'은 썰어놓은 고기요, '席'은 앉는 자리이다. '邪色'은 부정한 색이요, '淫聲'은 부정한 소리이다. '道'는 말함이다. '正事'는 일이 예에 부합하는 것이다. '瞽'는 눈이 먼 자이니 악사이다. '詩'는 『시경』의 二南(周南, 召南) 따위이고, '正事'는 『서경』의 二典(堯典·舜典) 같은 따위이다. 이는 임신했을 때에 마땅히 感化되는 바를 삼가야 하니, 善에 감화되면 선해지고, 惡에 감화되면 악해짐을 말한 것이다.

증보편 增補篇[18]

1. 周易曰, 善不積이면 不足以成名이요 惡不積이면 不足以滅身이어늘
주역왈 선부적 부족이성명 악부적 부족이멸신

小人은 以小善으로 爲无益而弗爲也하고 以小惡으로
소인 이소선 위무익이불위야 이소악

爲无傷而弗去也니라. 故로 惡積而不可掩이요 罪大而不可解니라.[19]
위무상이불거야 고 악적이불가엄 죄대이불가해

> 『주역』에서 말했다. "선을 쌓지 않으면 이름을 이룰 수 없을 것이요, 악을 쌓지 않으면 몸을 망치지 않을 수 있거늘, 소인은 자그마한 선은 이익이 없다고 하면서 행하지 않고, 자그마한 악을 해로움이 없다고 하면서 버리지 않는다. 그러므로 악이 쌓여 숨길 수 없고 죄가 커져 풀어낼 수 없게 되느니라."

2. 履霜하면 堅氷至하나니[20] 臣弑其君하며 子弑其父는
이상 견빙지 신시기군 자시기부

非一旦一夕之事라. 其所由來者漸矣니라.
비일단일석지사 기소유래자점의

> 서리를 밟으면 굳은 얼음이 이르나니, 신하가 그 임금을 죽이며 자식이 그 아비를 죽이는 것이 하루 사이에 이루어진 일이 아니다. 따라서 나오는 것이 조금씩 누적된 결과니라.

〈팔반가 8수八反歌 八首〉[21]

1. 幼兒或詈我하면 我心覺懽喜하고 父母嗔怒我하면 我心反不甘이라.
유아혹리아 아심각환희 부모진노아 아심반불감

一喜懽一不甘하니 待兒待父心何懸고. 勸君今日逢親怒어든
일희환일불감 대아대부심하현 권군금일봉친노

也應將親作兒看하라.
야응장친작아간

---

18 '증보편'은 조선시대에 유행하던 『명심보감』의 부록으로 실려 있는데, 후인들이 본문에서 부족하다고 느낀 부분을 보충한 것이다. 본래 부록으로 '증보편', '팔반가(八反歌)', '효행(孝行)편', '염의(廉義)편'이 있으나 이 책에서는 '효행편'과 '염의편'은 다루지 않는다.

19 『주역(周易)』「계사전(繫辭傳)」下 五章 참조.

20 『주역(周易)』「곤괘(坤卦)」, 初六의 효사(爻辭)이다.

21 '팔반가'는 『명심보감』 부록으로 부모와 반대의 입장에서 생각하고 행동하는 자식의 모습을 여덟 가지로 개괄하여 노래함으로써 반성을 촉구하는 내용이다.

어린아이가 어쩌다 나를 욕하면 내 마음에는 기쁨으로 느껴지고, 부모가 나를 꾸짖고 성내면 내 마음에는 도리어 달갑지 않다. 하나는 기쁘고 또 하나는 달갑지 않으니, 아이를 대하고 어버이를 대하는 마음이 어찌 그다지도 다르단 말인가? 그대에게 권하노니, 만일 오늘 어버이의 노여움을 만나거든 또한 응당 어버이를 어린아이로 바꿔놓고 생각해보라.

2. 兒曹出千言하되 君聽常不厭하고 父母一開口면 便道多閑管이라.
아조출천언 군청상불염 부모일개구 변도다한관

非閑管親掛牽이니 皓首白頭多諳練이라. 勸君敬奉老人言하고
비한관친괘견 호수백두다암련 권군경봉노인언

莫教乳口爭長短하라.
막교유구쟁장단

어린아이들은 여러 말을 하되 그대는 들으면서 늘 싫어하지 않고, 어버이가 한번 입을 열면 바로 쓸데없는 참견이 많다고 한다. 쓸데없는 참견이 아니라 어버이가 걱정이 되어서 그런 것이니, 흰머리가 되도록 오래 살아서 아는 것이 많아서이다. 그대에게 권하노니, 노인의 말씀을 공경하여 받들고, 젖 냄새 나는 어린아이들이 다투어 그대의 장·단점을 말하지 못하게 하라.

3. 幼兒尿糞穢는 君心無厭忌로되 老親涕唾零엔 反有憎嫌意니라.
유아뇨분예 군심무염기 노친제타령 반유증혐의

六尺軀來何處오 父精母血成汝體니라. 勸君敬待老來人하라.
육척구래하처 부정모혈성녀체 권군경대노래인

壯時爲爾筋骨敝니라.
장시위이근골폐

어린아이의 더러운 오줌똥은 그대 마음에는 싫어하거나 꺼림이 없지만, 늙은 어버이가 떨어뜨린 콧물과 가래는 도리어 미워하고 싫어하는 뜻이 있다. 여섯 자의 몸이 어디서 왔는고. 아버지의 정기와 어머니의 피로 그대의 몸이 이루어졌다. 그대에게 권하노니, 늙어가는 사람을 공경으로 대접하라. 젊었을 때 그대를 위하여 살과 뼈가 닳으셨도다.

4. 看君晨入市하여 買餅又買餻하니 少聞供父母하고 多說供兒曹라.
간군신입시 매병우매고 소문공부모 다설공아조

親未啖兒先飽하니 子心不比親心好라. 勸君多出買餅錢하여
친미담아선포 자심불비친심호 권군다출매병전

供養白頭光陰少하라.
공양백두광음소

보아하니, 그대가 새벽에 시장에 들어가 밀가루 떡을 사고 또 흰떡을 사니 부모에게 드린다는 말은 드물고 아이들에게 준다는 말은 많다. 어버이는 아직 맛보지도 않았는데 아이들이 먼저 배부르니 자식 사랑하는 마음이 어버이 좋아하는 마음에 비할 수 없구나. 그대에게 권하노니, 떡 살 돈을 많이 내어 흰머리로 늙어 여생이 얼마 안 되는 어버이를 공양하라.

5. 市間賣藥肆에 惟有肥兒丸하고 未有壯親者하니 何故兩般看고
시간매약사 유유비아환 미유장친자 하고양반간

兒亦病親亦病에 醫兒不比醫親症이라. 割股還是親的肉이니
아역병친역병 의아불비의친증 할고환시친적육

勸君亟保雙親命하라.
권군극보쌍친명

저자 안 약 파는 가게에 오직 아이를 살찌게 하는 환약만 있고, 아직 어버이를 건장하게 하는 약은 없으니 무슨 까닭에 두 가지로 생각하는가? 아이도 병들고 어버이도 병들었을 때 아이의 병을 고치는 것이 어버이의 병을 고치는 것에 비할 수 없다. 다리를 베더라도 도로 어버이의 살이니, 그대에게 권하노니 빨리 양친의 생명을 보전하라.

6. 富貴養親易로되 親常有未安하고 貧賤養兒難하되 兒不受饑寒이라.
부귀양친이 친상유미안 빈천양아난 아불수기한

一條心兩條路에 爲兒終不如爲父라. 勸君兩親如養兒하고
일조심양조로 위아종불여위부 권군양친여양아

凡事莫推家不富하라.
범사막추가불부

부귀하면 어버이를 봉양하기가 쉽거늘 어버이는 항상 미안하게 생각하고, 빈천하면 아이를 기르기가 어렵거늘 아이는 배고픔과 추위를 받지 않게 한다. 한 사람 마음에 두 갈래 길이 생기나, 아이를 위함이 결국 어버이를 위함만 같지 못하다. 그대에게 권하노니, 두 어버이 섬기기를 아이를 기르는 것과 같이 하고, 모든 일을 집이 넉넉하지 못하다고 핑계대지 말라.

7. 養親只二人이로되 常與兄弟爭하고 養兒雖十人이나
양친지이인 상여형제쟁 양아수십인

君皆獨自任이라. 兒飽煖親常問하되 父母饑寒不在心이라.
군개독자임 아포난친상문 부모기한부재심

勸君養親須竭力하라. 當初衣食被君侵이니라.
권군양친수갈력 당초의식피군침

어버이 봉양한데야 겨우 두 분뿐인데 늘 형제와 다투고, 아이를 기를 땐 비록 열 사람이더라도 그대가 모두 혼자 스스로 맡는다. 늘 아이가 배부르고 따뜻한지 친히 묻지만, 부모가 배고프고 추운 것은 마음에 두지 않는다. 그대에게 권하노니, 부모를 봉양함에 반드시 힘을 다하라. 당초에 입을 것과 먹을 것을 그대에게 빼앗겼노라.

8. 親有十分慈하되 君不念其恩하고 兒有一分孝하면 君就揚其名이라.
친유십분자 군불념기은 아유일분효 군취양기명

待親暗待兒明하니 誰識高堂養子心고. 勸君漫信兒曹孝하라.
대친암대아명 수식고당양자심 권군만신아조효

兒曹親子在君身이니라.
아조친자재군신

어버이는 그대를 매우 사랑했으나 그대는 그 은혜를 생각하지 아니하고, 자식이 조금이라도 효도함이 있으면 그대는 곧 그 아이 이름을 자랑하고 다닌다. 어버이 봉양엔 어둡고 자식 돌봄엔 밝으니, 누가 어버이가 자식 기르는 마음을 제대로 알까보냐? 그대에게 권하노니, 아이들의 효도를 믿지 말라. 아이들과 어버이의 자식이 그대 몸에 있느니라.

부 록

명심보감 서문

1. 번역 〈초판 명심보감 서문〉

分君子小人之品別賢愚之階辨善惡之異蓋
爲經書嘉言善行甚多所以令人懶觀習行者
少況今學者不過學其文藝爲先未有先學德
行爲本及近勸世多勸修物外之善因少勸爲
當行之善夫其昔賢文等書亦廼於世流傳今
之好聽善言君子觀以爲奇罔知古今之要語
是以使人迷惑其心少欲聞聖賢日用常行之
要道以致不肯存心守分強爲亂作胡行夫爲

청주본 『명심보감서』 2쪽

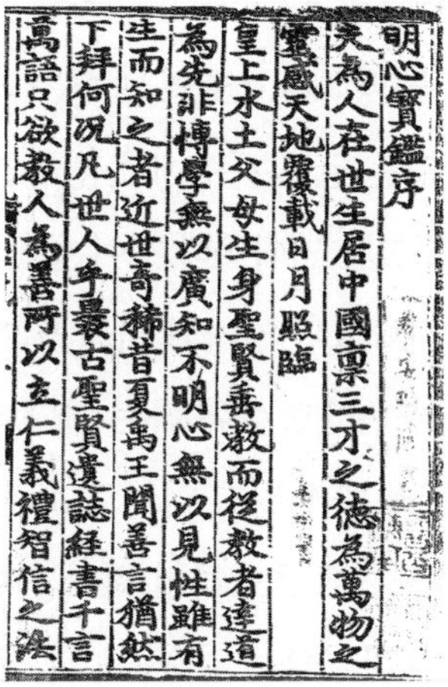
明心寶鑑序
夫爲人在世生居中國稟三才之德爲萬物之
靈感天地覆載日月照臨
皇上水土父母生身聖賢垂敎而從敎者達道
爲先非博學無以廣知不明心無以見性雖有
生而知之者近世奇稀昔夏禹王聞善言猶然
下拜何況凡世人乎曩古聖賢遺誌經書千言
萬語只欲敎人爲善所以立仁義禮智信之法

청주본 『명심보감서』 1쪽

사람으로 태어나 중국에서 살면서 하늘·땅·사람 삼재三才의 덕을 부여받아 만물의 영장이 되었다. 하늘이 덮어주고 땅이 실어주며, 해와 달이 빛을 내려주는 것처럼 은혜로운 황상皇上의 물과 흙에 감응하여, 부모님이 이 몸을 낳아 길러주시고 성현께서 가르침을 내려주셨으니, 가르침을 제대로 따르자면 도리에 통달하는 것이 우선이다.

널리 배우지 않으면 지식이 넓어질 수 없고 마음을 밝히지 못하면 성품을 볼 수 없다. 비록 태어나면서 세상 이치를 아는 사람이 있다고 하지만 근세엔 찾아보기 드물다. 옛날 하나라 우왕은 착한 말을 들으면 오히려 자신을 낮추고 절을 하였으니, 하물며 평범한 세상 사람들이야 더 말해 무엇하랴!

예전 고대 성현께서 기록을 남긴 경전에서 수많은 말씀을 하셨지만 단지 사람들로 하여금 착하게 살아갔으면 하고 바랄 뿐이었다. 그래서 인의예지신仁義禮智信이라는 오상五常의 법도를 세우고, 군자와 소인의 품성을 나누고, 어질고 어리석은 단계를 달리하고, 선과 악의 차이를 분변했다. 경서에는 아름다운 말씀과 착한 행실이 매우 많지만, 오늘날 사람들이 이를 살펴보고 익숙히 실행하는 자는 적다. 게다가 오늘날 학자들은 다만 문예文藝 공부를 우선으로 여길 뿐 덕행德行 공부를 앞세워 근본으로 삼지 않는다. 그리고 오늘날 세상 사람들에게 권하는 것을 보면 '현실을 초월한 착한 인연'[物外之善因]을 닦으라고 권하는 이가 많고, '마땅히 실천해야 할 착한 일'[當行之善事]을 행하라고 권하는 이는 적다.

『석현문』[1] 같은 글도 세상에 유행하고 있다. 오늘날 착한 말씀 듣기 좋아하는 것을 군자들이 보고는 기이하다고 여기며 고금의 요긴한 말씀을 전혀 알지 못한다. 이렇기 때문에 사람들이 자기의 마음을 미혹하게 만들어 성현께서 일상에서 실천하던 요긴한 도리를 알고 싶어 하는 이가 적다. 그래서 본 마음을 잘 간직하여 분수를 편안하게 여기려 하지 않고 억지로 소란스런 짓이나 터무니없는 행동을 한다. 선이나 악을 행하면 그에 호응하여 화와 복이 그대로 갚아주는 것이 분명하다. 부귀와 빈천, 성패와 흥망성쇠는 일장춘몽과 같으니 시시각각으로 예상치 못한 사태에 방비해야 한다. 아침저녁으로 '얇은 얼음을 밟듯이 하여'[如履薄冰][2] 늘 일념으로 평정심을 잃지 않으면 뜻하지 않는 재앙이 저절로 영원히 사라질 것이다.

삼가 『태상감응편太上感應篇』[3]을 보니, 말씀하기를 "그러므로 길한 사람은 선을 말하고 선을 보며 선을 행한다. 하루에 세 가지 선이 있으니 삼 년이면 하늘이 반드시 그에게 복을 내릴 것이요, 흉한 사람은 악을 말하고 악을 보며 악을 행한다. 하루에 세

---

1 '昔賢文'은 『昔時賢文』 혹은 『古今賢文』을 말하는 듯하다. '賢文'은 중국 고대의 아동계몽서이다. 늦어도 명나라 만력 연간 이전에 집필된 것으로 보인다. 훗날 증보를 거듭하여 청나라 중엽에 와서 현재의 규모로 된 『增補昔時賢文』이 되었다. 통칭하여 '增廣賢文'이라고 한다. 작자는 미상이다. '증광현문'은 중국 역대의 우수한 격언과 속담 등을 수용하여 인간의 처세 방법을 서술하였다.

2 如履薄冰: 깊은 못에 임하거나 얇은 얼음을 밟는 것처럼 마음가짐을 신중히 하라는 경계이다. 『시경』 「소아(小雅)」 '소민(小旻)'에 "조심하고 삼가 깊은 못에 임한 듯이 얇은 얼음을 밟듯이 하라."[戰戰兢兢, 如臨深淵, 如履薄冰]고 했다.

3 太上感應篇: '太上'은 '太上老君'인데 道家의 始祖로 上天至尊之聖이다. '感應篇'은 太上老君이 사람들에게 善을 향하도록 권면한 글이다. 道家에서 至寶로 여기는 經典이다.

가지 악이 있으니 삼 년이면 하늘이 반드시 그에게 화를 내릴 것이다."라고 했다.

절효 서적 선생[4]께서 말씀하기를 "선한 것을 말하고 선한 것을 행하며 선한 것을 생각하라. 이와 같이 하고서 군자가 되지 못한 경우는 없다. 불선을 말하고 불선을 행하며 불선을 생각하라. 이와 같이 하고서 소인이 되지 못한 경우는 없다."고 했다. (이는) 이른바 "선을 말한 것은 사람의 선한 마음을 감동시켜 분발하게 할 수 있고, 악을 말한 것은 사람의 방탕한 생각을 억눌러 경계하도록 할 수 있다."는 것이다.[5] 그래서 이미 알려져 세간에 통행하는 선배들의 책에 나온 요긴한 말씀과 대자대비하신 부처님께서 가르치고 타일러주신 선한 말씀을 모아서 하나의 책을 만들어 이를 '명심보감'이라고 했다.

또한 어진 이들이 이를 읽어서 막 배움의 길에 들어선 어린 자제들을 가르쳐 풍속교화가 돈후해지는 데 보탬이 될 수 있다면 다행이겠다. (불경에 나오는) "어떠한 악도 행하지 말고 모든 선을 받들어 행하라."는[6] 그 뜻을 잊지 않고 그 마음을 잘 간직해두면 절로 말과 행실이 서로 주의하여 시종일관 의혹이 없으리니, 하는 일이 어찌 잘못될 수 있겠는가?

홍무 26년 계유(1393) 2월 16일 무림武林[7] 후학 범립본范立本은 서문을 쓴다.[8]

---

4 '節孝'는 宋나라 徐積(1028~1103)의 諡號이다.

5 이 대목은 주자가 『論語集註』에서 "凡詩之言, 善者可以感發人之善心, 惡者可以懲創人之逸志, 其用歸於使人得其情性之正而已(『시경』에 수록된) 모든 시에서 선을 말한 것은 사람의 착한 마음을 감동시켜 분발하게 할 수 있고, 악을 말한 것은 사람의 방탕한 마음을 억눌러 경계하도록 할 수 있으니, 그 효용은 사람들이 바른 성정을 얻는 데에 돌아갈 뿐이다)."라 한 대목에서 발췌한 것이다.

6 『아함경(阿含經)』에 나오는 이른바 칠불 통계(七佛通戒)의 게송(偈頌) 중 약계(略戒)에 "악을 짓지 말고 선을 봉행하라. 그리고 스스로 마음을 깨끗이 할 것이니, 이것이 여러 부처의 가르침이다."[諸惡莫作, 衆善奉行, 自淨其意, 是諸佛教]라는 내용이 나온다. 또 백거이(白居易)가 항주 자사(杭州刺史)로 부임하여 조과 도림선사(鳥窠道林禪師)에게 불법의 대의를 물었을 때, "악을 짓지 말고 선을 봉행하라."라고 대답하였는데, 백거이가 "그런 대답은 세 살 먹은 아이도 다 아는 것이다."[三歲孩兒也解恁柚道]라고 하였다. 이에 선사가 "세 살 먹은 아이도 말할 수 있지만, 팔십 된 노인도 행할 수 없는 것이다."[三歲孩兒雖道得, 八十老人行不得]라고 하니, 백거이가 탄복하며 귀의했다는 이야기가 있다. 『景德傳燈錄』 卷4 참조.

7 '武林'은 '杭州'의 별칭이다. '武林山'에서 이름을 얻었다.

8 明心寶鑒序: 夫爲人在世, 生居中國, 稟三才之德, 爲萬物之靈, 感天地覆載, 日月照臨, 皇上水土, 父母生身, 聖賢垂教. 而從教者, 達道爲先. 非博學無以廣知, 不明心無以見性. 雖有生而知之者, 近世奇稀. 昔夏禹王聞善言, 猶然下拜, 何況凡世人乎. 曩古聖賢遺誌經書, 千言萬語, 只欲教人爲

2. 번역 〈중간본 명심보감 서문〉

내 일찍이 듣건대, 거울은 사물을 비추어 잘생기고 못생긴 것을 빠짐없이 모두 드러나게 할 수 있다고 한다. 『욱리자郁離子』에서[9] 말하기를 "밝은 거울은 쓸개를 비출 수 있지만, 주렴이 드리워진 창 뒤의 얼굴은 열지 못한다."고 한다. 이제 '거울[鑒]'을 가지고 책에 이름을 붙였다. '마음을 밝혀 성품을 본다[明心見性]'는[10] 좋은 점이 있으니, 이를 '보배[寶]'라 하지 않고 무엇이라 하겠는가?

비록 그렇지만 거울은 쓸개를 비추는 밝음을 가지고 있어도 주렴이 드리워진 창 뒤의 얼굴도 열지 못하거늘 하물며 그 사람의 마음을 밝힐 수 있겠는가! 아아! 이 말을 이해하는 이라면 그 방법을 안다고 할 수 있다. 무엇 때문인가? 거울이 진실로 형체를 비출 수 있다면 이치 또한 마음을 밝힐 수 있기 때문이다. 이것이 바로 탕 임금께서 세숫대야에 명문을 새긴[盤銘][11] 뜻이다. 어떤 이가 말하기를 "탕 임금이 사람이 깨끗한 마음을 가지고 사악함을 제거하기를 마치 자기 몸뚱이를 목욕해서 때를 제거하는 것과 같이 여겼다. 이 때문에 세숫대야盤에 명문을 새겨 넣은 것이다."라

善. 所以立仁義禮智信之法, 分君子小人之品, 別賢愚之階, 辨善惡之異. 蓋爲經書嘉言善行甚多, 所以今人覽觀習行者少. 況今學者, 不過學其文藝爲先, 未有先學德行爲本. 及今勸世, 多勸修物外之善因, 少勸爲當行之善事. 其昔賢文等書, 亦乃於世流傳. 今之好聽善言, 君子觀以爲奇, 罔知古今之要語, 是以使人迷惑其心, 少欲聞聖賢日用常行之要道. 以致不肯存心守分, 强爲亂作胡行. 夫爲善惡, 禍福報應昭然. 富貴貧賤, 成敗興衰似夢, 時刻須防不測, 朝夕如履薄冰. 常存一念中平, 飛橫自然永息. 伏覩太上感應篇曰, 故吉人, 語善視善行善, 一日有三善, 三年天必降之福, 凶人, 語惡視惡行惡, 一日有三惡, 三年天必降之禍. 節孝徐先生曰, 言其所善, 行其所善, 思其所善, 如此而不爲君子, 未之有也, 言其不善, 行其不善, 思其不善, 如此而不爲小人, 未之有也. 所謂言善者, 可以感發人之善心, 言惡者, 可以懲創人之逸志. 是故, 集其先輩已知通俗諸書之要語, 慈尊訓誨之善言, 以爲一譜, 謂之明心寶鑑. 賢者幸甚覽之, 亦可以訓其幼學之子弟, 有補於風化敦厚, 諸惡莫作, 衆善奉行, 留於其意, 存於其心, 自然言行相顧, 貫串無疑, 所爲焉從差誤矣. 洪武二十六年, 歲次癸酉, 二月旣望, 武林後學, 范立本序.

9 郁離子: 원나라 말기의 정치가이며 우언작가인 유기(劉基, 1311-1375)가 지은 우언체 산문집이다. 유기는 시풍이 질박하고 웅장했으며 산문에도 뛰어나 원나라 말기 사회의 여러 가지 모순과 부조리를 풍자한 글을 많이 썼다. 「욱리자」는 문장이 짧고 우언이 많다.

10 明心見性: 불교용어로 세속의 일체 잡념을 떨쳐버리고 잡념 때문에 잃어버린 본성, 곧 불성을 철저하게 깨닫는 것을 말하는 것으로 불교수행의 핵심이다.

11 盤銘: 은나라를 세운 탕왕이 자신이 사용하는 세숫대야에 "진실로 날로 새로워지고, 날마다 새로워지며, 또 날로 새로워진다."[苟日新, 日日新, 又日新]라는 글귀를 새겨 넣었는데 이를 '반명'이라 한다. 탕왕이 세수할 때마다 이 글을 보고 처음의 마음을 유지하기 위해서 '반명'을 한 것이다. 『大學』에 보인다.

고 한다.

이제 책 이름을 『보감[寶鑑]』이라고 했다. 이 책이 성인들의 중요한 사상과 현자들의 심오한 생각을 모아 놓았기 때문인데, 그 목적은 오직 선을 밝혀서 타고난 본성을 회복시키는 데 있다. 이치를 궁구하고 인성을 다하여[12] 날로 새롭게 되는 이로움이 있다면 그 마음을 밝힘에 이를 통해 밝게 드러나지 않겠는가!

나는 평소에 이 책을 보배처럼 아꼈다. 황상을 시봉하는 여가에 밤낮으로 읽었다. 그중 기쁜 것은 글귀와 주제가 대부분 충효忠孝를 앞세우고 있다는 점이다. 그러나 그 가운데 잘못된 글자가 많았다. 이에 고쳐 바로잡고 빠진 것을 보충했다. 녹봉을 떼어내어 책자를 판에 새겨 찍어내어 널리 전파시킨다면 사람들도 함께 충효의 경지로 나아갈 수 있을 것이니, 이는 세속 교화에도 반드시 작은 도움이 될 것이다.

명나라 가정황제 계축년(1553) 8월 상순 길일에 수암守庵 조현曹玄은 서문을 쓰노라.[13]

12 窮理盡性: 이치를 궁구하여 천성(天性)을 다하는 것. 『주역』 '설괘전(說卦傳)'에 "窮理盡性, 以至於命"이라 했다. 그 주석에 "천하의 이치를 궁구하고 인물의 성을 다하여 천도에 합치되게 하는 것이다."[窮天下之理, 盡人物之性, 而合於天道]라고 했다.

13 重刊明心寶鑒序: 嘗聞鑒能照物而姸媸無或遺也. 郁離子曰, 明鑒照膽, 不啓櫳簾之顔. 今以鑒名書, 而有明心之益, 不謂之寶而何哉. 雖然, 鑒有照膽之明而櫳簾之顔尙尤不啓, 矧能明其心乎. 嗚呼, 通是說者, 可謂知其道矣. 何也. 鑒固可以照形, 而理尙可以明心, 正湯之盤銘之意. 有曰, 湯以人之洗濯之心以去惡, 如沐浴其身以去垢, 故銘其盤. 今書名寶鑒, 是集群聖之大成, 萃諸賢之蘊奧, 其義惟在明善復初, 窮理盡性, 而有日新之益, 其明心得不因此而明焉. 予平生珍愛是書, 於侍御之暇, 朝夕披覽, 其所喜者, 字句立意, 多以忠孝爲先. 但其中文字多舛, 遂播正拾遺, 捐俸鋟梓, 以廣其傳, 俾人同歸於忠孝之域矣. 其於世教未必無小補云. 大明 嘉靖 歲次癸丑 仲秋上浣之吉 守庵 曹玄 序.

참고문헌

1. 학술지논문

1964, 한국가족의 전통적 가치의식, 최재석, 아세아연구7-2.
1971, 동양사상에 있어서의 健康(衛生)觀考, 홍재욱, 청주교육대 논문집7.
1980, 儒家의 體育思想攷, 洪在郁 金奎淳, 청주교육대 論文集17.
1981, 명심보감의 저자에 대한 소고: 서산대사와의 관계를 중심으로, 신법인, 한국불교학6-1.
1981, 韓國儀禮(祭祀)에 따른 拜禮考察, 南明熙, 인동대학교 인동문화2.
1981, 호남지방간행 坊刻本 硏究(1), 류탁일, 부산대학교 인문논총20-1.
1984, 조선시대의 아동교육관 연구, 류점숙, 사회과학연구4-1.
1985, 명심보감, 최근덕, 한국인4-2.
1988, 명심보감의 현대교육철학적 의미, 배형근, 광주대학교논문집5.
1993, 명심보감 版本考, 김동환, 중앙대학교 문헌정보학보5.
1994, 명심보감의 서지적 연구, 김동환, 서지학연구10-1.
1995, 露堂 秋適의 明心寶鑑抄 叢言, 유명종, 한국종교20.
1995, 전통사회의 효사상과 노인보호정책, 박재간, 사회복지논총1.
1995, 조선시대 아동교육 도서에 나타난 경제교육, 김상규, 초등교육연구논총8.
1996, 대인관계에 있어서 긍정적인 힘에 대한 연구, 조수철, 소아청소년정신의학7-1.
1996, 명심보감의 인용문 분석, 김동환, 중부대학교 논문집7.
1999, 일본 명심보감의 수용에 관하여, 성해준, 퇴계학과한국문화27.
1999, 조선시대 초학교재로서의 명심보감 성격 연구, 박경연, 서울대학교 교육사학연구9.
1999, 초략본 명심보감의 간행 경위와 그 내용, 김동환, 서지학연구18-1.
1999, 명심보감의 제문제, 송희준, 계명대학교 한문학연구14.
2000, 대인관계에 있어서 성찰의 중요성에 대한 연구, 조수철, 소아・청소년정신의학11-2.
2000, 명심보감의 유전・판본 및 편자에 대한 고찰, 최형욱, 중어중문학26.
2000, 잠언과 명심보감, 이정배, 세계의신학46.
2000, 貝原益軒의 권선학: 명심보감 수용과 관련하여, 성해준, 일본학보44-1.
2000, 일본에서의 명심보감과 太上感應篇의 사상상의 비교검토, 성해준, 경북대학교 한국의철학28.
2001, 명심보감의 저자 문제, 김동환, 서지학연구21-1.
2001, 전통사회의 아동교육원리, 김향은, 아동연구10.
2001, 조선조 蒙學教材의 유형 고찰, 김종운, 한국어문교육10.
2002, 唐代 기독교 관련 詩 및 明末・清初 선교사의 문학활동, 유성준, 기독교언어문화논집5.
2002, 동아시아의 명심보감 전파와 수용 양상에 관한 연구, 성해준, 사이버 비즈니스1.

2002, 명심보감 스페인어판 번역 연구, 성해준, 퇴계학과한국문화31.
2002, 일본 중세사상사에 있어서 禪林句集과 天草版金句集, 성해준, 일본문화연구7.
2003, 개화기 외래번역한자어의 수용, 최경옥, 일본학보55-1.
2003, 范立本이 편찬한 治家節要에 대한 고찰, 김동환, 서지학연구25.
2003, 일본 명심보감 전파와 수용 양상에 관한 연구, 성해준, 일본문화연구9.
2003, 중국 명심보감의 수용과 전파, 성해준, 동북아문화연구5.
2003, 한국 전통사회 유년기 아동의 인성교육 고찰, 엄기영, 미래유아교육학회지10-4.
2004, 小瀨甫庵의 思想: 명심보감 인용을 중심으로, 성해준, 일본근대학연구8.
2004, 에도의 유학관 林羅山의 사상: 명심보감인용을 중심으로, 성해준, 일본어문학24.
2005, 동아시아의 명심보감 연구, 성해준, 퇴계학과한국문화36.
2005, 明代 三種 格言集의 비교 연구: 명심보감・菜根譚・昔時賢文을 중심으로, 임동석, 중국어문학논집32.
2005, 명심보감 스페인어 번역의 정신문화적인 의의, 성해준, 동북아문화연구9.
2005, 明心寶鑑과 昔時賢文의 同一句節 比較考, 임동석, 중국어문학논집31.
2006, 교양교육 프로그램이 수용자에게 미치는 효과에 관한 연구, 정상규, 矯正硏究33.
2006, 명심보감을 활용한 초등학생 예절교육, 백태순, 동양예학15.
2006, 父生母育의 전통 가족담론에 대한 여성학적 고찰, 김종미, 중국문학49.
2006, 일본 명심보감 수용에 나타난 특징, 성해준, 일본문화연구19.
2006, 한국 전통 유아감성교육의 탐색 및 방향, 엄기영, 교육연구25.
2006, 한국 명심보감의 전파와 수용 양상에 관하여, 성해준, 퇴계학과한국문화39.
2007, 각국 명신보감의 판본 연구: 수용상의 특징 비교와 계통에 관한 고찰, 성해준, 동북아문화연구13.
2007, 명심보감 본문 각 편의 내용 고찰: 天人思想을 중심으로, 성해준, 남명학연구23.
2007, 명심보감의 저자 및 서문에 관하여, 성해준, 일어일문학33.
2008, 內訓과 小學・烈女・女教・明鑑의 관계 재고, 이경하, 한국고전여성문학연구17.
2008, 증보편『명심보감』의 내용 및 사상고찰, 성해준, 일어일문학40.
2009, 명심보감과 불교와의 관계, 성해준, 퇴계학과한국문화45.
2009, 명심보감의 사상적 특성 연구, 정천구, 동양한문학연구29.
2009, 野間三竹의 北溪含豪와 明心寶鑑, 성해준, 일어일문학41.

2. 학위논문

1992, 서당교육의 분석적 고찰, 김영옥, 조선대학교 대학원 석사논문.
1994, 명심보감의 서지적 연구, 김동환, 중앙대학교 박사논문.
1996, 명심보감의 天에 관한 신학적 이해, 신흥식, 한신대학교 신학대학원 석사논문.
1997, 한국전통사상에서의 효개념에 관한 연구, 오세정, 이화여자대학교 교육대학원 석사논문.
1998, 조선시대 초학교재로서의 명심보감 연구, 박경연, 서울대학교 대학원 석사논문.

1999, 日本における「明心寶鑑」受容の思想史的硏究, 성해준, 東北大學 박사논문.
2001, 명심보감을 활용한 중학교 도덕과 가치탐구 수업지도에 관한 연구, 방호주, 한국교원대학교 교육대학원 석사논문.
2001, 온달전의 서사전략과 전승양상 연구, 안은영, 동아대학교 석사논문.
2001, 한국인의 전통적 정신요소 연구: 명심보감을 중심으로, 이진희, 서울대학교 대학원 석사논문.
2001, 한문 지도를 통한 孝行心 함양: 초등학생을 중심으로, 김남규, 경성대학교 교육대학원 석사논문.
2002, 창의적 재량활동을 통한 초등학교에서의 효 교육 방안, 강순진, 서울교육대학교 교육대학원 석사논문.
2003, 18세기 사회변화 속에서의 서당의 역할, 서원경, 이화여자대학교 대학원 석사논문.
2003, 보편화가능성의 효 윤리 체계에 의한 명심보감 분석: 초등학교 효 교육 지도 방안을 중심으로, 최승호, 성산효도대학원대학교 석사논문.
2003, 현행 도덕과 주요 가치・덕목에 따른 명심보감 내용분석, 최해교, 부산대학교 교육대학원 석사학위논문
2004, 명심보감을 활용한 도덕교육 방법 모색, 송규, 전주교육대학교 교육대학원 석사논문.
2004, 심성계발프로그램을 적용한 명심보감 활용수업이 중학생의 사회성에 미치는 영향, 장승원, 동국대학교 교육대학원 석사논문.
2004, 초등학교 한문교육 방안에 대한 연구: 蒙學敎材 활용을 통하여, 추성범, 성균관대학교 석사논문.
2005, 온달설화의 전승과 수용, 최지선, 성신여자대학교 석사논문.
2006, 도덕형성체계론적 분석을 통한 명심보감의 효 교육 연구 : 초등학교 효 교육 지도방안을 중심으로, 강환명, 성산효도대학원대학교 석사논문.
2006, 명심보감을 활용한 예절교육, 백태순, 대구교육대학교 교육대학원 석사논문.
2006, 소학과 명심보감에 나타난 여성미에 관한 연구, 박광희, 대전대학교 일반대학원 석사논문.
2007, 온달전 연구: 해석현상을 중심으로, 천병훈, 세종대학교 대학원 석사논문.
2007, 한국적 중학영어교육을 위한 시론: 명심보감을 중심으로, 윤영각, 성산효대학원대 석사학위논문.
2008, 한문교재의 연계성에 대한 연구, 이현익, 경북대학교 교육대학원 석사논문.
2008, 한문학습을 위한 명심보감 CAI 프로그램 설계 및 활용방안, 송기원, 울산대학교 교육대학원.
2009, 명심보감 초간본과 초략본의 판본 비교 연구, 나영원, 부산대 교육대학원 석사학위논문.
2009, 명심보감의 내용 분석, 변종환, 창원대학교 석사논문.

3. 원전(현토 포함)

1454, 明心寶鑑, 范立本, 忠淸道監司 淸州.
1637, 明心寶鑑抄, 編者未詳, 刊者未詳.
1664, 明心寶鑑抄, 孫基祖 刊, 泰仁 孫基祖.

1868, 明心寶鑑抄 全, 刊寫者未詳.
1868, 明心寶鑑抄, 著者未詳, 武橋.
1869, 明心寶鑑, 仁興齋舍.
1894, 東國名賢錄 附 明心寶鑑, 刊寫者未詳.
1899, 明心寶鑑, 黃山祠.
1905, 明心寶鑑 卷1-2, 余樂泉 述, 木板本(中國), 淸鎔校刻.
1905, 明心寶鑑抄 全, 完山 刊寫者未詳.
1910, 明心寶鑑, 編著者未詳, 完西.
1913, 明心寶鑑, 紙物書冊鋪.
1913, 明心寶鑑抄, 池松旭 編, 新舊書林.
1914, (增補)註解明心寶鑑, 朝鮮書館.
1914, 懸吐具解增補明心寶鑑, 新舊書板本.
1915, 懸吐具解增補明心寶鑑, 唯一書舘.
1916, 明心寶鑑抄, 梁珍泰 抄, 多佳書鋪.
1916, 著增補明心寶鑑, 南宮濬 著, 誠文社.
1917, (訂本)明心寶鑑抄 全, 李敏漢 編, 東一書館.
1917, (增補註解)明心寶鑑 全, 朴建會 編, 朝鮮福音.
1917, 增補註解明心寶鑑, 朴健會 編, 匯東書舘 · 朝鮮書舘.
1917, 懸吐具解增補明心寶鑑, 新舊書板本.
1917, 懸吐明心寶鑑, 盧益亨 編, 博文書館.
1918, (懸吐具解)增補明心寶鑑, 南宮濬 編, 唯一書舘 · 新舊書林 · 博文書舘
1918, 明心寶鑑抄, 高裕相 編, 匯東書館.
1918, 諺吐明心寶鑑, 朴元植 編, 朴元植書店.
1918, 增補注解明心寶鑑, 朴健會 編, 匯東書館.
1919, (具吐諺解)明心寶鑑, 尹泰晟 編, 天一書館.
1919, 明心寶鑑抄 全, 多佳書鋪.
1919, 訂正增補無雙明心寶鑑, 朴健會 編, 新舊書板本.
1920, 明心寶鑑(抄), 刊寫者未詳.
1920, 增補註解明心寶鑑 全, 勝木良吉 編, 博文館.
1922, (增補註解)明心寶鑑, 朴建會 集編, 匯東書館.
1922, 訂正增補無雙明心寶鑑, 朴健會 編, 新舊書板本.
1923, (大增補註解)釋字明心寶鑑 全, 玄公廉 編, 大昌書院 · 普及書館.
1923, 明心寶鑑抄, 張二萬 編, 新安書林.
1925, 增補懸吐具解明心寶鑑 全, 博文書館.
1925, 懸吐具解增補明心寶鑑, 朝鮮圖書.
1926, 明心寶鑑, 朴容濬 編, 安城郡 刊寫者未詳.
1926, 明心寶鑑, 秋丙九 編, 秋丙九方.
1929, (增補吐解)無雙明心寶鑑, 金東縉 編, 德興書林.

1929, 懸吐明心寶鑑, 姜義永 編, 永昌書館.
1929, 懸吐明心寶鑑, 新舊書林.
1929, (懸吐具解增補)無雙新明心寶鑑, 太華書館.
1929, (懸吐釋字)明心寶鑑 全, 永昌書館.
1930, (懸吐具解增補無雙)新明心寶鑑, 姜殷馨 懸吐具解, 大成書林.
1931, (懸吐具解增補無雙)新明心寶鑑 全, 大華書館.
1932, 增補具解 明心寶鑑, 新舊書林.
1932, 懸吐明心寶鑑, 宇宙書林.
1932, 明心寶鑑抄, 梁冊房.
1933, (增補詳解)無雙明心寶鑑, 姜義永 著作, 永昌書館.
1933, 懸吐明心寶鑑, 洪鍾應 編, 水原書館.
1934, 懸吐明心寶鑑 全, 秋適(高麗) 編, 刊寫者未詳.
1934, (懸吐具解校正增補)新無雙明心寶鑑, 申泰三.
1935, (懸吐)明心寶鑑, 高敬相 校, 三文社.
1935, (懸吐)明心寶鑑, 李相焄 校, 三成書林.
1936, (增補具解)無雙新明心寶鑑, 廣韓書林編輯部 編, 廣韓書林.
1936, (懸吐具解校正增補)無雙新明心寶鑑, 姜範馨 編, 刊寫者未詳.
1936, (縣吐具解校正增補)新無雙明心寶鑑, 三文社.
1936, 諺吐詳解無雙明心寶鑑, 李宗壽 諺吐, 盛文堂書店.
1936, (原本懸吐)舊明心寶鑑, 申泰三 編, 世昌書館.
1937, 懸吐明心寶鑑 全, 李宗壽 編, 盛文堂.
1939, 懸吐明心寶鑑, 金東縉 編輯, 德興書板本.
1942, 明心寶鑑, 白吉順, 大志社.
1943, 手書明心寶鑑, 南坡(號) 編, 刊寫者未詳.
1945, 懸吐明心寶鑑, 盛文堂書店.
1945, (增補吐解)無雙明心寶鑑, 德光書林.
1946, (懸吐具解)增補明心寶鑑, 永昌書館.
1947, (한글註解)明心寶鑑, 大洋出版社.
1952, (懸吐具解增補)無雙新明心寶鑑, 大志社.
1954, (增補吐解)無雙明心寶鑑, 德興書林.
1954, 明文明心寶鑑, 金赫濟, 明文堂.
1958, (增具補解)明心寶鑑, 大志社.
1959, (增補懸吐具解)明心寶鑑, 강근성, 영화출판사.
1960, 明心寶鑑: 한글주해, 대조사 편집부, 대조사.
1962, (한글註解)明心寶鑑, 향민사편집부, 鄕民社.
1964, 明文明心寶鑑, 金赫濟 校註, 明文堂.
1966, (縣吐具解校正增補)新無雙明心寶鑑, 秋適 編, 세창서관.
1966, 原本明心寶鑑, 松園文化社編輯部 編, 松園文化社.

1967, 한글註解明心寶鑑: 附錄 玉篇, 鄕民社編輯部 編, 鄕民社.
1966, (增補吐解)無雙明心寶鑑, 世昌書館.
1977, (原本初版)明心寶鑑, 李佑成, 東邦文化社.
1983, (懸吐具解 校正增補)新無雙明心寶鑑, 世昌書館.
1985, 明心寶鑑, 刊寫者未詳.
1988, 明心寶鑑 新刊大字, 이홍균 筆, 李勳種.
1988, 明心寶鑑, 秋淵大 編, 秋溪秋氏宗親會.
1988, 明心寶鑑, 仁興書院.
1990, (淸州板)明心寶鑑 栖碧外史海外蒐佚本31, 李佑成 編, 亞細亞文化社.
1991, 明心寶鑑, 秋溪秋氏大宗會 編, 刊寫者未詳.
1996, 明心寶鑑抄, 秋適(高麗) 編, 海誠社.
2005, 明倫錄, 鄭光迺(朝鮮) 著, 국립중앙도서관.